内田和伸著

平城宮大極殿院の設計思想

吉川弘文館刊行

はじめに

平城宮跡は一三〇ヘクタールを超える広大な区域をしめ、国の特別史跡に指定されている。文化庁は昭和五十三年に特別史跡平城宮跡保存整備基本構想を策定し、平城宮跡の整備の基本理念として、平城宮跡をはじめとする同種の遺跡の調査研究の拠点とすること、調査研究成果を活かした整備を行い古代都城文化を体験的に理解できる場とすること、遺跡の保存整備や遺構・遺物の保存や修復等に関する技術開発と実践の場とすることとしている。その平城宮跡の中では発掘調査成果等を活かして敷地利用の区分をし、整備の方針を定めている。その区分の中に宮の正門である朱雀門を中心とした南面大垣地区、東院庭園地区、宮内省と呼ぶ官衙地区、第一次大極殿院地区の四つの復元展示地区を設けている。第一次大極殿は奈良時代前半に即位式など国家的な儀式を行った平城宮の中心施設で、その復元工事は平成十三年着工、平城遷都一三〇〇年にあたる平成二十二年に完成した。さらに大極殿を築地回廊で取り囲む広大な大極殿院についても復元整備の計画がある。

このように遺跡の復元整備事業が進む中、本書は遺跡という「もの」の背景にある宮殿の設計思想などを明らかにし、それを遺跡の活用に活かし、我が国の文化の継承や発展にも関わらせることができないかと模索したものである。

このような目的にどれだけ迫れたかは覚束ないが、本書はこれらの目的に合わせて以下の三部構成とした。そのタイトルには「遺跡の見方・見せ方・使い方」という考え方を入れている。見せ方というと来訪者の見方を限定した上からの視線で押しつけがましいものと受け取られるかもしれないが、遺跡への来訪者によって遺跡の見方や使い方などには様々なものがあってよいと思っている。しかしながら、遺跡の調査・整備・活用に関わった者からすると、遺跡をこのように理解できたので来訪者にはこのように理解してもらいたい、その脈絡を活かしてこのように利用してもらいたいと思うことは多い。遺跡の整備事業の計画時に事業主体が「遺跡の見方・見せ方・使い方」という考え方で基本方針などを整理しておくことは重要なことと思われ、計画側の立場からこの構成とした。

第一部は、「平城宮第一次大極殿院の見方」と称して、平城宮第一次大極殿院が如何なる設計思想で造営され、その背景にどのような思想や統治理念などが存在するのか等について考察した。

第二部は、「平城宮第一次大極殿院の見せ方」と称して、第一部で明らかにした見方を立脚点として、復元された大極殿内部の展示や前庭の遺構の整備はどのようにすればよいかについて私見を述べた。また、近代には大極殿跡に国家や地域社会からどのような視線が注がれたのかを見た。

第三部は、「平城宮跡の使い方」と称して、平城宮跡での活用の在り方を本来的な機能や当時の思想背景に関連させて若干の案を示した。また、隣接する松林苑の保存と活用についても併せて言及した。

本書は平成十八年度〜平成二十一年度における科学研究費補助金【基盤研究（B）（2）】による「大極殿院の思想と文化に関する研究」（課題番号　一八三八〇〇二七）（著者が代表となったのは平成十八年度〜平成二十年度）の研究成果報告書の中、第一部から第三部の著者執筆分に修正を加え、一書として編んだものである。

目次

第二部　大極殿院の見せ方

図表目次

第一部　大極殿院の見方

第一章　平城宮第一次大極殿院と塼積擁壁

一　発掘調査成果の概要

大極殿は即位式や元日の朝賀、外国使節との謁見などの国家的な儀礼を行うときに天皇が出御した、最も重要な建物である。大極殿は古代の宮城の中心部に位置する最大級の建物で、それを回廊で取り囲む区画を大極殿院と呼んでいる。礎石に柱が建つ中国風の建築様式をもつ大極殿院は藤原宮ではじめて造られ、桓武天皇の長岡宮まで続く。桓武天皇の平安宮では南門や南面回廊がなくなり、南にある朝堂院という区画と一体となる。

奈良時代前半の平城宮第一次大極殿院は平城宮南面中央の朱雀門の北に位置し、古代宮城の大極殿院の中で最も大きな規模を持つ。昭和五十七年（一九八二）刊行の『平城宮発掘調査報告ＸＩ　第1次大極殿地域の調査』（以下、『学報ＸＩ』[1]）は、昭和五十六年（一九八一）の平城宮跡第一一七次調査まで、平城宮第一次大極殿院の東半部と西半部の要所、北面回廊地区（奈良時代後半の大膳職地区の南部）を中心とした発掘調査成果をまとめたものである。その後は、大極殿西半部や大極殿院西面回廊などの調査、遺構再確認の調査などを実施し、年報や紀要等に順次報告されており、正式報告は近刊の予定と聞く。

これまでの調査成果によると、第一次大極殿院地域の遺構は、奈良時代初期から平安初期まで大きく次の三期に区分でき、各時期ごとに特色のある宮殿の規模や構造、建物配置をとり、時期ごとの変遷もみられる（図1―1～3）。

第Ⅰ期　和銅三年（七一〇）に藤原宮から遷都した当初は東西約一七七・〇メートル（六〇〇尺）、南北約三一七・六メートル（およそ一〇八〇尺）の範囲を築地回廊でかこみ、南面中央に南門を開く。古代の宮殿の大極殿院のすべてが発掘調査でその規模を確定している訳ではないが、このような広大な大極殿院は前後の時代に例はなく、古代の宮城の中で特異な位置を占めると言える。また、北寄りの三分の一は二メートルを超える高さの壇があり、そこには大極殿とその背後の一廻り小さい後殿を配置する。なお、この壇に相当するものとしては平安宮の「龍尾壇」があるが、高さはこれ程高くはなかったようである。南寄りの約三分の二は礫敷広場で建物は存在しない（第Ⅰ—1期）。後に大極殿院の南に朝堂院が付設され、神亀～天平初年頃には南門の両側で回廊の内側に東西二つの楼閣が建てられる（第Ⅰ—2期）。この第Ⅰ—1・2期の遺構を奈良時代前半の第一次大極殿院にあてている。天平十二年（七四〇）の恭仁遷都で、大極殿と東西両面の築地回廊は恭仁宮に移築され、築地回廊跡地は掘立柱塀で遮蔽される（第Ⅰ—3期）。天平十七年（七四五）の平城遷都後、大極殿再建の痕跡はない（第Ⅰ—4期）。第Ⅰ期の建造物群が完全に廃絶するのは天平勝宝五年（七五三）ごろで、「大殿」と記された木簡が東の楼閣の柱の抜き取り穴から出土したことから、後殿が「大殿」と呼ばれてこの時期まで存続すると考えられている。

第Ⅱ期　築地回廊を東西六〇〇尺、南北六二〇尺の規模に縮小し、東方の内裏地域と南限および北限をそろえて同規模とし、意識的に内裏に対置させる。北方の高台を南北の中央まで約一八メートル南へ寄せて北側半分を二七棟を配する殿舎区域とし、南側半分を礫敷広場とする。それまでの大極殿や内裏とは形態も機能も全く異なる宮殿となる。主殿を中央に、両側に脇殿をおき、それらを付属屋が囲む建物配置は他に類例がなく、特に主殿は三棟の建物を南北に並立される特異な構造で、唐長安城の大明宮麟徳殿を模倣したものと考えられている。これらの遺構は天平勝宝五年（七五三）に造営が始まり、奈良時代後半を通じて存続する。この宮殿は奈良時代後半にみえる「西宮」にあたると考えられる。

第Ⅲ期　第Ⅱ期の地割りを踏襲して、平城上皇が平安時代初頭に造営した宮殿の一部である。高台には一四棟の建物がたち、建物配置は平城宮や平安宮の内裏と似る部分がある。なお、この区画の南、第Ⅰ期の大極殿院南門の少し北の位置には規模は小さいが大極殿相当の建物が設けられていた。

大極殿院での儀式を橋本義則氏は天皇が出御する場所によって大極殿出御型と閤門（南門）出御型に分類している。(2)

二　第一次大極殿院での儀式

第一次大極殿院で行なわれた前者の儀式には即位式と元日朝賀、外国使節謁見（蕃客辞見）などがある。奈良時代におけるこれらの儀式の詳細は不明であるが、平安時代にまとめられた儀式書にみえる儀式の内容は奈良時代の儀式の様子を考察するのに示唆的である。即位式と朝賀の場合、大極殿には天皇の他、皇后と女官、侍従など限られたもののみが着座し、皇太子さえも官人の代表とともに大極殿前庭に並んだ。蕃客辞見は天皇が外国使節の上表を受ける儀式で、蕃客（外国使節）は大極殿院には入らず、朝堂院の朝庭から上表し官人が取り次ぐ形をとると考えられている。(3)これらの儀式はいずれも国家的・対外的な意味合いが強く、天皇が一段高い壇上の大極殿にあって臣下は壇下の広場から天皇を拝する形をとった。

一方、南門出御型の出御の場所は『続日本紀』では「大極殿南門」「大極殿閤門」(4)「大極殿南院」と記され、門の構造を示す名称である「重閣門」「重閣中門」も同じ大極殿院南門である可能性もある。養老元年（七一七）四月甲午（二十五日）には「西朝」（中央区朝堂院）で大隅・薩摩国の隼人の風俗・歌舞を見、天平十二年（七四〇）一月甲辰（十七日）には聖武天皇は大極殿院南門に出御して大射を見るなどしている。南門出御型の儀式はいずれも基本的には大極殿院の南にある朝堂院での儀式であり、天皇が大極殿院南門に、臣下が朝堂にそれぞれ座し、天皇と臣下がともに殿上にあって各種饗宴に興じる。饗宴は儀式に付随し、君臣の一体感を作り出す行事であった。(5)

三　大極殿院の遺構検出状況

1　大極殿の検出状況

第一次大極殿の跡は奈良時代後半にこの場所が西宮に建て替えられたため、基壇などの遺構残存状況はよくない（図1—4）。全面的ではないが、基壇と階段の地覆石の据付掘形と抜取掘形を溝状に検出している。基壇から張り出す階段の遺構を、基壇の北面では中央間と身舎の東・西の両端間にそろう位置で計三基（幅一七尺、出一四尺）、西面では身舎の南寄りに一基（幅一八尺、出一四尺）、南面では中央に幅広のものを一基（幅三七尺、出一五尺）それぞれ検出している。階段の地覆石の中心が身舎柱筋の心に合うという古代建築共通の形式から第一次大極殿の身舎は桁行七間（一七尺等間）、梁行二間（一八尺等間）に復原された。廂の出＋基壇の出は三〇・五尺と考えられたが、遺構から廂の柱間寸法を確定することはできなかった。その割り付けは柱配置案①一五尺＋一五・五尺、柱配置案②一五・五尺＋一五尺の二案が考えられた(6)。身舎の梁行柱間が一八尺なので建物の梁行総長は①で六六尺、②で六七尺となる。廂の柱間寸法については第一次大極殿院築地回廊の桁行柱間や中央区朝堂院の朝堂でも一五・五尺が用いられていることもあり、この長さが用いられた可能性がないとは言えない。しかし、第一次大極殿が奈良時代半ばに恭仁宮(7)へ移築され、山城国分寺金堂として転用されたことが『続日本紀』天平十五年（七四三）十二月辛卯（二十六日）条にみえ、そこでの発掘調査成果も踏まえ、廂の出を一五尺としている。このため建物規模は東西一四九尺、南北六六尺、基壇規模は東西一八〇尺、南北九七尺、基壇の出一五・五尺、基準尺は〇・二九五四メートルとなる(8)。

2　塼積擁壁の検出状況

前述したように第一次大極殿院の回廊心々距離は東西五〇〇大尺（六〇〇尺）、南北およそ九〇〇大尺（一〇八〇尺）[9]となる。当時の一尺いわゆる天平尺は〇・二九五メートル前後で、土地の測量に用いた大尺（高麗尺）[10]はこの一・二倍である。大極殿院の南寄り三分の二が広場で、北寄り三分の一が大極殿と後殿の建つ二メートルを超える高さの高台となる。南門から六〇〇大尺の位置にあるこの高台と、広場側から高台へ登る東西二つの斜路のあることが第一次大極殿院の大きな特徴である（図1―5）。その高台前面およびそこから張り出した斜路側面の屈曲する部分は地山を削り出し、表面に長方形の塼（瓦質の煉瓦）を約七〇度の勾配で積んで化粧させており、この部分を塼積擁壁（図1―6～14）と呼んでいる。奈良時代後半に高台を南へ拡張したため、この遺構の多くは整地土で埋められており、この整地土を部分的に外した調査区の中で検出されている。積む塼の大きさは幅が二八センチ前後、奥行きがその二分の一、高さが四分の一である。塼積擁壁の塼は最も残りの良いところで七段が残っていた。しかし、広場の礫敷に埋まる最下段のみ残す部分や最下段まで抜き取られている箇所もあり、塼の多くは抜き取られていた。なお、塼積擁壁正面中央には天皇が南門に出御するときに使うと考えられる、掘立柱でできた木製階段の遺構がある（図1―8）。

3　塼積擁壁の設計方法の検討

塼積擁壁各直線部の長さは小尺でも大尺でも完数値は得られず、なす角度も不可解で、その平面形は複雑な様相を呈する（図1―15～17）。

塼積擁壁の設計方法の検討のために関連遺構の位置と記号と座標値を示した（図1―18・表1―1）。塼積擁壁の遺構位置の計測はその最下段前面とし、後世撹乱されて検出できなかった屈曲点（W3）はそれを挟む二直線の延長部交点とした。以下の検討で用いる基準尺は、大極殿単体ではその遺構から求めた〇・二九五四メートル、その他の大極殿院内では小尺を〇・二九五メートル、大尺を〇・三五四メートルとする。

塼積擁壁の対称部の長さを比べると二尺を超える差があり、重要な儀式の場所としては施工実態が粗雑にみえる。これは各部分の左右対称を重視した設計図とそれに基づく施工が行われなかったことを窺わせる。すなわち、斜路の屈曲部は塼積擁壁正面部両端（E1、W1）等の位置を定め、そこを基準に斜路各部分の長さと方向を測り施工したのではなく、二尺の差が誤差の範囲として許容できるくらい、離れた基準となる点から各点までの距離を測って位置を定め、その点同士を結んだ結果、対称部に二尺程のやや大きな差を生じたと考える方が自然である。こうして想定される基準となる点（以下、基点と呼ぶ）は、東西で対になる屈曲する各二辺の延長部の交点（Ⅰ、Ⅱ）や、大極殿や後殿の中心（DC、KC）、南門から七〇〇大尺など中軸線上で地割の基準となる点（⑥、⑦、⑧）、あるいはそれらの付近に想定される近似点（Ⅰ′、Ⅱ′、Ⅱ″、KS、28）である（図1―19）。

基点と塼積擁壁各点間の位置関係を検討するため表1―2を作成した。この表では、各基点（ア）から塼積擁壁各点（イ）までの間の距離（ウ）、（ウ）の数値を〇・二九五で除した尺長（エ）、同じく〇・三五四で除した大尺での尺長（オ）をそれぞれ記した。対称部の長さの差を参考に、以下の検討では許容施工誤差を二・〇尺あるいは一・七大尺までとした上で、（エ）（オ）では、その尺長が許容施工誤差内で一〇尺あるいは一〇大尺の倍数すなわち完数値である場合に下線を付した。対称部の長さも同様であった場合は計画値としての可能性があると理解し、その数値を（カ）（キ）の列に記した。さらに、その数値が小尺なら四〇尺の、大尺なら三〇大尺の何倍であるかを（ク）（ケ）の列に記した。なお、東側斜路の起点E4については周辺の削平が著しく、W4と比べると一・六メートル程北にあり、本来はW4のX座標値に近かったと思われる。このためE4と各基点との距離については短くなることが明らかであり、W4と各基点との尺長のみが完数値を得ていれば計画値の可能性があるものとした。

検討の結果、擁壁各点の位置を決める二つの設計手法案を考えることができた。Ⅱは斜路出隅南辺両延長部の交点で、Ⅱ′はその近似点でⅡの〇・四九メートル東、〇・二五メートル南の任意の点、Ⅱ″はⅡの近似点であるが、大極殿心の北一二〇尺の点である。

設計手法案A（図1―20）

手順1　大極殿心DCから半径二〇〇尺（四〇尺×五）の円を描き、南門心から六〇〇大尺の東西基準線との交点をE1・W1とする。

手順2　高台側中軸線上、E1とW1から二四〇大尺（三〇大尺×八）の距離の点Ⅱ′を求め、Ⅱ′から二七〇大尺（三〇大尺×九）で円を描く。一方、中軸線上南から七〇〇大尺の点⑦からは二四〇尺（四〇尺×六）で円を描き、それら二円の交点をE2・W2とする。

手順3　同様にⅡ′から三〇〇大尺（三〇大尺×一〇）、⑦から二八〇尺（四〇尺×七）の円それぞれを描き、二円の交点をE3・W3とする。

手順4　⑦から三二〇尺（四〇尺×八）の円と、E3・W3を通る南北線との交点をE4・W4とする。

設計手法案B（図1―21）

手順1　大極殿心DCから半径二〇〇尺（四〇尺×五）の円を描き、南門心から六〇〇大尺の東西基準線との交点をE1・W1とする。

手順2　大極殿心の北一二〇尺（四〇尺×三）にⅡ″を設ける。

手順3　Ⅱ″とE1・W1を結ぶ南延長と、⑦から二四〇尺（四〇尺×六）の円の交点をE2・W2とする。

手順4　Ⅱ″から三〇〇大尺（三〇大尺×一〇）〔三六〇尺（四〇尺×九）〕、⑦から二八〇尺（四〇尺×七）の円それぞれを描き、二円の交点をE3・W3とする。

手順5　⑦から三二〇尺（四〇尺×八）の円と、E3・W3を通る南北線との交点をE4・W4とする。

以上の二案は、複雑な設計手法をとりながらも規則性が窺える。このいずれかを用いて塼積擁壁を設計・施工したものと考えることができる。

四　大極殿と高御座の位置

前述したように、塼積擁壁は中軸線上で南門から七〇〇大尺の点⑦や大極殿の中心との位置関係で設計施工していることがわかったが、大極殿院における大極殿心の決め方は明らかではない。どのように大極殿の位置を定めたのであろうか。

1　大極殿院における大極殿の位置と大極殿の平面構造

(一) 大極殿院における大極殿の位置

大極殿院における大極殿の配置について、他の大極殿院および大極殿院相当施設での発掘調査の成果も含めて見てみよう。

飛鳥浄御原宮東南郭　天武天皇の飛鳥浄御原宮と考えられている伝飛鳥板蓋宮跡で検出された東南郭は、宮の東南に位置し、南北約五五メートル、東西約九四メートルを掘立柱塀で区画する。南には門がなかったと考えられ、内郭南門と同規模の西門があり、これが正門と考えられている。この区画の中に桁行九間、梁行五間の掘立柱東西棟建物（SB七七〇一）が確認され、これが大極殿と呼ばれていた可能性が指摘されている[11]。公表されている図ではこの区画の大型建物心は想定の西門心を通る東西の軸線と幾分かずれるようである。ただし、この施設については瓦葺きの礎石建ちの建物ではなく、閉塞施設も築地回廊ではないなど後述する大極殿院と構造が大きく異なるため、ここでは除外して考えることとする（図1―22）。

藤原宮大極殿院　藤原宮の大極殿院については戦前の日本古文化研究所や奈良文化財研究所により発掘調査が行なわれ、大極殿院南門心を藤原宮・藤原京の中心に当てていることが明らかになっている。大極殿院の東面および西面の回廊中程には東殿と西殿があり、それらの南側、つまり大極殿院南半の回廊は複廊で、北半の回廊は単廊とされてきた。ところが、平成十三―十四年の東面回廊の発掘調査で東殿は桁行六間以上の門で、回廊は全体が複廊である可能性が高まった[12]。北面回廊中心線の確定など今後も調査が必要であるが、大極殿心は大極殿院の中心にはないことが明らかであり、東門の桁行柱間を南門と同様の七間とした場合、東西の門想定心を結ぶ軸線の八・九尺ほど南に位置するようである（図1―23）。

平城宮第一次大極殿院　第一次大極殿院は回廊の心々で東西五〇〇大尺、南北およそ九〇〇大尺の規模を有するのは先に述べた通りである。大極殿院を南から九等分する東西の基準線の内、南面回廊中心線から六〇〇大尺の基準線に塼積擁壁正面部分が配置され、正面部の中点⑥から大極殿心は三三・一二メートル、つまり一一二・三尺（九三・六大尺）であり、一〇尺あるいは一〇大尺単位の完数値にはならない。南面回廊中心線から七〇〇大尺北の基準線と中軸線との交点⑦（計測上は⑥から一〇〇大尺北）から見ると、大極殿心は二・二八メートル、約八尺南に位置する（図1―24）。

恭仁宮大極殿院　平成十九年度調査[13]で大極殿院回廊北西部の遺構を検出しており、その規模が第一次大極殿院回廊の桁行一五・五尺、梁行二間一二尺等間の規模と一致し、『続日本紀』天平十五年（七四三）十二月辛卯（二十六日）条にある、平城宮からの回廊の移築の記事が裏付けられた。ただし、基壇の出が小さく、軒先は切り縮められていたようである。大極殿の南北中軸線との関係で回廊心々規模は東西約一四二メートル、四八〇尺と判断されている。この場合、基準尺は〇・二九五八メートルとなる。大極殿心と北面回廊南側柱筋は一〇七尺と報告されるため、北面回廊心とは南側回廊梁行柱間一二尺を加えて一一九尺となる。平成二十二年十月の新聞発表によると南面回廊の遺構が検出され、大極殿院の南北長は約一七二メートルと推定された。詳細は明らかではないがこの距離は五八〇尺とみることができる。大極殿院の南北中軸線上を南から四対一に内分する基準線の位置は北面回廊心から一一六尺となり、大極殿心がその三尺南に位置することになる（図1―25）。

後期難波宮大極殿院　大極殿院回廊心々規模は東西三四二尺、南北二六三尺であり、北面回廊中心に後殿が置かれる[14]。後殿の基壇南北規模が四六・五尺、後殿南面と大極殿北面の地覆石外面間距離が三二尺、大極殿基壇南北規模が七一・五尺とされる。従って、大極殿心は北面回廊心から九一尺（＝四六・五÷二＋三二＋七一・五÷二）南に位置する。大極殿院の南北中軸線上を南から二対一に内分する基準線は北面回廊心から八七・六七尺であり、大極殿心が東西の基準線の位置より三・三尺程南にあることになる（図1―

26）。

平城宮第二次大極殿院　奈良時代後半の平城宮第二次大極殿院の回廊心々規模は東西三八〇尺、南北二六七尺である[15]。大極殿心は南面回廊心から一七三尺の位置にあり、回廊の南北規模二六七尺を南から二対一に内分する基準線は南門心から一七八尺の位置であって、大極殿心が東西の基準線の位置より五尺程南にあることになる（図1―27）。

長岡宮大極殿院　大極殿院は東西三四〇尺、南北三九〇尺の規模の回廊が巡り、その中で回廊と独立して大極殿と後殿が軒廊で結ばれる[16]。大極殿心は北面回廊心の一八〇尺南、南面回廊心の二一〇尺北に置き、後殿心は大極殿心と北面回廊心の中間に置く。大極殿院を南北に二分する東西の基準線は南面回廊心から一九五尺北の位置であるため、大極殿心は基準線の一五尺北の位置にあることになる（図1―28）。

小　結　既に発掘調査が行われ、大極殿や大極殿院の回廊の位置が明らかになっている六つの例で大極殿院における大極殿の位置をみると、後期難波宮大極殿院や平城宮第二次大極殿院のように大極殿院回廊規模は心々距離で一〇尺単位の完数値を持つとは限らないことがわかる。また、中心殿舎である大極殿の配置はその建物心で見る限り中途半端な位置にあるようにみえる。しかし、南北規模の明らかな大極殿院においては、大極殿院の中軸線を南から数等分した東西方向の基準線が大極殿中心ではなく、その少し北側を通ることが共通する。少しというのは数尺から大極殿身舎梁間の半分程度となろう。その基準線の位置は南から、平城宮第一次大極殿院で七対二、恭仁宮大極殿院で四対一、難波宮大極殿院で二対一、平城宮第二次大極殿院で二対一である。一方、長岡宮になると南から一対一に内分する点は大極殿中心の南側を通り、様子が異なる。いずれにしても大極殿の中心は大極殿院の中では配置の基準になっていないのである。

こうした大極殿院における大極殿の配置は、他の大規模な区画施設内での中心建物の配置原理とは異なることが指摘できる。たとえば、平城宮第一次大極殿院の東側に位置し、第二次大極殿の下層で検出された大安殿と目される建物遺構SB九一四〇の中心は、建物を囲む東西二四〇尺、南北二七〇尺の内郭の中軸線上を南から二対一に内分する位置に一致させているのである[18]（図1―

29）。大極殿院とは基本的な設計思想が異なることを窺わせる。

（二）基準線の位置と柱配置の関係

では、平城宮第一次大極殿院において南面回廊中心線から七〇〇大尺の基準線と南北中軸線との交点⑦と、大極殿心ＤＣとの関係はどのようであろうか。

先述した通り、平城宮第一次大極殿の基壇規模は、『年報二〇〇〇―Ⅲ』の発掘調査報告では、東西一八〇尺、南北九七尺とし、身舎の規模は桁行七間（一七尺等間）、梁間二間（一八尺等間）とするが、廂の出と基壇の出については、一五尺と一五・五尺、逆の一五・五尺と一五尺としており、平城宮跡での発掘調査では結論までは出していない（図1―30～31）。

大極殿の梁行柱間は身舎一八尺であり、仮に柱配置案①で廂を一五・五尺とすると、南側廂部分を除いた、身舎（一八尺×二）と北廂（一五・五尺）を合わせた規模は五一・五尺となり、その中心は身舎南側柱筋から五一・五÷二＝二五・七五尺北、大極殿心からは二五・七五－一八・〇＝七・七五尺（二・二九メートル）、すなわち廂の出の半分北である。一方、⑦と大極殿心ＤＣとの関係は前述したようにＤＣが⑦の南七・七尺（二・二八メートル）に位置する。すなわち、⑦は大極殿の身舎と北廂を合わせた部分の中心に計算上一センチの差で一致すると言える。柱配置案②で廂の梁行柱間を一五尺としてもその差は一尺に満たないため、一致するとみてよい。従って、廂の梁行柱間寸法がいずれにしても、大極殿の配置は身舎と北廂を合わせた部分の中心（＝廂の出の半分だけ大極殿心の北の位置）と⑦が一致した計画であったといえよう（図1―32）。

前述の平城宮第二次大極殿院の場合はどうか、報告書[19]に記された遺構配置図の数値から検討してみよう。大極殿下層建物遺構の中心が大極殿の北廂柱筋に合うことから大極殿院における大極殿の配置の基準は、大極殿の北廂柱筋を南面回廊心から二〇〇尺に置くという。その大極殿梁行柱間は身舎が一五尺等間、廂が一二尺であり、このため大極殿身舎と北廂を合わせた部分の中心は、南面回廊心から一七九尺（＝二〇〇－二一）となる。一方、大極殿院回廊の南北規模は二六七尺であるため、中軸線上で大極殿院の南北規模を南から二対一に内分する点は南面回廊心から一七八尺となって一尺の違いであり、誤差の範囲とみて良い。ここでも内分点に、身舎と北廂を合わせた部分の中心を合わせた計画であったとみることができよう（図1―33）。

このことから大極殿院における大極殿の配置計画上、大極殿の南廂は異質な扱いをされていることが指摘でき、大極殿の南廂を除いた北三間分の中心をTとすると、Tは東西の基準線に載せていることがわかった。すなわちTを、第一次大極殿では大極殿院の南北中軸線を南門心から七対二に内分する点に、第二次大極殿では南門心から二対一に内分する点にそれぞれ載せているのである。このような配置計画をとったため、大極殿院の中で大極殿心の配置が変則的な位置にあるようにみえたのである。

（三）大極殿の柱間装置

では、大極殿の南廂が他の部分とは配置上の意味が異なることに関連し、大極殿の構造、特に正面の柱間装置について見ておこう。平城宮第一次大極殿の構造は正面全面を開放、側面と背面は階段正面を扉、他を壁と考えられている。これは以下三つの理由による。[20]

①『日本紀略』昌泰二年（八九九）五月二十二日条に「未の時、飄風吹き、大極殿高御座巽の方に傾く」とあり、風が吹き込む構造になっていた。

②『貞観儀式』等にみえる儀式の所作においても背面および東西の扉についてのみ言及するだけで、前面の扉に関する記載が全く認められない。

③平安時代末期の『年中行事絵巻』にみえる平安宮大極殿が正面を開放にしている。ただし、この絵画資料については江戸時代の御即位図のように内部を見せるための絵画的処理とする見方もある。[21]

大極殿院における大極殿の配置計画からみると大極殿の南廂は異質な扱いをされていることが指摘できたが、そのことから、八世紀末建立で唯一奈良時代の現存する金堂である唐招提寺金堂のように、南廂が吹き放しであった可能性もあると思われる（図1―34）。発掘調査により知られる飛鳥の川原寺中金堂跡や毛原廃寺金堂跡、奈良時代以来の形式を守っているとされる室町時代再建の興福寺東金堂も同様の吹き放し構造である。金堂前庭を儀式で使う場合（庭儀という）に中門や回廊も重要な役割を担うため、一連の空間をつくり出すには、このような金堂の構造は有効であった。[22]また、時代は降るが、儒教を国教とした朝鮮王朝で、儒教の祖孔子を祀る孔廟の大成殿（図1―35）は韓国ソウルの成均館大学構内に残り、桁行五間、梁間四間で、正面の奥行き一間分のみ吹き放しとなっており、寛文八年（一六六八）建造の足利学校孔子廟すなわち大成殿も同様である。

第一次大極殿の配置計画の検討も大極殿の構造を考える一つの資料であるが、文献史料なども加えた総合的判断がなされるものである。特に、同時代の唐長安城太極宮太極殿の内部（図1―36）は中堂、その東西に東序・西序、建物北辺に設けられた東房・室・西房などで構成されており、多くは閉鎖的な室になっていたが、中堂のみ南方に開放的な空間であったという指摘[23]もあるため、こうした影響は大きかったと思われる。

2　大極殿内の高御座の位置

『国史大辞典』（吉川弘文館）の「高御座」の項を見ると、高御座は大極殿内部の「中央」に置かれるとされ、幕末の裏松固禅の『大内裏図考証』でも同様に図示されていることから、高御座は大極殿の中央に設置されるというのが一般的な理解となっているようである。『平城宮発掘調査報告XⅣ 第二次大極殿院の調査』（一九九三）においても「身舎中央に高御座」との記載がある。[24]一方、根拠は示されていないのだが、橋本義則氏[25]は「大極殿の中央やや後方」と指摘する。遺構の残らない高御座が、奈良時代、大極殿の中央やや後方に置かれたという確かな保証はない。しかしながら、多くの仏殿の須弥壇や中国・韓国に現存する宮殿の玉座が建物中心よりやや奥にあり、京都御所内の現在の高御座も紫宸殿中心よりやや奥に設置されている事例もある（図1―37・38）。

唐長安城太極宮太極殿で皇帝の御座が設けられた位置については吉田歓氏[26]が分析しており、儀式では中堂の一郭、中堂と室を画する北壁の「北壁下」とその南の「中楹之間」に御座が設けられたが、後者の儀式は一部に限られており、ほとんどの儀式は北壁下に御座を設けたというのである。

第一次大極殿院では大極殿内の北寄り、詳しくは身舎に北廂を加えた部分の中央の点を南門心から七〇〇大尺になるように大極殿を配置した。そして、その点が塼積擁壁の設計に関わる等差の同心三円の中心なのである。大極殿のやや奥まった位置にあるこの点こそ、天皇の玉座である高御座の中心であろう。

大極殿院の中での基準線の割付位置によって高御座の位置が決まるが、大極殿内での高御座の位置は北廂の梁行柱間寸法の半分、大極殿心から北にずらすことによって決まることになる。そのことから塼積擁壁の設計においては高御座心とともに大極殿心も用いられてはいたが、配置計画において大極殿心は高御座心ほど重要視されてはおらず、大極殿院において重要なのは高御座心であったと言えよう。言うまでもなく高御座は天皇位の象徴であるからである。

塼積擁壁の設計にみた等差の同心三円に一偏心円が交差する設計案Bの構造は、七世紀終わりから八世紀初めに造られたと考えられているキトラ古墳の石室天井に描かれた天文図（図1—39）を連想させ、同心三円の中心に位置する高御座は天の北極と繋がる地軸を思わせる。このような設計が意図したのは宇宙の構造ではなかろうか。

【参考文献および註】

（1）奈良国立文化財研究所　一九八二『平城宮発掘調査報告ＸＩ　第1次大極殿地域の調査』

（2）橋本義則　一九九五「朝政・朝儀の展開」『日本の古代7まつりごとの展開』中公文庫　二〇八—二〇九頁

（3）田島公　一九七五「律令国家と都市」『大系　日本国家史』1古代　二四五頁

（4）閤門とは本来はくぐり門・小門の意味で、内裏の門を指す。奈良時代後半の平城宮第二次大極殿は内裏の前殿で、大極殿院南門が内裏南外郭に開く門であるため、『続日本紀』延暦二年（七八三）正月癸巳（十六日）条のようにその南門が閤門と記される。第一次大極殿院南門も天平元年（七二九）六月癸未（二十四日）条に閤門と記されるが、その意味からすると奈良時代前半に閤門と称されたかは疑わしいという。渡辺晃宏　二〇〇七「閤門」『歴史考古学大辞典』吉川弘文館　四四六頁

（5）今泉隆雄　一九九三『古代宮都の研究』吉川弘文館　二〇三頁

（6）中島義晴・蓮沼麻衣子・浅川滋男　二〇〇〇「第一次大極殿院地区の調査　第三一一次」『奈良国立文化財研究所年報二〇〇〇—Ⅲ』奈良国立文化財研究所　二四—二八頁

（7）この平城宮第一次大極殿については恭仁宮に移設されたことが『続日本紀』天平十五年（七四三）十二月辛卯（二十六日）条にあり、遺構の確認（中谷雅治・上原真人　一九七七「恭仁宮五十一年概要」『埋文概報』京都府教育委員会）と検討を経て記載は事実と確定している。小澤毅氏は一九九三年に大極殿の規模が藤原京の大

官大寺講堂に近似していることなどを指摘し、藤原宮大極殿、平城宮第一次大極殿、恭仁宮大極殿の遺構の詳細な検討から、藤原宮の大極殿が平城宮を経て恭仁宮に移築されたと結論づけ、柱配置案①と同じ案を示していた（小澤毅　一九九三「平城宮第一次大極殿院の変遷について」『考古論集』潮見浩先生退官記念事業会　六二一—六四六頁）。基準尺を平城宮第一次大極殿の遺構から求めた〇・二九五四メートルとすると、柱配置案①では六六尺一九・五〇メートルとなり、柱配置案②では六七尺一九・七九メートルとなる。恭仁宮大極殿跡の北西隅と南西隅に残存する礎石の心々距離は一九・八メートルと報告されており、移築時に廂の出を一五尺から一五・五尺に大きくするような改変を加えていないとの想定に立つと、第一次大極殿の復元プランは柱配置案②が近い値となる。ただし、別の報告『大極殿の研究』（福山敏男　一九五七　平安神宮）の註の五〇—五一頁にある工藤圭章氏の指摘にもある通り、西南隅の礎石は欠損が著しく、大木が近接し原位置を保っているかは疑わしく、部分的な発掘調査のみの現状で梁行総長を正確に確定するのは難しいと思われる。なお、平城宮跡の現地で復元した第一次大極殿については、この時期の中心的な建物の柱間に一五・五尺のような半端な数値は用いないとの小澤氏の指摘もあり、氏が一九九三年に示した廂の出を一五尺とみている復原案を採用している。

（8）大林潤　二〇〇九「基壇平面の検討」『平城宮第一次大極殿の復原に関する研究1基壇・礎石』奈良文化財研究所学報第七九冊　奈良文化財研究所　九六—一〇八頁

（9）南面回廊の場合、築地の東南隅心と西南隅心との距離一七七・〇メートルを六〇〇尺とすると、遺構から算出した基準尺は〇・二九五メートルとなる。一方、東面回廊の場合、築地の東南隅心と東北隅心との距離三一七・六メートルを一〇八〇尺とすると、遺構から算出した基準尺は〇・二九四メートルとなる。南面回廊東西心（南門心）と塼積擁壁正面部心⑥の間を六〇〇大尺（二一一・二三メートル）とみると基準尺は〇・二九三五二メートルとなる。仮に南面回廊から求めた〇・二九五で実長三一七・六メートルを割ると一〇七六・六尺となる。回廊柱間寸法が一五・五尺で六八間、南面・北面の回廊の梁間が一二尺であるため、各一間分を加えると一〇七八尺となる。基本的な計画寸法一〇八〇尺と実施段階で個々の寸法を積み上げたものには違いがあるのかもしれない。南北方向の築地回廊の規模を何尺で計画し、基準尺がどのくらいになるか、大極殿院全体の施工の実態と併せて引き続いて検討が必要である。

（10）高麗尺は七世紀初めごろから八世紀初頭にかけて使用された尺度。大宝雑令に規定された度量衡制に大尺と小尺がみえ、大尺の一尺は小尺の一尺二寸、大尺は土地の計測に用いるとされた。この大尺が高麗尺と呼ばれた。『続日本紀』和銅六年（七一三）二月壬子（十九日）条や『令集解』田令に引く古記の記述から大尺の使用は後に禁止されたと考えられている。井上和人　二〇〇七「高麗尺」『歴史考古学大辞典』吉川弘文館　四九三頁

（11）林部均　二〇〇八『飛鳥の宮と藤原京　よみがえる古代王宮』吉川弘文館　一二八—一二九頁、林部均　二〇〇九「飛鳥宮—大極殿の成立—」『都城制研究（2）』奈良女子大学二一世紀COEプログラム報告集第二三巻　奈良女子大学　一七—三六頁、小澤毅　一九九七「飛鳥浄御原宮の構造」『堅田直先生古希記念論文集』真陽社　三八一—四〇四頁

（12）西口壽生　二〇〇三「大極殿院の調査—第一一七次」『奈良文化

財研究所紀要』二〇〇三　奈良文化財研究所　七八—八四頁

(13) 奈良康正『恭仁宮跡平成十九年度保存活用調査報告』京都府埋蔵文化財調査報告書（平成十九年度）一　京都府教育委員会

(14) 中尾芳治　一九九五「後期難波宮大極殿院の規模と構造について」『難波宮址の研究』第十　財団法人大阪市文化財協会　一五九—一六一頁

(15) 小野健吉　一九九三「建物配置計画」『平城宮発掘調査報告ⅩⅣ　平城宮第二次大極殿院の調査』奈良国立文化財研究所　一三七—一四四頁

(16) 國下多美樹　一九九七「長岡宮」『都城における行政機構の成立と展開』奈良国立文化財研究所　一〇五—一六〇頁

(17) 寺崎保広・金子裕之　一九九三「遺構の性格」『平城宮発掘調査報告ⅩⅣ　平城宮第二次大極殿院の調査』　奈良国立文化財研究所　一四五—一七〇頁

(18) 前掲書（15）

(19) 前掲書（15）

(20) 清水真一・清水重敦・金子隆之　二〇〇三「平城宮第一次大極殿の復原設計」奈良文化財研究所紀要　二〇〇三　奈良文化財研究所　二〇—二三頁

(21) 上野邦一・浅川滋男　一九九三「建築遺構の復元」『平城宮発掘調査報告ⅩⅣ　第二次大極殿院の調査』　奈良国立文化財研究所　一七九—一八二頁

(22) 山岸常人　二〇〇五『塔と仏堂の旅　寺院建築から歴史を読む』朝日新聞社　一六—二三頁

(23) 吉田歓　二〇〇二『日中宮城の比較研究』吉川弘文館　一八—二四頁

(24) 上野邦一・浅川滋男　一九九三「建築遺構の復元」『平城宮発掘調査報告ⅩⅣ　第二次大極殿院の調査』奈良国立文化財研究所　一七九—一八二頁

(25) 前掲書（2）一六四頁

(26) 前掲書（22）

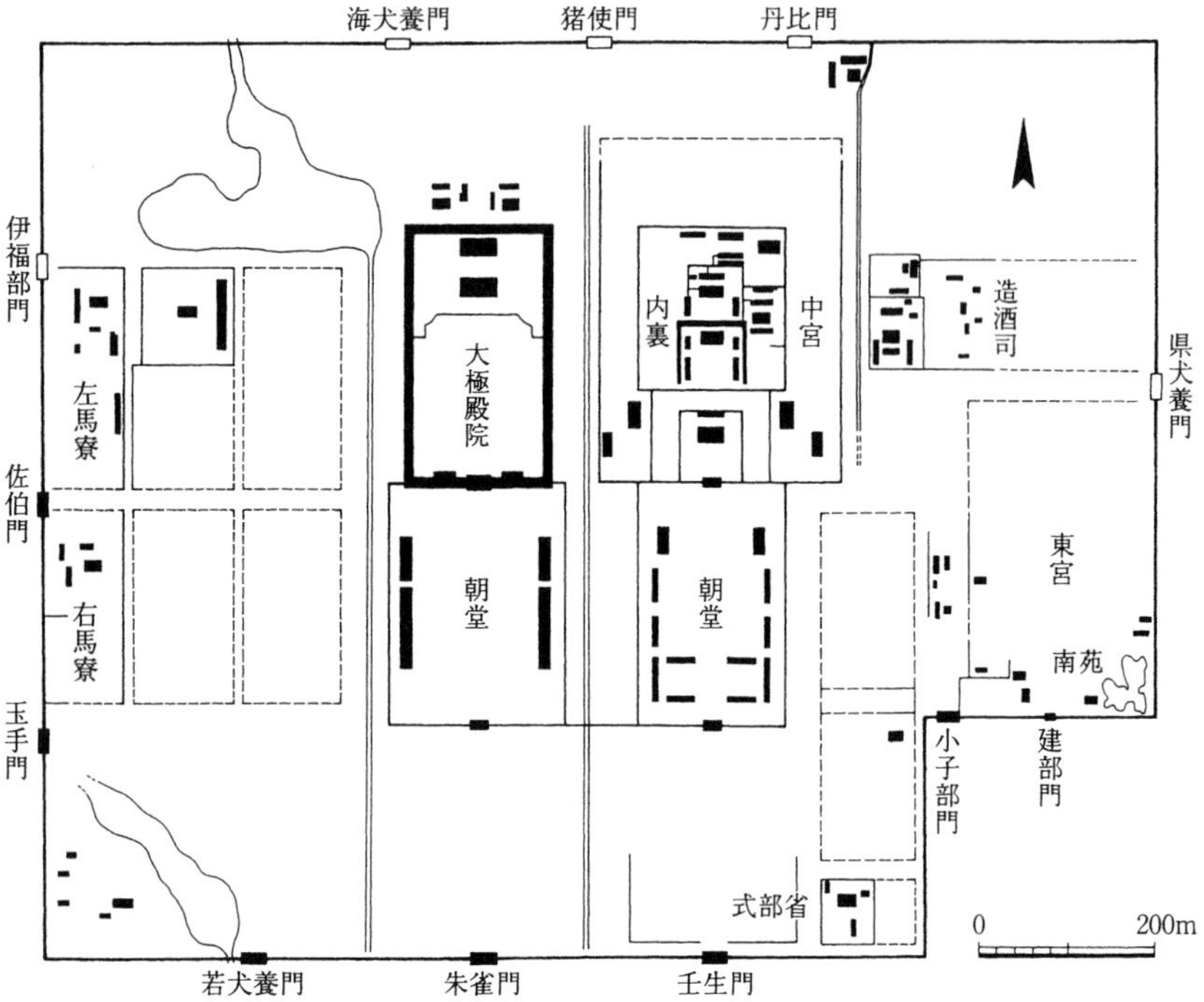

図１－１　奈良時代前半の平城宮

小澤毅　2003『日本古代宮都構造の研究』青木書店　310頁

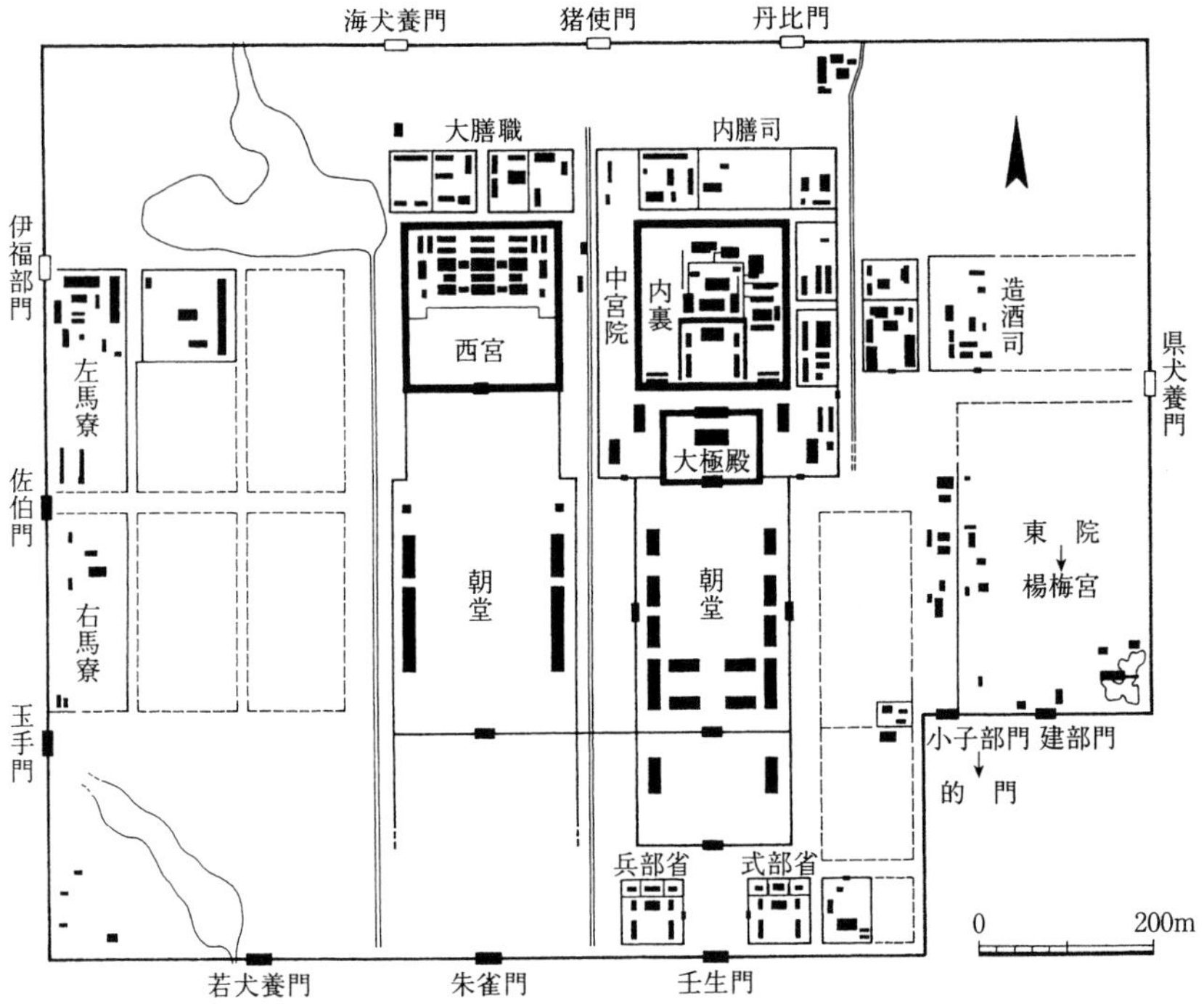

図１－２　奈良時代後半の平城宮

小澤毅　2003『日本古代宮都構造の研究』青木書店　311頁

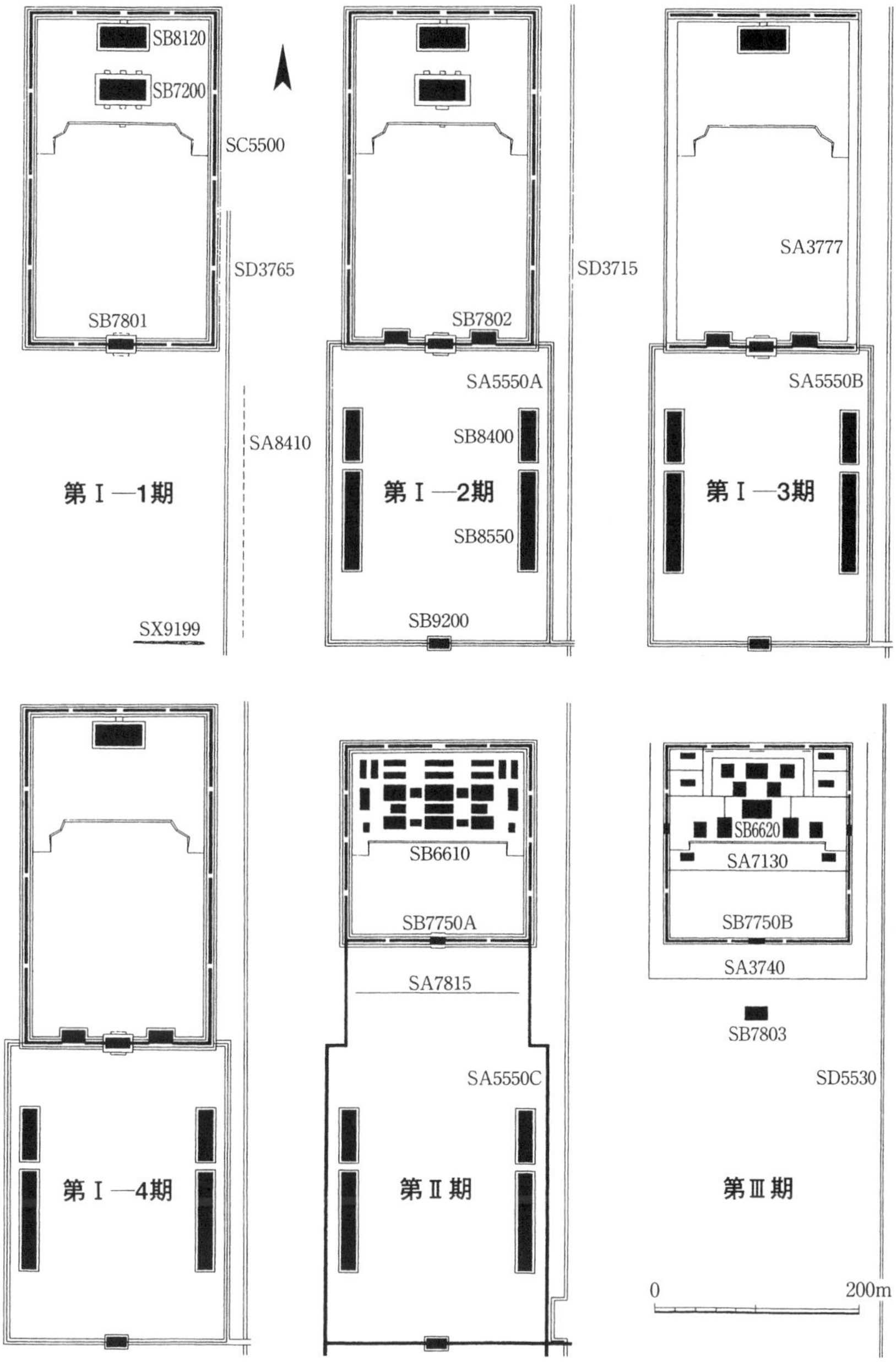

図1－3　平城宮中央区の変遷

小澤毅　2003『日本古代宮都構造の研究』青木書店　314頁

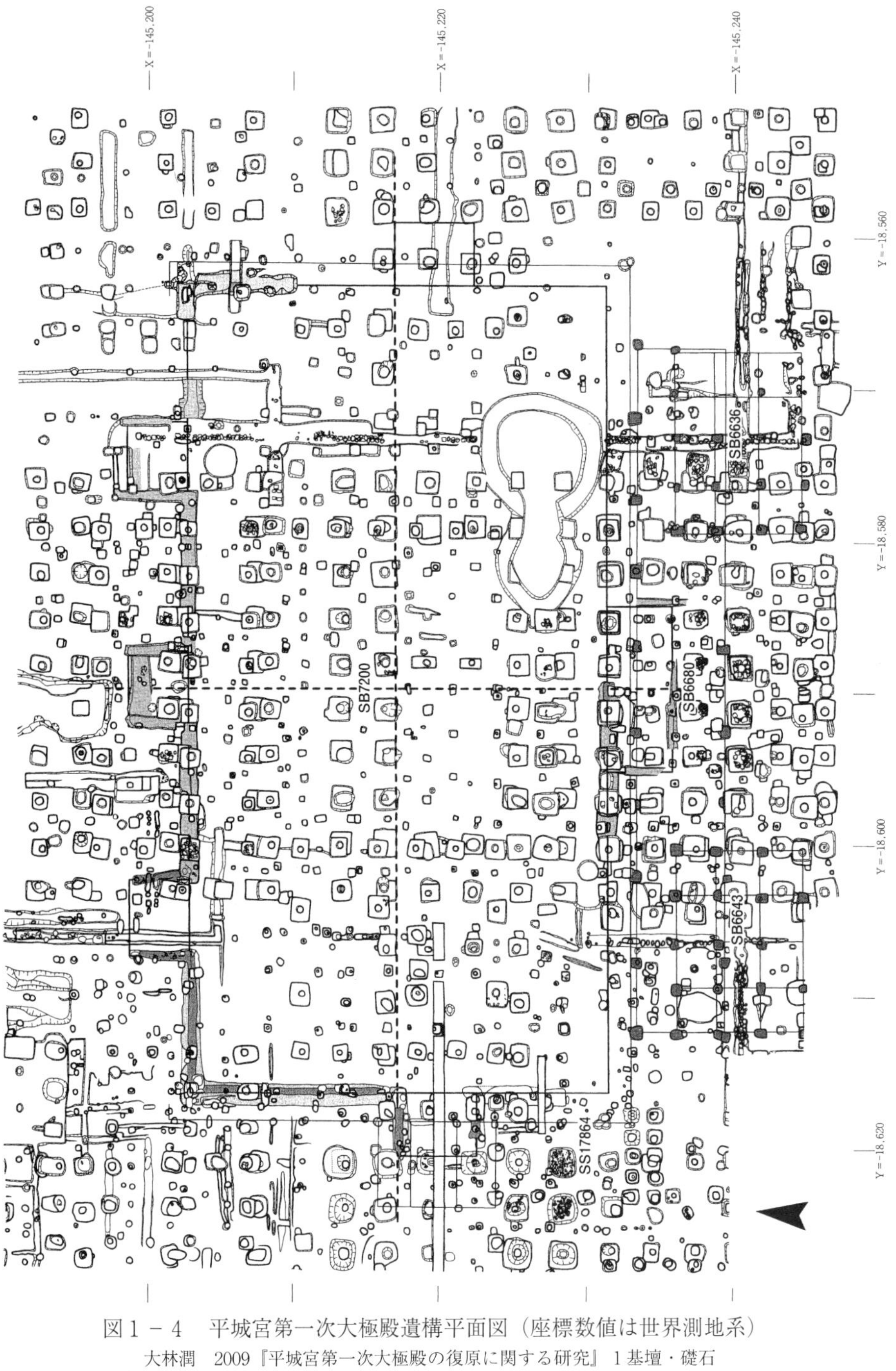

図１－４　平城宮第一次大極殿遺構平面図（座標数値は世界測地系）
大林潤　2009『平城宮第一次大極殿の復原に関する研究』１基壇・礎石
奈良文化財研究所学報第79冊　奈良文化財研究所　21頁

図１－５　平城宮第一次大極殿院１/100模型（井戸位置は写真で修正済）

図１－７　塼積擁壁正面部（南西から）

図１－８　塼積擁壁正面部中央の木階遺構
（西から）

図１－６　塼積擁壁検出状況
（西から．右半が奈良時代後半の整地土）

奈良文化財研究所提供

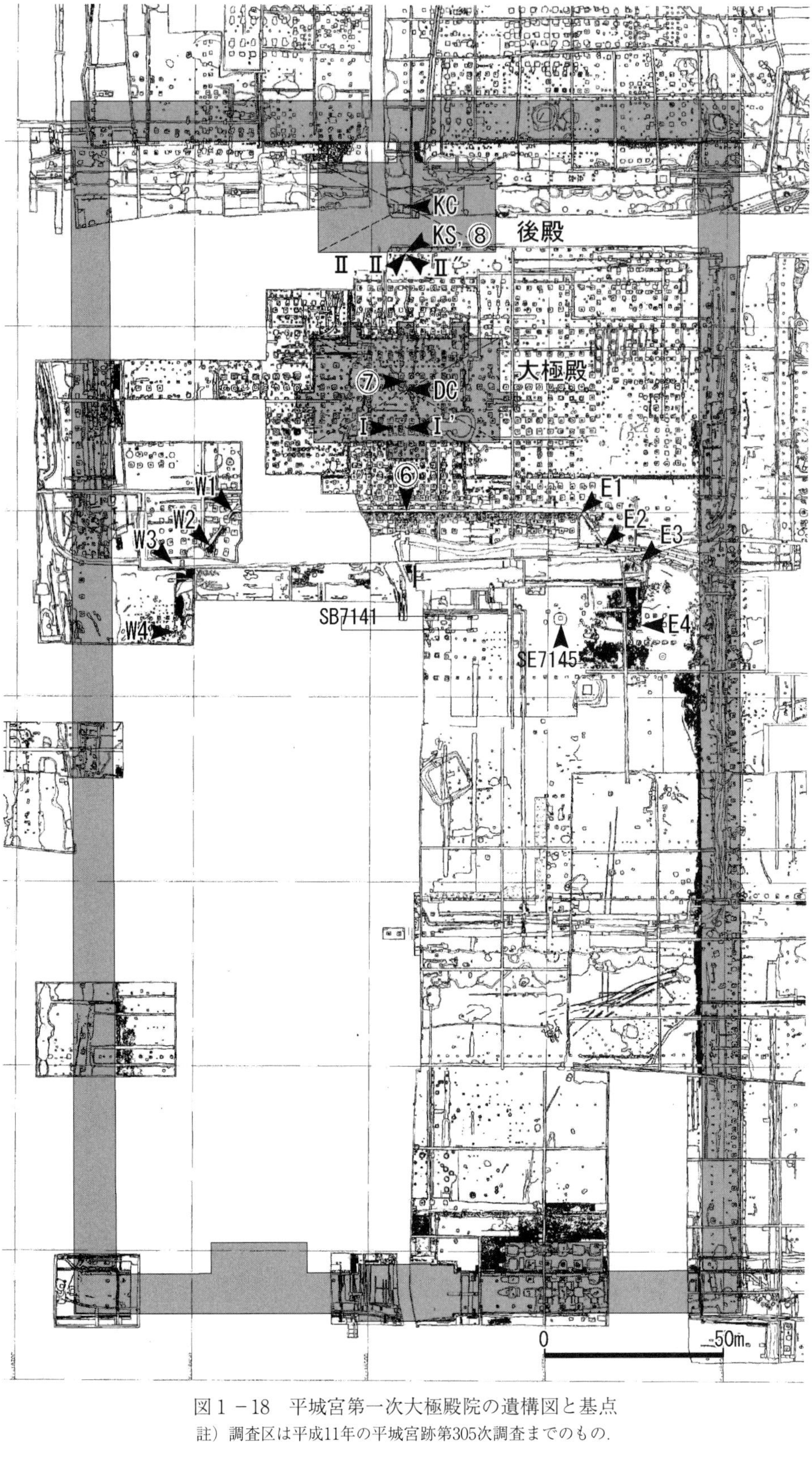

図１－18　平城宮第一次大極殿院の遺構図と基点

註）調査区は平成11年の平城宮跡第305次調査までのもの.

表１－１　平城宮第一次大極殿院遺構座標値および基点座標値

場所	記号	X	Y	特記事項（出典）
大極殿院回廊北東隅心		−145,143.66	−18,501.86	
塼積擁壁中点の280尺北	28	−145,167.60	−18,589.94	
後殿想定心	KC	−145,167.49	−18,589.94	
塼積擁壁中点の200大尺北（800/900）	⑧	−145,179.40	−18,589.94	
後殿基壇南面想定中点	KS	−145,179.44	−18,589.94	
斜路出隅南辺延長部交点	Ⅱ	−145,180.96	−18,590.53	
Ⅱの近似点（Ⅱの0.49東，0.25南）	Ⅱ′	−145,181.21	−18,590.04	
Ⅱの近似点（大極殿心の120尺北）	Ⅱ″	−145,181.68	−18,589.94	
塼積擁壁中点の100大尺北（700/900）	⑦	−145,214.80	−18,589.94	
高御座心	T	−145,214.79	−18,589.94	（身舎＋北庇）の中心値
大極殿心	DC	−145,217.08	−18,589.94	奈文研年報2000-Ⅲ　pp.24-27
大極殿基壇南面階段下推定中点	DSK	−145,235.83	−18,589.86	基壇南面心の15尺南
Ⅰの近似点（塼積擁壁中点の80尺北）	Ⅰ′	−145,226.60	−18,589.94	
斜路出隅南辺延長部交点	Ⅰ	−145,227.41	−18,593.73	
塼積壇中点（600/900）	⑥	−145,250.20	−18,589.94	
塼積壇東端	E1	−145,250.16	−18,540.94	
塼積壇西端	W1	−145,250.24	−18,638.93	
東斜路出隅	E2	−145,258.90	−18,534.68	
西斜路出隅	W2	−145,259.40	−18,645.33	
東斜路入隅	E3	−145,264.75	−18,523.72	
西斜路入隅	W3	−145,265.62	−18,655.36	検出できず，想定値
東斜路起点	E4	−145,280.78	−18,524.17	南端はさらに南の可能性大
西斜路起点	W4	−145,282.43	−18,655.55	
北側幡竿列	BN1	−145,278.50	−18,571.38	東から１つ目の柱穴心
北側幡竿列	BN3	−145,278.55	−18,583.45	東から３つ目の柱穴心
南側幡竿列	BS1	−145,282.05	−18,571.35	東から１つ目の柱穴心
南側幡竿列	BS3	−145,282.10	−18,583.00	東から３つ目の柱穴心
井戸 SE7145	SE	−145,278.90	−18,546.60	
大極殿院回廊南東隅心		−145,461.25	−18,500.47	
大極殿院南面回廊心		−145,461.53	−18,588.99	
大極殿院回廊南西隅心		−145,461.80	−18,677.50	奈文研年報1999-Ⅲ　p.18

註）座標値は2004年４月の改正測量法施行前の日本測地系（第Ⅵ系）による．

この数値を平城宮跡で世界測地系に変換するためにはおよそX座標に346.4m，Y座標に-261.3mを加えればよいが，少数第二位の扱いが難しくなるので，変換せずに既発表の数値の掲載に留めた．

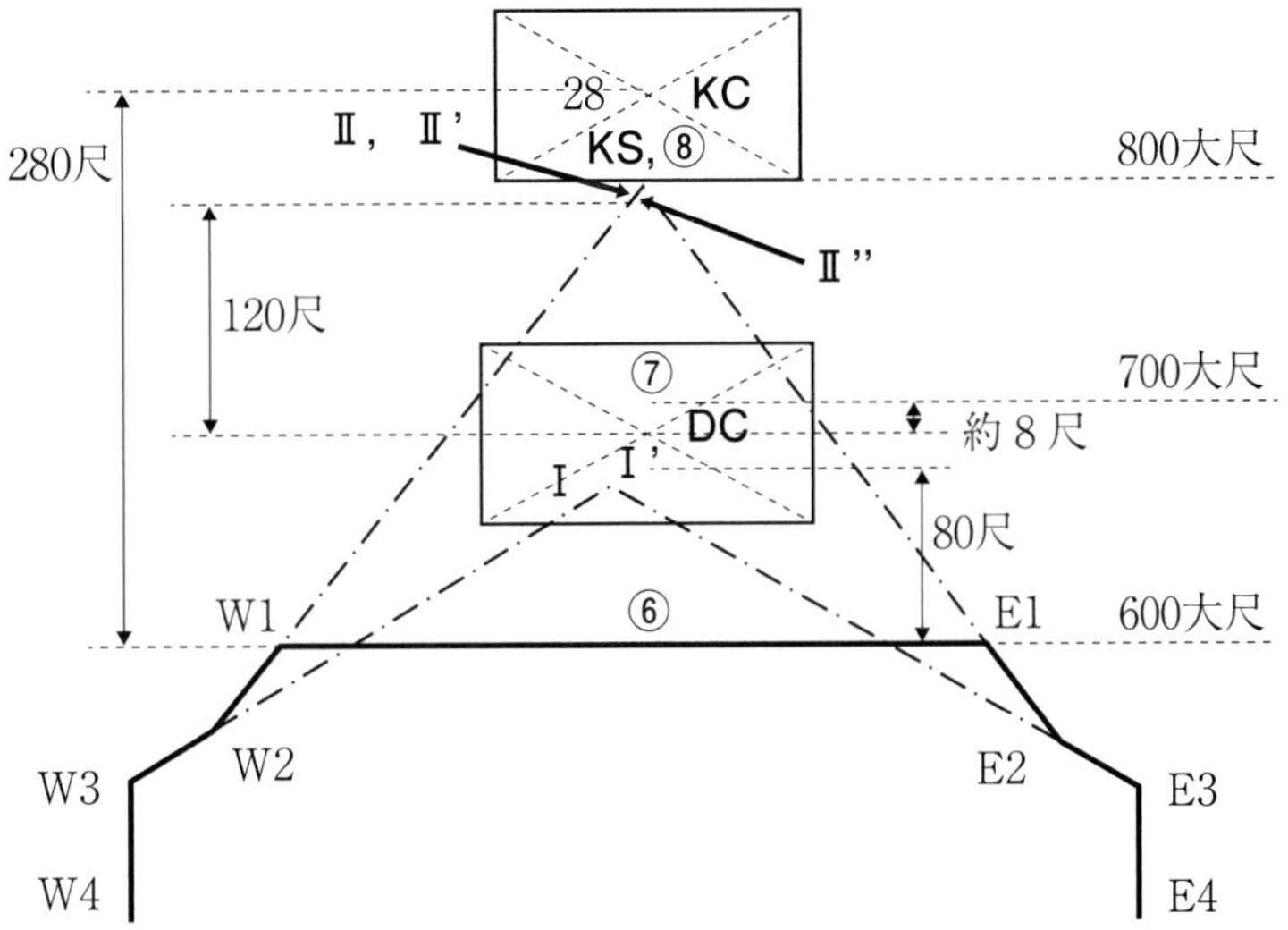

図１－19　基点配置図

表１－２　各基点から塼積擁壁各点までの距離

（ア）基点（記号）	（イ）擁壁各点	（ウ）距離（m）	（エ）距離（尺）	（オ）距離（大尺）	（カ）計画値尺	（キ）計画値大尺	（ケ）整数値（×40尺）	（ク）整数値（×30大尺）
塼積擁壁中点の280尺北　(28)	⑥	*82.60*	*280.0*	*233.3*			*7*	
	E1	96.01	325.5	271.2		270大尺		
	W1	96.07	325.7	271.4		270大尺		
	E2	106.72	361.8	301.5				
	W2	107.22	363.5	302.9				
	E3	117.57	398.5	332.1	400尺		10	
	W3	117.85	399.5	332.9	400尺		10	
	E4	130.90	443.7	369.8				
	W4	132.25	448.3	373.6	450尺			
塼積擁壁中点の200大尺北　(⑧)	⑥	*70.80*	*240.0*	*200.0*			*6*	
	E1	86.07	291.8	243.1	290尺			
	W1	86.13	292.0	243.3	290尺			
	E2	96.82	328.2	273.5	330尺			
	W2	97.30	329.8	274.9	330尺			
	E3	108.03	366.2	305.2				
	W3	108.23	366.9	305.7				
	E4	120.85	409.7	341.4				
	W4	122.15	414.1	345.1				
1-2延長部交点　(Ⅱ)	⑥	69.24	234.7	195.6				
	E1	85.13	288.6	240.5		240大尺		8
	W1	84.52	286.5	238.8		240大尺		8
	E2	95.88	325.0	270.8		270大尺		9
	W2	95.69	324.4	270.3		270大尺		9
	E3	107.16	363.3	302.7				
	W3	106.64	361.5	301.2				
	E4	119.86	406.3	338.6		340大尺		
	W4	120.52	408.5	340.5	410尺	340大尺		
交点Ⅱの近似点（Ⅱ′）	⑥	68.99	233.9	194.9				
（交点Ⅱの0.49E　0.25S）	E1	84.65	286.9	239.1		240大尺		8
	W1	84.59	286.7	239.0		240大尺		8
	E2	95.40	323.4	269.5		270大尺		9
	W2	95.76	324.6	270.5		270大尺		9
	E3	106.66	361.6	301.3	360尺	300大尺		10
	W3	106.73	361.8	301.5	360尺	300大尺		10
	E4	119.39	404.7	337.3				
	W4	120.57	408.7	340.6	410尺	340大尺		
大極殿心の120尺北（Ⅱ″）	⑥	68.57	232.4	193.7				
	E1	84.21	285.5	237.9				
	W1	84.26	285.6	238.0				
	E2	94.96	321.9	268.2				
	W2	95.44	323.5	269.6				
	E3	106.23	360.1	300.1	360尺	300大尺	9	10
	W3	106.42	360.7	300.6	360尺	300大尺	9	10
	E4	118.94	403.2	336.0				
	W4	120.23	407.6	339.6		340大尺		
塼積擁壁中点の100大尺北　(⑦)	⑥	*35.40*	*120.0*	*100.0*			*3*	
高御座心	E1	60.43	204.8	170.7		170大尺		
	W1	60.46	204.9	170.8		170大尺		
	E2	70.70	239.7	199.7	240尺	200大尺	6	
	W2	71.11	241.1	200.9	240尺	200大尺	6	
	E3	82.95	281.2	234.3	280尺		7	
	W3	82.84	280.8	234.0	280尺		7	
	E4	93.16	315.8	263.2				
	W4	94.23	319.4	266.2	320尺		8	
大極殿心（DC）	⑥	33.12	112.3	93.6				
	E1	59.12	200.4	167.0	200尺		5	
	W1	59.16	200.5	167.1	200尺		5	
	E2	69.30	234.9	195.8				
	W2	69.71	236.3	196.9				
	E3	81.59	276.6	230.5		230大尺		
	W3	81.43	276.0	230.0		230大尺		
	E4	91.56	310.4	258.6		260大尺		
	W4	92.60	313.9	261.6		260大尺		
（Ⅰ）の近似点　⑥の80尺北（Ⅰ′）	⑥	*23.60*	*80.0*	66.7			*2*	
	E1	54.37	184.3	153.6				
	W1	54.40	184.4	153.7				
	E2	64.01	217.0	180.8				
	W2	64.37	218.2	181.8				
	E3	76.42	259.1	215.9	260尺			
	W3	76.17	258.2	215.2	260尺			
	E4	85.21	288.8	240.7	290尺			
	W4	86.15	292.0	243.4	290尺			
2-3延長部交点　(Ⅰ)	⑥	23.10	78.3	65.3				
	E1	57.48	194.8	162.4				
	W1	50.65	171.7	143.1				
	E2	66.92	226.8	189.0				
	W2	60.72	205.8	171.5				
	E3	79.34	268.9	224.1				
	W3	72.52	245.8	204.9				
	E4	87.67	297.2	247.7				
	W4	82.77	280.6	233.8				

註）斜体字は設定した数値.

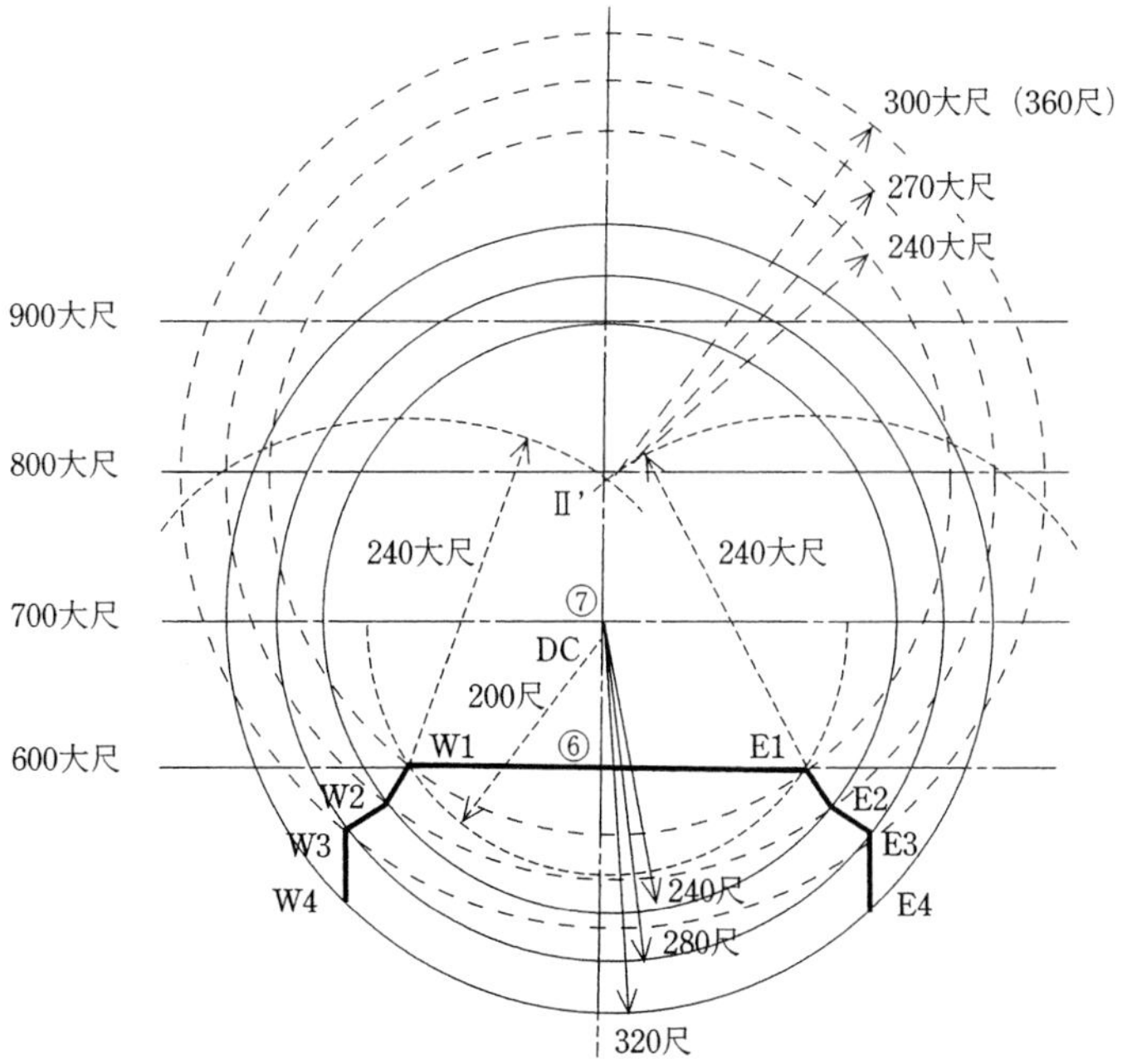

図1－20　設計手法案A

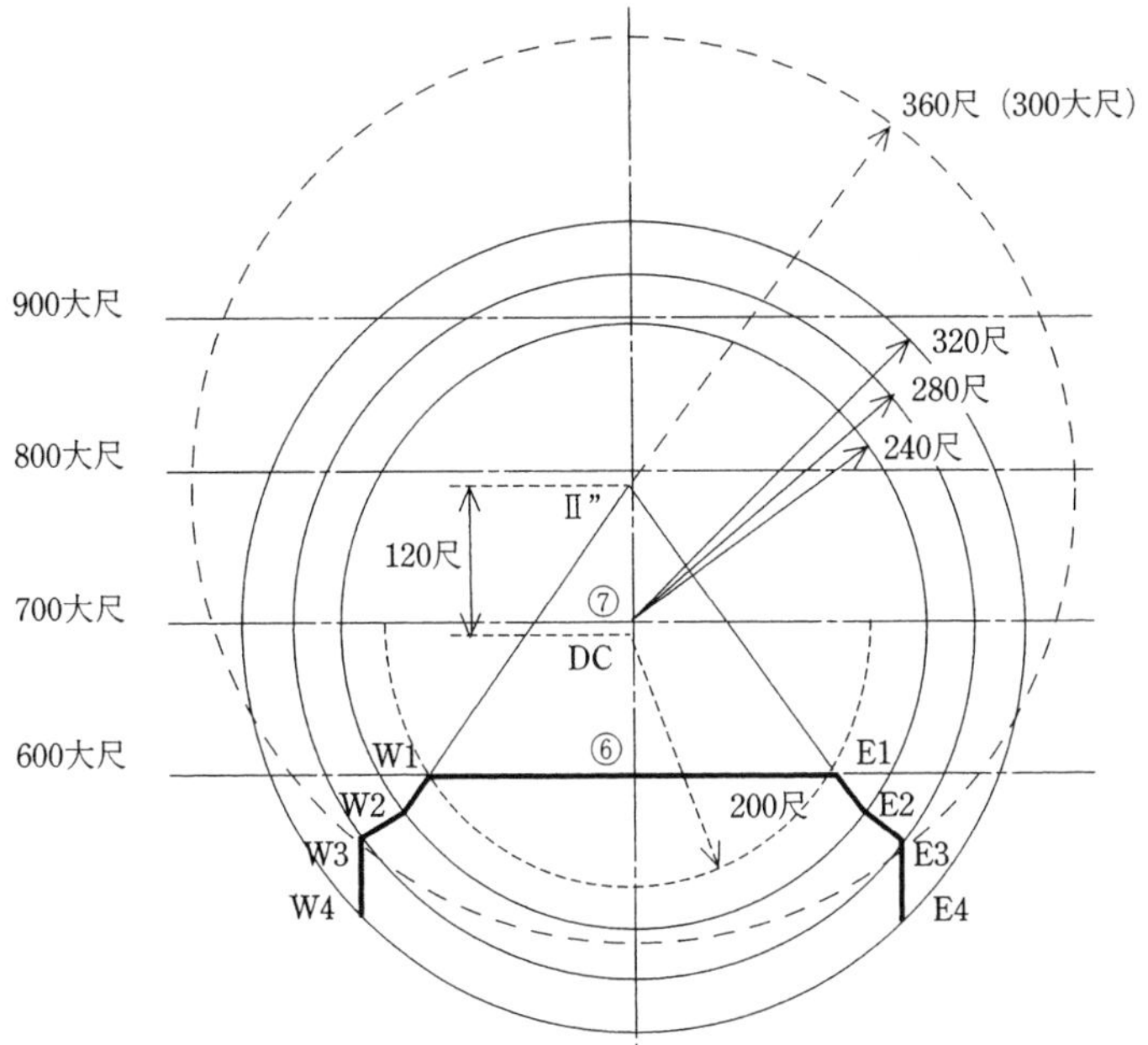

図1－21　設計手法案B

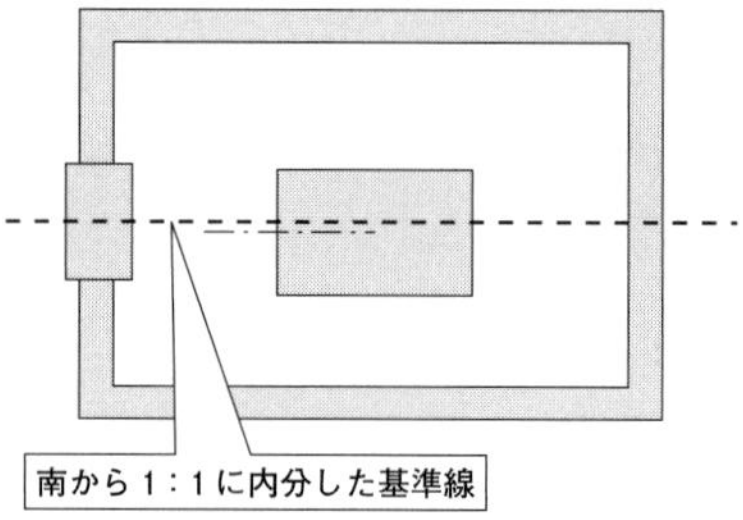

図１－22　飛鳥浄御原宮エビノコ郭における
SB7701の配置

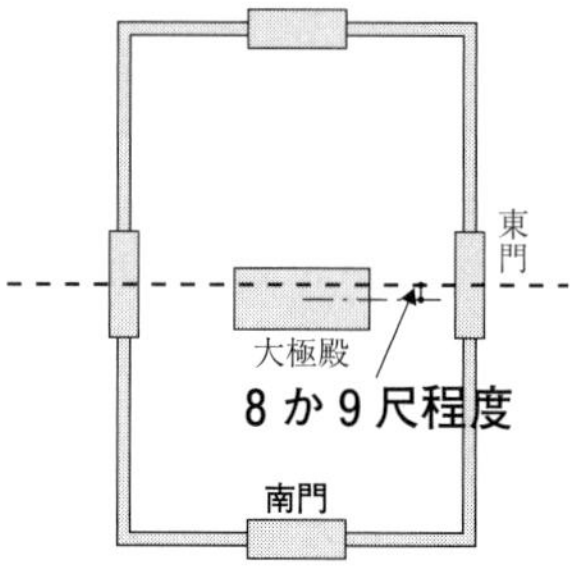

図１－23　藤原宮大極殿院における
大極殿の配置

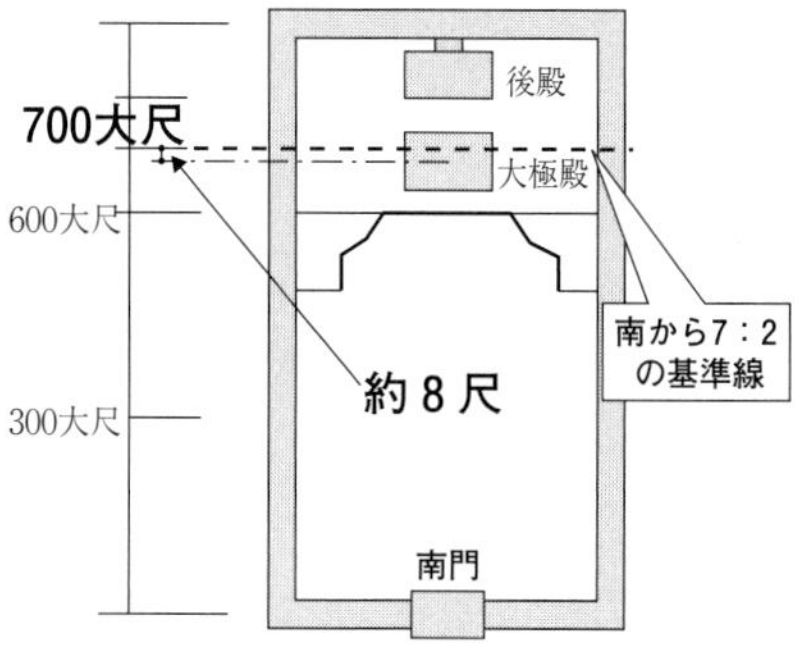

図１－24　平城宮第一次大極殿院における
大極殿の配置

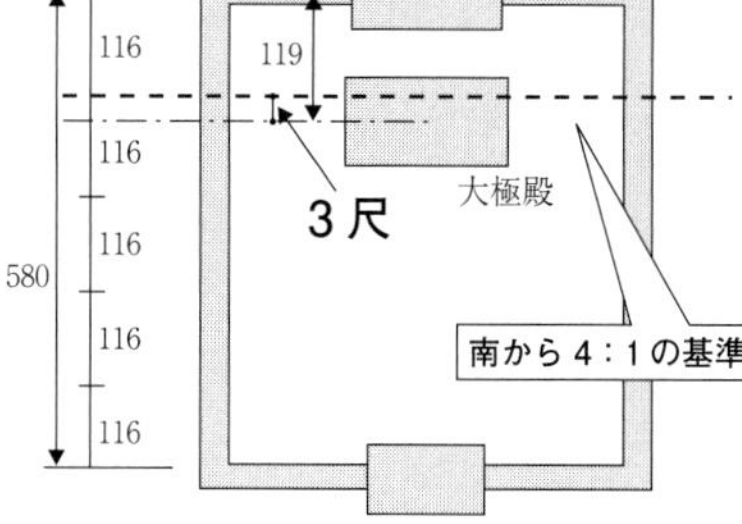

図１－25　恭仁宮大極殿院における
大極殿の配置

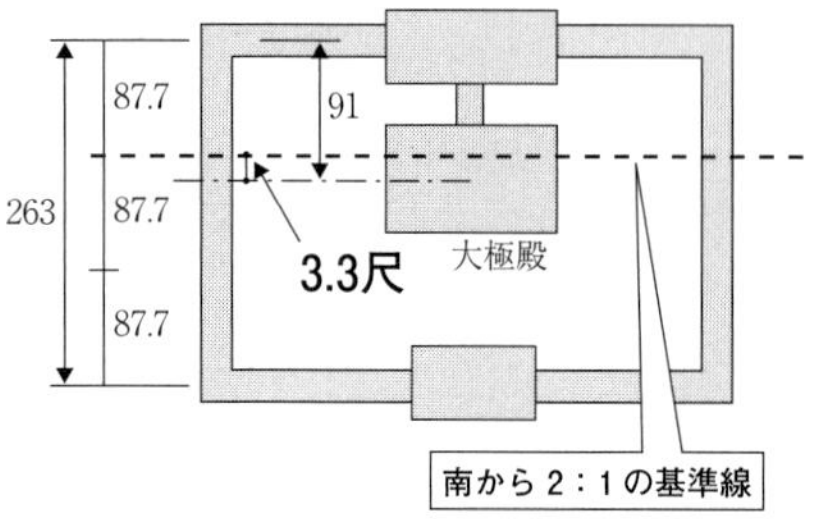

図１－26　難波宮大極殿院における
大極殿の配置

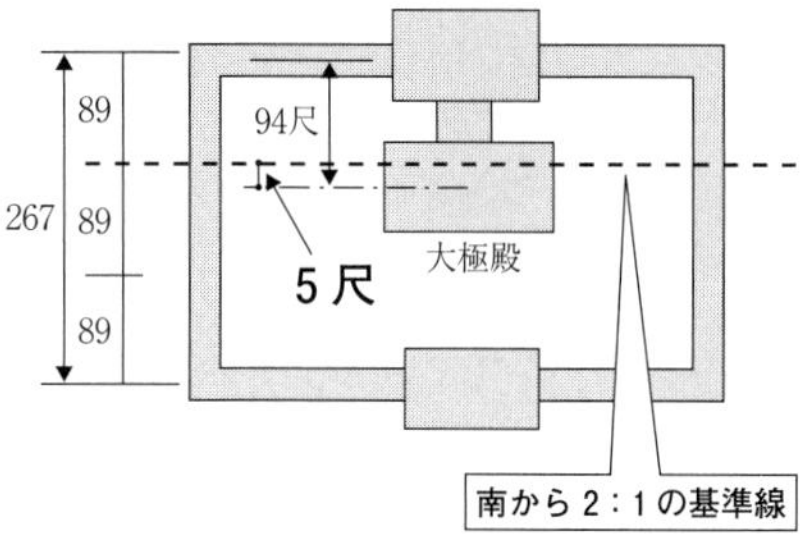

図１－27　平城宮第二次大極殿院における
大極殿の配置

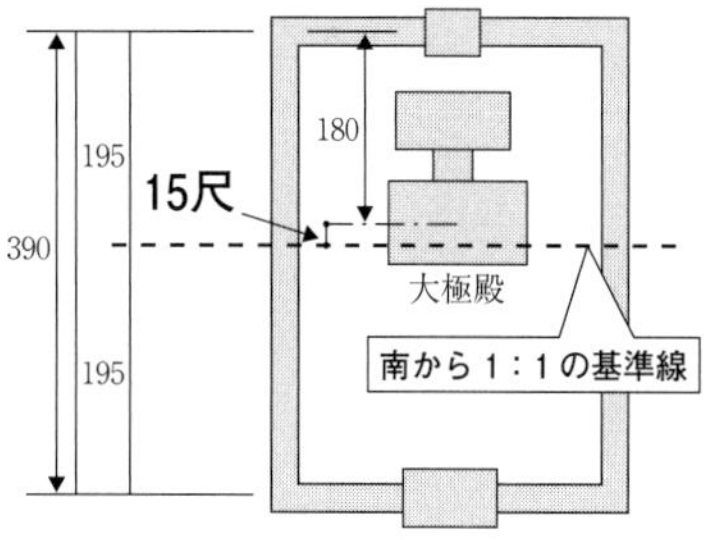

図１－28　長岡宮大極殿院における
大極殿の配置

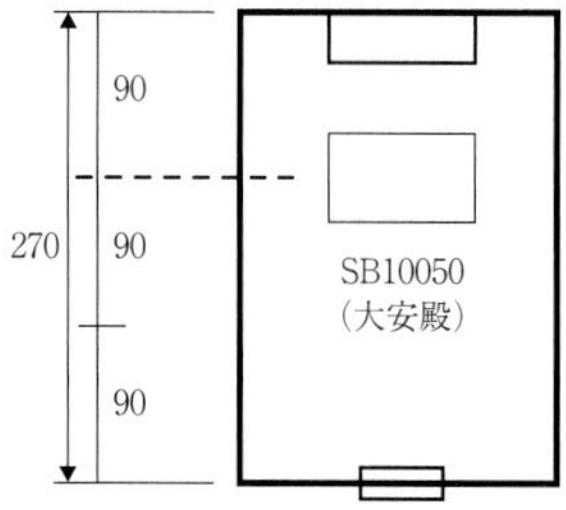

図１－29　平城宮第二次大極殿院
下層遺構の配置

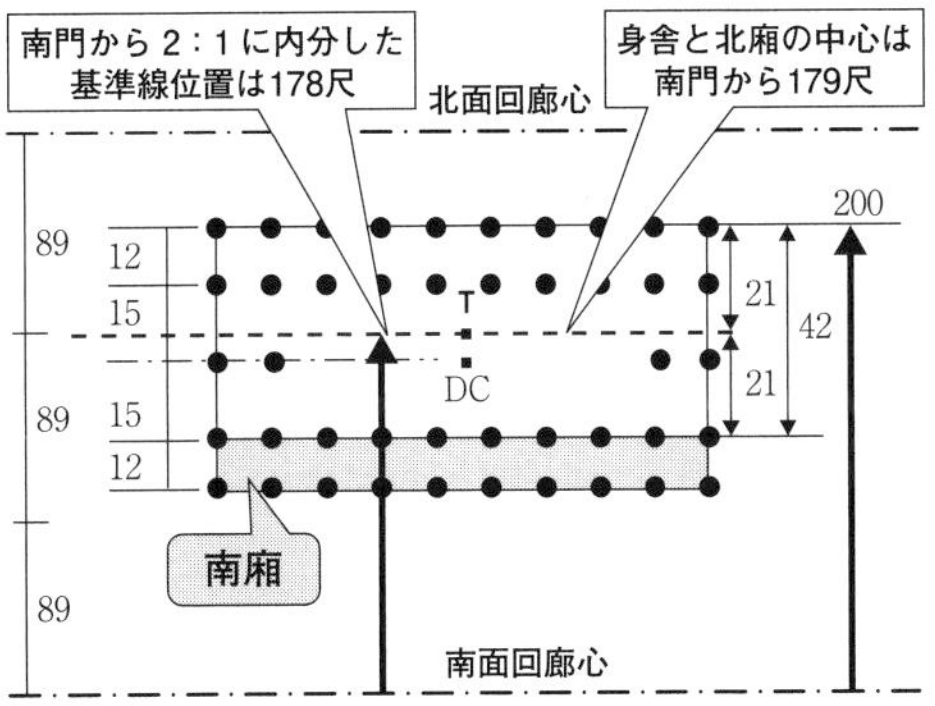

図１－33　第二次大極殿の配置基準線と柱配置

図１－34　唐招提寺金堂

図１－35　ソウルの孔子廟大成殿

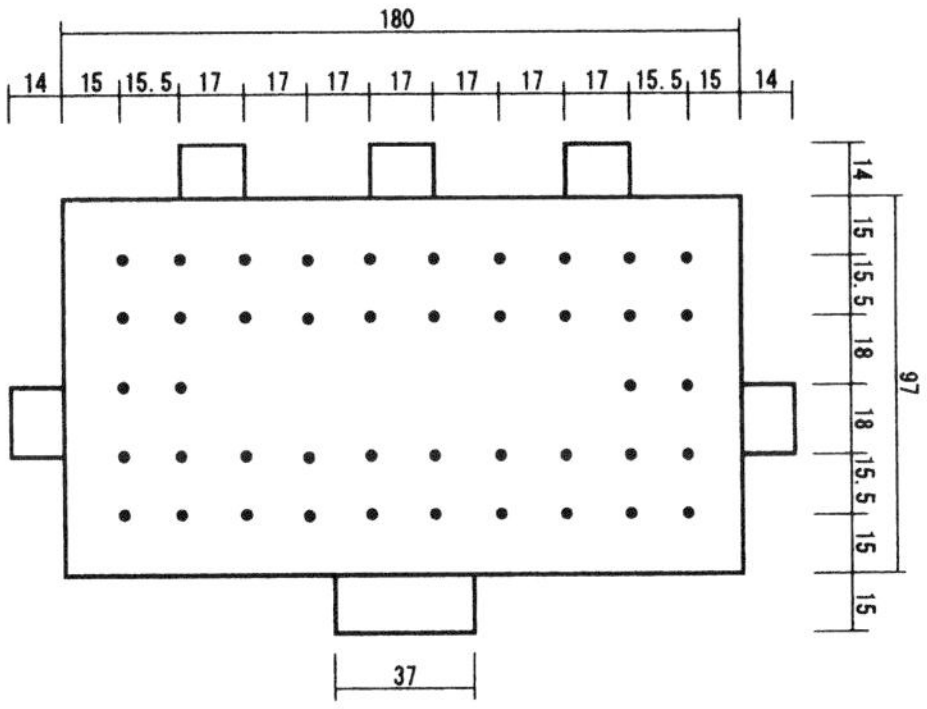

図１－30　平城宮第一次大極殿柱配置案①

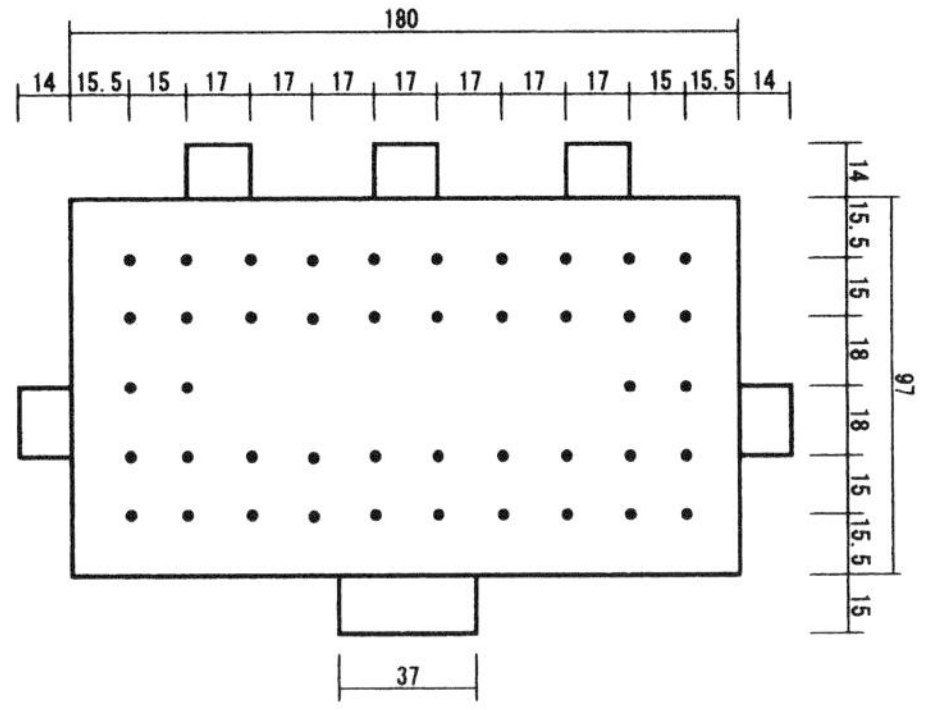

図１－31　平城宮第一次大極殿柱配置案②
大林潤　2009『平城宮第一次大極殿の復原に関する研究』１基壇・礎石　奈良文化財研究所学報第79冊　奈良文化財研究所　108頁

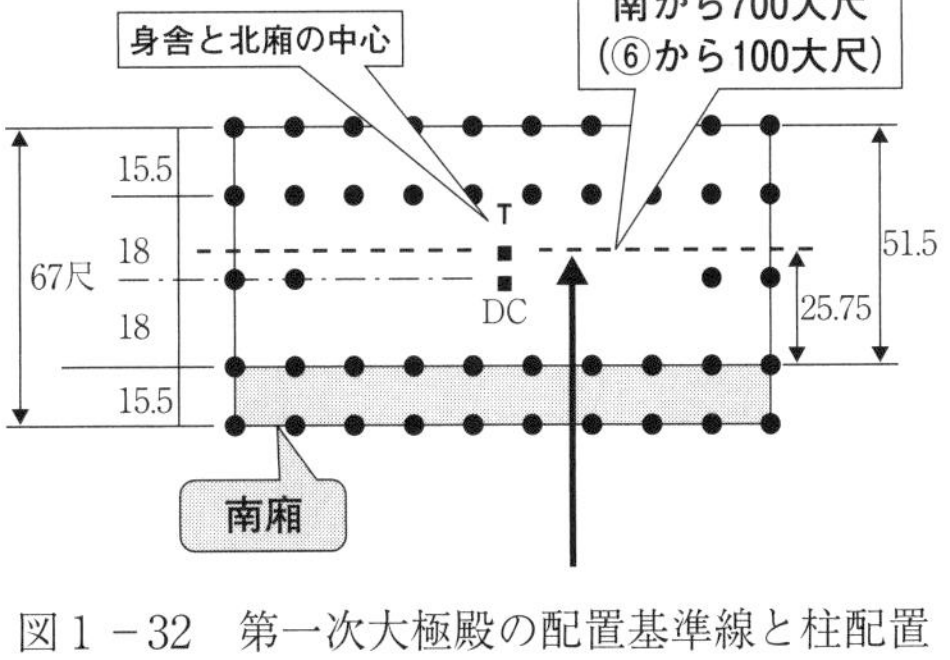

図１－32　第一次大極殿の配置基準線と柱配置

第二章　古代中国における都城設計の背景にある思想

この章では、平城宮第一次大極殿院の設計思想の背景にあるであろう様々な思想を、中国古代の宇宙観や気の世界観、気を思想の根底に据える風水思想などに分けて見ておこう。

一　古代中国の思想(1)

1　天の思想

本項と次項については、浅野裕一氏の『古代中国の宇宙論』(2)が詳しく、主にこれに基づきここでの関心からまとめてみたい。

儒教経典のいわゆる四書五経の五経には『易経』『書経（尚書）』『詩経』『礼記』『春秋』がある。四書には『論語』『孟子』と『大学』『中庸』があるが、後二者は宋の朱子が『礼記』の四十二篇と三十一篇をそれぞれ独立させて、前二者とともに四書としたものである。こうした儒教経典を経書という。

殷代には超越的な存在で天の神である上帝の与える判断が亀骨による卜占によって現れると考えられ、それを読んで帝王が行動したことを『書経』にみることができる。

西周の時代を扱う『書経』と『詩経』はともに孔子が編纂したものと伝えられ、民謡・神楽・叙事詩などを含むとともに、政治の理想を示す。そこには上帝（『周礼』では昊天上帝と呼んだ）または上天と呼ばれる神が登場し、周王朝の人々に信じられたことが窺える。その神、上帝は天界にある絶対神であって、周の王は父なる上帝の擬制的な子（天子）として、上帝の命を受けて地上の統治を代行する。天子は万民を代表して定められた期日通りに酒・穀物・玉・犠牲などを捧げて盛大に上帝を祀ることになる。上帝は天子の忠勤ぶりをみて、御嘉賞として適時に降雨をもたらし、穀物の豊穣や家畜の繁殖を保証する。人間（天子）の努力によって上帝の意志も動かせると考えたのであった。逆に、天子の供物が粗末だったり、祭祀が期日に遅れるなど天子に怠慢があれば懲罰として干魃や暴風などの災いを降す。このように人事と天象などの自然現象が関係するとみる神秘的な思想が天人相関思想（天人合一思想ともいう）で、その考えは儒家の中で継承されていった。

東周の時代になると、周王朝には史官という王の言動を記録する役職が置かれた。史官は過去の歴史的教訓から為政を戒めたり、有職故実の知識を活かして儀式を進めた。また、年代記の必要から七曜（日月と五惑星）の軌道計算や天文観測を自ら行い、暦を作って、その暦を基準に季節に応じた農作業の監督・指導にあたった。洋の東西を問わず農耕社会では季節ごとの適切な日照と時宜を得た風雨は作物に順調な生育と豊穣をもたらすため、正しい四時（二至二分、夏至・冬至・春分・秋分）を知ることは重要なことであった。為政者が正確な四時を民に示せなければ農事に狂いが生じ、作物の不作など不祥事が生じることになるからである。このため、『礼記』の月令（月毎の政令を記したもの）には月毎の天象や王の為すべき事、農事などが記された。史官と類似した職務に従事したのが瞽官と呼ばれる盲人の楽人で、音楽を司った。彼らは天子に詩が献上されると、それに曲をつけて天子に聞かせ、その曲目に込められた風刺を説いて天子の為政を戒めた。

もともと天人相関思想は人間の勝手な思いこみで作ったものであるから、天子がきちんと祭祀を行っても、災害が続くことがある。史官や瞽官の関心事は、人間社会が秩序正しく運営されるよう、人間社会を含む宇宙全体が一定の理法のもとに秩序ある運行をする法則性を発見することにあった。史官は、天の北極を中心とした一定速度の衆星の回転や、七曜の運行、四季の推移など数学的計算の可能な規則性を発見し、瞽官は宇宙の規則性を告げるものとして同じく数学的計算の可能な音階に着目した。『漢書』などの「律暦志」の名称が示すように音律と天体の運行（暦）はどちらもその規則性を宇宙に存在する理法として捉えるものであり、それを天道と称した。こうして、宇宙の変化を上帝の意志によってのみ説明する世界観を脱し、宇宙にある理法によって説明する世界観である天道思想を生み出した。規則的な天道とは異なる現象は上帝の意志を示すものとなり、史官は占星術を使い、瞽官は管楽器を吹いてその音色を聞き、それぞれ未来や吉凶などを占ったのである。

2　気の世界観

東周の春秋時代における各国の歴史物語を扱う『国語』や、魯を中心とした春秋時代の歴史を記す『春秋左氏伝』は、どちらも史官らによる史書であるが、これらには天道思想だけでなく、「気」の世界観がみられる。万物の本体を気と捉える世界観である。春の到来とともに陽炎は大地から湧き上がり、水蒸気は立ち上って雲となり、やがて雨や雪となって降り、地上や地下の水となって循環する。史官は天文だけではなく、気象も含めた天象を観測対象としたため、天地の間を気が循環すると考えるようになった。気は人間の気息や、それに伴って発せられる言葉にも含まれると考えられ、呪詛の言葉は気の循環に乗って天上界に届き、相手に天罰が下されると考えられた。管楽器などで吹奏する音が呪術に用いられることも音律が気とみなされたからである。

3　陰陽五行思想

(一)　陰　陽　説

陰陽説は後述する易の思想の中核をなすものである。農耕を中心とした生活環境の中で、昼夜の交替、農耕に大きな影響を及ぼす寒暑、晴雨などの変化を体験的に観察することにおいて、「陰」と「陽」との二つの相反する属性と現象を見出し、陰陽二つの原理に拠って人間と世界とを解釈しようとした二元論である。このためすべてのものを相対するものとして捉え、陽には男・昼・天・左・剛・春・東・太陽（日）・奇数・仁・楊[3]・徳[4]、陰には女・夜・地・右・柔・秋・西・太陰（月）・偶数・義・槐・刑などがあって対になった。一方、陰陽は同根のものであり、男女の関係のように和合することによって万物を生じる。『易』繫辞上伝には「一陰一陽、これを道と謂う」、「乾は陽物なり。坤は陰物なり。陰陽徳を合して、剛柔体あり」、「天の道を立て、陰と陽と曰い、人の道を立て、仁と義と曰う」などに「陰陽」の語がみえ、対でかつ一体的な性格が窺える。陰陽は循環する昼（陽）と夜（陰）にも配当されることから、やがて四時、すなわち春（少陽）、夏（老陽）、秋（少陰）、冬（老陰）にも配当された。こうして陰陽は相対・交合・循環するとみなされるようになったのである。

（二）五　行　説

「五行」の概念の形成は非常に古く、その素朴な型は少くとも殷・周の時代には存在したとされる。この「五行」の源初的なものは、古代の人々が日常生活の中で欠くことのできない水・火・木・金・土の五つの物質、すなわち個別な五つの材料を発見し、それを五材としたことにその起源がある。五行はその五材が「行」（めぐる）と言う意味を持ち、万物を構成する木・火・土・金・水五つの要素とその働きのことをいった。

五行では、ある要素が別の要素を生み出す関係をまとめた「相生説」と、ある要素が別の要素に打ち勝つ関係をまとめた「相剋（相勝）説」があり、いずれも循環するものとして捉えられた。相生説は、木はそれを擦りあわせて火が点けられる「木生火」、火は燃えて灰となり土となる「火生土」、土中から金属が生まれる「土生金」、金属の表面に水（露）が生じる「金生水」、水は木を育てる「水生木」で五行の変化を説明し、木→火→土→金→水→木の順となる。一方の相剋説は、木は大地の地力を奪ってしまう「木剋土」、土は水を吸ってしまう「土剋水」、水は火を消してしまう「水剋火」、火は金属を溶かしてしまう「火剋金」、金属の道具は木を倒してしまう「金剋木」で五行の変化を説明し、土→木→金→火→水→土の順となる(5)（図2―1）。

（三）陰陽五行説

気の世界観は陰陽説と結びつき、戦国時代後期になると万物を構成する木火土金水《もっかどごんすい》の五行説とも結合する。その結果、天地や人間を含む万物は気で構成されており、万物の差異は陰陽の気や五行の気の混じり具合に由来し、その生成死滅は気の離合集散の過程で生じる一時的な現象と捉え、人間内部の精神的な気も、自然界の物質的な気と相互に影響し交流し合えると考えられるようになった。こうして世界の森羅万象は天地の理法（天道）や気の循環・離合・集散という理論で自然哲学風に解釈されるようになったのである。

戦国時代末の思想家鄒衍《すうえん》（紀元前三〇五～二四〇）は、陰陽説を説く中で、それ以前からあった五行説を体系づけ、五行相剋説に基づいて王朝の交代を正統化する理論である五徳終始説を唱えた。(6) 終始とは循環することで、これは歴代の各王朝が五行のいずれかの徳の一つを賦与されており、やがてそれに勝つ王朝に替わるというものである。このため彼の後学は始皇帝には徳に基づく政策を勧め、諸侯には来るべき新時代の徳は何であるかを説き、関心を喚起した。(7)

『呂氏春秋』は始皇帝の宰相となる呂不韋が食客らに作らせた書であるが、その巻一から巻十二までの「十二紀」や『礼記』「月令」は、季節・十干・十二支・方位・色・音階・数などを五行に配した。「十干」は「十幹」とも書かれる通り、「干」は幹の意であり、もともとは日の単位で、十日すなわち一旬を示すものであったと考えられており、生物の成長変化の様相を示すものである。また、「十二支」の「支」は枝の意で、これも生物の成長の過程を表現したもので、一年が十二ヵ月より成ることや木星の公転周期が約十二年であることと関係がある。十二支に動物が配されるようになったのは、後漢の王充（二七～一〇〇）の『論衡』物勢篇において断片的に見えるのが初見である。(8)

さらに、『淮南子』は漢の高祖の孫、劉安（紀元前一七九～一二二）が撰したもので、その「天文訓」では天人相関思想に基づく宇宙の生成や構造、気象の原理などが述べられ、方位と季節、十干・十二支だけでなく、二十八宿・八風・刑徳・十二律・五官・十二ヵ月・惑星、色、数、内蔵、穀、牲、十二支なども五行に配当された（表2―1）。八風は、後漢の高誘注では『易』の八卦にも配当されており、ここに陰陽五行説の整った形を見ることができる。

このように陰陽五行説は、陰陽説ともともとは別の思想である五行説が融合し、それに十干・十二支の干支や後述する『易』の剛柔・八卦の思想なども加わったものである。さらに、魏晋南北朝時代においては、それらが複雑に結合し、漢民族の固有の信仰など種々の要素も加わって成立した思想である。

4 讖緯思想(9)

『論語』先進篇では鬼神（祖先神）を敬遠し、述而篇では怪力乱神を語らず、死を論ずることも好まれなかったように、儒家は不可知なことに踏み込まない合理性を有し、五常という仁義礼智信の道徳倫理を尊重した。ところが、天人相関思想などを背景に未来を予想できるとした神秘的な思想が生まれると、儒家はその影響を受けることになる。

神秘思想には上述した天人相関思想、祥瑞災異思想、陰陽五行思想の他、後述する予言思想、神仙思想があり、これらが讖緯《しんい》思想を形作った。讖緯の讖とは天文占などの未来予言書のことである。緯とは織物の経糸に対する緯糸の意味で使い、経書に対する注釈書を緯書というが、緯書は経書の災異や祥瑞などの記事を神秘的に解釈する予言的言辞が多かった。このため讖緯は緯書ともいい、書物としての緯書は経書を神秘思想によって解釈した内容を伴っており、そこに書かれていることが讖緯思想である。

漢が天下を統一して学問が復興しても、秦の始皇帝の焚書坑儒によってテキストがなくなっていた。そのため暗唱されていた経典のテキストを漢代通用の文字である隷書体で書き留めたものが今文で、孔子の旧宅の壁から出てきたという経典のテキストが古文であって、それぞれ学派があり対立した。もともと孔子の教えは人間社会での道徳倫理を主体とした合理性を尊重したため、古文学派は『春秋左氏伝』を主要な経典とし、合理的な解釈に努めた。他方の今文学派は『春秋公羊伝』を主要な経典とし、天人相関思想に立脚した漢代の讖緯思想を受け入れていた。

漢の武帝は各地から賢良の儒者や文学の士を集めて政治の根本について尋ね、それに応えたのが後述する今文学派の儒者、董仲舒である。彼の建言により儒教が国教化したが、儒教の合理的精神は神秘的なものに傾斜したのである。こうして、図讖《としん》の書（予言書。後世、緯書の別名となった）や緯書を重視した、神秘な思想が席捲することとなる。本来、祥瑞や災異は行われている政治に対する評価であったが、讖緯思想の流行で予兆や予告と強く意識されるようになった（もっとも、経書の『書経』洪範には自然現象を予兆とする考えもあった）。前漢末に皇位を簒奪した王莽も、漢を再興した後漢の光武帝も利用したのが讖緯思想であった。『後漢書』荀悦伝に「世に緯書は仲尼の作なりと称す」とあるように、後漢の時代には緯書は孔子（仲尼）が述作したともされていた。緯書に書かれた神秘思想が流行るこの時代には、不老長寿を願い、無病息災を求め、未来を知るために占いを重視する、後の道教につながる五斗米道や太平道といった教団も現れたが、その背景には神秘的な考えを信じた、同じ社会情勢があった。

一方で、地震計を作ったり、渾天説に立つなど科学に造詣の深い張衡（七八〜一三九）は実証的で合理的精神を持っていたため、緯書の神秘的で非合理、迷信じみている点を批判した。また、王充（二七〜一〇一？）は讖緯思想の神秘性を「虚妄の言」「神怪の書」として罵倒した。ところが、この時代の基調をなすのは讖緯思想で、彼らの主張は主流にはならなかった。

後漢末以後になると、讖緯思想には王朝の交替に通じる内容があったため、緯書は為政者から禁圧されて散逸したが、何処かに残り、隋の煬帝も天下の緯書を没収して絶滅させようとしたが、時流の勢いを止めることはできず徹底はできなかったのである。なお、『五行大義』を著した蕭吉のように煬帝の信任を受けた方術家もいた。

（二）天人相関思想を背景とした天命思想

先にも触れた董仲舒については『漢書』董仲舒伝第二十六に詳しい。秦代には皇帝を上帝と同一視した解釈がなされたが、彼は、皇帝は上帝の徳に等しいとする反面、上帝の子としての天子であるとの解釈をし、その矛盾を経書と緯書の両面から説明をした。また、天子と諸侯・大夫との関係は天と地、陽と陰、心と体、父と子の関係に擬え、一体的でかつ絶対的なものとした(10)。これによって儒教は皇帝権力と結びつき、専制国家体制を支えるイデオロギーとなった。前代には君主権の強大化が始皇帝のような専制君主の横暴を招き、王朝を滅亡させることになったため、彼はまた一方で、前述の天人相関思想と気の世界観を折衷する形で災異思想を説き、自然の災異を君主の失政と結びつけて君主権抑制の理論を構築したのである。

地上の本来の統治者は宇宙の統治者である上帝すなわち天帝と考えられた。しかし、人ではない天帝が実際に地上を統治することはできないため、天帝は地上の統括と人民の化育を行うことのできる然るべき有徳者に天命を下し、受命した者が天子となる。天子が徳をもって地上を統治し（徳治）、仁政を行い、それが天帝の意志にかなえば甘露が降ったり、めでたい動植物が出現したりする。この縁起の良い徴が祥瑞（瑞祥または休徴ともいう）である。一方、天子が徳に欠け、苛政を行い、天帝の意志に適わなければ、天帝は天子の不徳を責める咎徴として日食、月食、火星の逆行などの天文の異変や、地震・干魃・水害・イナゴの大発生などの災害をもたらすとされた。天象と人事は感応するという天人相関思想から、災害異変が起きると為政者である天子は自身の不徳を恥じることになった。気の世界観から宇宙の森羅万象は陰陽二気とそこから派生する五行から生じ、陰陽二気が調和を失しても災害が起きると考えられたため、この陰陽二気の調和不調和も為政者の徳不徳に反応するという帝王観を内包したのである。天子の不徳がさらに進めば天帝は天命を革め（革命）、他姓の者が天子となって（姓を易えて）王朝が交替することになる（易姓革命）。上記のように政治に対する評価が自然現象として現れ、悪政が続くと革命が起きるという考えを一般には天命思想という。

（二）予言思想と時令思想

天の思想では災異は政治の結果が評価として現れるものであったが、神秘思想の席捲する漢代では、災異が未来に起こる王朝交替の可能性を予告するものに変わっていった。そして、甲子の年は政令が革まるという甲子革令（出典は『易緯』）の年または甲子革政（出典は『詩緯』）の年、戊午の年は運が革まるという戊午革運（出典は『詩緯』）の年、辛酉の年は天命が革まるという辛酉革命（出典は『易緯』『詩緯』）の年とされた[11]。

古代の政治は暦に密着して行われたことが、『礼記』月令や『呂氏春秋』十二紀、『淮南子』時則訓、『管子』四時の各篇にみることができる。これらは月令と呼ばれ、一年十二ヵ月の天文や暦術、星座、気候などの自然現象を整理し、どの季節にどのような農作業をするかを細かく記し、年中行事、為政者の行いなども月毎に記したもので、為政者が月毎に発する時令であった。『漢書』巻七十四、魏相丙吉伝によると、前漢、宣帝の元康二年（紀元前六四）、魏相は世上の陰陽不和を嘆き、『易』や月令などを挙げて天地の変化には序があり、時政に応じたことを行わなければ世の中の調和が乱れるとし、四時を管理する適正な政策を求めた。『漢書』巻七十五、李尋伝には「古の王なるものは、天地を尊び、陰陽を重んじ、四時を敬い、月令を厳にす。これに順いてもって善政すれば、則ち和気、立ちどころに致すべきこと、なお、枹鼓の相応ずるがごときなり。今、朝廷時月の令を忽せにし、諸侍中尚書近臣、宜しく皆月令の意を通知せしめ、たとい群下事を請い、もしくは陛下、令を出して時に謬るものあれば、まさにこれを知りて争い、もって時気に順うべし」とある。月令が天地、陰陽、四時などの語句と並列して用いられていることから、月令が四時の行事の方針として位置づけられていった状況が窺えるという。(12)天から与えた時間に天子が従い、季節に応じた政務を行うという考えが時令（時政）思想で、暦に順った政治を行わなければ悪いことが起きると考えられた。そのため、暦に順って年中行事が滞りなく行われることになるが、それは、天人相関の関係を使って天の順調な運行を促すためだったのである。(13)

(三) 神仙思想

神仙思想では、それを説く方士が勧める方法によって節制養生すれば不老長生が得られるとした。そして、その長生を体得したものが神仙、すなわち真人、神人であり、彼らは三神山に住み、幸福な生活を送っていると考えられた。『史記』封禅書によれば、渤海中に三神山、蓬莱、方丈、瀛洲があり、そこには仙人がいて仙薬があると伝えられていた。蜃気楼とは蜃（おおはまぐり）が吐く気が楼台となって現れるとされた現象で、山東半島の先には群島があり、現在も実際の島の上に反転した島影が載る蜃気楼を見ることができる。(14)秦の始皇帝は方士の言を信じて徐福に命じ長生の薬を求めさせる程であった。

道教とは、こうした神仙思想を中心として民間の雑多な信仰、老荘の思想、易、陰陽五行、卜筮、天文などの説を加え、不老長寿を主な目的とする現世利益的な宗教である。(15)墨子の有神論も道教のもとになったが、そこでは宇宙の空間を、上帝を最高神とする「天」、死霊や物の怪を主とする「鬼」、現実世界の生きた人からなる「人」の三部に分類した。『荀子』、『易』繋辞下伝などにもこうした三部世界観がみえる。初期の道教である茅山道教を説いた梁の陶弘景（四五二～五三六）は、著作とされる『真誥《しんこう》』の中で、「仙」「人」「鬼」の三部世界を説いた。「仙」は墨子の「天」の世界を継承して上帝の神仙化された紫皇（天皇大帝）もしくは太上老君の世界とし、「鬼」は仏教の影響を受けて、死者の世界として強く意識されている。この三部世界は相似形をなし、「仙」の世界も「鬼」の世界も人間社会と同様の行政組織を持つとされた。人間社会で賢善の人が報償を受けたり、罪過の人が刑罰を受けるように、「仙」「鬼」の世界でも功過の裁きが行われ、それぞれの世界への上昇降下があるとされた。(16)

唐代では天上と地上、地下は別世界であるが相似形とされ、こうした三部世界観も関わって、墓室に天文が描かれることになる。

二　天命を読み解き応用する技術―術数―

天文の観測の定点となる常態が天の理法として把握された暦法であり、常態とは異なる天文現象は天の意志を知らせるものであった。[17]天命思想により、天子は常に天を祀り、天の意志を読みとることが重要な政治課題となった。馬場理恵子氏によると天人相関思想を背景に、現れる現象を天の意志として読み解く知識体系と未来を予知する技術、それらを用いた治世術を術数または数術といった。[18]この術数は単純な「術」や「方法」ではなく、易・陰陽五行が重要視され、今日的な意味における天文学・暦学・数学・地理学などの分野や、占いなど予言的性格を持つ神秘的な緯書の内容も含んだ。こうした術数の学問分野について中国歴代王朝の書籍目録に時代ごとの書籍分類や学問体系の異同をみることができるが、術数は経学（『易経』『書経』『詩経』『礼記』『儀礼』『周礼』『春秋左氏伝』『春秋公羊伝』『春秋穀梁伝』などを経典とする学問）を支える学術分野でもあり、広義の経学であった。[19]このため緯書も軽視されることはなかった。『韓非子』における術数は法による治国の達人である聖人の術として定義されており、術数は治世術でもあるため、天下を治める拠点となる宮殿の造営にも各分野の術数的知識が用いられることになるのである。

以下、広義の経学が含む術数の各分野で、宮都の空間や遺構・遺物の解釈とも関わる内容について記しておく。

1　易[20]

『易』は古くは『周易』と呼ばれ、宋代以降は『易経』という場合が多い。『易』は陰陽の原理に基づく占いの書で、宇宙観を論じた哲学書でもあった。『易』では、宇宙を構成する要素として陽と陰をおき、陽爻と陰爻でこれを象徴する。いずれか三つの組み合わせで八卦とし、その八卦を重ねて六十四卦ができ、詳細に物事を表し得るとした。六十四卦、それぞれの卦の意味を述べた卦辞、卦を構成する爻の意味を述べた爻辞、これらが『易』の本文で経という。経を解説し、『易』の哲理を説く部分は伝といい、十篇あるのでこれを十翼ともいう。繋辞伝は上下二篇あり、陰陽理論を説く。伝説上の聖人である伏羲（ふくぎ・ふつぎ）が爻と卦を、周の文王が卦辞を、周公が爻辞を、孔子が伝をつくったと伝えられる。

易はこれらを組み込んで変化する現象を数に変換して思考し、宇宙の秩序法則を理論付けた。その原理を用いて予測するのが易の占いである。『易』は象（現象のパターン）と数が宇宙を構成するとして、その原理を説いた。実際に占うには、筮《めどき》の茎五十本を用い、一本を抜く。これが太極で、残りを二つに分け、左が「天」、右が「地」となる。右手から一本を抜き出し、左手の小指と薬指の間に挟み、これが「人」となる。これで天地人を象り、そののちに複雑な操作で筮を動かし、卦を決定する。その卦を重ねた六十四卦で占うのである。繋辞上伝には「天は象を垂れ、吉凶をあらわす。」とあり、天象の異変を観測して吉凶の判断をしたのである。

繋辞上伝に「易は天地と準う、故に能く天地の道を弥綸《びりん》す（易は天地と一致し、天地の道をことごとく包摂している）」とあり、易が宇宙のメカニズムを包摂すると考えるようになった。また、繋辞上伝に「一陰一陽を之れ道と謂う」、説卦伝には「天の道を立てて陰と陽と曰う」とあり、陰陽が宇宙の原理であることが示され、宇宙の根元で、陰陽の分かれていない混沌とした状況を「太極」といった。こうして占いの書であった『易』は繋辞伝と説卦伝の陰陽理論に裏付けられて自然哲学の書ともなったのである。

『易』説卦伝では、八卦（乾・坤・震・巽・坎・離・艮・兌）それぞれが自然界の天・地・雷・風・水・火・山・沢などに対応し、方位では西北・西南・東・東南・北・南・東北・西などにあたるとした（図2―2・表2―1）。八卦の方位への対応については先天図方位（伏羲八卦図）と後天図方位（文王八卦図）がある（図2―3）。

『論語』述而篇に「子曰、加我数年、以五十学易、可以無大過矣」とあり、傍線部を「五十にして以て易を学べば大なる過ち無かるべし」と読むか、「五十にして学ぶも易（亦）た大なる過ち無かるべし」と読むかの二説があるが、儒教では〝易〟を書物と理解して経典に組み込んでいき、経書の筆頭としたのである。

古代における天文学は天象を観測して人事の吉凶を推測することに重点を置く学問であり、地理と対をなした。天文、地理は現代の占星術や占地術に類似し、自然科学的事象を客観的に探求する近代の思考とは異なることに注意しておく必要がある。

2 天文

(一) 天文の意味

『史記』天官書では、その冒頭に唐の司馬貞の注で「星座に尊卑あり。人の官曹列位の若し。故に天官と曰ふ」とあるように、古代中国では星座名は地上の官僚制度を反映して名付けられたため、星座を天官と呼んだ。上述した天人相関思想を反映して地上の人間社会と天上の星の世界は対応していると考えられ、中央集権的官僚組織だけでなく公共施設、生活用具などに擬えた星座がどのように見えればどのような兆候であるかが記された(21)。班固編『漢書』の天文志の序文は弟子の馬続の撰したものであるが、古代天文学の意味をよく説明しているので少々長いが次に引用する(22)。

いったい天文の書籍によって明らかに知ることができるものは、経星、つまり恒星の星宿の中外官、およそ一一八の星官、合計七八三星であり、それらすべては（地上の）州国・官宮・物類を象ったものである。

惑星に見伏の早晩や運行の緩急が起こったり、あるいは恒星が見えなくなったり、あるべきところに星が見えなかったり、あるいはその数が見えすぎたり、星官の位置が遠ざかりすぎたり、近づきすぎたりする。あるいは五惑星が運行するときに、同じ星宿に入ったり、その精が散じて妖星になったり、惑星の光芒が犯しあうとか、ある星宿のなかに停留したり、惑星同士が互いに冒しあい掩蔽して通過したり、星の光が闘ったり、凌食したりする。彗星が天空を掃いたり、星が突然出現したり、飛星・流星が見えたり、太陽と月が迫りあったり、食しあったりする。太陽が暈をかぶったり暗くなったり、背の字のような形になったり、帯留めのような形になったり、雲気が包むように太陽に向かったり、耳玉のようなものが周囲に現れたり、虹蜺が見えたりする。つむじ風のような雷や妖怪のような風、怪雲や異常な気などが発生したりする。こうした現象はすべて、陰と陽の精が、本来は地上にあるべきなのに、上昇していって天上において発現した結果なのである。あるべき政治がこの地上において失われると、変異があの天上において現れるのは、光の影にもとの形が象られたり、音響にもとの声が反響したりするようなものである。そうであるから賢明な君主は、こうした異変を観察して事がらの重要性を悟り、自分の身をつつしみ正して政事の不正をなくし、その咎めに託された天命を思慮すると、災禍が除かれ幸福が訪れるというのは、当然の証なのである。

橋本敬三氏[23]は「地上の統治者にとっては、天上に現れる変異現象を観察し、それに託された意味を理解して政治を改めることが何より重要であり、そこに中国の占星術のいちばん大切な使命があったといえよう。」と指摘する。個人の命運を判断する宿命占星術は唐代になって現れるが、それ以前は国家や社会の未来を予測する占星術（天変占星術）が行われていたのである[24]。

（二）天文の領域[25]

『史記』天官書では北極を中心とする中官と赤道に沿って東官・南官・西官・北官に大別し、約百の星座を記す。中官の天の北極付近は天帝（太一）の常居で、その近くには三公、正妃、後宮を表す星座があり、これらを囲む藩臣が紫宮をなす。北斗七星は天帝の乗り物、文昌宮は天の府庫などとされ、中官は宮室の機構を示した。星座に関する知識は『史記』以降も発展し、『晋書』天文志ではその数の三倍の星座が記され、中官に対し、赤道以南は外官とし、黄道付近の星座を二十八宿に分属させた。隋の丹元子は星座や星を歌に読み込んだ『歩天歌』を記して北極付近は紫微、太微、天市の三垣に分け、全天を三垣と二十八宿に大別し、後世まで引き継がれる基礎を築いた。二十八宿は一恒星月の二七・三二日から導かれ、月が日毎に宿る位置を変えるため星座は星宿と呼ばれた。各宿にはそれぞれ一つ選ばれた距星（位置の基準になる星）があって、星の位置や運行を記録する基準として設けられた（図2―4）。この四方の各七宿が四神に見立てられたのである（図2―5～8）。

天人相関思想から天と地は密接不離の関係であるため、占星術では各方位の星宿に中国の地域や国々を対応させ、星宿の異変を対応する地方の事変として読み解いて吉凶を占った。これを分野説と呼ぶ。朝鮮王朝時代の天文図の名称に「天象列次分野之図」

があるのはこの考えに立脚した天文図であることを物語る。分野説には二十八宿の他、歳星（木星）の公転周期が約十二年であることから赤道に沿って十二分した十二次分野説もあった。

紫微宮は北極を中心とした周極星よりなる星官のまとまりである（図2―9）。その中には合計三七の星官と二つの附座が含まれ、正星一六三個、増星一八一個よりなる。『史記』「天官書」などでは紫微宮は中宮と称されたが、紫微垣とか紫宮、紫宮垣、紫垣とも称されることがある。東西の両側に位置する二つの弓状の並びが、左垣（東垣八星）と右垣（西垣七星）と呼ばれ、それらに取り囲まれたような位置に北辰と呼ばれた「北極五星」、すなわち太子・帝・庶子・后宮・天枢がある。天枢を抱え込むようにして、「四輔」（四弼）四星がある。四輔とは四人の補佐官である。北辰の近くには天皇大帝がある。

太微宮（太微垣）の星官は二〇座、正星七〇個、増星一〇〇個よりなる（図2―10）。「太微」というのは行政府というような意味であって、宮廷にあたる紫微宮に対応するものである。太微宮にも左垣と右垣があって、中心には「五帝座」が位置する。右垣の外側に沿って、いずれもしし座の星からなる「明堂」「霊台」「長垣」「少微」「虎賁」が位置する。明堂は天子が祭祀を行い、霊台は天文観測をするところであった。

天市垣には市楼などがあり、都市と市場の機能を具備している。

(三) 天の北極の移動と北極星[26]

中国南北朝時代に編纂された『玉台新詠』は男女の情愛を艶麗にうたった詩を載せ、何遜作「閨怨」には「君を思ひて轉易無し、何ぞ北辰星に異ならん（それなのにわたしはあなたを思い続けて居て、少しもうつりかわりがなく昔のままです。それはあの北極星がいつも同じところに居ってかわらぬのと同じです）[27]。」などと詠まれた。地球の自転軸は軌道面に対して二三・五度傾いており、月と太陽の引力が自転軸を軌道面に対して垂直にする方向に偶力を及ぼすため、独楽の首振り運動のような運動を約二五八〇〇年の周期で行う。歳差（運動）である（図2―11）。このため天の北極は天球上で小円を描いてゆっくりと（毎年五〇秒）移動している（図2―12）。北極星は人の生涯の長さでは動かないものという当時の一般の人々の認識も当然ではあった。歳差は、西洋では紀元前一五〇年頃にギリシャ人ヒッパルカスにより、中国では晋の虞喜によって発見された。歳差によって北極星にあたる星も時期によって入れ替わるが、北極付近に星がない期間も多かったので、いつの星空の話で当時の北極星にどの星が当たるのかなどは注意が必要である。

『論語』為政篇は「政を為すに徳を以てすれば、譬えば北辰の其の所に居りて、衆星の之に共《むか》うが如し」とした。孔子の生きた紀元前五〇〇年頃、現在の北極星（こぐま座α＝鉤〔勾〕陳大星＝ポラリス）は天の北極から一四度程離れ、こぐま座のβ（帝星）離極度（北極距離）は七度に近かった。天の北極近くには星はなかったのであり、歳差を考慮しない注釈はこの北辰を北極星とする場合も少なくない。後漢の鄭玄《じょうげん》（一二七〜二〇〇）による『論語』の註が、『文選』李善の註に引かれ、「鄭玄曰く、北極之を北辰と謂う」とあり、鄭玄は北極を北辰としている。極は極まった一点のイメージが強いが、『説文解字』に「棟なり」とあり、列状に並ぶ五星が北極なのである。一方、魏の何晏（〜二四九）の『論語集解』には「徳は無為なること猶北辰の移らずして衆星の之に共《むか》うがごとし」とあり、北辰が星であるとは述べていない。

西暦五〇〇年頃はこぐま座のαもβも天の北極から一〇度弱離れ、北極付近に明らかな星はなかったが、西暦八〇〇年頃になると天の北極近くに北極五星の天枢（GC一七四四三、キリン座Σ一六九四ともいう）が最も近づいた。枢とは扉の回転軸のことである。ただし、見えるか見えないかの五・二八等星のため、一般の人が認識していたかは不明という。この天枢の離極度は西暦六〇〇年には一・二七度（一度一六分一二秒）、八〇〇年には〇・五五度（〇度三三分〇秒）であるため、西暦七〇〇年頃は、約一度ということになる。西暦七〇〇年頃造営された高松塚古墳の天井星宿図の中心には北極五星が描かれており、当時の天の北極付近の星座に対する認識をみることができる（図2―13）。

『晋書』志第一の天文上の中宮に[28]「北極五星、鉤陳六星、皆在紫宮中。北極、北辰最尊者也、其紐星、天之樞也。天運無窮、三光迭耀、而極星不移。故曰「居其所而衆星共之」。第一星主月、太子也。第二星主日、帝王也。亦太乙之坐、謂最赤明者也。第三星主五星、庶子也。中星不明、主不用事、右星不明、太子憂」とある。一方、『隋書』志第十四天文上の経星中宮では[29]「北極五星、

鉤陳六星、皆在紫宮中。北極、北辰也。其紐星、天之樞也。天運無窮、三光迭耀、而極星不移。故曰「居其所而衆星共之」。賈逵、張衡、蔡邕、王蕃、陸績、皆以北極紐星為枢。是不動処也。祖暅以儀準候不動処、在紐星之末、猶一度有餘、北極大星、太一之座也」とされていた。「太乙」（天帝）の座となるのは、『晋書』では北極五星の内の第二星とし、『隋書』では紐星や、その先の離極度約一度の北極大星として定まらないが、北極大星が天の北極からは僅かに離れていることが認識されていた。

『史記』に注を施した唐代の司馬貞『史記索隠』に中宮の説明として文耀鉤を引き、「中宮大帝、其精北極星。含元出気、流精生一也。」とあって[30]、「北極星」の名称を確認できる。このように西暦七〇〇年頃の天の北極近くの星、いわゆる北極星は天枢なのか、紐星なのか、それとも北極大星なのか明確ではないようである。なお、第六章で詳述するが、いわゆる北極星が天の北極とは離れていることが、大極殿心と同心三円の中心が一致しないことの遺構解釈に繋がることになる。

西暦一〇〇〇年頃にはこぐま座のαはβよりも天の北極に近づく。宋の朱子（朱喜　一一三〇～一二〇〇）は『論語集注』で「北辰は北極、天の枢なり。其の所に居りて、動かざるなり」とする。その頃、天の北極には星がないため、北辰を北極星とはしない。清代の一五〇〇年頃になると鉤陳大星は天の北極に近づくが、『論語正義』に「北辰は是れ星無き処」とあるように北辰は星のないところと認識されていたのである。

日本では橘南谿の随筆『東遊記後編』（一七九五刊行）が「北極星」の初見といわれ[31]、これは現在の北極星が北極に近づいたためであろう。この星は西暦二一〇二年に天の北極に最も近づく（極離度〇・四六度）が、その後は離れていく。

以上のように、『史記』天官書から『隋書』天文志までいわゆる北極星とされるのは極星、北極大星などと呼ばれるようである。しかし天の北極付近は歳差の影響で星座の位置が変わることから、天極星や枢星、紐星、北辰も関わり、それがどの星であるか同定は難しい。

（四）宇宙構造論[32]

古代中国の宇宙構造論には蓋天説や渾天説、宣夜説があったが、宣夜説は伝わらない。

天は蓋（傘の意味）のようで地は碁盤のようとするのが、「天円地方」という世界観をもつ蓋天説であった（図2―14）。『周髀算経』は蓋天説をとる周代の数学書で、天球上を七曜（日月五惑星）が右（東）へ動いている現象を説明するのに、天は左（西）へ廻っている碓《ひきうす》で、七曜はその上を右へ這う蟻に喩えた（『晋書』『隋書』の天文志も『周髀算経』を引用する）。なお、日々の観測で北を背にして南天を見る場合は七曜が左（東）へ動くことが順行になる。

前漢末の第二蓋天説は後述する渾天説の影響を受けたもので、天も地もともに半球状と考えた。夏王朝の都、陽城（今の河南省告成鎮）で夏至の正午における八尺の表の影の長さが一尺六寸で、真南に千里離れた場所は一尺五寸、真北に千里離れた場所は一尺七寸が得られ、南北千里に対し一寸という緯度差が対応するとし、一寸千里という率が得られたことから、天の高さや大地の大きさが計算された。

天も地も球状とするのが、渾天説であった（図2―15～16）。先述した『文選』「二京賦」等で不朽の名を留めたのが、後漢の張衡（『後漢書』列伝第四十九に張衡伝がある）である。彼は天象の観測、新年暦の奏上、国家の祭祀・儀礼における擇日、祥瑞・災異の記録を職掌とする、太史局の令であった。太史令は現在の国立天文台の台長にあたり、『史記』の編纂者司馬遷も同職であった。前漢末以来の宇宙構造論に関する論争を経て、張衡が太史令になったころには渾天説はゆるぎないものとなっており、彼は渾天説の理論に固有の装置である渾天儀の発展に重要な役割を果たした[33]。蓋天説では天と地を何が支えるかについて物理的な説明はなされなかったが、渾天説では天は鶏卵の卵殻のようで地は卵黄のようとし[34]、天の内外には水が存在し、大地も水を載せ、水に囲まれた大地と天空が気によって支えられ、中空に浮かんでいるとした。そのような思考のできる彼だからこそ、先述したように讖緯思想を批判したのである。

(五) 天　文　図

天の北極を中心に全天の星座を描いたものを蓋図という。『晋書』天文志に武帝（在位二六二～二九六）の時、二八三星座を記す天文図が作成されたことが記されるが、中国に現存する最古のものが蘇州の孔子廟にある淳祐天文図である（図2―17）。この図は南宋の淳祐七年（一二四七）に高さ二メートル半、幅約一メートルの石碑に刻まれたもので、元の図は元豊年間（一〇七九～一〇八五）の観測に基づき、黄裳（兼山黄公）が光宗の初年（一〇八九）に作成したものと考えられている。(35)

韓国に伝わる天象列次分野之図は、朝鮮王朝の都が開城から漢陽へ遷ったことを記念して一三九五年に石に刻んだものである。元の図は一世紀頃に高句麗で作られたものという(36)（図2―18）。

キトラ古墳の天文図は天の北極を中心として内規・赤道・外規の同心三円と、赤道と交わる黄道、観測点での天域全体の星座を描いており、現代の星図に相当する現存最古の天文図である（図1―39）。しかし、黄道の位置が本来の位置から四五度ずれていること、同心三円の半径差は等差でなければならないが、外規が小さく描かれていることが知られる。これらは原図を天井に写すときの誤りと、天井と側壁の間の折上げ部分に外規がかかることを避けた工夫と考えられている。(37)

3　暦

殷代の甲骨文字の中には星や星座の名が記録されており、天象を観察し民に時を授けるという「観象授時」が行われていたことが知られる。古くから農耕民族にとって正しい季節を知ることは重要であった。『書経』堯典には四仲星に関する記事があり、春分、夏至、秋分、冬至などの黄昏に鳥、火、虚、昴などの星座の出現をみて季節を正したという。また、堯典に、「昊天に欽《つつし》み若《したが》い、日月星辰を暦象し、民に時を敬授す」とある。「観象授時」とは皇帝が時間を恣意的に定めるのではなく、天体運動の形で天が与える時間を卓越した観測組織と数理天文学を駆使して読み解き、民に与える天子の行為である。こうした組織と学問を支配する皇帝は時間の独占的管理人であり、古代中国において造暦は天子による時間の支配を象徴し、暦の頒布の及ぶ空間の支配を象徴するものであった。このため冊封体制下では、暦は政治的従属を示すものとして皇帝から頒布され、奉朔（正朔を奉ずること）は帰順臣従（皇帝に服従し、臣従の礼をなすこと）を意味した。授時権には、暦法の制定と毎年の暦の頒布、漏刻による時刻の報知、一定の年限に意味を与える年号制定がある。(38)

現在、一太陽年の長さは三六五・二四二二日で、一九太陽年では六九三九・六〇一八日となる。一朔望月は二九・五三〇五八日で、二三五月では六九三九・六八八六二日となり、一九太陽年とほぼ一致する。二三五月は（一二×一九＋七）月であるから一九年の間に七回閏月を入れると太陽年と朔望月を結合させることができ、太陰太陽暦の完成を意味した。漢代以前から一年の長さは三六五と四分の一日としたため、この暦を四分暦といい、このため一九年を一つの単位として一章と呼ぶ。ただし、一章は六九三九日と四分の三日となり、まだ四分の三日の端数が出るため、四倍の七六年で日の端数を消すことができる。これを前四世紀のカリッポス周期、中国では「蔀《ほう》」と呼び、春秋時代の成立と考えられている。(39)『漢書』「律暦志」には「天の終数の九と地の終数十を併せて十九となり、易は窮まり終われば変化する。故にこれを閏法とする」とあるように、暦は後述する易と切り離せない関係にあって、儒教では天意を知るために暦を重視したのである。

4　数と算術

中国の伝統文化では数は哲理的な意味をもっていた。

『漢書』は前漢時代の正史であるが、その「律暦志」には度量衡相互の関係がまとめられ、その関係を規定する数値は九・六・八で、音楽理論の三分損益法から説き起こされた。(40)『淮南子』巻三天文訓にも同様に記されるが、九を起点とし、三分の二を乗じる三分損で六を得、それに三分の四を乗じる三分益で八を得る。天の数は九、地の数は六、人の数は八というように、この三つの正数は天地人に対応し、天から地を生じ、地から人を生ずることになる。こうした考えを駆使して宇宙の秩序が説明される。

『周髀算経』は戦国時代から前漢にかけての著作とされる数学書である。ピタゴラスの定理の特別な場合、すなわち、直角三角形の各辺の長さが三対四対五である鉤股弦の定理の証明から始めて宇宙観測の前段とし、その上で、天地の運動を論じ、日月食・月齢を推算、陰陽五行説に言及、すなわち、天道の理を地上の暦・陰陽五行で解釈して、儒教的論理で宇宙論を説く。算術は暦法を媒介にして天の意志を知ることができるとされたのである。(41)すべての宇宙現象を符号化数量化して数字で説明する易学の体系を象数学といったが、易と宇宙観、算術は密接な関係にあった。

『周礼』は八尺の表を立てそれを中心とした円と日の出・日の入の表の先端部の影が交わる点を結んで正東西線、正南北線を得る方法を記したが、『周髀算経』はまた、この方法と、冬至の日の北極付近の星の観測によって正東西線、それを二等分して正南北線を得る方法の二種類を記した。

5　風　水(42)

『易』に「易は天地を準う。故によく天地の道を弥綸《びりん》す。仰いでもって天文を観、俯してもって地理を察す、この故《こと》に幽明の故を知る」とある通り、日月星辰といった天空の事象を天のあやと呼んだ「天文」と対をなすのが、地理すなわち風水である。近代以降は占術の入らない科学となっているが、本来は天文も地理も占術が重要であった。風水というと近年のブームも手伝って通俗的な響きがあるが、これは古代中国に興って東アジアや東南アジアの一部に伝播した占術であり、「地理」が比較的正式な言い方で、「地学」「堪輿《かんよ》」、「山法」、「山」などとも称された。「堪輿」の堪とは天道、輿とは地道のことで、その名は天地人の調和的在り方を示したものと考えられている。

風水思想は中国で三世紀頃に体系化された。晋の郭璞《かくはく》の著といわれる『葬経』に「気は風に乗ずれば則ち散じ、水に界さるれば則ち止まる。古人はこれを聚めて散ぜざらしめ、これを行かせるも止まることあらしむ。故にこれを風水と謂う」とあり、風水は気を集め、散逸させない理論体系であった(43)。

風水は、生者の住まう都市・村落・住居などの空間や、死者を収容する陵や墓といった空間を造営するにあたり、その立地や建築物の様態を、景観・方位・寸法や造営時期などについて指示することを任務とする。前者を陽宅風水、後者を陰宅風水と呼び、特に住宅に関わる陽宅風水を家相と呼んでいる。風水思想に基づいて吉なる土地であるためには「龍《りゅう》・穴《けつ》・砂《さ》・水《すい》」の四要素を兼ね備える必要がある。「龍」は「龍脈」とも呼ばれ、「気」と呼ばれる不可視の流体が地中を流通する経路を指し、山脈がその可視的な姿として表象される。山脈は、中国の北西にあって世界の中心に聳える崑崙山から繋がり、その気は「穴」と呼ばれる麓の一点から湧出するとされ、穴に臨む一帯を「明堂」と呼ぶ。これは儒教経典において王者が政教を明らかにするという建物「明堂」に因む。気は風によって散逸してしまうため、「砂」と呼ばれる風を防ぐ山林の壁や、池や河川などの「水」による区画で散逸を防ぐことができるとされる。土地や建築物が吉地、吉屋であるためには、「気」を蓄え込めるような条件や工夫が必要になるという(44)(図2―19)。

風水は本来儒教とは直接の関係はなかったが、風水において先祖は幹で子孫は枝葉と捉えたことが、儒教では先祖を祭れば子孫が繁栄するとの考えと共通することによって受け入れられた。陰宅風水と関わることになる讖緯思想に批判があったことは前に述べたが、後漢の王充（二七～一〇〇頃）から唐の呂才（六〇〇～六六五）まで風水的世界観は荒唐無稽であるとする合理的な批判もあった。

以上のように易・陰陽五行・天文・暦・算術・風水はそれぞれ密接に関わっており、術数という知識の体系でくくられ、儒教を国家統治のバックボーンとする社会の国家運営の拠点である宮殿等の設計思想の根底をなすことになる。

【参考文献および註】

（1）　本章の基本文献として、以下をあげておく。渡辺卓　一九七六「古代の思想」『思想史』中国文化叢書3　大修館書店　二一―八八頁、日原利国　一九七六「中世の思想」『思想史』中国文化叢書3　大修館書店　八九―一〇四頁、赤塚忠・金谷治・福永光司・山井湧　一九七三『思想概論』中国文化叢書2　大修館書店

（2）　浅野裕一　二〇〇六『古代中国の宇宙論』岩波書店

（3）　『淮南子』時則訓では楊と槐は孟春と季秋に配される。槐と楊も陰陽をなしたため、平城京で用いられていた並木も街路の東西で楊と槐が対になっていたのかもしれない。

（4）　徳と刑について補足をすると、元来、徳は天に由来する生命力のように用いられており、後には董仲舒の『春秋繁露』陰陽義に「陽は徳なり、陰は刑なり」のように、徳と刑が対比的に用いられ、巻十四の四時には「四時は陰陽の大径なり、刑徳は四時の合なり、刑徳、時に合すれば即ち福を生じ、詭うきときは則ち禍を生ず」とある。刑は陰を象徴するものであり、四時の循環を促す要因と考えら

れた（土居淑子　一九八六『古代中国の画像石』同朋舎出版　一七五頁）。徳政の一つが恩赦と認識されており（佐竹昭　一九九八『古代王権と恩赦』雄山閣出版）、しばしば古代の天皇が大赦を施すのは「天は徳を好んで刑を好まぬ」ためである（島邦男　二〇〇四『五行思想と禮記月令の研究』汲古書院　三一三頁）。『淮南子』天文訓にも説明がある。

(5) 鈴木一馨　二〇〇二『陰陽道　呪術と鬼神の世界』講談社選書メチエ　八六―一〇一頁

(6) 橋本敬造　一九九九『中国占星術の世界』東方書店　一三五頁、中村璋八　一九九一「中国における陰陽五行説」『陰陽道叢書』1古代　名著出版　一―一六頁

(7) 野村茂夫　一九八七「鄒衍」『中国思想史』（上）ぺりかん社　八九―九九頁

(8) 橋本敬三　一九九九『中国占星術の世界』東方書店　六九頁

(9) 安居香山　一九九四『緯書と中国の神秘思想』平河出版社、安居香山　一九八三『中国神秘思想の日本への展開』大正大学出版部

(10) 宇佐美一博　一九八七「董仲舒」『中国思想史』ぺりかん社　一三五―一四六頁

(11) 前掲書（9）

(12) 馬場理惠子　二〇〇六「「主四時」と月令」『日本秦漢史学会報』第七号　日本秦漢史学会　一一三―一三八頁

(13) 小南一郎　一九八四「西王母と七夕伝承」『中国古代の神話と物語』岩波書店　一三―九四頁

(14) 鶴間和幸　二〇〇四『ファーストエンペラーの遺産』中国の歴史03　講談社　八三―八四頁

(15) 下出積與　一九九五『神仙思想』吉川弘文館　七頁

(16) 福永光司　一九八七『道教思想史研究』岩波書店　一七七―二〇五頁

(17) 藪内清　二〇〇四『中国古代の科学』講談社学術文庫　一一四頁

(18) なお、「術数」という名称は、『漢書』芸文志の序に現れるだけで、漢代は一般には数術と呼んだようである（川原秀城　二〇〇六「術數學―中國の數術」『両漢における易と三礼』汲古書院　三七―五一頁）。

(19) 川原秀城　一九九六『中国の科学思想』創文社　五六―六六頁、川原秀城　二〇〇六「術數學―中國の數術」『両漢における易と三礼』汲古書院　三七―五一頁

(20) 『儒教の本』二〇〇一　学習研究社　一二九―一三〇頁、野村茂夫　一九九六「儒教の経典」『しにか』第七巻第四号　大修館書店六三―七〇頁、松江茂夫・竹内好監修『易経』中国の思想Ⅶ　徳間書店　二四八―二四九頁

(21) 宮島一彦　一九九七「占星術―人々は星空に何を感じたか」『しにか』第七巻第五号　大修館書店　二八―三三頁

(22) 前掲書（8）一三八―一三九頁

(23) 橋本敬造　一九九四「古代中国の天文学と占星術」『しにか』第五巻第七号　大修館書店　一四―二三頁

(24) 安居香山　一九八三『中国神秘思想の日本への展開』大正大学出版部　四八―五三頁

(25) 橋本敬造　一九九九『中国占星術の世界』東方選書二二　東方書店　八四―一〇一頁、宮島一彦　一九九八「キトラ古墳天文図と東アジアの天文学」『東アジアの古代文化』九七号　大和書房　五八

—六九頁、宮島一彦　一九九九「キトラ古墳天文図」『キトラ古墳学術調査報告書』明日香村文化財調査報告書第三集　明日香村　五一—六三頁

(26) 大橋正次　一九八七『中国星座の歴史』雄山閣出版　二一〇—二一六頁

(27) 内田泉之助　二〇〇七『玉台新詠』新釈漢文大系　明治書院　三五二—三五三頁

(28) 『晋書』二志　中華書局　二八九頁

(29) 『隋書』二志　中華書局　五二九—五三〇頁

(30) 『史記』四　書　中華書局　一二八九頁

(31) 福島久雄　一九九七『孔子の見た星空　古典詩文の星を読む』大修館書店　七—一六頁、大崎正次　一九八七『中国の星座の歴史』雄山閣出版　二一〇—二一六頁

(32) 前掲書（8）二八—三八頁

(33) 南澤良彦　一九九五「張衡の宇宙論とその政治的側面」『東方學』第八九輯　東方學會　三三—四七頁

(34) 一見、大地が球状であるという認識があったかのような比喩であるが、平面もしくはそれに近いものと考えられていたという（藪内清　二〇〇四『中国古代の科学』講談社学術文庫　一一六—一一七頁）。

(35) 藪内清　一九九四「中国の星座」『しにか』第五巻第七号　大修館書店　八—一三頁

(36) 咸仁英　一九九八『新羅時代の科学技術と日本古代文化との関係』図書出版サムクァクム　一六頁

(37) 宮島一彦　一九九八「キトラ古墳天文図と東アジアの天文学」『東アジアの古代文化』九七号　大和書房　五八—六九頁

(38) 大日方克巳　二〇〇五「暦と生活」『神仏と文字』文字と古代日本4　吉川弘文館　二九八—三二五頁、細井浩志　二〇〇二「時間・暦と天皇」『コスモロジーと身体』岩波講座　一二七—一五〇頁、川原秀城　一九九六『中国の科学思想』創文社　二一一—二三頁

(39) 前掲書（8）七二—七六頁

(40) 平勢隆郎　二〇〇三「数の秩序と九・六・八」『考古学ジャーナル』五〇〇号　ニューサイエンス社　六—一一頁、平勢隆郎　一九九六「中国的宇宙観の出現」『文明の危機　民族移動の世紀』講座〔文明と環境〕五　朝倉書店　一九三—二〇一頁

(41) 細井浩志　二〇〇四「奈良時代の暦算教育制度—陰陽寮暦科・大学寮算科の変遷と得業生—」『日本歴史』第六七七号　吉川弘文館　一—一六頁

(42) 水口拓寿　二〇〇七『風水思想を儒学する』ブックレット〈アジアを学ぼう〉三　風響社　五—九頁、三浦國雄　二〇〇六『風水講義』文春新書四八八　文芸春秋　一二—二〇頁

(43) 王永融・本多昭一　一九九五「日本古代宮都の敷地選定と中軸線計画について—風水思想からみた古代宮都計画の研究—」『日本建築学会計画系論文集』第四七四号　日本建築学会　一四三—一五〇頁

(44) ところで、藤原宮の四周には街路側溝とは別に外堀を設けており、平城宮の街路側溝がこれを兼ねる形とは異なっている。藤原宮の外堀については実用的な防衛的視点とは別に、気の側面からの説明も可能かもしれない。

表２－１　八卦対応表

坤《こん》	艮《ごん》	坎《かん》	巽《そん》	震《しん》	離《り》	兌《だ》	乾《けん》	八卦
☷	☶	☵	☴	☳	☲	☱	☰	三爻
地	山	水	風	雷	火	沢	天	自然現象
順	止	陥	入	動	麗（つく）	説《えつ》	健	性情
母	小男	中男	長女	長男	中女	少女	父	人事

橋本敬造　1999『中国占星術の世界』東方書店　156頁

表２－２　『淮南子』の五行配当表

北	西	中央	南	東	方位
水	金	土	火	木	五行
顓頊	少昊	黄帝	炎帝	太皞	其帝
玄冥	蓐收	后土	朱明	句芒	其佐
權	矩	繩	衡	規	其執
冬	秋	四方	夏	春	其治
辰星	太白	鎭星	熒惑	歳星	其神
玄武	虎	黄龍	朱鳥	蒼龍	其獸
羽	商	宮	徴	角	其音
壬癸	庚辛	戊己	丙丁	甲乙	其日
司空	理	都	司馬	田	五官
冬七十二日	秋七十二日	中央七十二日	夏七十二日	春七十二日	季日数
黑	白	黄	赤	青	其色
壬癸	庚辛	戊己	丙丁	甲乙	十干
亥子丑	申酉戌	四季	巳午未	寅卯辰	十二支

島邦男　2004『五行思想と禮記月令の研究』汲古書院　233頁

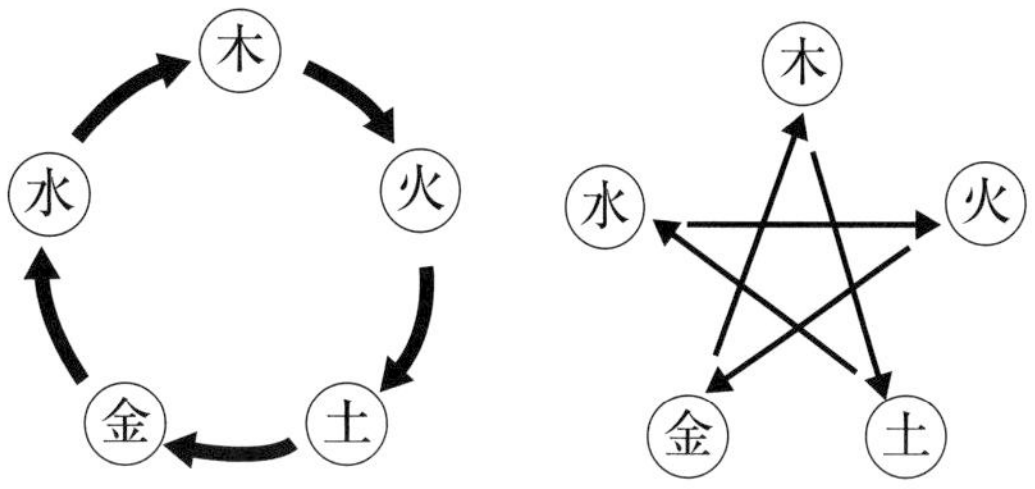

図２－１　五行相生と五行相克

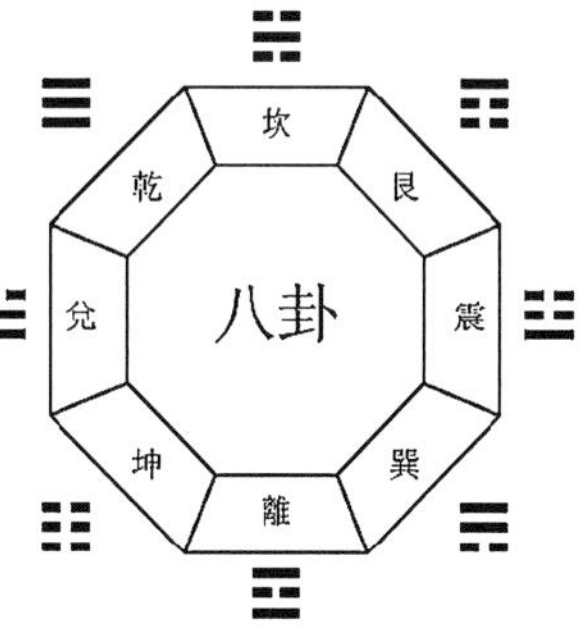

図２－２　八 卦 の 図

橋本敬造　1999『中国占星術の世界』東方書店　105頁

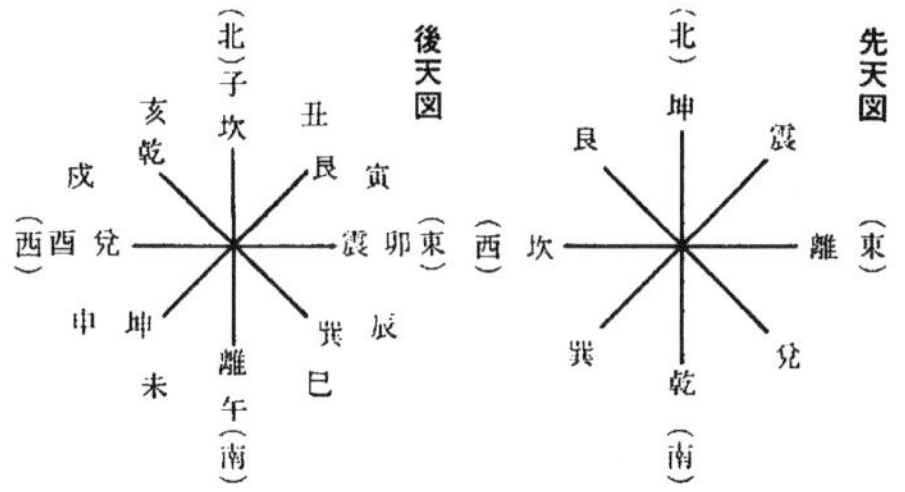

図２－３　文王八卦図（後天図）と
伏羲八卦図（先天図）

橋本敬造　1999『中国占星術の世界』東方書店　158頁

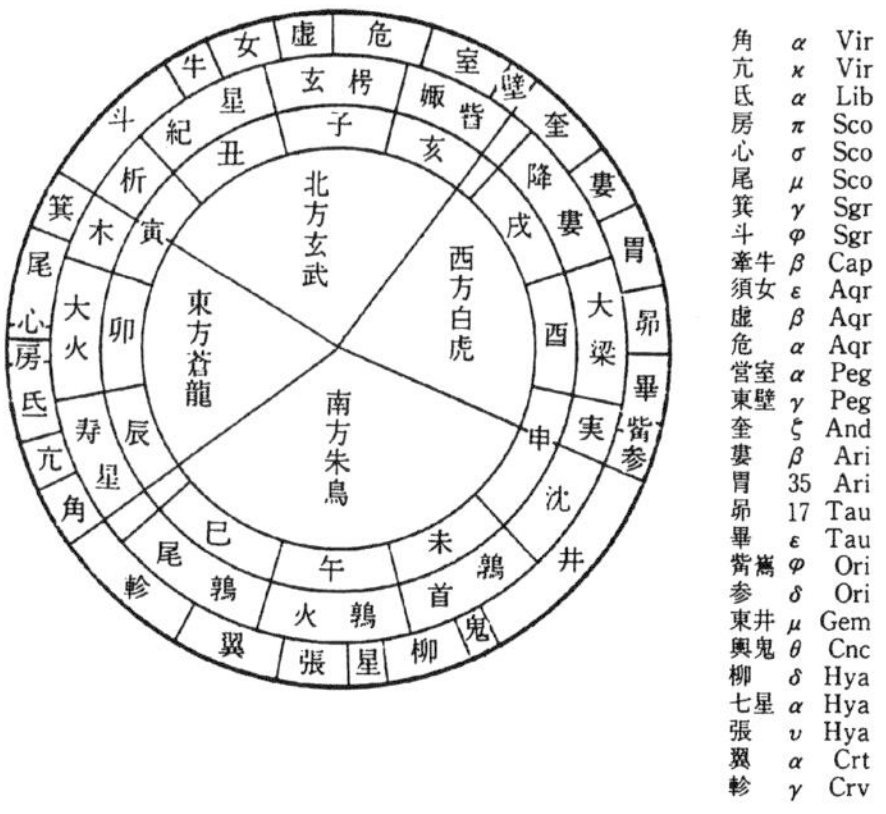

図２－４　二十八宿の方位

橋本敬造　1999『中国占星術の世界』東方書店　67頁

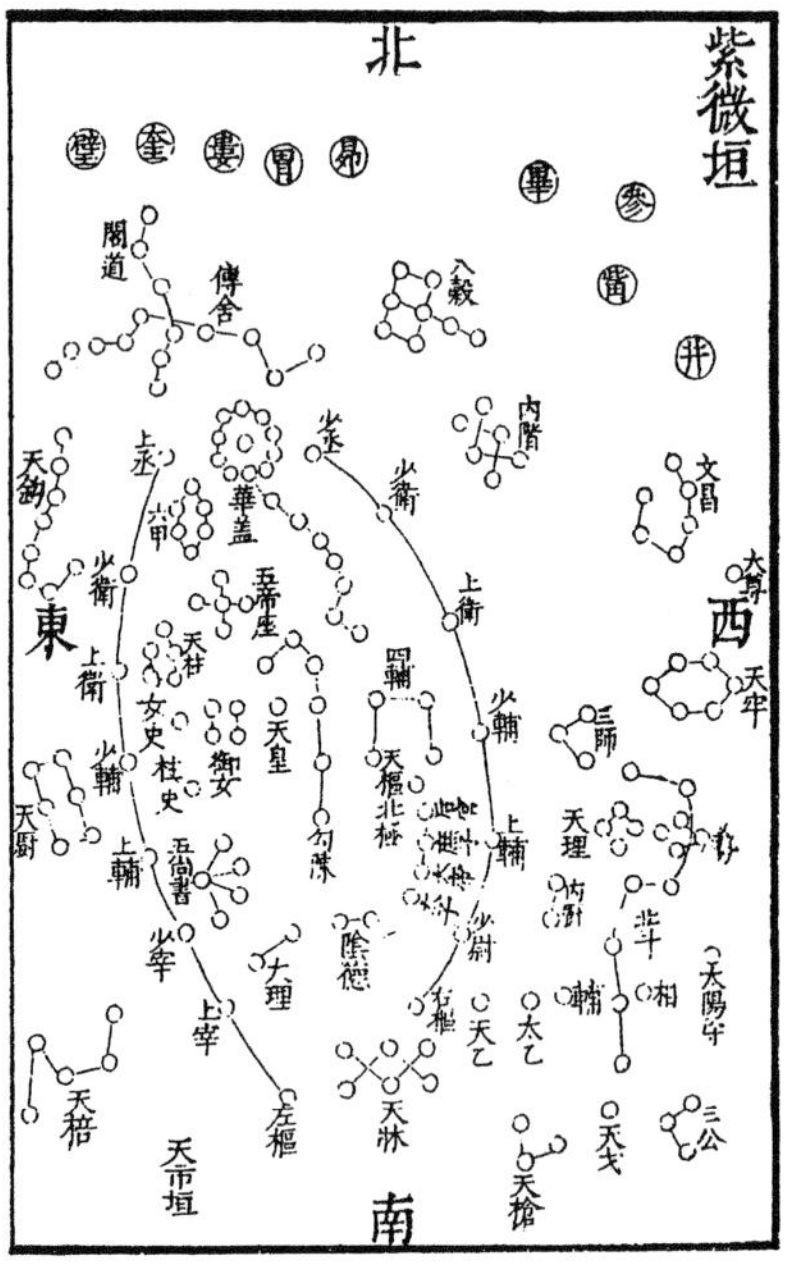

図２－９　紫微垣（『三才図絵』より）

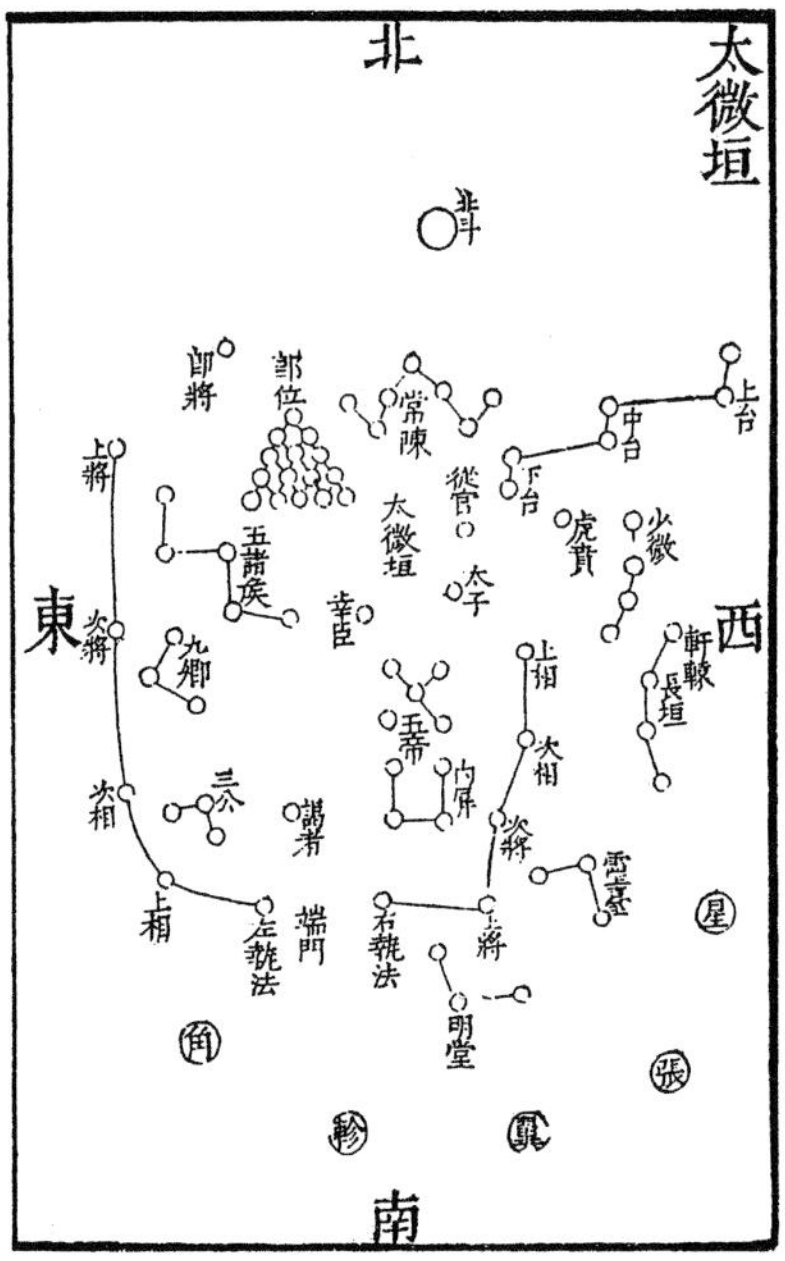

図２－10　太微垣（『三才図絵』より）

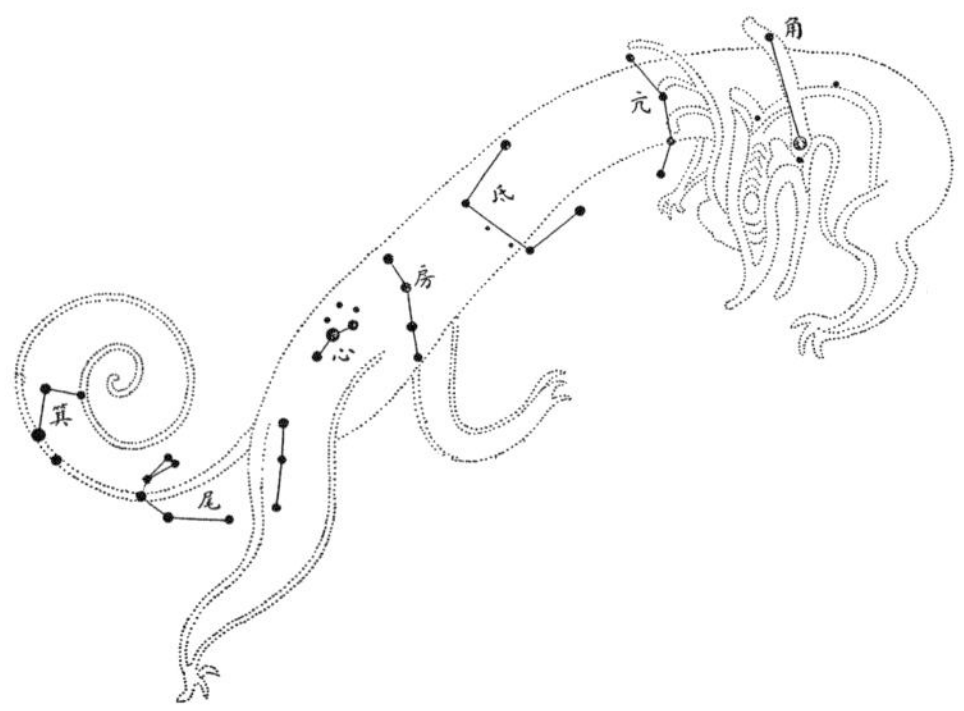

図２－５　蒼龍の図（『星象統箋』より）

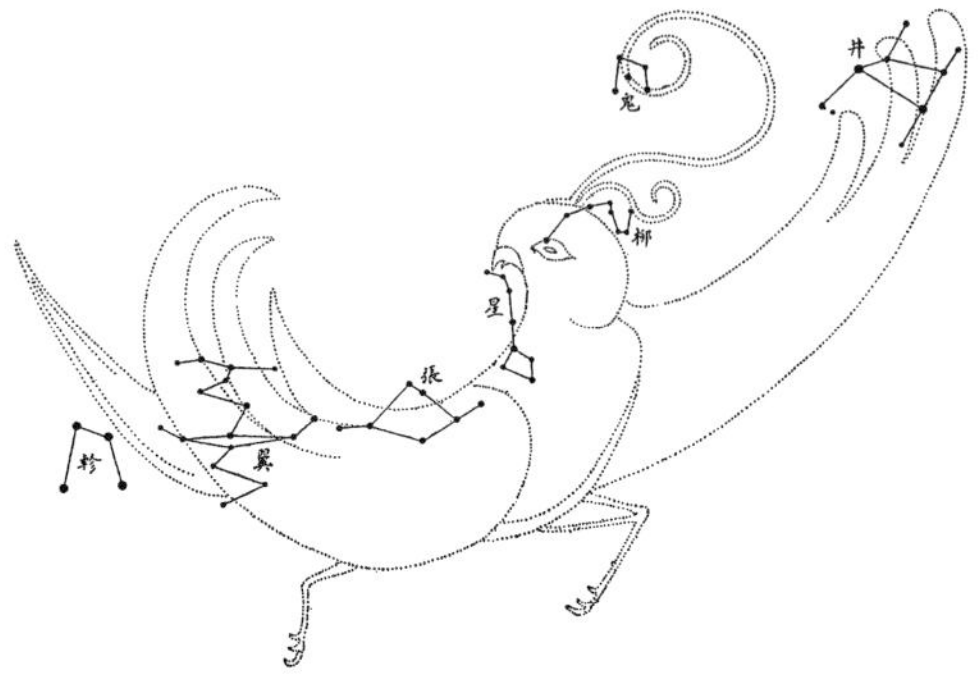

図２－６　朱雀の図（『星象統箋』より）

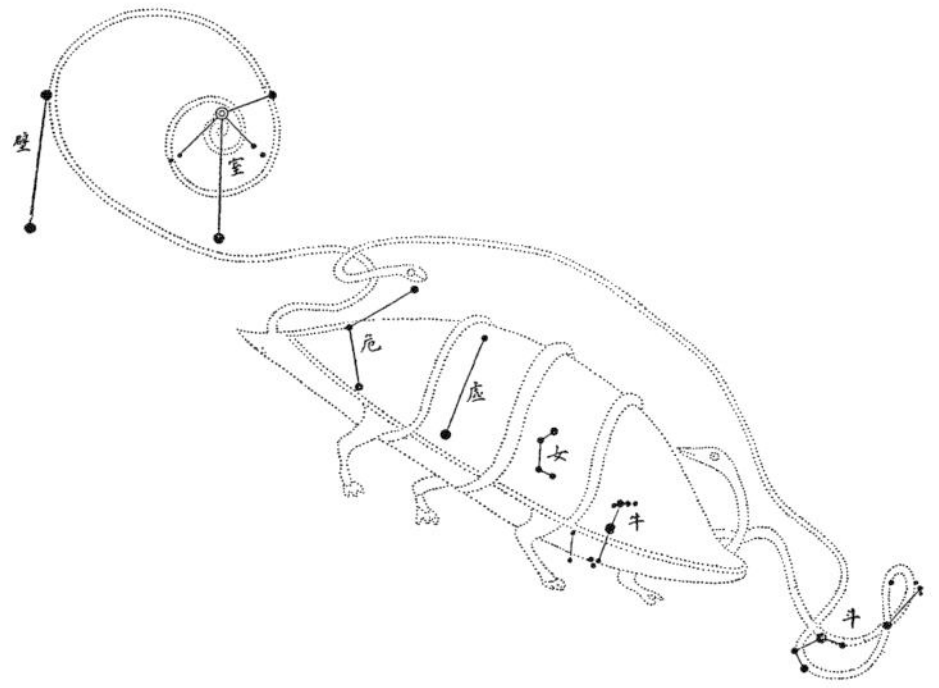

図２－７　白虎の図（『星象統箋』より）

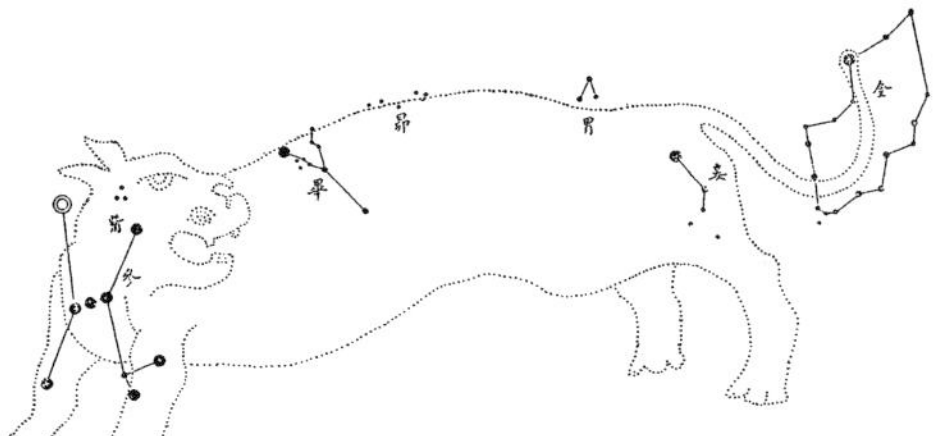

図２－８　玄武の図（『星象統箋』より）

福島久雄　1997『孔子の見た星空　古典詩文の星を読む』大修館書店
図２－５～８は56－57頁，図２－９・10は39頁

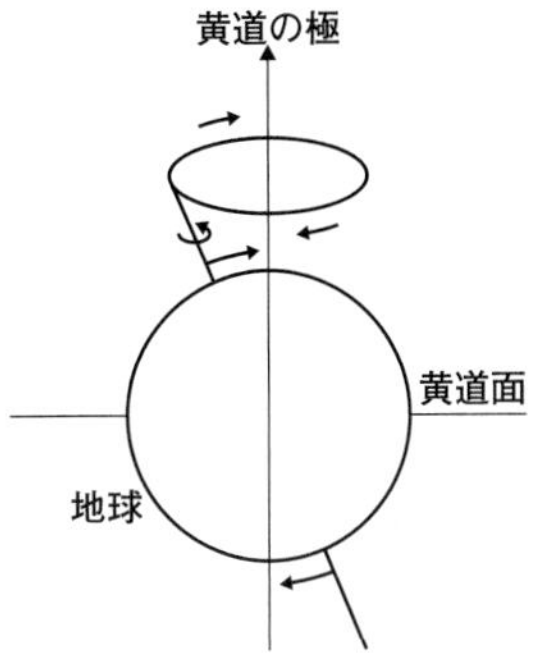

図２－11　歳 差 運 動

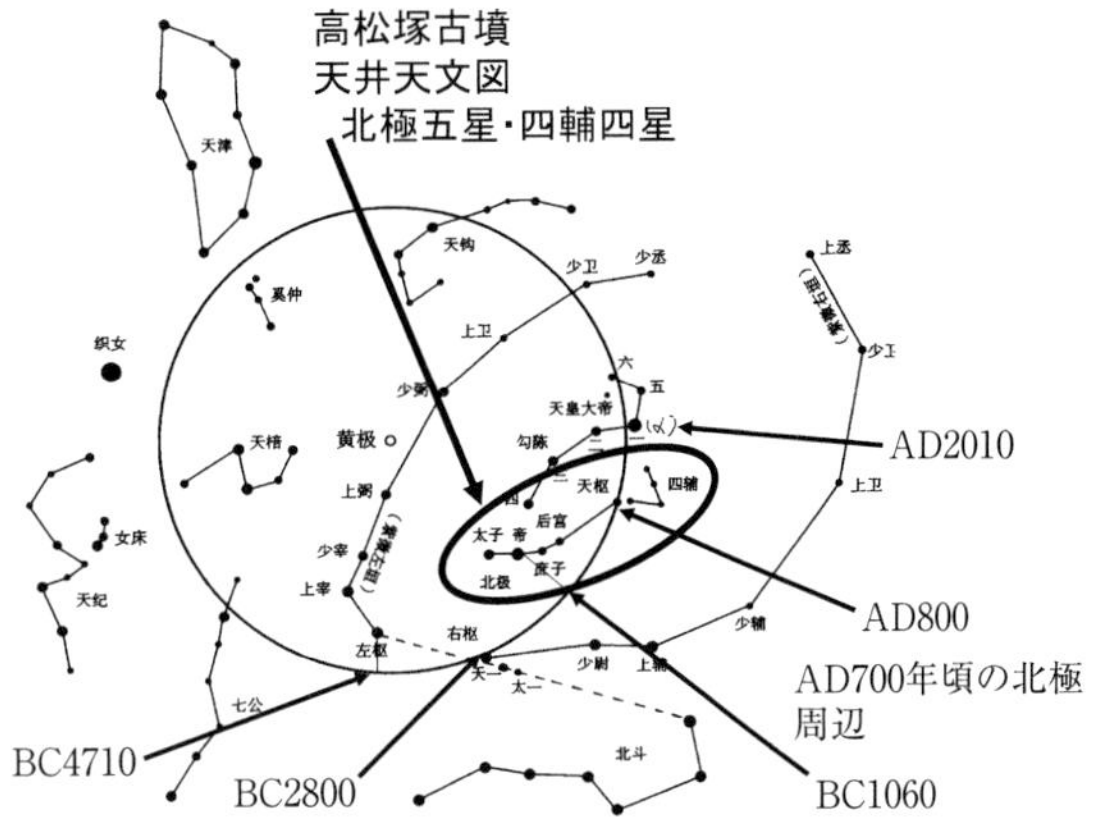

図２－12　歳差による天の北極の移動
『天文考古学通論』2000　紫禁城出版社　100頁に加筆

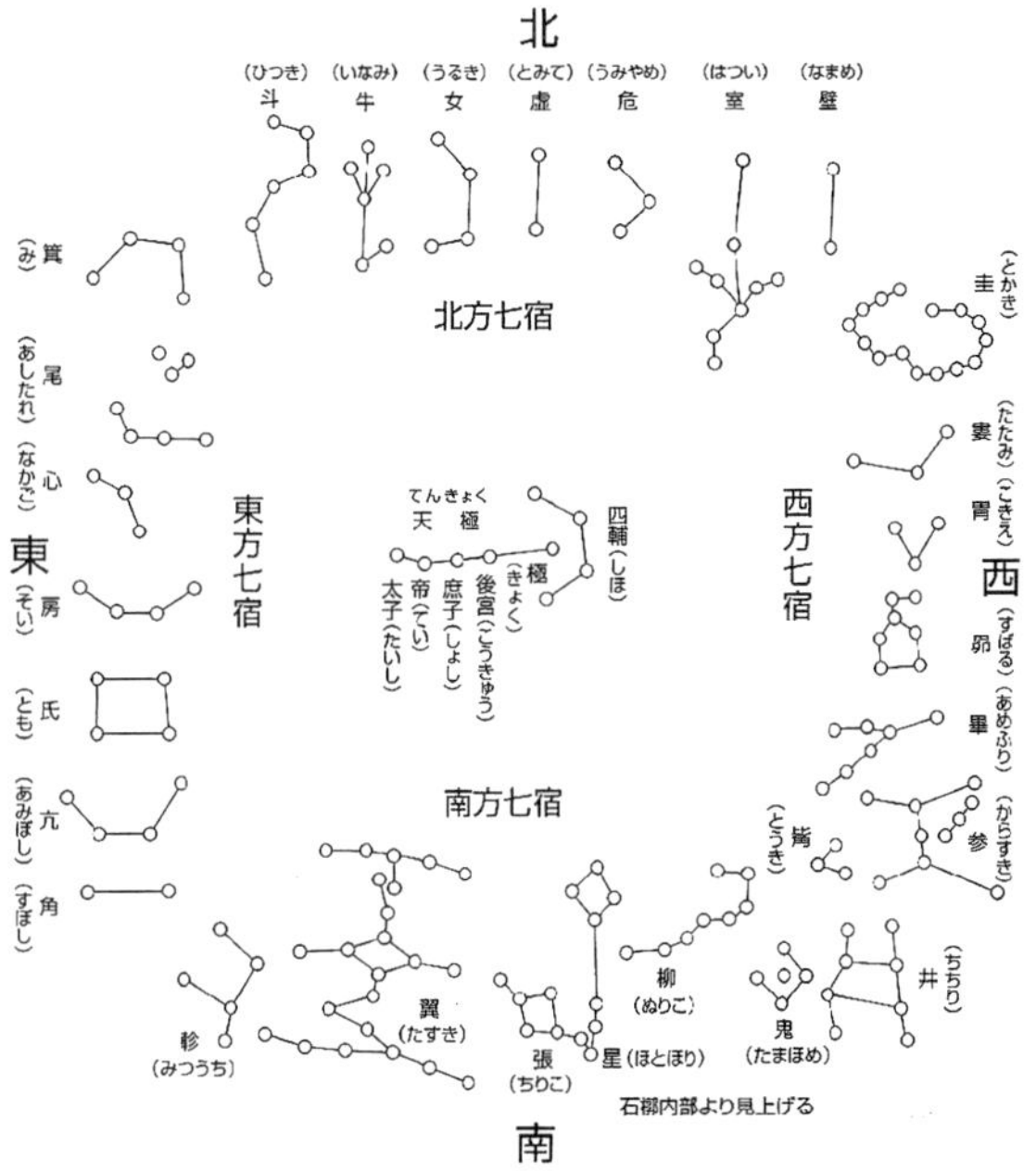

図２－13　高松塚古墳石室天井壁画の星宿図
『飛鳥藤原京展』朝日新聞社

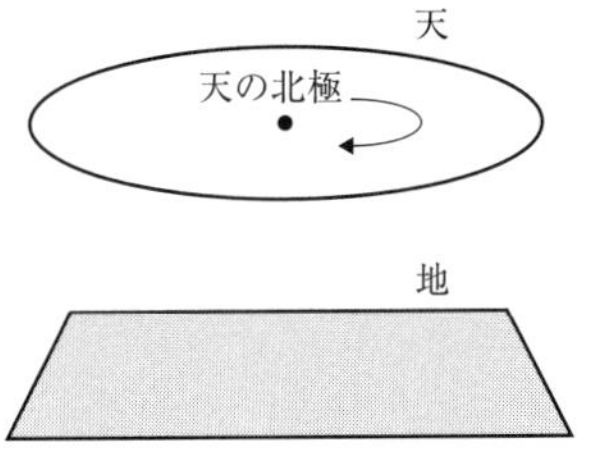

図２－14　蓋　天　説
荒川紘　2001『日本人の宇宙観—飛鳥から現代まで』紀伊国屋書店　22頁

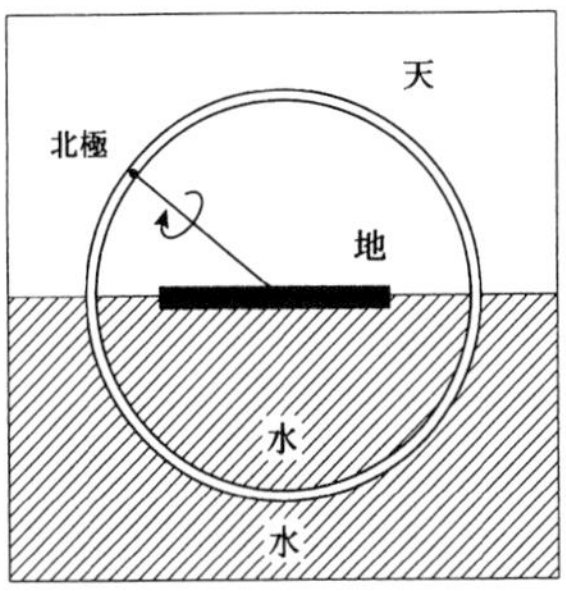

図２－15　渾　天　説
荒川紘　2001『日本人の宇宙観—飛鳥から現代まで』紀伊国屋書店　23頁

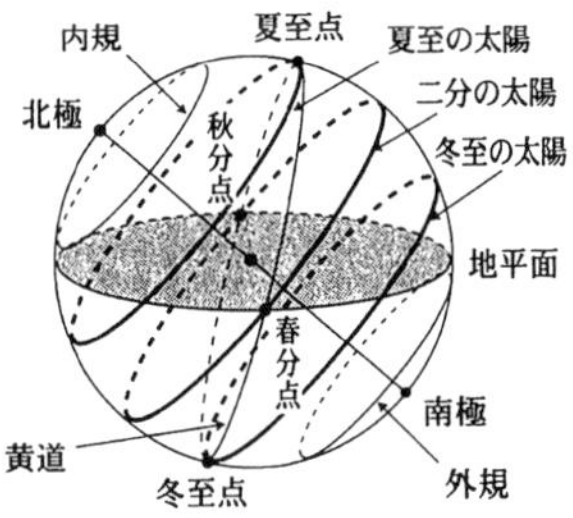

図２－16　渾天説による天体の運行
荒川紘　2001『日本人の宇宙観—飛鳥から現代まで』紀伊国屋書店　23頁

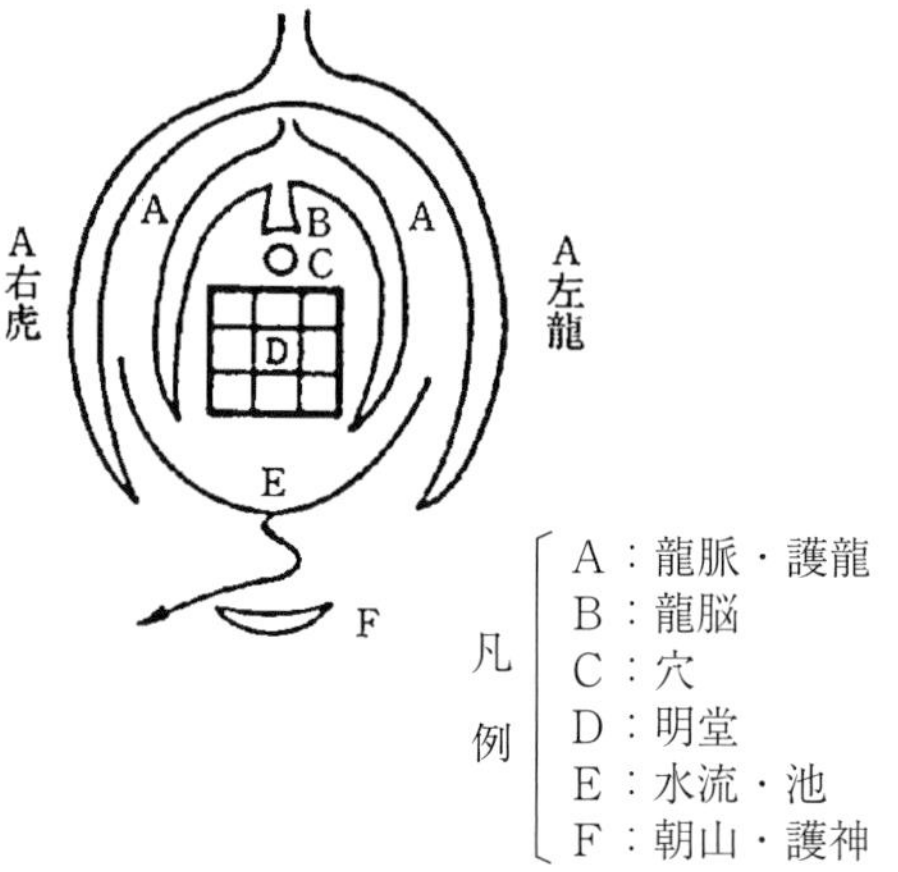

図２－19　風水の理想的な地形概念図
渡邊欣雄　1994『風水思想と東アジア』人文書院　35頁

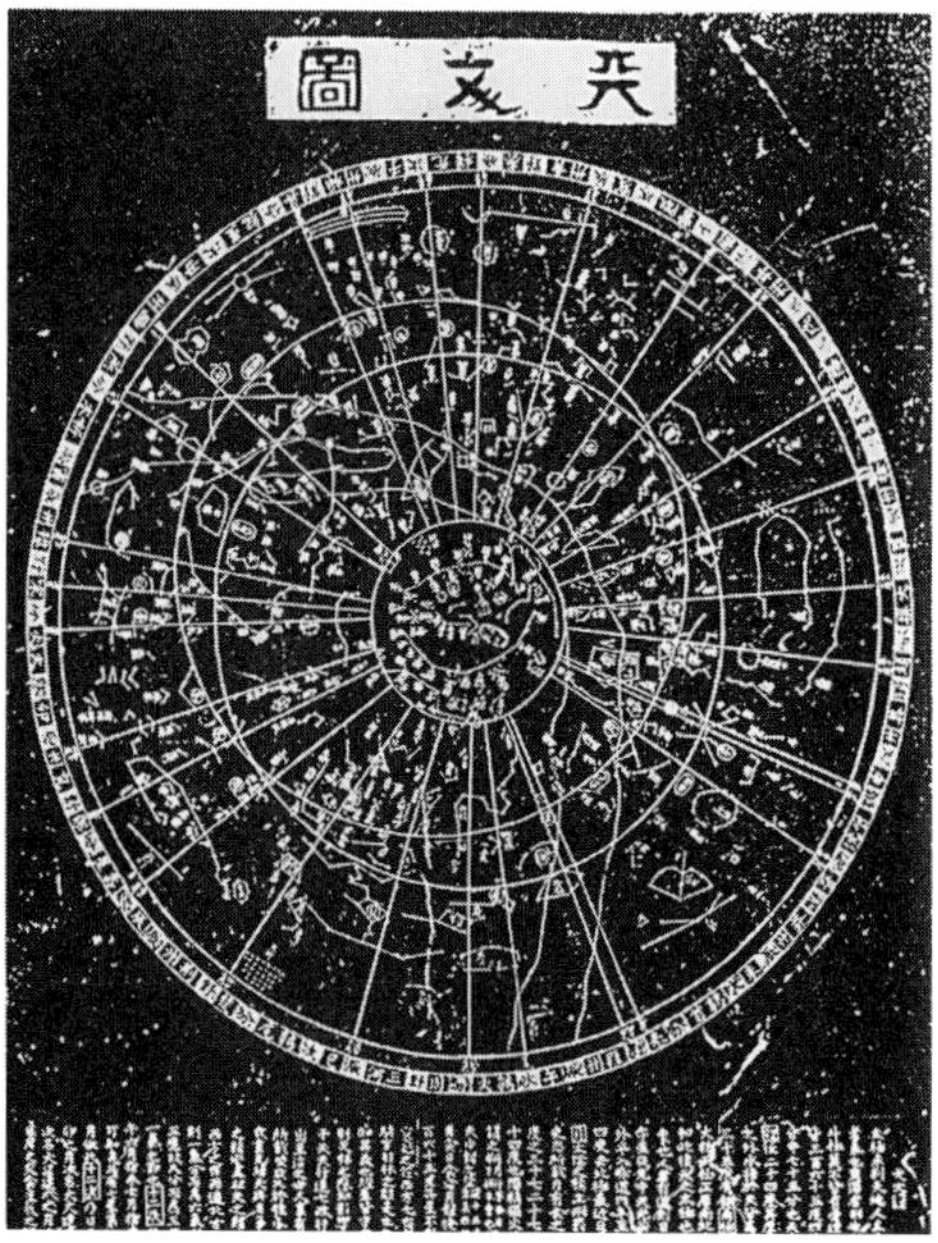

図２－17　淳祐天文図
橋本敬造　1999『中国占星術の世界』東方書店　91頁

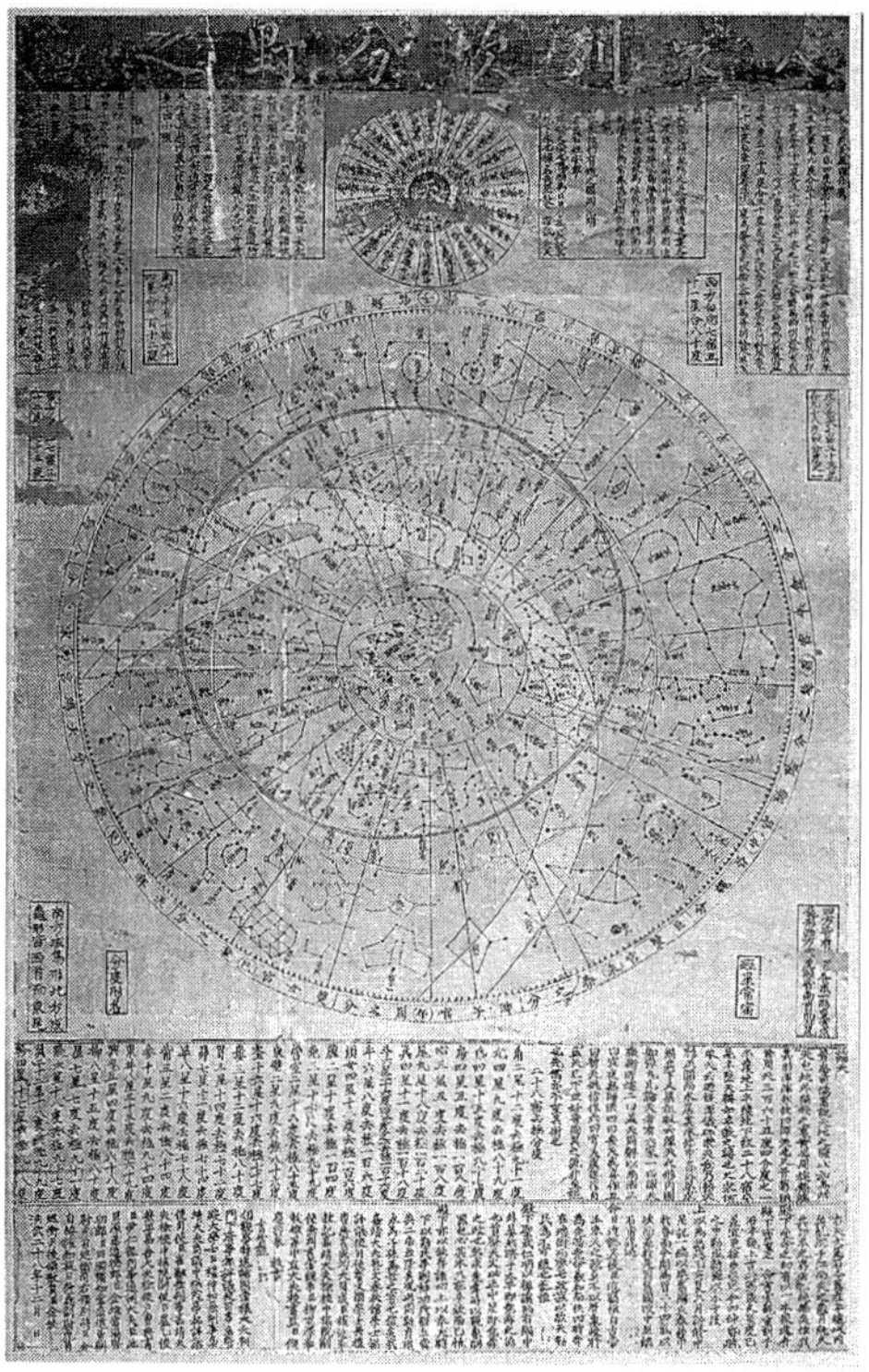

図２－18　木版天象列次分野之図
『展示図録』2007 National Palace Museum of Korea　94頁

第三章　中国・朝鮮半島における都城の設計思想

一　古代都城の選地

宮殿の造営理念や思想をみる前に、宮殿の置かれた都城がどのように選ばれたかをみよう。

1　史書にみる都城の選地と測量(1)

『呂氏春秋』は秦の宰相である呂不韋が編纂したもので、その「愼勢」には、「古の王者は、天下の中を択んで国を立て、国の中を択んで宮を立て、宮の中を択んで廟を立つ」とある。古の王者は天下の中心を選んで国を建て、国の中心を選んで宮室を建て、宮室の中心を選んで廟を建てたという。

『史記』周本紀には、「成王豊に在り、召公をして復た洛邑を営ましめ、武王の意の如くす。周公復た卜して申視し、卒に営築して九鼎を居く。曰く「此れ天下の中、四方入貢するに道里均し」と。」とある。周公は政治を成王にまかせたが、彼は政治、経済、軍事上の重要性から都として洛邑（のちの洛陽）を薦め、成王は彼の意見を聞き入れた(2)。天下の中心を選ぶということは四方からの入貢の道程を等しくして為政者の中正を表そうというものであった(3)。同様の記事は『尚書』召誥・洛誥にもあり、召誥での洛邑は「土の中」、つまり天下の中心に位置するとし、卜占によって都の適地を選定したという。一方、『周礼』地官大司徒によれば土圭の法をもって大地の中心を求めて都を造るといい、方法は異なった。土圭の法とは『淮南子』天文訓によると、太陽観測用の八尺の表（柱）を立てて、夏至の正午のその影が影の長さを測る土圭の長さ（一尺五寸）より長ければ北に近く、短ければ南に近く、気候もそれぞれ寒さ暑さが多いとされ、一致すれば天下の中心に当たるとされたものである。この方法によって、その地に周の成王が都を建てたという。『漢書』巻二十八地理志下には「昔周公は大地の中心に洛邑を営み、諸侯を四方の藩屏とした」とある。いずれの方法にしても、洛陽は天下の中心として意識された。

南北朝時代、鮮卑族の建てた北魏の孝文帝は太和十七年（四九三）九月、憧憬の地である洛陽で、晋の宮殿や漢の太学の跡を巡った。群臣は洛陽への遷都に反対、遷都するならせめて卜筮してからと願うのに対し、孝文帝は占いなど無益と退けて翌年遷都を強行した。北周の宣帝も洛陽に魅せられ、大象元年（五七九）二月の詔には「河洛の地は、世に朝市を称す。上は天に則りて陰陽の会するところ、下は地を紀して職貢の路均し」とした。六朝時代の『五経要議』には「王者命を受け、創始建国すれば、都を立てて必ず中土（＝土中）に居る」とあり、天命を受けた王者は必ず都を洛陽に置かなければならないという説があったという。

このように周公の事績以来、洛陽は世界の中心の都として意識されてきたことが知られる。

2　『文選』にみる都城・宮室の選地と測量

『文選』(4)は、中国南北朝時代の南朝、梁の武帝の長子、昭明太子蕭統（五〇一～五三一）によって編纂された。周代から梁代まで約千年間にわたる一三一名の七六三篇を収める現存最古の一大詩華撰で、六朝文学を代表する総集である。優れた文章・詩・論文を集め、八〇〇余りの文章が収録されており、その収録作品が三七の文体に分類され、さらに、主題ごとにいくつかに分類されている。中心は賦と詩で、旋律によらないで朗誦するのが賦である。賦の内容は叙事的なものも叙情的なものも含み、修辞とともに論理的に構成される。漢代の都の賦の系統のものは美辞麗句を並べた帝王賛歌ではあるが、帝王や王室に対する風刺も込められ、儒教思想と一体になっている。「両都の賦」（「西都賦」と「東都賦」）や「二京の賦」（「西京賦」と「東京賦」）は為政者の文教政策を意識した西都長安と東都洛陽の都市比較論で、西都の客と東都の主人との問答によって双方のお国自慢をし、東都の徳治主義を讃え、西都の遊侠奢侈を戒める風刺を含んでいる。これらに習いつつも美辞麗句を避け事実に匹敵する表現に留意して作ったと序で述べるのが魏呉蜀三国の都を謳った「三都の賦」（「魏都賦」「呉都賦」「蜀都賦」）である。

① 張平子「東京賦」

「東京賦」は、漢代の質素倹約な洛陽を頌えたもので、次のように記される(5)。以下、（　）内には通釈を記した。

彼偏據して小を規りしも、豈中に宅て大を圖るに如かんや。昔先王の邑を經るや、九隩を掩観て、地として營らざるは靡し。土圭景を測り、縮まらず盈たず。風雨の交わる所を總べ、然る後以て王城を建つ。曲面勢を審にす。洛に泝り河に背き、伊を左にして瀍を右にす（秦は関西の地にかたよって都して、心づもりは関内の小地区内に止まったが、東漢は天地の中央に都して、もくろむは四海の外に広がる大天下。これには秦もどうしておよぼうか。昔、周の成王が洛都を経営された時、九州の内をあまねく調査し、地という地を測量され、適当な地を求められた。日影を測る玉器を使って、求むるは、日影の短からず長からざる土地。あわせて風雨のほどよく去来する土地に、はじめて王城は建てられた。土地の曲直、方向、地勢の三つを詳しく計算して結論を出し、洛水に面し、黄河を背にし、伊水を左にし、瀍水を右にした地点に王城を設ける）。

同じく、「東京賦」で後漢の光武帝と明帝の国造りに関しては、次のように記された。

區宇乂り寧く、和を思ひ中を求む。睿哲玄覽して、茲の洛宮に都る（四海の内は、よく治まり安らかになり、願うは、陰陽のほどよく調和する土地、求めるは、天地の最中に当たる土地。聖哲の天子光武帝は、天下のすべての地を洞察なされて、選んだこの洛陽の宮殿に在される）。

このときも天下の中心を求めて洛陽に都を建てており、これは陰陽の調和する土地を求めてのことだったのである。

② 左太沖「魏都賦」(6)

爰に初め臻りし自り、言に其の良を占ふ。亀に謀り筮に謀りて、亦既に允に臧し。其の郛郭を修め、其の城隍を繕む。經始の制、百王を牢籠す。雍豫の居を畫き、八都の宇を寫す。茅茨を陶唐に鑑み、卑宮を夏禹に察る。古公草創して、高門閌たる有り。宣王中興して、室を築くこと百堵なり。聖哲の軌を兼ね、文質の状を抍す。豊約を商りて折中し、當年に准へて量を為す。

重爻を思ひて大壮に摹り、荀卿を覧、蕭相を采る。拱木を林衡に俦へ、全模を梓匠に授く。遐邇悦豫して子のごとくに來り、工徒擬議して巧を騁す。鈎繩の筌緒を闡き、二分の正要を承く。日晷を揆り、星耀を考ふ。社稷を建て、清廟を作る（魏公曹操が、最初にこの地に足を踏み入れた時、吉凶を占ったところ、亀甲も筮竹も、実に良い結果を得たので、内外の城壁や堀を修繕し、都市を建設した。その建設計画は、多くの王者の都市を兼ね合わせ、長安・洛陽をなぞり、八方の都市を参考にした。堯帝が屋根の茅すら切り揃えなかったことを見ならい、夏の禹王が低い宮殿を造ったことを思った。古公亶父が周を建国した時、高い門を建て、周の宣王が中興を果たして、百丈の宮室を造ったことも考えた。聖賢たちの事蹟を総合し、華美と質撲の両面をそなえ、豊かさと倹約の中庸をとり、時世にあうように規模を定めた。易の大壮の卦に則り、荀子の書や蕭何の故事を考慮にいれた。林の管理役に命じて大木を供給させ、全体の計画図を大工たちに示した。すると、遠近の民衆たちは、喜んで、子が親の手伝いをするようにやって来た。建設者たちは議論を重ね、技術を尽くした。コンパスや墨縄を手順に従って用い、春分と秋分の太陽によって正しい方角を定め、太陽の位置、星の位置を計測し、土地の神、稷物の神、そして先祖を祀る廟を建設した）。

魏都とは後漢末曹操が魏公に封ぜられ、都とした鄴のこと。斯波義信(7)によると、「古来、都の造営は中心地点となる吉祥の地をまず定め、鉛錘を垂らして、その影が一定の時間のあいだに陽光につれて移るようすを地上にマークして、慎重に南北の軸線を引くことが重要な儀式だった」という。賦にみる都の中の宮殿の造営では、易に従い、ぶんまわしと呼ぶ、紐を引くコンパスを用い、星を観測して方位を定める測量をしていることが注目される。

二　都城と宮殿の設計思想

1　史書にみる都城の設計思想

中国では古来、都城や宮殿などは宇宙を象るものであった。『史記』によると、始皇帝は始皇帝二十七年（紀元前二二〇）、渭水の南に長信宮を造営し、ついで名を極廟と改めて、天の中宮（天の北極付近の星座）を象った。また、同三十五年（紀元前二一二）には阿房宮から渭水を渡る閣道（閣道とは上下二段になっている通路のこと）を造り、これを咸陽に連結した。これは天極星（天の北極付近の星座の総称）が、閣道によって天の川を横切り、営室星に至る形を象ったとする。同じことであるが、南北朝の時の著作とされる『三輔黄図』(8)の咸陽故城の項には「引渭水灌都以象天漢横橋」とみえ、始皇帝は渭北咸陽の都城内にも渭水を引いて運河のようなものを造り、天の河と橋を象ったと記される。

一方、始皇帝陵（地下宮殿）については「上は天文を具え、下は地理を具う」と記され、地下宮殿の天井に天文が描かれ、再現した地上とともに小宇宙が構成されていたことが知られる。始皇帝陵についてではないが、『文選』詩篇陸士衡（二六一～三〇三）作の「挽歌詩三首」には、「旁薄《ほうはく》として四極を立て、穹隆として蒼天に放《なら》う。側《ほのか》に陰溝の湧くを聴き、臥して天井の懸るを観る（墓穴は四方に広がり（地にかたどって）四つの極を立て、また、弓形となして天にかたどる。そして、（穴の中に河や星にかたどるものがあって）聞き耳をたてると溝の水の流れる音がほのかにきこえ、臥しながら星が懸かっているのを眺める）。」とあり、墳墓の墓室内も天のドームや地物を象ったものであることが知られる。(9)

近代科学知識の普及まで世界観としての宇宙と天文学的宇宙は未分離であり、天地という意味も宇宙に含めると、宇宙を象るのは宮殿・陵墓だけではなく、都城・庭園・馬車(10)・銭・鏡・舞踊(11)なども同様であった。例えば、漢代の禁苑である上林苑の昆明池でも、池を天の川に見立てて牽牛・織女の石像物（現存する）が両岸に立てられていたことが『文選』上林苑賦によって知られる。以下では都城と宮殿に話を絞って進めることとしよう。

後漢の趙曄《ちょうよう》撰、春秋時代の呉越両国の興亡を記した史書『呉越春秋』巻五に「観天文擬法於紫宮築作小城」とあり、范蠡が紫微宮に法り城を造ったことが知られている。[12]始皇帝以前にも城が星座を象ったようである。

中国における都城と星座の関係は次の『三輔黄図』巻一漢長安故城の項にあるように漢長安城でも見られた。[13]

　漢之故都、高祖七年方修長安宮城、自櫟陽徒居此城。本秦離宮也。初置長安城。本狭小、至恵帝更築之。至五年夏発十四万五千人、三十日乃罷。九月城成。高三丈五尺、下闊一丈五尺、上闊九尺、雉高三坂、周回六十五里、城南為南斗形、北為斗形、至今人呼漢京城為斗城是也

漢長安城の北側と南側の城壁が屈曲していたため、長安城は南斗と北斗の形に見立てられ、斗城と呼ばれたのである。しかし元代の李好文はこれを疑い、『長安志図』巻中「図志雑説」で次のように述べる。

　今観城形信然《マコトニシカリ》。然漢志及班張二賦、皆無此説。予嘗以理考之、恐非有意為也。地形上、不得不曲屈以避之也。……其曲迂廻之状、蓋是順河の勢、不尽類斗之形、以是言之。豈後人偶以近似而目之也歟。

班張二賦とは前掲『文選』にみえる班孟堅（班固）の「西都賦」及び張平子（張衡）の「西京賦」を指すが、李好文は屈曲したのは南斗・北斗の形を造作したのではなく地形から曲折したものというのである。田中淡氏も同様の指摘をしており、[14]これが史実であろう。ただし、今ここでは漢代の長安城の設計者が星座を意識したかどうかは問わない。結果としてできた城壁の形を星座に見立てることが後世の附会であったとしても、それが中国の南北朝時代、すなわち奈良時代以前の書物に記され、設計思想として日本に伝わったであろうことを重視するからである。

唐代の都洛陽についてみよう。『旧唐書』巻四高宗紀上、顕慶二年（六五七）十二月、「二京の盛んなる、その来たること昔よりす。此の都は宇宙に心たり、賦貢を四方に通じ、風雨を交えて、均しく万国を朝宗す」[15]とあり、唐代も洛陽の都を宇宙の中心に見

立てた。また、『新唐書』巻三十八地理志二に「宮城在皇城北、（中略）以象北辰藩衛、曰紫微城、武后号太初宮。（中略）都城前伊闕、後拠邙山、左瀍右澗、洛水貫其中、以象河漢」(16)とあり、秦の都咸陽で貫流する渭水が天の川に見立てられたように、隋唐の洛陽城は洛河を天の河に見立てて宇宙を象ったのであった。

以上のように、都は天下の中心であることが求められ、河川を天の川に見立てるなどして宇宙を象ったのであった。

2　『文選』にみる宮殿の設計思想

①　班孟堅「西都賦」(17)

大漢命を受けて之に都するに至るに及びて、仰いで東井の精を悟り、俯して河圖の靈に協ふ（大漢が天命を受けここに都を定めるに当たって、天を仰げば、雍州の分野を司る東井の星座の神霊が、ここを都とせよと示すを悟り、地を見れば、黄河より現れ出た河図の霊妙なしるしにも、ここを都とする希望にうまく合う）。（中略）其の宮室は、天地に體象《かたど》り、陰陽を經緯し、坤靈の正位に據り、太紫の圓方に放ふ。中天の華闕を樹て、冠山の朱堂を豊かにし（その宮室は、天と地の形に象り、陰陽の法に合わせて、南北、東西の方向を定め、坤《せいなん》の地勢の中正な位置を足場として、祭政一致の政事をする明堂を造営し、星座太微の円形と星座紫宮の方形どおりに作り上げる。天に中する壮麗な未央宮の宮門〝東闕〟と〝北闕〟とをうち建て、山上の冠のごとく朱塗りの殿堂を壮麗に構築する）。

漢が天命を受け都を造営し、その宮殿は紫微宮や太微宮の方円に見立てて宇宙を象ることを述べるのである。漢長安城の正殿未央宮を取り巻く他の宮殿に関しては次のように謳う。

徇《めぐ》らすに離宮別寝を以てし、承《う》くるに崇臺《しゅうだい》閒館《かんくわん》を以てす。煥《くわん》として列宿の紫宮を是れ環《めぐ》るが若く（この未央宮のそばに、離宮・別殿が輪になってめぐり、それに接するように高台やがらんとした大きな館が建っている。あたかももろもろの居並ぶ星座や紫微宮の星座が天帝の紫宮のまわりをめぐるがごとく、照りかがやいている）。（中略）周《めぐら》すに鉤陳《こうちん》の位を以てし、衛《まも》るに嚴更《げんかう》の署を以てし（星座鉤陳の六つの星が紫微宮を守る位置にあるように、未央宮の周囲には、夜警の官署を置いて護衛する）。

このように、宮殿は北極星付近の星座紫微宮であり、その建物配置はまさに紫微宮が円形の垣を繞らしたように天文を擬えていたのである。

②　**張平子「西京賦」**(18)

紫宮を未央に正し、嶢闕《げうけつ》を閶闔《しょうかふ》に表し、龍首を疏して以て殿を抗げ、状《かたち》巍峩《くわいが》として以て岌嶪たり（星座紫微宮に象り、未央宮の位置を正しく定め、高楼の門構を、紫微宮の天門、閶闔に象って、宮殿の目標とし、龍首の山を切り開いて、その正殿を高々と造る。その姿は、山のごとくそびえてたくましい）。（中略）若し夫れ長年神僊、宣室玉堂、麒麟朱鳥、龍興含章、衆星の極を環り、叛赫戯として以て煇煌するに譬ふ（また、かの長年殿・神僊殿・宣室殿・玉堂殿・麒麟殿・朱鳥殿・龍興殿・含章殿などが未央宮を中心にとりまく光景は、たとえば、衆星が北極星を囲み、光芒四方に輝いて光りきらめくよう）。

ここでも未央宮を中心に他の宮殿建物群が取り囲み、全体で紫微宮を象ったことがわかる。

③　**王文考「魯霊光殿賦」**(19)

魯の霊光殿は、「魯霊光殿賦」の序が記す通り前漢六代皇帝である景帝の子、魯の恭王劉余が春秋時代の魯の僖公の時代の遺構の上に建てた宮殿である。長安の未央宮も建章宮も戦火で破壊される中、霊光殿は無事であった。これは神々が漢王朝を存続させようと守ったのではないかとする。そして、「然れども其の規矩制度、上は星宿に應ずるは、亦永く安らかなる所以なり（また一方、この宮殿の設計自体が、天の星座の定める建築の理に叶っていたことも、永く安泰でいられた理由なのだろう）」とある。本文中、霊光殿の詳細を見て讃えた部分でも、「規矩天に應じ、上は觜陬に憲る（その設計は、天理に則り、觜陬の星座にならっている）」としている。觜陬の星座とは二十八宿の室宿と壁宿のことである。宮殿建築は天文の理に適っていることが王朝が永続するために必要であったことが知られる。

④　**張平子「東京賦」**(20)

乃ち三宮を營み、教えを布き常を頒つ。複廟重屋、八達九房あり。天に規り地に矩り、時を授け郷に順ふ（かくして、明堂・

辟雍・霊台の三宮を造営して、教化をしき、昔からの王室典範を頒布なさる。明堂の作りは、二重屋根で二重の檐《たるき》の飾りがつく霊廟で、八つの牖《まど》に九つの室がある。上部は円形で天に象り、下部は方形で地に象り、四時の暦を授け、春夏秋冬十二か月を、一月ごとに定められた方角どおりに居室を移して、その月の政令行事を行われる）。

明堂とは政教を明らかにするという建物で、古来王者の徳治の象徴と考えられ、儒家が最も重視した建物であったが、起源や機能、構造、建設場所など諸説紛々としている。辟雍とは大学のことで、霊台は天文や気を観測するところである。

⑤ 何平叔「景福殿賦」(21)

〝宮殿は宇宙を象る〟という設計思想は漢代以降も引き継がれる。魏の第二代明帝は太和六年（二三二）、都の許昌に景福殿を造営した。

屯坊列署《とんぼうれつしよ》、三十有二《さんじふいうに》。星《ほし》のごとくに居《を》り宿《しう》のごとくに陳《つら》なり、綺《あやぎぬ》のごとくに錯《ま》じり鱗《うろこ》のごとくに比《なら》ぶ（三十二の、役所の建物が、固まり、並んで建っている。星のごとく、星座のごとく配列され、絹の模様や、鱗の模様を成している）。（中略）天地《てんち》に雔《ひと》しくして以《もつ》て基《もと》を開《ひら》き、列宿《れつしう》に竝《なら》びて制《せい》を作《つく》る。制細《せいさい》として規景《きけい》に協《かな》はざること無《な》く、作微《さくび》として水臬《すいげつ》に違《たが》ふこと無《な》し（景福殿は、天地と同様な基盤の上に、星座に則って設計されている。その作りは、細微なところに至るまで、方角や高さが正確に測られている）。

何平叔は魏の人（一九〇〜二四九）。景福殿は魏の太和六年（二三二）、明帝が都の許昌（今の河南省許昌の東）に建造した宮殿で、そのものが星座に則して設計され、建物群も星座のように配置されていたというのである。

以上、『文選』賦篇にみる通り、宮殿建物群は紫微宮などの星座にならって配置し、特に未央宮のような正殿は紫微宮や天の北極付近の星座を意識して造営されていたのである。

3 太極殿の時代

宮殿が宇宙を象った時代の中で、太極殿と呼ばれる建物が成立して以後唐末までの約六五〇年間、太極殿は朝政の中枢建物であった。太極殿の時代である。太極殿は唐の後の北宋の洛陽宮にも存在し、現在の北京故宮博物院（明・清の紫禁城）にも現存するが、中枢をなすものではない点が異なる。[22]

（一）成立と展開

吉田歓氏[23]によると、三国志の英雄曹操は鄴城にはじめて星座名を冠する文昌殿を造営した。『晋書』天文志には、文昌は上将・次将・貴相・司禄・司命・司寇の六つの星からなる星座であり、『大漢和辞典』には「形は筐の如く、天の六府で、禍福を集計し、天道を明らかにし、天下を経緯することを主る」とある。曹操は後漢最後の皇帝献帝を奉じて洛陽から許昌に遷都したが、曹操の拠点は鄴城にあったため、曹操は献帝のいる許昌を紫微宮にあて、自らは文昌宮に準らえて自身の権威を表明したと吉田氏は推測している。結局、曹操は皇帝になることなく死去し、その次男曹丕が黄初元年（二二〇）献帝から禅譲を受けて魏の文帝となって、洛陽の北宮に入り、黄初七年（二二六）には没した。

景福殿の造営から三年後、二代明帝は青龍三年（二三五）、洛陽城南宮[24]で太極殿等の造営に着手した。太極殿は『水経注』巻一六穀水注[25]によると、後漢の崇徳殿跡地に「上天の太極に法って」造営されたのである。後漢の洛陽城は北宮と南宮の二宮を有していたが、魏は一宮制に変換したために、中枢の宮殿に相応しい名称を付す必要が生じていた。明帝の時は曹氏が天子となっていたので、天の北極近くの星座名を避けて文昌などとする必要もなく、これが太極殿と命名した理由と考えられている。[26]

太極殿の太極とは、『易』繫辞上伝に「この故に易に太極あり。これ両儀を生ず。両儀し四象を生じ、四象は八卦を生ず。八卦は吉凶を定め、吉凶は大業を生ず。」とあり、『呂氏春秋』仲夏太楽には「太一は両儀を出し、両儀は陰陽を出す。陰陽は変化して、一上一下、合して章を成す。」とあるように、太極も太一も陰陽の根本、万物の根源であった。また、『淮南子』天文訓に「紫宮者太一之居也」、『史記』天官書には「中宮天極星、其一明者太一常居也」とあり、太一は天文占星的思想においては紫微宮に住む天帝と同一視された。従って、太極は万物の根元という形而上学的な観念と神秘的な天文観が共存した、宇宙における至尊なるものと考えられていたのである。[27]そのため、太極殿は天命を受けた者が天下を統治する宮殿の名称となったのである。

三国時代を晋が統一したが短命に終わり南北朝時代になる。三国時代の呉から南朝を含めた六王朝はいずれも建康（現在の南京）を都とした。江南の温和な気候風土の中、漢人の優雅な貴族文化が開花、『文選』などが生まれた。文化史でいう六朝文化である。南朝では、東晋から宋・斉・梁・陳まで太極殿は天象に模して造営された。『建康実録』巻九で晋の孝武帝太元三年条には「皆仰模玄象、體合辰極」とある。(28) 宋の顔延年（三八四～四五六）は、『文選』詩篇「東宮に直し鄭尚書に答ふ」(29) で「皇居は環極を體し、険を設けて天工を祇《つつし》む（天子のお住居《すまい》は衆星が北極星をめぐる状にかたどり、牆《かき》を設けた多くの役所に囲まれ守られている）。」と謳い、宮殿の建物群が北極星や紫微宮を象ったことが知られる。梁の建康宮の正殿も太極殿であって、『徐孝穆集』巻八「太極殿銘序」に「星象に法って王位の尊厳を増し」「日月星辰と輝きを等しくして宇宙に顕示し、万国の諸侯を朝会せしめる」とある。(30)

一方、北朝では、北魏の孝文帝が平城で辟雍の建設を命じ、太和十年（四八六）に円丘を築き、続いて太和十三年（四八九）に孔廟、太和十五年（四九一）に太廟・明堂を建設した。洛陽城では漢化政策の一環で太華殿を壊し、正殿として太極殿を太和十六年（四九二）に建設した。太極殿の建設に際しては少蒋遊なる人物をあらかじめ洛陽に派遣し、旧跡の測量をさせており、洛陽を模倣しようとした。これら一連の建設事業によって平城の南北軸を明確にし、儒教建築を配置して、平城を儒教的都市空間に改造した。(31) しかし、改造には限界があったのか、間もない太和十八年（四九四）には平城から洛陽へ遷都する。太極殿の名称は北魏洛陽城へも継承され、隋代を経て、唐の長安城太極宮の正殿へも引き継がれることとなる。

（二）太極殿の時代の朝鮮半島

『三国史記』は新羅・高句麗・百済による三国時代から統一新羅末期までの朝鮮半島の歴史を高麗時代に金富軾らがまとめた歴史書である。これに星座に関わる名称をもつ建物として〝紫宸殿〟を探すと、二ヵ所の記載を確認できるが、いずれも中国皇帝の所在宮に関する記述である。一方、十三世紀に高麗の高層一然によって書かれた歴書『三国遺事』に探すと、原宗興法厭髑滅身条において、むかし新羅の法興大王が政事をとったことに関して「昔法興大王垂拱紫極之殿」と記している。(32) 紫極之殿は当然、天の北極付近の紫微宮に因む名称で、法興王の在位は五一四年から五四〇年、南朝では梁の武帝、北朝では北魏の孝明帝の時代であり、

『文選』の撰者昭明太子蕭統の生きた時代とも重なる。ただし、『三国遺事』は南潤寺の沙門である一念が、約三百年後の元和年間（唐の憲宗の年号で、八〇六〜八二〇年）に記したものである。そのおよそ二、三十年前、『三国史記』巻第十　新羅本紀第十の元聖王の四年（七八八）春条には「始めて読書三品科を定めて（官路に）出身できるようにした。春秋左氏伝や礼記・文選を読んで文意に通じ、あわせて論語・孝経に明るい者を上品（上級）とし、曲礼・論語・孝経を読破した者を中品とし、曲礼・孝経を読破した者を下品とした。」[33]とある。法興王の時代の正殿名称も天の北極に擬えたものであったのかもしれないが、このように『文選』が普及していたことが見えるので、正殿の名称が明らかでなくとも遅くとも元和年間には紫極之殿と記すだけの知識が普及していたと考えられる。

（三）設計思想の転換

渡辺信一郎氏によると、天空の星象配置に則る太極宮型宮城配置は六朝時代で終わりとなり[34]、宮殿の設計思想は天文秩序を地上に再現するという律暦・術数的イデオロギーから経書『周礼』の都城・宮殿の規格に基づく儒教的秩序の表現へ変わることとなるという[35]。設計思想が変換するのである。そして、設計思想変換後の隋唐長安城については妹尾達彦氏が[36]、以下のような様々な伝統的思想が盛り込まれ、これらは密接にかかわって個別には分析できるものではないとする。

・地上における宇宙の鏡として都をつくりだす天文思想
・王朝儀礼の舞台として都をつくる礼の思想
・中国古来の『周礼』の理想都市モデル
・陰陽五行思想
・王者にふさわしい土地を鑑定する『易経』の思想

唐長安城の太極宮太極殿と大明宮含元殿をみてみよう。唐の長安城はもとは隋の文帝が開皇二年（五八二）に造営した大興城で、唐王朝は名称を改めて都としたものである。隋の正宮の大興宮は城内中央北寄りに位置し、これを唐は太極宮と改めた。先にも述べたように太極とは、経書『易』繋辞上伝の「この故に易に太極あり。これ両儀を生ず。両儀し四象を生じ、四象は八卦を生ず。八卦は吉凶を定め、吉凶は大業を生ず。」に基づく。(37) 宮城の中軸線上に南から承天門、嘉徳門、太極門を配し太極殿となり、朱明門、両儀門を経て両儀殿へ至る。両儀とは陰陽の意味であり、主要殿舎が『易』に基づく命名であったことから、太極宮では形而上での意味が強調された。

大明宮は唐の長安城の北辺東寄りに位置し、太宗が建設に着手、高宗が完成させた宮殿で太極宮と同様に正宮として利用された。その前殿が含元殿である。唐の李華の「含元殿賦」には「含元建名、易乾坤之説、曰「含宏光大」、又曰「元亨利貞、括万象以為尊。」」(38)とあり、その名称は、易の乾坤（陰陽）に基づく命名であったと指摘される。一方、陰陽の統一体としての太極は、天文占星思想では太一、北辰の星であった。天皇大帝は天の北極近くの星座であるが、緯書の『春秋合誠図』に「天皇大帝は北辰の星なり。元を含み陽を乗《と》り、精を舒べ光を吐き、紫宮に居て四方を制御す」(39)とあることが名称の由来かもしれない。あるいは第二章で引いたように、『史記索隠』での中宮の説明にある「中宮大帝、其精北極星。含元出気、流精生一也。」に典拠が求められるかもしれない。いずれにしても含元殿のその名称は中宮や北辰とも関わり、設計思想変換前の要素も残すと思われる。

唐代の洛陽城では洛陽宮内、皇城の正門を端門といったが、これも紫微宮の左垣と右垣の間の星のない部分の名称であった。

（四）宋代における儒教の変容(40)

唐代の後半から宋代にかけて儒教に変革があって、「太極」の概念が「理」の概念と同一視されるようになり、同時に宮殿造営の思想的背景も天文世界から解放され、より抽象的で普遍的、根元的な秩序の概念に根拠を置くように転換した。このため王権は天文との繋がりで正統性を誇示する必要性は薄れていくことになるという。これにより宮殿中枢部の建物名称にも太極殿が使われなくなるのである。

（五）現存する宮殿の名称と施設配置

太極殿の設計思想の転換後に建てられた現存する宮殿では、儒教の新しい理念のみで計画設計がなされているわけではなく、伝統的な天文秩序を表す設計理念も北京の紫禁城（故宮博物院）、ソウルの景福宮などで見ることができる。

紫禁城は明清時代の宮城である。紫微垣は天帝の居城とされる星座であるが、紫禁城の名は地上の紫微垣である「紫宮」と、庶民の立ち入りを許さない「禁地」を重ねた「紫宮禁地」の省略形とされる。(41) 宮城内太和門前には蛇行する金水河が流れ、天の川を象っているという(42)（図3―1）。金水河は朝鮮王朝時代の水原華城の行宮正門前でも確認され、近年復元されている（図3―2）。

ベトナムでは、阮福映（グエン・フォック・アイン）が一八〇二年フランスの援助を受けて国を統一し、二年後国号を越南国とした（グエン朝）。即位した嘉隆（ザロン）帝が都をフエに定め、清の紫禁城の四分の三の規模で王宮を建設しはじめ、明命（ミンマン）帝の一八三三年頃に完成させたのも紫禁城という。(43)

ソウルの現在の景福宮は朝鮮王朝末期の高宗二年（一八六五）から造営されたもので、「景福」は経書『詩経』に典拠がある。二〇〇一年、正殿である勤政殿の修理の際、棟木中央下端から発見された一八六七年の棟札には、「紫微之垣」などと記され(44)（図3―3）、旧来の設計思想が受け継がれていることが確認できる。

なお、日本では平安時代初頭、嵯峨天皇が内裏の正殿を紫宸殿と名付けて以来、受け継がれて、現在の京都御所の正殿も紫宸殿である。内裏とは北斗の軌道の内側をいうとの説もあり興味深い。(45)

渡辺信一郎氏の指摘のように、六朝時代までは宮殿が宇宙を象るという設計思想が主流であったが、その後、経書を重視した儒教的秩序の表現に変わることとなる。しかし、宮殿が宇宙を象るという伝統は現存する宮殿にも受け継がれ、完全にこのような考えがなくなってしまう訳ではないようである。このことは隋唐以降の宮殿あるいはその影響を受けた宮殿であっても、儒教的秩序の表現という視点と宮殿は宇宙を象るという視点での双方の分析が必要になることを示す。

三　中国古代建築の設計原理

1　中国古代の設計原理

天道とは天空の秩序であり、天を象り、天に則して行うべき帝王の道でもある。天下を治める為政者は南面して政治を総攬し、天道に基づいた施政を行うのであった。天命思想を背景に、為政者である天子は自身をいわゆる北極星に準え、天帝から地上の支配の委託を受けた証に天帝の常居である紫微宮を象った立派な宮殿を営んで天上界を再現し、これによって自身を権威づけたのである。先の「魏都賦」で述べられていた「蕭何の故事」とは、前漢の高祖の時、未央宮ができ、贅沢ではないかとの高祖の問いに丞相蕭何が天子の威光を示すためには大規模な宮殿が必要だとしたことであったが、天下支配の拠点である都城や宮殿は立派でなければならなかった。また、施政の中心施設である宮殿の主要な建築については、治世安泰のため、天道すなわち宇宙の秩序に基づいた設計をする必要があった。天道に基づく方法として考え出されたのが「月令図式の宇宙理論」と呼ばれる設計原理である(46)。この図式は、時間には一年の春夏秋冬があり、空間には東南西北があって、四季を四方に配当して時空が一体となったものであり、太極を示す印を中心に陰陽五行の秩序や二十八宿の位置、易の方位や象徴する事物が巡る（図3―4）。『淮南子』斉俗訓に「往古来今謂之宙、四方上下謂之宇（古より今に至る時間を宙といい、四方上下の空間を宇という）(47)」とあり、空間のことを宇、時間のことを宙といったように、ここでいう宇宙とは時空のことであった。この世の森羅万象は変化するが、循環・調和し、これらを取り巻く時間と空間は季節・方位に基づいて連携した有機体を構成していると考えられていた。こうした世界と調和するために為政者は天文・暦・易・陰陽五行・算術・地理が密接に関わった術数を駆使し、天意を読み解いて、時空と調和するように宮殿などの単体の建造物や建造物群を設計・施工して天下の泰平を図る必要があったのである。

（長安）、煬帝による東京城（洛陽）の二都市の都市建設計画にも深く関わった人物でもある。『隋書』巻六十八には、『明堂議表』の全文が掲載され、上述の設計方法を用いていることが確認できる。明堂は実現こそされなかったが、『隋書』の伝に附された編者の彼への評には「書籍を考覧し、『明堂図』を定めたことについては、意をもって解釈しすぎる点があるとはいえ、観るべきものがある。」とされる。なお、『日本書紀』がその『隋書』を引いていることは知られているが、『日本書紀』の編纂が進み、第一次大極殿院の計画を行う頃、『隋書』からもこうした設計思想を学んだものと思われる。

唐の高宗の時の明堂に関しては、学説の対立があり建設には至らなかったが(55)、武徳令で条文が定められ、その平面形や規模、柱の本数などが規定として残り、その数の意味が『旧唐書』巻二十二志第二礼儀二(56)に数多く記される。一部を列挙し、明堂の設計方法をみよう。「基八面、象八方」「又按周易、三為陽数、八為陰数。三八相乗、得二百四十尺。又按漢書、九會之数四十、合為二百八十、所以基径二百八十尺。故以交通天地之和、錯綜陰陽之数」「四柱以象四星。天有二十八宿、故二十八柱」「堂面九間、各廣一丈九尺。按尚書、地有九州、故立九間。又按周易、陰数十、故間別一丈九尺、所以規模厚地、準則陰陽、法二気以通基、置九州於一宇」「四柱以象四星。有八節、八政、八風、八音、四八三十二柱。」「下柳、七十二枚。按易緯、有七十二候、故置七十二枚。」「下層四象時、各随方色。中層法十二辰、圓蓋、蓋上盤九龍捧之。上層法二十四気、亦圓蓋。」「結構準陰陽之数」。いずれの数字も易や暦、陰陽五行、時空などに関わるものが用いていることが確認でき、後に言及する塼積擁壁の平面・断面の設計施工に用いられた尺長（傍線）が見えることも注目すべきである。

高宗の皇后であった則天武后は東都洛陽宮の正殿である乾元殿(57)を毀し、垂拱四年（六八八）その跡に明堂を完成させた。三層で高さ二九四尺、東西三〇〇尺という規模を誇り、下層は各方角の色を塗り、中層は円屋根で、屋根の上に九龍の献げる盤が置かれ、上層もまた円屋根だった（図3―9）。これを万象神宮と名付け、載初元年（六九〇）には自ら即位して国号を周と改めた。明堂では群臣を饗して「上は厳配の所、下は布政の居」という明堂の理念を顕現し、正殿の役割を担った。また、明堂は儒教的な儀礼の場であるが、仏教行事である無遮会も行われている。この建物は仏教、殊に弥勒信仰に則った建物で武后政権を仏教的イデオロギーから支える役割も担った。武后を弥勒菩薩に、明堂を弥勒の化城に擬えたが、証聖元年（六九五）正月に近接する天堂から失火し、明堂も類焼した。武后は天冊万歳二年（六九六）には再建を完了させ、通天宮と命名し、万歳通天と改元した。[58]『旧唐書』則天武后紀に、さらに改元した万歳登封二年（六九七）四月、明堂前庭での儀式に九鼎が据えられたことが記されたが、『資治通鑑』唐紀二十一によれば、この二年前に九鼎と十二神像が鋳造されていたことが知られる。天を象徴する十二神と、鄒衍の主張した世界観大九州説に基づく大地を象徴する九鼎によって天円地方の宇宙構造が表明され、天下全体の掌握を象徴したのである。[59]祭儀の場とその祭典とが宇宙の構造を象徴するのに対し、実際の祭祀のシナリオが宇宙の運動を象徴しているといい、[60]この指摘は大変興味深い。

武后譲位後の神龍五年（七〇五）に中宗が明堂で即位し、開元六年（七一八）その名を乾元殿に復し、同二十五年には上層を撤去したが、やはりここが正殿の役割を果たした。[61]

(四) そ の 他

単体の建造物が数を介して宇宙を象るこうした事例を、現存する建造物でもみることができる。

古代中国では帝都の南郊で円丘を設け、冬至に天を祀る郊祀の儀式を行った。その伝統は明清時代まで受け継がれ、明代の永楽十八年（一四二〇）に創建された祭天の場が北京の天壇である。そこにある祈念殿（図3―10）は豊穣祈願をする建物で、円形三層の基壇上に平面円形、三層からなる。建物下層の内側の四本の龍井柱は四神を、中間の一二本の柱は十二支を、外側の二八本の柱は二十八宿をそれぞれ象るという。[62]祈念殿東側にある長廊と呼ばれる七二間の回廊は、二十四節気を細分した約五日ごとの季節、七十二候を象るものと思われる。

ソウルの景福宮慶会楼は、正殿である勤政殿の北西の池中に建つ桁行七間、梁間五間の総柱建物の楼閣で、柱は四八本で構成される（図3―11）。柱間などに天地人の三才、易の八卦、十二ヵ月、二十四方位などを建造物の内側から外側に向かって配当している（図3―12）。慶州の瞻星台《せんせいだい》は『三国遺事』によれば新羅の善徳女王十六年（六四七）に建造された天文台の遺構であり、一年の日数（三六五と四分の一日）を象った三六六の石材で構築されている（図3―13）。

以上のように現存する建造物遺構においてもその部材等の数を介することによって抽象的に時空という意味の宇宙を象っていることが確認できるのである。

【参考文献および註】

（1）佐藤康夫　二〇〇七「周礼と洛陽」『古代都城とその形制』奈良女子大学二一世紀COEプログラム報告集第一四巻　奈良女子大学　三一―四七頁

（2）司馬遷／小竹文夫・小竹武夫訳　二〇〇三『史記Ⅰ本紀』ちくま学術文庫　七三頁

（3）程萬里主編　一九九一「数理設計」『中国伝統建築』中国建築工業出版社　一八―二四頁。日本語訳については加藤遥氏の協力を得た。記して謝したい。

（4）中島千秋　二〇〇〇『文選（賦篇）上』新釈漢文大系　明治書院　五一―一〇頁、『国史大辞典』一九九二　吉川弘文館　九〇五―九〇六頁

（5）中島千秋　二〇〇〇『文選（賦篇）上』新釈漢文大系　明治書院　一四一―一四八頁

（6）高橋忠彦　二〇〇〇『文選（賦篇）中』新釈漢文大系　明治書院　九―一〇頁

（7）斯波義信　二〇〇三『中国都市史』東京大学出版会　六八頁

（8）楊振紅／井上幸紀訳　二〇〇五「秦漢時期都市史資料述略」『中国と研究の史料と方法』大阪市立大学大学院文学研究科都市文化研究センターPDF版　一七―二九頁。『三輔黄図』は漢代の人の作というが魏晋以降の内容も含まれるため、南北朝の時の著作とされる。

（9）内田泉之助・網祐次　二〇〇六『文選（詩篇）下巻』新釈漢文大系　明治書院　五四四―五四五頁

（10）『隋書』志第五礼儀五に「車之蓋圓、以象天、輿方、以象地。輪輻三十、以象日月。蓋橑二十有八、以象列宿」（『隋書』一紀志　中華書局　一九九頁）とあり、馬車の形も天円地方という古代中国の宇宙観を表わし、『周礼』考工記以来の伝統である。車については次が参考になる。高田克巳　一九五九「周礼と考工記について―「規矩」の発達過程の研究（1）―」『日本建築學會研究報告』四六巻　三六六―三六九頁、高田克巳　一九七〇「規矩考―『周礼』考工記よりの考察（続）―」『大手前女子大学論集』第四巻　大手前女子大学　一九四―二二頁、大橋正次　一九八八『中国星座の歴史』雄山閣出版　二五〇―二五一頁

（11）金英淑　二〇〇八「朝鮮王朝宮中呈才の復元、再現の現況と課題」『埋蔵文化財ニュース』一三〇号　奈良文化財研究所　二二―三三頁

（12）駒井和愛　一九七七『中国都城・渤海研究』雄山閣出版　一三―一四頁

（13）大崎正次　一九八八『中国の星座の歴史』雄山閣出版　二五二頁

(14) 田中淡 一九九八「秦漢時代の建築」『世界美術全集』東洋編第二巻 小学館 九八頁
(15) 前掲書（1）
(16) 『新唐書』第四冊 中華書局 九八二頁
(17) 中島千秋 二〇〇〇『文選（賦篇）上』新釈漢文大系 明治書院 二五—三九頁
(18) 中島千秋 二〇〇〇『文選（賦篇）上』新釈漢文大系 明治書院 八七—九〇頁
(19) 高橋忠彦 二〇〇一『文選（賦篇）下』新釈漢文大系 明治書院 一—三頁
(20) 中島千秋 二〇〇〇『文選（賦篇）上』新釈漢文大系 明治書院 一五二—一五三頁
(21) 高橋忠彦 二〇〇一『文選（賦篇）下』新釈漢文大系 明治書院 三一—三五頁
(22) 渡辺信一郎 二〇〇八「六朝隋唐の太極殿とその構造」『都城制研究（2）』奈良女子大学二一世紀COEプログラム報告集第二三巻 奈良女子大学 七三—九二頁、妹尾達彦「コメント2」『都城制研究（2）』奈良女子大学二一世紀COEプログラム報告集第二三巻 奈良女子大学 九三—一一四頁
(23) 吉田歓 二〇〇二『日中宮城の比較研究』吉川弘文館 四二—四八頁
(24) 渡辺信一郎は洛陽北宮に太極殿は建設されたとみる。渡辺信一郎 二〇〇四『中国古代の王権と天下秩序—日中比較史の視点から』校倉書房 一五五頁
(25) 入江義高訳 一九七七『洛陽伽藍記 水経注（抄）』平凡社 三一四頁
(26) 前掲書（22）
(27) 駒井和愛 一九七七『中国都城・渤海研究』雄山閣出版 一三一—一四頁
(28) 前掲書（22）
(29) 内田泉之助・網祐次 二〇〇六『文選（詩篇）下』新釈漢文大系 明治書院 三八六—三八七頁
(30) 渡辺信一郎 二〇〇三『中国古代の王権と天下秩序—日中比較史の視点から』校倉書房 一五六頁、初出は二〇〇〇「宮闕と園林」『考古学研究』四七（二）一二—二八頁
(31) 佐川英治 二〇〇五「北魏の平城」『アジア遊学』七八 勉誠出版 五四—六八頁、吉田歓 二〇〇二『日中宮城の比較研究』吉川弘文館 六八頁
(32) 一然著／金思燁訳 一九九七『完訳三国遺事』明石書店 二一九頁、二二五頁
(33) 金富軾著／金思燁訳 一九九七『完訳三国史記』明石書店 二二〇頁
(34) 渡辺信一郎 二〇〇四『中国古代の王権と天下秩序—日中比較史の視点から』校倉書房 一七五頁
(35) 前掲書（22）
(36) 妹尾達彦 二〇〇一『長安の都市計画』講談社選書メチエ 一四九—一五一頁
(37) 徐松撰・愛宕元 一九九四『唐両京城坊攷』平凡社 二〇—二四頁
(38) 安家瑤 二〇〇三「唐大明宮含元殿跡の再発掘と再検討」『東ア

ジアの古代都城』研究論集XⅣ奈良文化財研究所学報第六六冊　奈良文化財研究所　五七―七三頁

(39) 増尾伸一郎　一九九七『万葉歌人と中国思想』吉川弘文館　二二頁

(40) 前掲書(22)

(41) 入江曜子　二〇〇八『紫禁城―清朝の歴史を歩く―』岩波新書　ⅱ頁

(42) 于倬云　二〇〇二『中国宮殿建築論文集』紫禁城出版社　一五〇頁

(43) ユネスコ世界遺産センター監修　一九九七『ユネスコ世界遺産』六「フエの歴史的建造物群」六八―七七頁

(44) 国立古宮博物館　二〇〇八『国立古宮博物館ガイド』「景福宮勤政殿上梁文」二八頁

(45) 吉野裕子　一九九九『易・五行と源氏の世界』人文書院　二二一頁。現在、紫宸殿の北を流れる御溝水《みかわみず》というが、かつては内裏を巡ったものであり、本来的には天の川を意識したものではないだろうか。

(46) 前掲書(3)

(47) 楠山春樹　二〇〇五『淮南子』(中)新釈漢文大系　明治書院　五六四―五六五頁

(48) 安泰旭　二〇一〇「朝鮮時代の宮中儀礼の復元及び再現と文化遺産の活用について―朝鮮時代の即位儀礼及び朝会儀礼を中心に―」『大極殿院の思想と文化に関する研究』平成十八年度～平成二十一年度科学研究費補助金報告書　今井晃樹代表　内田和伸編　奈良文化財研究所　二三七―二五三頁

(49)『勤政殿実測調査報告書』(上)二〇〇〇　韓国文化財庁　一二七―一二八頁。日本語訳では芮京禄氏の協力を得た。記して謝したい。

(50) 村元健一　二〇〇八「前漢長安の変容と王莽の造都構想」研究紀要第七号　大阪歴史博物館　一―一九頁

(51) 大室幹雄　一九八六『劇場都市―古代中国の世界像―』三省堂　一二一―一六六頁

(52) 楊鴻勛　二〇〇一『宮殿考古通論』紫禁城出版社　二六二―二八五頁

(53) 前掲書(22)

(54) 田中淡　一九八九『中国建築史の研究』弘文堂　二二二―二四一頁

(55) 金子修一　二〇〇〇『中国古代と皇帝祭祀』汲古書院　二四五―二七九頁

(56)『舊唐書』三　中華書局　八五七―八六二頁

(57) 徐松撰『唐両京城坊攷』は正殿を含元殿とする。徐松撰・愛宕元　一九九四『唐両京城坊攷』平凡社　一九〇頁

(58) 前掲書(55)、秋山日出雄　一九八四「平城宮造営規格の成立」岸俊男教授退官記念会編『日本政治社会史研究』上　塙書房　三七一―四〇四頁

(59) 小南一郎　二〇〇六『古代中国　天命と青銅器』京都大学学術出版会　五〇―五二頁

(60) 小南一郎　一九九九『中国の神話と物語り』岩波書店　六四頁

(61) 秋山日出夫　一九八四「平城宮造営規格の成立」岸俊男教授退官記念会編『日本政治社会史研究』上　塙書房　三七一―四〇四頁

(62)『天壇』一九九三　中国旅遊出版社　三一頁

図３－１　紫禁城太和門前の金水河
『ユネスコ世界遺産』４　東アジア・ロシア
1998　講談社　156頁

図３－２　水原華城前の金水河

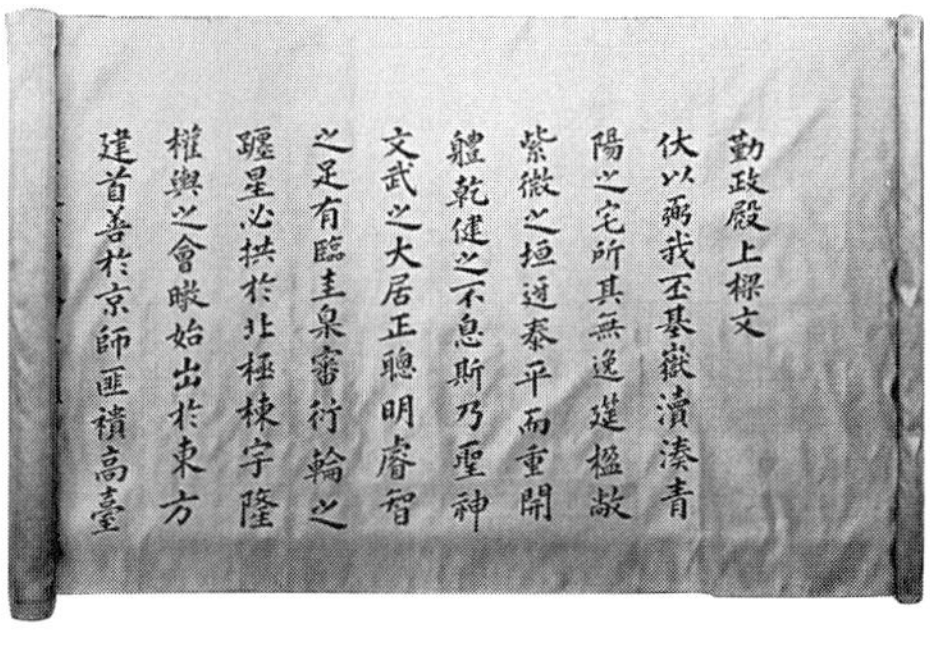

図３－３　勤政殿上梁文
国立古宮博物館　2008『国立古宮博物館ガイド』
「景福宮勤政殿上梁文」 28頁

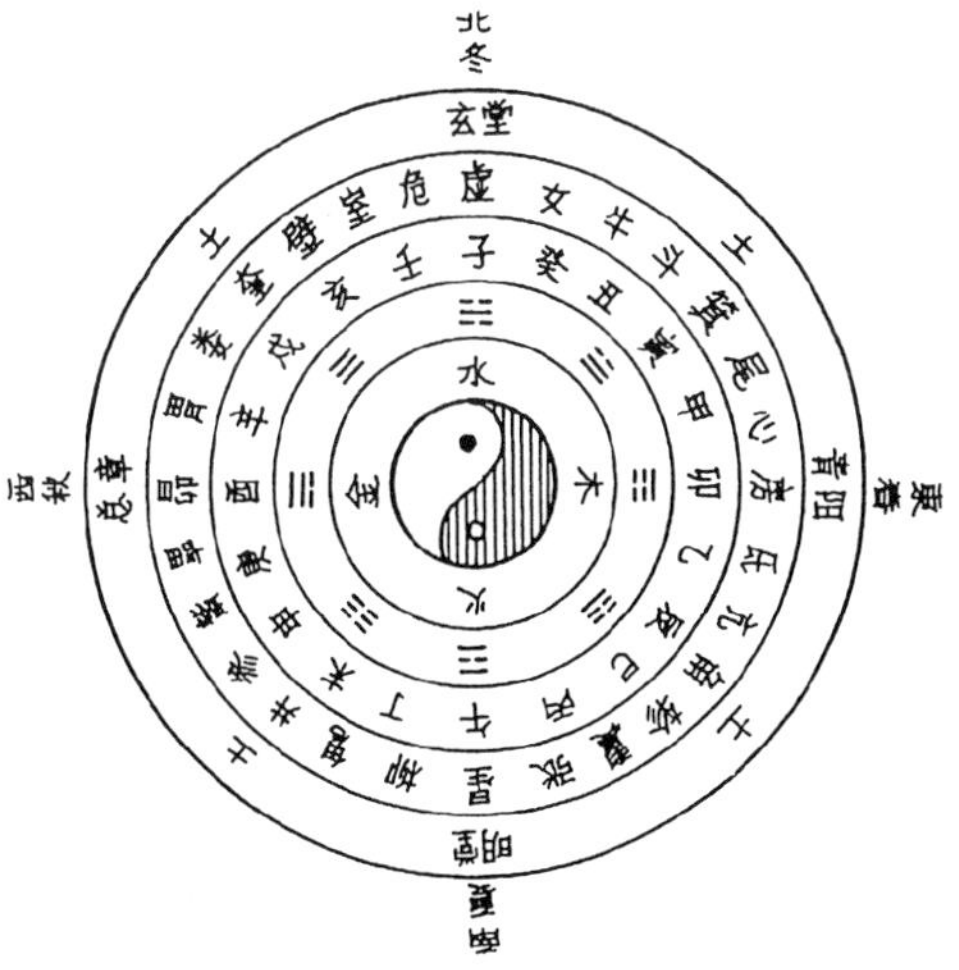

図３－４　月令図式の宇宙論
程萬里主編　1991「数理設計」『中国伝統建築』
中国建築工業出版社　８頁

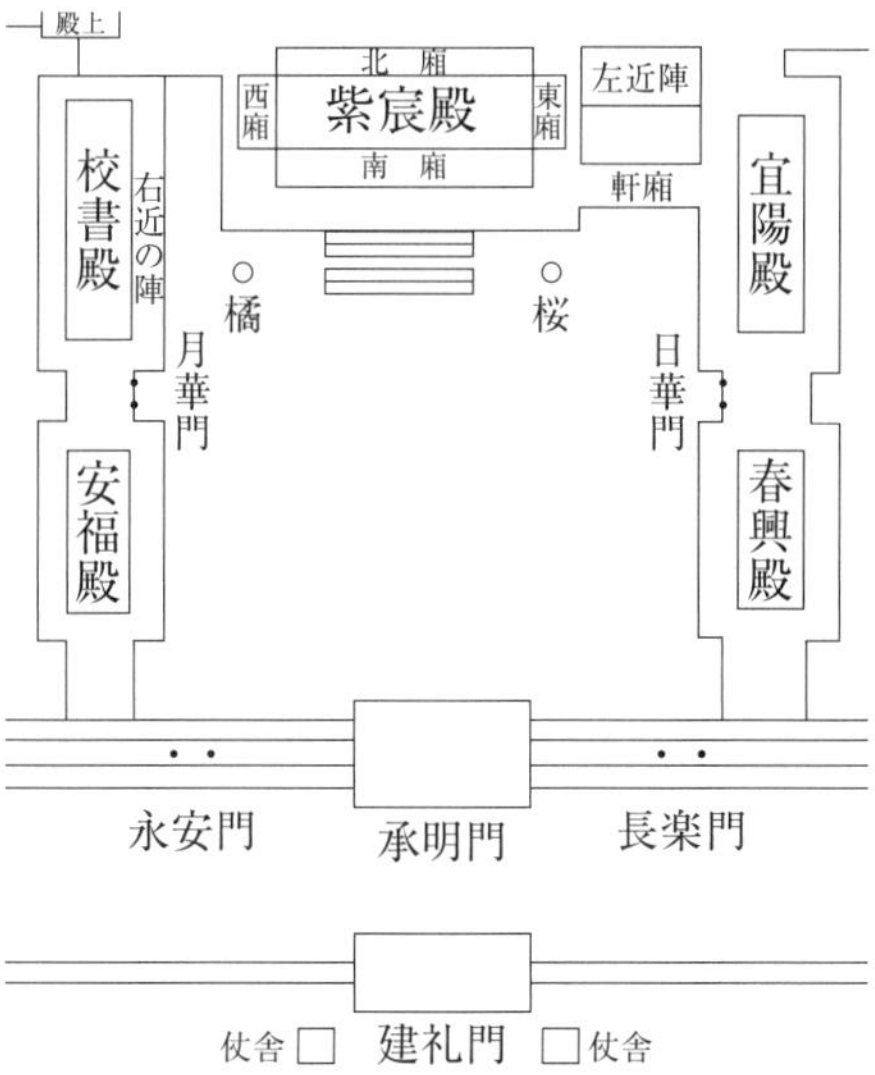

図３－５　平安宮内裏図

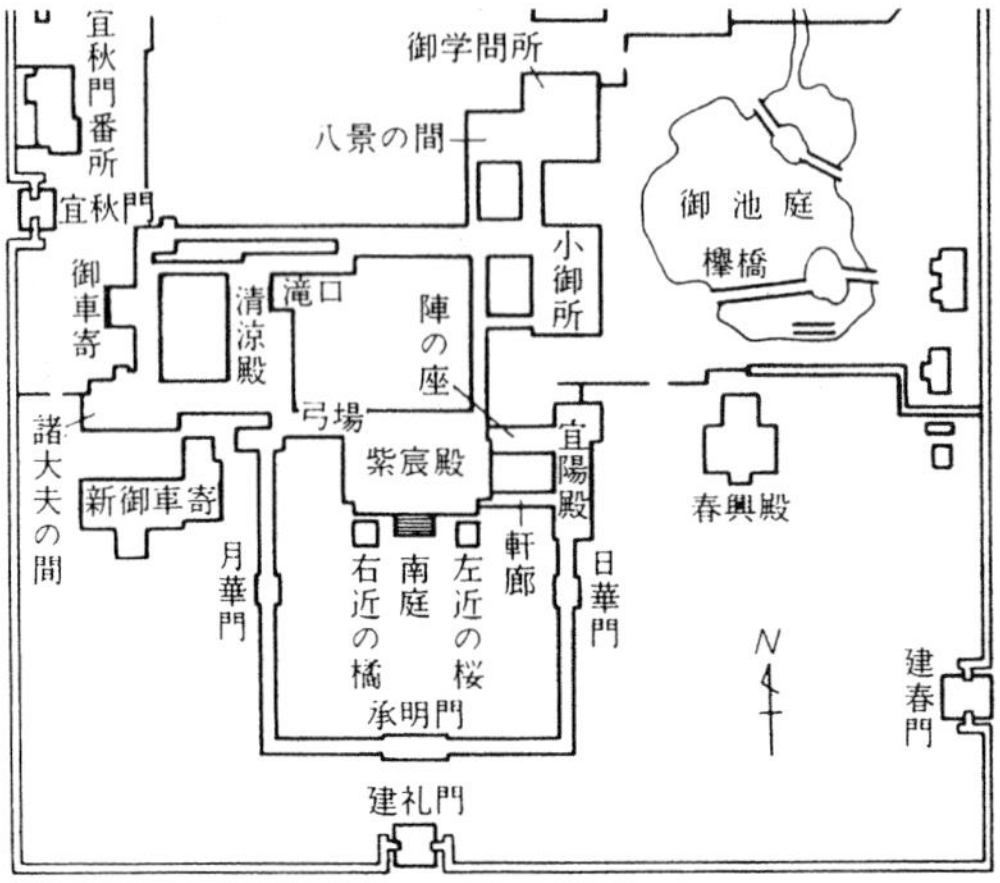

図３－６　京都御所南半部

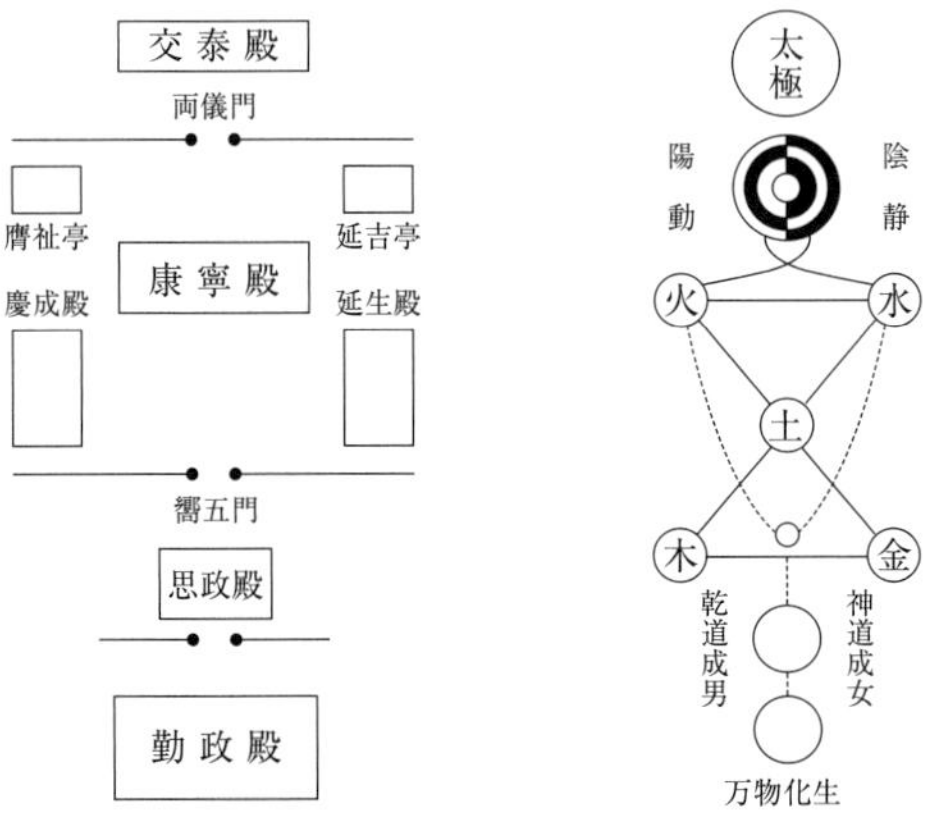

図３－７　景福宮と陰陽五行
武田一　2000『ソウルの王宮めぐり―朝鮮王朝の500年を歩く―』桐書房　171頁

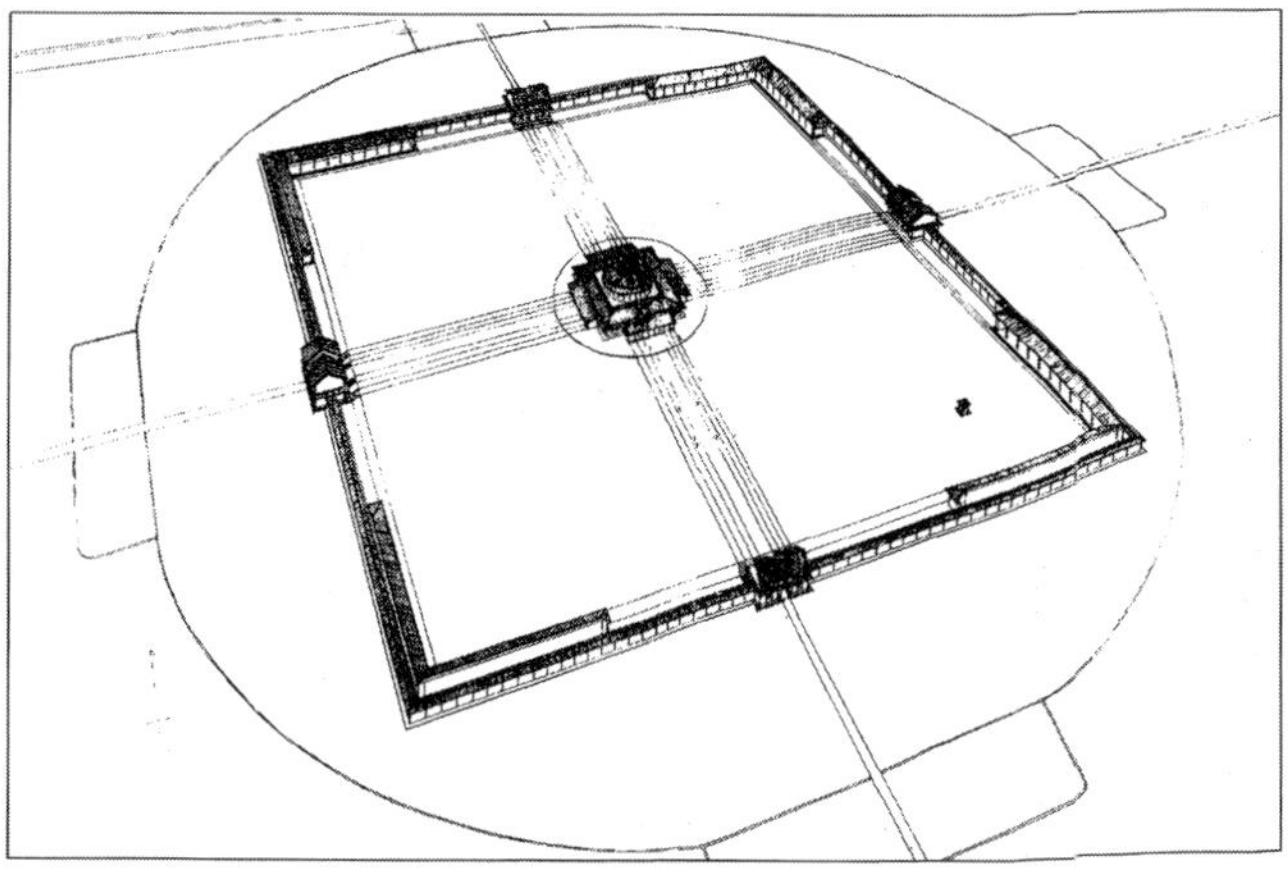

図３－８　漢代の明堂復原図（楊鴻勛案）

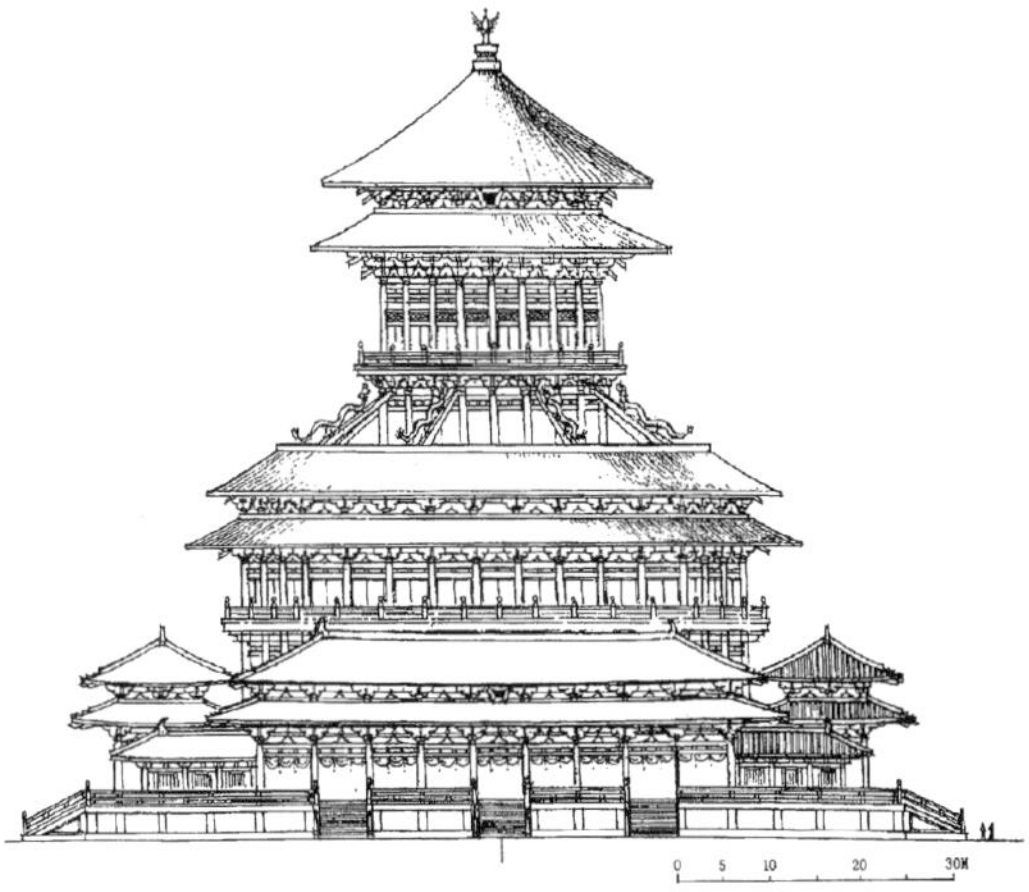

図３－９　唐洛陽城明堂復原図（楊鴻勛案）
楊鴻勛　2001『宮殿考古通論』紫禁城出版社　511頁

図３－10　天壇の紀年殿（北京）

図３－11　景福宮慶会楼（ソウル）

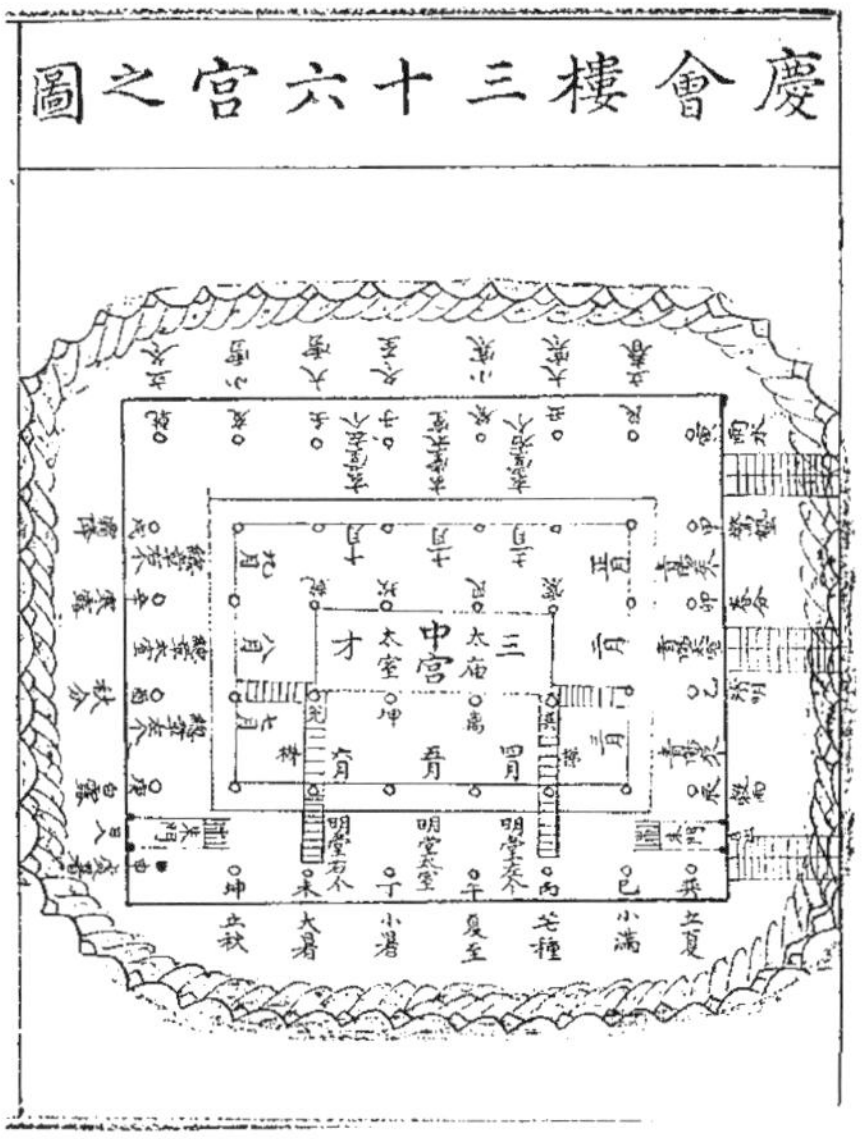

図３－12　慶会楼三十六宮の図
“GYEONGBOKNG the Main Palace of the Joseon Dynasty” 2008, Gyeongbokng Office, p.96

図３－13　瞻星台遺構（慶州）

第四章　術数と陰陽寮

はじめに

第二章で述べたように、術数とは天人相関思想に基づき、天文等に現れる現象を天の意志として読み解く知識体系と未来を予知する技術、それらを用いた治世術をいった。それを伝えるのが様々な緯書であり、術数では経書『易』の他、天文、暦、陰陽五行、風水などが重視されたのである。第三章では、唐代明堂の規定にある部材の数や寸法などの設計に術数の知識を活かした数値が使われており、建物が時空を象ったことなどを確認した。

ここでは、これらの術数関係知識が我が国へ伝来し、政治思想や行政制度などとして定着した後、さらに展開する状況を平安時代の初めまで概観する。(1) 術数はその性格から政治批判に結び付き兼ねない危険性を有しており、為政者にとってはその管理が重要になる。このため、これを独占的に管理する役所として陰陽寮が設けられた。陰陽師を擁する陰陽寮は相地（占地）で都城や陵墓の造営に関わったことが知られているが、第一次大極殿院など宮殿の造営にも関わるのであろうか。

一　術数関係知識の伝来と展開

1　術数の伝来と定着

魏志倭人伝には邪馬台国は「正歳四節を知らず」と記され、四分暦や正しい二至二分も知らなかった様子が窺える。四世紀のものでは、石上神宮の七支刀の銘文に「泰和四年（三六九）五月十六日丙午正陽」とあり南朝東晋の年号が記されているが、これは百済からもたらされたものと考えられている。ワカタケル大王（雄略天皇）の頃の埼玉稲荷山古墳出土鉄剣銘には「辛亥年（四七一）七月中記」とあって、五世紀後半までには中国の暦法に基づく暦が使われるようになっていたことが知られる。

『日本書紀』によると、継体天皇七年（五一三）六月、百済が五経博士段楊爾を貢ったと記されることから、日本に五経（『易経』『書経』『詩経』『礼記』『春秋』）が公式に伝えられたと考えられ、同十年九月には五経博士漢高安茂が来朝して交代している。欽明天皇十四年（五五三）六月、百済に医博士・易博士・暦博士の当番制による交代と卜書・暦本・薬物の貢上を要求した記事があり、これを受けて、翌十五年二月に百済より五経博士王柳貴が来朝し、固徳馬丁と交代した他、易博士の施徳王道良、暦博士の固徳王保孫らの来朝もあった。六世紀はこの分野の知識人を百済からの交替によって賄ったのである。

推古天皇十年（六〇二）十月、百済僧観勒が暦本・天文書・地理書および遁甲方術書をもたらして朝廷に献上し、朝廷は書生三、四人を選んで観勒につかせてこれらの書を学ばせた(2)。術数関係知識の受容にとっては画期となる出来事である。陽胡史《やこのおびと》の祖である玉陳《たまふる》は暦法、大友村主高聡は天文と遁甲、山背臣日立は方術を学び、「皆学びて業を成しつ」と記される。暦制度の公式の開始は『日本書紀』には記されず、文献上での暦の使用は考古資料に比べて遅い。『政事要略』に引かれた儒伝に「以小墾田朝十二年歳次甲子正月戊申朔始用暦日」とあり、推古十二年（六〇四）に暦法が使われ始めたというが(3)、儒伝の性格から確証はないとも言われ(4)

る。ただし、この年甲子年は甲子革令にあたる年であり、前年制定した冠位十二階の正月朔日からの施行、四月には十七条憲法の制定もあり、甲子の年を意識して正式に暦の頒布があったのかもしれないとする岡田芳朗氏の指摘は重要と思われる。(5)

推古天皇十一年（六〇三）に定められた冠位十二階の位階では、大徳、小徳、大仁、小仁、大礼、小礼、大信、小信、大義、小義、大智、小智の仁、礼、信、義、智が『管子』（管仲の書とされるが古代中国の政治論集で、法家・道家・儒家の思想が述べられた戦国時代の書）の五行説の五常、すなわち木火土金水に対応している（表10―1参照）。また、推古天皇十二年（六〇四）の十七条憲法の条文数十七は『管子』や『春秋緯書』の説に基づき、陰の極数八と陽の極数九の和であり、陰陽五行説の強い影響が指摘されている。(6)こうして讖緯思想や陰陽五行説が古代日本の政治理念の中に組み込まれることになる。

小野妹子に従って隋に留学した僧旻らが舒明天皇四年（六三二）に唐から帰朝し、僧旻は蘇我入鹿や藤原鎌足らに『周易』を講じ、中大兄皇子が中心になって進めた大化の改新の後は、国博士に任ぜられた。

大化の改新の諸施策の一つに元号制定があるが、大化を最初の元号とすることには疑義もあるようである。しかし、大化の次の白雉建元（六五〇）については『日本書紀』に詳しい記述があり、これに比べると信憑性は高くなる。長門国で見つかったという白雉は朝廷に献上され、その処置が議論された。僧旻や百済王子豊璋から周の成王、後漢の明帝、晋の武帝の時の先例が報告され、道登法師からは白鹿や白雀、三足烏などの祥瑞の説明がされて、祥瑞との判断がなされた。白雉は輿に載せられ行列で内裏に運ばれて、天皇や皇太子の観覧に供された。そして、中国での先例や応神朝の白鳥造巣、仁徳朝の竜馬（いわゆる白色の神馬）が祥瑞であり、白雉と改元すること、長門国司に位と禄を授けること、長門国の租税減免などが詔されたのである。

天智天皇三年（六六四）、天皇は冠位二十六階制を制定しているが、甲子のこの年は聖徳太子の十七条憲法の発布から六十年であり、これも甲子革令説を意識したものと考えられている。天智天皇十年（六七一）正月には、兵法学者や、五経や陰陽に詳しいものに位が授けられ、同年四月辛卯（二十五日）には大津宮で漏刻を新しい台の上に置き、初めて鐘・鼓を打って時刻を知らせた。『日本書紀』の天武天皇即位前紀は天武天皇を武勇にすぐれ、天文・遁甲を能くしたと記す。遁甲とは軍陣兵法として編み出された式盤を用いる占法という。天智天皇没後に起きた壬申の乱の時、即位前の大海人皇子は横河の手前で現れた黒雲を見、自ら式を用いた占い(7)をして、勝利を予知した。漢が火徳（赤色）の国と称したことに因み、大海人皇子は自らを漢の高祖に擬えて、軍勢の旗印を赤として戦った。一方の近江朝廷軍の合言葉は「金」であったとされ、できすぎた話であるが五行相剋説の「火剋金」の関係になる。勝者側は五行終始説に従った王朝の交替を意識したのであろう。その後、天武天皇六年（六七八）十一月己未朔（一日）には筑紫大宰から赤烏、十年（六八二）九月辛丑（五日）には周防国から赤亀がそれぞれ献上されたり、十四年（六八六）を朱鳥元年と改元するなど天武朝では終始赤が重んじられた。

前後するが、天武天皇四年（六七六）正月丙午朔（一日）には、陰陽寮や外薬司らが薬や珍しいものを天皇に献上した記事がみえ、庚戌（五日）には初めて占星台(8)を建てた。天武天皇十三年（六八四）二月庚辰（二十八日）には浄広肆広瀬王・小錦中大伴連安麻呂、および判官・録事・陰陽師・工匠等を畿内に遣して、都をつくるべき地を観させている。前者が陰陽寮の、後者が陰陽師の初見である。

新都造営は持統天皇が引き継ぎ、持統天皇五年（六九一）十月甲子（二十七日）には使者に新益京（藤原京）の地鎮祭を行わせている。翌年二月丁酉朔（一日）には陰陽博士沙門法蔵・道基が銀二十両を各々下賜されており、この地鎮祭と関わるのではなかろうか。養老令では陰陽博士の定員は一名であるが二名いたこと、僧尼令では卜相吉凶が禁じられているのに「沙門」が博士になっていることから後述する奈良時代の官制ほどには整っていなかったと考えられている。法蔵の名は百済僧として天武十四年（六八五）十月庚辰（八日）条に美濃に白朮《おけら》を求め、煎じ薬を作らせた記事と、その翌月（二十四日）にそれを奉り、天皇のために長寿を祈る鎮魂祭をした記事にも見ることができる。医薬における病理の根本には卜相と共通する陰陽五行の理論があったのである。

2　奈良時代の陰陽寮

天武朝の陰陽寮について詳細は明らかではないが、養老律令によって奈良時代の陰陽寮の職掌などの概要は知られる。陰陽寮は律令官制で中務省管下の官司である。養老二年（七一八）に成立した養老令の職員令によると、事務・総括部門の長官である陰陽頭、次官の陰陽助、判官の陰陽允、主典の陰陽大属・陰陽小属の事務官と、実務においては陰陽部門の陰陽師、陰陽博士、暦部門の暦博士、天文部門の天文博士、漏剋部門の漏剋博士からなり、定員は陰陽師の六人以外は各一名であった。陰陽寮は天文気象現象の吉凶・妖祥の観測とその密奏、造暦、漏刻の管理と報時、卜占、相地、それに陰陽生、天文生、暦生の教育が職掌であった。密奏とは陰陽頭とよばれる陰陽寮の長官の特別な任務で、天変地異があれば天皇に密かに報告しなければならなかった。それは前述した通り、災異は天子の不徳に対する評価あるいは警告として現れると考えられていたためである。造暦については養老雑令造暦条の規定によると、陰陽寮が毎年十一月一日までに翌年の暦を作成して中務省に送り、中務省が天皇に奏聞したあと、内外諸司に一本ずつ支給することになっていた。

唐の官制では、天文・暦・漏刻を管掌する太史局と、卜占を管掌する太卜署に分かれていたが、日本ではそれらをあわせて陰陽寮一官司とした形となっている。全体の職員数でみると、日本の六六名に対し唐の一〇四三名と一七倍を擁した。天文部門など歴然とした差があって唐では天文観測であっても日本では天文観候に留まったとも言う。この分野での唐に倣うことは困難であり、占いに重きを置かざるを得ない状況であった。また、陰陽寮では漏刻博士が事務官として位置づけられているなど漏刻部門が軽視されている点も特徴であった。

奈良時代後半、藤原仲麻呂は政権を握ると行政官庁等の名称をすべて唐風に改めさせ、淳仁天皇の天平宝字二年（七五八）八月甲子（二十五日）の詔は、「陰陽寮は陰陽暦数、国家の重みする所、この大事を記す。故に改めて大史局とす。」とした。しかし、天平宝字八年（七六四）九月乙巳（十一日）に発覚した仲麻呂の乱の後には陰陽寮の名称に戻った。

3　暦の意味(9)

術数の中でも特に暦は政治的に重要な意味をもっていた。これは国家による暦の作成と頒下は天皇の授時権であり、天皇が定めた時間によって日本の社会が律せられること、つまり天皇による時間支配を意味したからである。一方で、暦の政治的意味は国際間でも重要であった。某王の正朔を奉ずるとはその王の支配する時間秩序の中に組み込まれ、その王への帰服を意味したからである。

持統四年（六九〇）からそれまでの元嘉暦（南朝の宋で四四三年から施行）とともに唐現行暦の儀鳳暦を併用することとした。細井浩志氏によれば、それまで元嘉暦を使っていたのは儀鳳暦を拒否し、唐からの自立を表明したもので、儀鳳暦を使うようになったのは文武天皇即位の正当性に問題があるため、改暦によってあらかじめ皇太子を唐皇帝の臣下に位置づける意図があったためという。この方法では天象の観測により天意を直接受けて暦を作成し、民に授ける観象授時ではなくなり、権威が弱まることになる。天文観測・造暦技術における彼我の差を知る八世紀の為政者にとって受け入れなければならない現実であったようである。

天平宝字七年（七六三）には大衍暦に改暦し、奈良時代末の皇位を巡る政治的混迷を経て光仁天皇が即位したが、その光仁天皇も高齢で皇太子山部親王に譲位し、天応元年（七八一）四月辛卯（三日）に桓武天皇が即位する。桓武天皇は称徳天皇までの奈良時代の天皇とは皇統も異なり、唐の正朔である五紀暦を拒否した。これは唐皇帝に従属する朝貢王としてのそれまでの立場を否定したことを意味したのである。のちに五紀暦、宣明暦と改暦したが、暦法そのものはつくりだせず、もたらされた暦法で暦を作成するのに留まった。しかしながら、古代日本では暦法は需要しながらも中国の頒暦体制からはできるだけ距離を置き、国内的には独自の元号も制定して天皇による時間支配体制を作り上げていたのである。

4　平安時代初期の政治思潮と陰陽道

桓武天皇の即位した辛酉年は天命が降り新皇帝が出現するという辛酉革命の年であった。この年の正月一日は日本史上唯一、元日の改元のあった日で、本来庚申の日であったが、暦の改変によりそれを前日に移して、辛酉の日とする演出まで行っている。(10)延暦三年（七八四）の甲子の年は政令が革まるという甲子革令の年で、新都長岡京の造営を始めた。また、この年の十一月朔日は十九年に一度冬至と重なる吉日（朔旦冬至）で、さらにこの年が六十干支の初年の甲子年であることは、極めて希な縁起の良い年であり、十日後の十一日に造営決定から一年足らずで長岡遷都を実現させている。後の平安遷都も、延暦十三年（七九四）十月二十二日の辛酉の日を選定し行われている。桓武天皇は讖緯説に従って暦日を重視した政治を行っているのである。(11)

次の平城天皇は『日本後紀』大同二年（八〇七）九月壬子（二十八日）条によると、巫らが吉凶を予言し愚かな者たちがそれを深く信じて邪神の祀りを行っているとし、こうしたことの一切を禁止した。その次の嵯峨天皇も上皇になってから、祟りや卜占を重視した神秘的な風潮に対して承和九年（八四二）七月十五日「世間の事、物怪ある毎に祟りを先霊に寄す。これは甚だ謂れなきなり」、「卜筮を信ずるべからず」と子息の仁明天皇や臣下に遺言した。儒教の合理主義的主張であったが、上皇が諫めなければならないほど物の怪を祟りとする見方が蔓延していた。桓武天皇以後、平城・嵯峨・淳和三代の天皇は中国文化を高揚させ、儒教的合理主義思想が優先されて卜占や呪法は敬遠されたのである。

ところが一方で、嵯峨天皇の没後、承和の変で実権を掌握した藤原良房は、災害や怪異現象は祟りであると朝議で決し、このような認識が貴族社会に定着することとなる。(12)醍醐天皇の延喜十七年（九一七）には、宮内卿三善清行は近年の都の火災の頻発は貞観以来、深紅に染めた衣が流行っているからとし、これを禁ずるよう上言することもあった。(13)妖しい色彩の模様や奇異な服飾の流行を服妖といい、良くない意味をもった童謡・歌謡は詩妖といって、ともに不吉なことの前兆とされた。災害や怪異や病気を物の怪の祟りとする人々に呪術や祭祀で対処するのがこの時期の陰陽師であった。摂関家の台頭とともに朝廷の役職は世襲化されるようになり、陰陽寮の陰陽頭・助を賀茂・安倍両氏が独占するようになる。式占、日時や方角の禁忌勘申、呪術・祭祀の三部門が陰陽師の重要な職務となり、迷信的色彩が強くなっていく。

陰陽寮を母体とし、陰陽五行説に基礎を置いて、九世紀後半から十世紀にかけて成立した呪術宗教の体系が我が国の陰陽道である。従って陰陽道という語は中国にはなく、平安時代中期以降の陰陽道と奈良時代の陰陽寮の職掌の下に行った活動とは分けて考える必要がある。

二　術数と陰陽寮

1　緯書の伝来(14)

上述したように、推古天皇十年（六〇二）に観勒が暦本・天文書・地理書および遁甲方術書を伝えたが、これらの書の中に緯書が入っていたとみるのが大方の見方である。緯書の具体名についても、いくつかが知られる。霊亀三年（七一七）九月に元正天皇が美濃国行幸で同国当耆郡多度山の美泉を見たことが養老と改元する契機となるが、美泉に関して、十一月癸丑（十七日）条で『符瑞書』に「醴泉は美泉なり、以て老を養ふべし」という詔を下しており、『符瑞書』が引かれたことが知られる。また、養老七年（七二三）十月条にある白亀については緯書の『孝経援神契』や『瑞応図』が参照された。さらに、神護慶雲二年（七六八）九月辛巳（十一日）条にある白い鳥や赤い眼の白い亀、鬣と尾の白い青馬では『顧野王瑞符図』『熊氏瑞応図』が参照された。白雉建元以降も祥瑞によって改元するが、こうした祥瑞の意味を記す緯書が参照されて、祥瑞と判断されると、天皇の政治が宜しいと天が称えたとして、天下に大赦し、関係者に禄を賜うなどしている。

平安時代の寛平年間（八八九〜八九八）の撰述と考えられている『日本国見在書目録《げんざいしょ》』には河図一巻、河図竜文一巻、易緯十巻、礼緯三巻、春秋緯四十巻、孝経援神契七巻など八十五巻が記載され、利用されたのであろう緯書を確認することができる。こうして神秘思想の祥瑞災異思想が受容され定着したことが知られるのである。

2　術数の危険性

天文・遁甲を能くした天武天皇が壬申の乱を制したように、その知識、術数は祥瑞などの判断材料として用いられるだけでなく、政権奪取の武力衝突や政変にも利用されることになる。

天武天皇が亡くなると、その二ヵ月後の朱鳥元年（六八六）十月には大津皇子の謀反が発覚し、三十余名が捉えられた。皇子の骨法が人臣の相と異なることを指摘し、皇子に謀反を勧めたのが「天文卜筮」を解した新羅沙門の行心であった。人の相で将来を判断したのである。そして、捕らえられた行心が「朕れ加法《つみ》するに忍びず、飛騨国の伽藍に徙せ」との寛大な詔が下されたことが示すようにこうした知識を持っていた人は特別扱いされたのである。この行心の子と考えられているのが「流僧幸甚之子」隆観で、文武天皇の大宝二年（七〇二）四月に飛騨国が神馬を献じる機会となった時に、瑞祥を獲たのが隆観であった。瑞祥を判断する能力があったのである。これにより隆観は帰京を許され、翌年には還俗し、姓は金、名は財と名乗り、「頗る芸術に渉り、兼て算暦を知る」といわれた。

奈良時代後半、藤原仲麻呂から信頼されていた大津連大浦は、仲麻呂が天平宝字八年（七六四）に乱を起こすに当たってその吉凶を問われたが、逆に謀反を密告し、その功により正七位上から従四位上へ昇叙している。仲麻呂は自らの命取りになる陰謀を他者に知らせる危険を冒してでも大津連大浦の占いの吉凶を知りたかったのである。天平神護元年（七六五）八月庚申朔（一日）条によると、今度は兵部大輔兼美作守になっていた大津連大浦が和気王の謀反に連座し、位封は奪われ、日向守に左遷されている。ところが、やがて宝亀二年（七七一）七月丁未（二十三日）には陰陽頭に就任したことが知られる。容易にこの方面の人材は代われる者がいなかったのであろう。宝亀六年（七七五）五月己酉（十七日）の彼の卒伝によれば陰陽頭兼安芸守で「世習陰陽」と記されるとおり、家学として陰陽方術を学んでおり、神護景雲元年（七六七）九月癸亥（十六日）条には、家蔵していた「天文陰陽等書」を官書とされている。

治世術としての術数は国家の運営に必要なものであり、天文気象の異常、地震など各種災害に対する解釈を可能にする書物と知識を持つ人が政権外にあることは現政権への批判になりえ、現政権を崩壊させる危険性を有したのである。占星台を管理する官司として陰陽寮が置かれた意義がそこにある。天文・遁甲を能くした天武天皇の時に陰陽寮が初見となるのも、天皇自身その危険性を充分認識していたため、官僚組織の中に組み込み、掌中に治めなければ成らなかったのである。このため奈良時代には「玄象器物、天文図書、讖書、兵書、七曜暦太一雷公式」の私有や披読が「職制律」「雑令」で厳重に禁じられた。

術数関係知識の管理は書物だけでは充分ではなく、その方面に近い僧侶らの行為も規制しなければならなかった。僧尼令第一条に

凡そ僧尼上玄象を観て、仮て灾祥を説き、語国家に及び、百姓を妖惑し、併せて兵書を習ひ読み、人を殺し、奸盗、及び詐て聖道を得たりと称せらば、竝に法律に依て、官司に付けて罪を科せよ。

とあり、僧侶らの「観玄象」「説灾祥」は特に警戒されていたのである。

3　奈良時代初期の陰陽師

さらに、危険性を回避するためにはこの方面で優秀な僧侶を官人化する必要があった。『続日本紀』大宝元年（七〇一）八月壬寅（二日）条に、恵耀、信成、東楼の三人の僧を還俗させられ、順に録兄麻呂、高金蔵、王中文の本姓に復させたことが記される。この記事だけでは何のために還俗させられたのかわからないが、大宝元年（七〇一）から養老二年（七一八）の間につくられたと考えられている断簡の古文書『正倉院文書』の「官人考試帳」に陰陽寮関係者四名が記されている。これによると、陰陽師高金蔵は五十八歳で正七位下行、太一・遁甲・天文・六壬式・算術・相地に優れ、文忌寸広麻呂は五十歳で従七位下守五行占・相地に、陰陽博士録兄麻呂は三十三歳で従六位下行周易経及楪筮・太一・遁甲・六壬式・算術・相地に、天文博士王中文は三十五歳で従六位下行、太一・遁甲・天文・六壬式・算術・相地にそれぞれ優れているとされた。太一・遁甲・六壬・雷公は式占で、楪筮は竹（蓍）を用いる卜占法で、五行占は算木を用いる兆占であろうとされる。文忌寸広麻呂を除く三人、すなわち上述記事の三人は陰陽寮の官人になるべく還俗させられ、成績が優秀だったのである。

その後の三人を見ると、王中文は養老二年（七一八）正月庚子（五日）に正六位上から従五位下に昇叙している。録兄麻呂は養

老三年（七一九）正月壬寅（十三日）に正六位上から従五位下に昇叙し、養老五年（七二一）正月甲戌（二十七日）の文武医卜方術に秀でた者に恩賞があった際には王中文らとともに陰陽に優れたものとして絁十疋、絲十絇、布二十端、鍬二十口を下賜され、神亀元年（七二四）五月辛未（十三日）に羽林連の姓が与えられている。なお、神亀四年（七二七）十二月丁亥（二十日）条によると丹後守従五位下羽林連兄麻呂は法を犯して流刑となっている。高金蔵は三人の中では一番年上であったが、やや遅れて養老七年（七二三）正月に正六位上から従五位下に昇叙している。律令官人の制度では従五位下から貴族としての特権を得られるので、六位との差は大きなものであった。三人がいずれも専門分野の学問で昇進し、貴族となったことは異例とされる(15)。

錄兄麻呂は天智朝で陰陽を習い小山上を授けられた百済人角福牟の子で、高金蔵・王中文はともに『新撰姓氏録』に高麗人と記された。文忌寸広麻呂は漢氏の後裔であった。従って「官人考試帳」にみえる陰陽寮関係者四名は皆、渡来系であった。さらに、先にも触れたが、隆観（＝金財）の還俗もみえる。術数関係の知識や技術は当初から百済を中心にした朝鮮半島からの僧侶らによって移入されたが、八世紀になっても邦人には解し難いものであったようであり、文化的親近性から渡来人やその子孫がこれを担い重要な位置を占めていた。術数に優れた僧侶は還俗させられ、陰陽寮の官人とされた。また、妻帯できるようになって父子間で知識が伝授されることも期待された。これによって政権にとって危険性のある術数を独占掌握したのであった。

陰陽師には渡来系の人が多い中、大津連首は邦人であった。慶雲四年（七〇七）五月乙丑（二十八日）条には学問僧として赴任していた新羅から僧義法が帰国した記事があるが、義法は第一次大極殿御披露目前年の和銅七年（七一四）三月丁酉（十日）に占術を用いるために還俗させられ、大津連意毗登（＝大津連首）と名乗り、従五位下を授けられている。その子孫が仲麻呂の乱で密告した大津連大浦と考えられている。還俗し陰陽師となった他の者ははじめは六位以下であったが、還俗の時点で従五位下が与えられたのは異例であった。『懐風藻』では従五位下陰陽頭兼皇后宮亮となっている。養老五年（七二一）正月甲戌（二十七日）条には文武百官の中から学業を修め、人の範となるべき者を挙げさせ褒賞するのに、陰陽に詳しい者としては、従五位上の大津連首、従五位下の津守連通・王仲文・角兄麻呂・正六位上の余秦勝・志我閇連阿弥陀の名があり、還俗しても精進を重ねたようである。

陰陽寮の暦博士については測量などにも関わっていたらしく、学生の教育までは手が回らなかったものと考えられている。また、学生にとっては天文・暦の基礎となる暦算術は難しく、そのわりには、習得しても就職には不利であったとされる[16]。こうした状況が早くからあったのか、天平二年（七三〇）三月辛亥（二十七日）条の太政官奏には「陰陽・医術と七曜・頒暦等との類は、国家の要道、廃め闕くること得ず。但し、諸の博士を見るに、年歯衰へ老いたり。若し教へ授けずは、恐らくは業絶えむと致。」とあるように、大津連首ら陰陽・医術・天文占・暦学に後継者がなく、博士が高齢で学業が絶えることが懸念されていたことがみえる。

三　宮都・墳墓の造営と術数

1　陰陽師の相地と地鎮

前述の通り、天武天皇は天武天皇十三年（六八四）二月庚辰（二十八日）、陰陽師らを畿内に派遣し宮都候補地を探索させ、三月には宮室（藤原宮）の地を確定している。

『続日本紀』和銅元年（七〇八）二月戊寅（十五日）条には有名な平城遷都の詔がある。

朕祗みて上玄を奉けたまはりて、宇内に君として臨めり。菲薄き徳を以て、紫宮の尊きに処り。常に以て為へらく、「これを作すは労し、これに居るは逸し」とおもへり。遷都の事、必ずとすること遑あらず。而るに王公大臣咸言さく、「往古より已降、近き代に至るまでに、日を揆り星を瞻て、宮室の基を起し、世を卜ひ土を相て、帝皇の邑を建つ。定鼎の基永く固く、無窮の業斯に在り」とまうす。衆議忍び難く、詞情深く切なり。然して京師は、百官の府にして、四海の帰く所なり。唯朕一人、独逸しび豫び、苟も物に利あらば、其れ遠かるべけむや。昔、殷王五たび遷して、中興の号を受けき。周后三たび定めて、太平の称を致しき。安みしてその久安の宅を遷せり。方に今、平城の地、四禽図に叶ひ、三山鎮を作し、亀筮並に従ふ。都邑を建つべし。その営み構る資、事に随ひて条に奏すべし。亦、秋収を待ちて後、路橋を造るべし。子来の義に労擾を致すこと勿れ。制度の宜、後に加へざるべし。

平城遷都の詔は『隋書』高祖二年六月丙申の隋大興城についての新都創建の詔を範として作られたものであるが、傍線部など単なる文飾ではなく、陰陽師らが相地をし、日時や方位を勘案し、亀卜（亀占は神祇官が行う）・筮占の結果も逆らわなかったと考えられている(17)。このときまでに陰陽師が平城京の地をみたことは確実である。先の「官人考試帳」に陰陽寮関係者が四名とも共通して相地を得意としており、大造成を伴う都城の造営では最も重要な技術であった。そうすると相地を得意とする彼らの還俗の目的に造営事にかかわらせる目的もあったのではなかろうか。

桓武天皇は天応二年（七八二）八月己未（九日）、亡父光仁天皇改葬の準備のため、陰陽を解する者などに山陵の地を相地させている（田原陵改葬は延暦五年十月）。また、延暦三年（七八四）五月丙戌（十六日）条には、藤原朝臣種継が陰陽助外従五位下船連田口などを伴って、長岡の地を視察しており、陰陽師が宮都の造営に関わっていたことが知られる。

平成十三年の藤原宮大極殿院の発掘調査(18)では、大極殿院東門の北東で天地、四海、地水火風など陰陽五行説に関連する文字が多く記された須恵器皿が出土し、造営に関係し呪術的な行為が行われた可能性が高いと考えられている。平成十九年には、大極殿院南門の調査で、南門に接続する南面西回廊の基壇から地鎮遺構が検出され、埋められた平瓶の中から九つの水晶と開口部を塞ぐような九枚の富本銭が発見された(19)（図4―1）。時代は下るが沖縄の斎場御嶽でも九枚の厭勝銭《ようしょうせん》と九つの勾玉が発見されており、琉球王朝の安寧を祈るものと考えられている。藤原宮と九については第六章でも言及するが、長めの水晶三本で乾卦を、短めの水晶六本で坤卦をそれぞれ表し、九を重ねること（重九）によって、天地や宮室の長久（音通する）を願ったものと思われる。西回廊で発見され、東側の対称位置ではなかったことは『周礼』考工記で「左祖右社」といわれるように、土地の神は西に配当されたためであろう。このような呪術に関わるのも陰陽師と思われる。陰陽師が配置された大宰府では、その政庁の南門と中門にも水晶を入れた地鎮遺構の事例がある。

2 建物・墳墓と術数

陰陽寮が関わったと断定はできないが、建物遺構と墳墓について造営の実態が術数的に解釈できるか、いくつかの例を見てみよう。

上述した通り、天智天皇十年（六七一）に飛鳥から大津宮に移された漏刻はもともと斉明天皇六年（六六〇）五月に中大兄皇子（後の天智天皇）が飛鳥で造ったもので、その漏刻台の跡が飛鳥の水落遺跡である。その遺構は四間四方の建物遺構で、中央のみ柱がないため、二四本の柱で構成された。建築構造からの理由が大きいであろうが、遅くとも天武期に組織される陰陽寮が管理する漏刻台であるため、二十四節気を象る意識があったのではなかろうか。

高松塚古墳とキトラ古墳は藤原宮の南に位置する、七世紀末から八世紀初めの終末期古墳である。高松塚古墳の石室の向きは南北軸に対して北で西に約一度振れるが、墳丘下部の暗渠排水路も中軸線に対称に配置されており、正南北を意識しての施工であったと考えられる。天井の星宿図は中央に北極五星と四輔四星、四方に各七宿の星座が描かれ、宇宙の秩序に違わない。東壁上部に日像、西壁上部に月像が配され、天上の各七宿に相対して四方の壁に四神が描かれる。東西両側壁には北寄りに女子群像各四人、南寄りに男子群像各四人があって陰陽の数と方位で調和を示す。南面の朱雀は盗掘坑の影響などで失われているが、キトラ古墳と同様に西向きとすると、『尚書正義』古文尚書堯典第一にある「四方皆有七宿各成一形、東方成龍形、西方成虎形、皆南首而北尾、南方成鳥形、北方成亀形、皆西首而東尾」に整合することになる。

第一章でみたようにキトラ古墳石室の壁画では、天井に内規・赤道・外規・黄道と多数の星宿、東西に日月が描かれ、四方の側壁には四神、その下に十二支像が北から時計回りに配されている（図4—3）。西面の白虎は高松塚古墳のものとは向きが逆である。石室の中軸線の方位は北で西に約一四度振れる。戸矢学氏は四神を石室内に描くのは石室を理想的な場所、風水思想でいうところの気が噴出する場所「明堂」をつくるためであるといい[20]、来村多加史氏は四神や十二支は被葬者を仙境へ導くお供と同時に天地の関係と方位の秩序を保ち墓室を鎮護する働きをするとし、[21]西嶋定男氏は四方の守護神、時間の守護神を描くことで悪霊や盗掘などの災いから被葬者を守るためという。[22]生者のための宮殿建築などを扱う陽宅風水と死者のための墳墓を扱う陰宅風水では四神・十二支の配置の意味に異なる解釈もあるようであるが、そこに住まう人の生死を問わずその安寧を願う点は共通する。

那富山墓（宮内庁所管）は奈良山丘陵の東端、奈良市法蓮町所在の長辺約一〇メートルの方墳状の小規模な墳墓で、幼くして亡くなった聖武天皇皇太子の墳墓と治定されている。周囲には隼人石と呼ばれる縦長の一抱えほどの自然石が四つ配されている。石には線刻画が施されており、隼人石の名は、江戸時代の考証家藤貞幹が『延喜式』の記載から連想したものであった。いずれも裸の獣頭人身で、三体の頭は子・丑・卯をしており体には褌をつけ、一体は頭が戌で上半身のみの表現である。[23]十二支が順に周囲を取り囲んでいたであろうことは容易に想像がつく。[24]

上述した遺構が星宿図・天文図という具象的な宇宙や、四神や十二支という時空すなわち、象徴的な宇宙を象っている。単体の建造物では第三章で述べた「月令図式の宇宙論」と呼ぶ設計原理を確認することができるのである。

3　造宮省技術者のみの計画・設計か

陰陽師を擁する陰陽寮は相地、すなわち宮都造営の立地構想に深く関わり、造成工事の施工段階でも呪術によって関わっていた可能性が指摘できるため、中間の計画・設計段階での関与の可能性も高いと思われるのである。

『続日本紀』大宝元年（七〇一）七月二十七日条によると、宮殿の造営を司る造宮官を造宮職に昇格していることがみえ、平城遷都詔の翌月、すなわち和銅元年（七〇八）三月丙午（十三日）条の任官記事に「正五位上大伴宿禰手拍為造宮卿」とあることから この頃までには平城宮を造営するための造宮職を造宮省としていたことが知られる。平城宮第一次大極殿院は宮殿の造営であるため、当然造宮省があたったことになる。そして、造宮省は令外の官でありながら、延暦元年（七八二）の廃止まで常置され、宮殿離宮の造営・修理を司ったのである。[25]では、宮殿造営に関わるすべてを造宮省が担当したのだろうか。

唐代の明堂の規定に天文・易・暦・陰陽五行・風水（地理）などに関わる数値が使われており、宮殿の造営には術数の知識が必要であった。古代日本においてもこのようなあり方を学んだのであろう。天平宝字元年（七五七）十一月癸未（九日）条に官人の学ぶべき典籍として「天文生は天官書・漢晋天文志・三色簿讃・韓楊要集。陰陽生は周易・新撰陰陽書・黄帝金匱・五行大義。暦算生は漢晋律暦志、大衍暦議、九章、六章、周髀、定天論。」とあり、『史記』天官書、『漢書』『晋書』の天文志・律暦志、『周髀算経』、『五行大義』については第二章の術数の話の中で言及した。これらを学ぶ天文生・陰陽生・暦算生が所属するのが陰陽寮で、彼らを教育する一層高度な知識・技術をもつのが陰陽師・陰陽博士・天文博士らであった。

先にみた、壁画古墳では壁画を描く画師らが渡来系で多少の術数関係知識をもっていた可能性もあるため、造宮省にも術数を理解している建築の技術者がいれば事足りる。しかしながら術数自体が厳重に管理されていたことや、陰陽寮の人材不足を考慮すると造宮省内で人材を確保することは難しいように思われる。大極殿院の造営はまさに国家的な事業であるため、史料的裏付けはないが、天文（占星術）や地理（占地術）等、当時その分野の権威である大津連首ら陰陽師がその計画・設計にも関わったのではないだろうか。

塼積擁壁の設計方法に解釈し難い複雑な手順が使われていた。また、大極殿院の回廊の規模の数値や瓦の文様などでも、それらが天文や暦など術数に関わる高度な知識で説明することができるなら、陰陽寮が関わった可能性は幾分か高くなると思われる。その検討は第六章で試みたい。

【参考文献および註】

（1） 本章では全般的に以下を参考にした。村山修一「古代日本の陰陽道」一七—三二頁、田村圓澄「陰陽寮成立以前」三五—六〇頁、野村幸三郎「陰陽道の成立」六一—八二頁、橋本政良「勅命還俗と方技官僚の形成」八三—一二〇頁　以上一九九一『陰陽道叢書』1古代所収論文　名著出版。鈴木一馨　二〇〇二『陰陽道　呪術と鬼神の世界』講談社選書メチエ、山下克明　二〇〇四「陰陽道の歴史」『図説　安倍晴明と陰陽道』五六—六二頁、今泉隆雄　一九九五「漏刻制と陰陽寮」『飛鳥・藤原宮発掘調査報告Ⅳ』奈良国立文化財研究所　一二三—一四〇頁、鈴木一馨　二〇〇三『陰陽道　呪術と鬼神の世界』講談社　四二—五五頁

（2） 平成九年、明日香村の飛鳥池遺跡から「観勅」と記された木簡が

出土している。

(3) 河野健三　一九八六「日本古代の暦と時」『明日香風』一九号　六三―六七頁

(4) 竹内亮　二〇〇四「木に記された暦―石神遺跡出土具注暦木簡をめぐって―」『木簡研究』第二六号木簡学会　二八三―二九四頁

(5) 岡田芳朗　一九九六『日本の暦』新人物往来社　六三頁

(6) なお、鎌倉時代の御成敗式目は十七条を天地人の三才に配して五十一条としたと後の式目注釈家が述べるところである。瀧川政次郎　一九六七『京制ならびに都城制の研究』法制史論叢第二冊　角川書店　三〇五―三五一頁

(7) 式占。式（ちく）は楓子棗の心木で作り、回転して吉凶を占う道具で、式盤ともいう。『古事類苑』方伎部によると、式占には六壬、太乙、雷公、遁甲があった。竹澤勉　一九九〇『新益京（藤原京）と四大神』大和書房　九七頁

(8) 飛鳥岡本宮から飛鳥板蓋宮、後飛鳥岡本宮、飛鳥浄御原宮まで同所で営まれた宮殿はその名が示すように岡の本にあってその場所では天象の観測には不適である。『万葉集』巻三　二三五　柿本人麻呂には「大君は神にしませば天雲の雷の上に庵りせるかも」とあり、平安時代の説話集『日本霊異記』には雄略天皇の臣下が雷丘に落ちた雷神を捕らえて天皇の元へ連れて行ったことが記されている。雷丘は飛鳥盆地北端に位置し独立丘をなし、後飛鳥岡本宮の北に位置する。宮から遠くない範囲では天象の観測に不適ではないと思われ、天武朝には占星台が設けられたのかもしれない。ただし、発掘調査では古墳時代の埴輪や横穴式石室などと、中世城郭に改造された土塁や空堀の跡が見つかったに留まる（神野恵「雷丘の調査―第一三九次―」『奈良文化財研究所紀要二〇〇六』八二―八五頁）。高所に設けられた施設では斉明紀にみえる両槻宮（またの名は天宮）が知られ、後飛鳥岡本宮の東方の山に位置すると考えられている。ここに天武朝になって占星台が設けられた可能性はないだろうか。雷は易の後天図の方位では東方を意味するのである（図2―3、表2―1）。現在雷丘と呼ばれ、麓に雷の地名の残る小丘は古代の雷丘でよいのであろうか。

(9) 細井浩志　二〇〇二「時間・暦と天皇」『コスモロジーと身体』天皇と王権を考える第八巻　岩波書店　一二七―一五〇頁、大日方克己　二〇〇五「暦と生活」『神仏と文字』文字と古代日本4　吉川弘文館　二九八―三一五頁

(10) 清水みき　一九九五「桓武朝における遷都の論理」『日本古代国家の展開』上巻　思文閣出版　三八三―四一二頁。神武天皇の即位も辛酉年正月朔ということになっている。

(11) 林陸朗　一九七二『長岡京の謎』新人物往来社、一九八一「桓武天皇の政治思想」『平安時代の歴史と文学』歴史編　吉川弘文館　二七―五一頁

(12) 山下克明　二〇〇四「陰陽道の歴史」『図説　安倍晴明と陰陽道』五六―六二頁

(13) 瀧川政次郎　一九六七『京制ならびに都城制の研究』法制史論叢第二冊　角川書店　三〇五―三五一頁

(14) 安居香山　一九八三『中国神秘思想の日本への展開』大正大学出版部　一〇七―一一七頁、一九九四『緯書と中国の神秘思想』平河出版社、村山修一　一九八一『日本陰陽道史総説』塙書房

(15) 岡田良朗　一九九六『日本の暦』新人物往来社　六八―七三頁

(16) 細井浩志　二〇〇四「奈良時代の暦算教育制度―陰陽寮暦科・大学寮算科の変遷と得業生―」『日本歴史』第六七七号　吉川弘文館　一―一六頁
(17) なお、後世の例であるが、神祇官の行う亀卜と陰陽寮の行う筮竹で矛盾が出た場合は、前者を優先したことが藤原宗忠の『中右記』天永三年（一一一二）十一月一日条にあるという。来村多加史　二〇〇四『風水と天皇陵』講談社　一七一頁
(18) 西口壽生　二〇〇三「大極殿院の調査―第一一七次」『奈良文化財研究所紀要二〇〇三』奈良文化財研究所　七八―八四頁
(19) 松村恵司　二〇〇八「大極殿院南門の調査―第一四八次」『奈良文化財研究所紀要二〇〇八』奈良文化財研究所　六七―六九頁
(20) 戸矢学　二〇〇六『陰陽道とは何か』ＰＨＰ研究所　二三一頁
(21) 来村多加史　二〇〇五『キトラ古墳は語る』日本放送協会　一九一頁
(22) 西嶋定男　一九七八「中国・朝鮮・日本における十二支像の変遷について」『古代東アジア史論集　下』吉川弘文館　二九五―三三七頁
(23) ト部行弘　二〇一〇「奈富山墓と隼人石」『大唐皇帝陵』奈良県立橿原考古学研究所　一四一―一四六頁
(24) なお、後世の現存事例であるが、日本の近世社寺建築に十二支の彫物が四方各面に配置された例が多数あり、同様の設計原理「月令図式の宇宙論」をみることができて興味深い。西田紀子　二〇〇八「日本の建築にみる十二支」『キトラ古墳壁画十二支―子・丑・寅―』飛鳥資料館図録　四〇―四二頁
(25) 井上薫　一九八三『日本古代の政治と宗教』九五―一一六頁

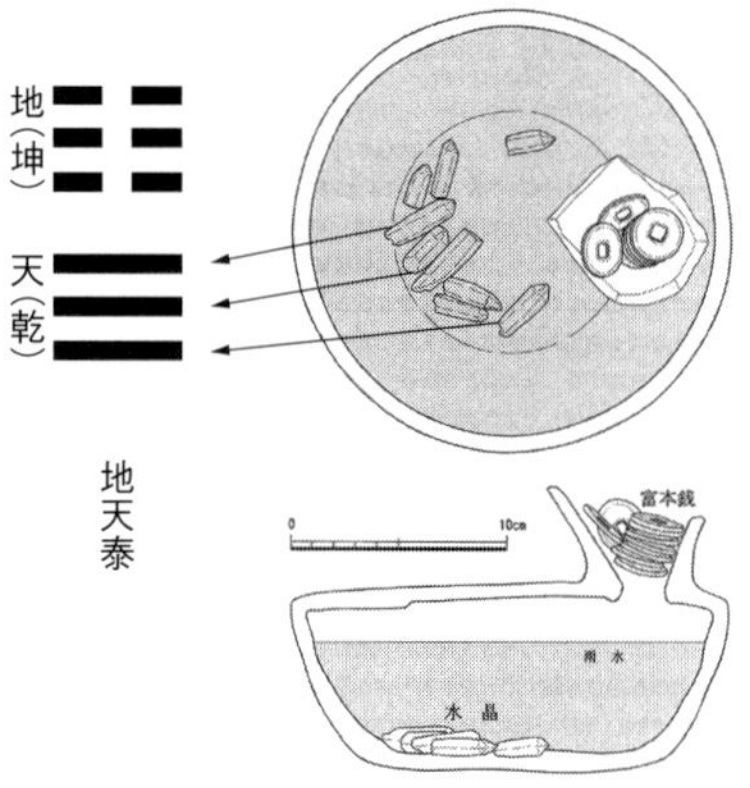

図４－１　藤原宮大極殿南門西側回廊出土地鎮具

『奈良文化財研究所紀要2008』2008　奈良文化財研究所　67頁「SX110713出土地鎮具」に加筆

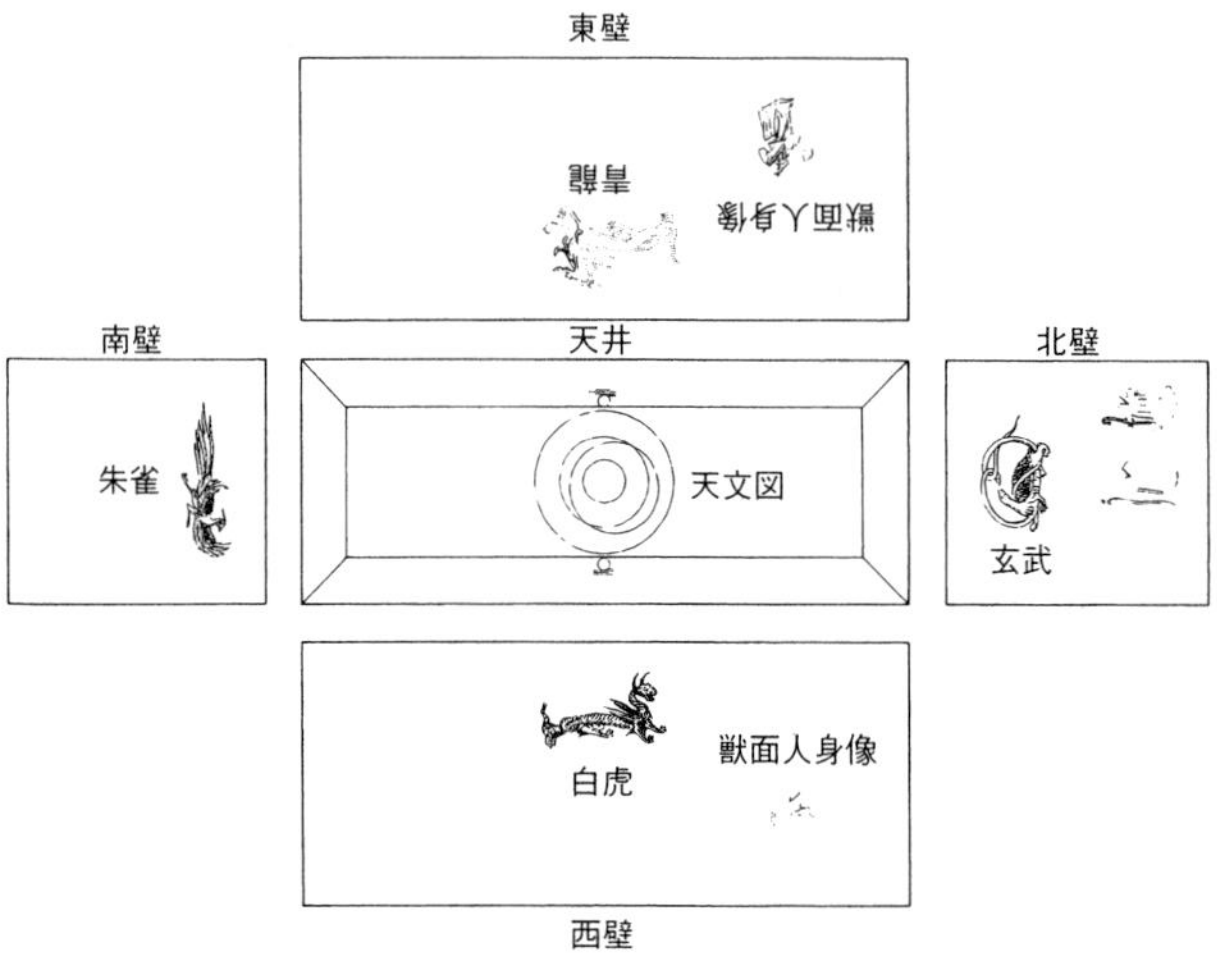

図４－２　キトラ古墳石室見取り図

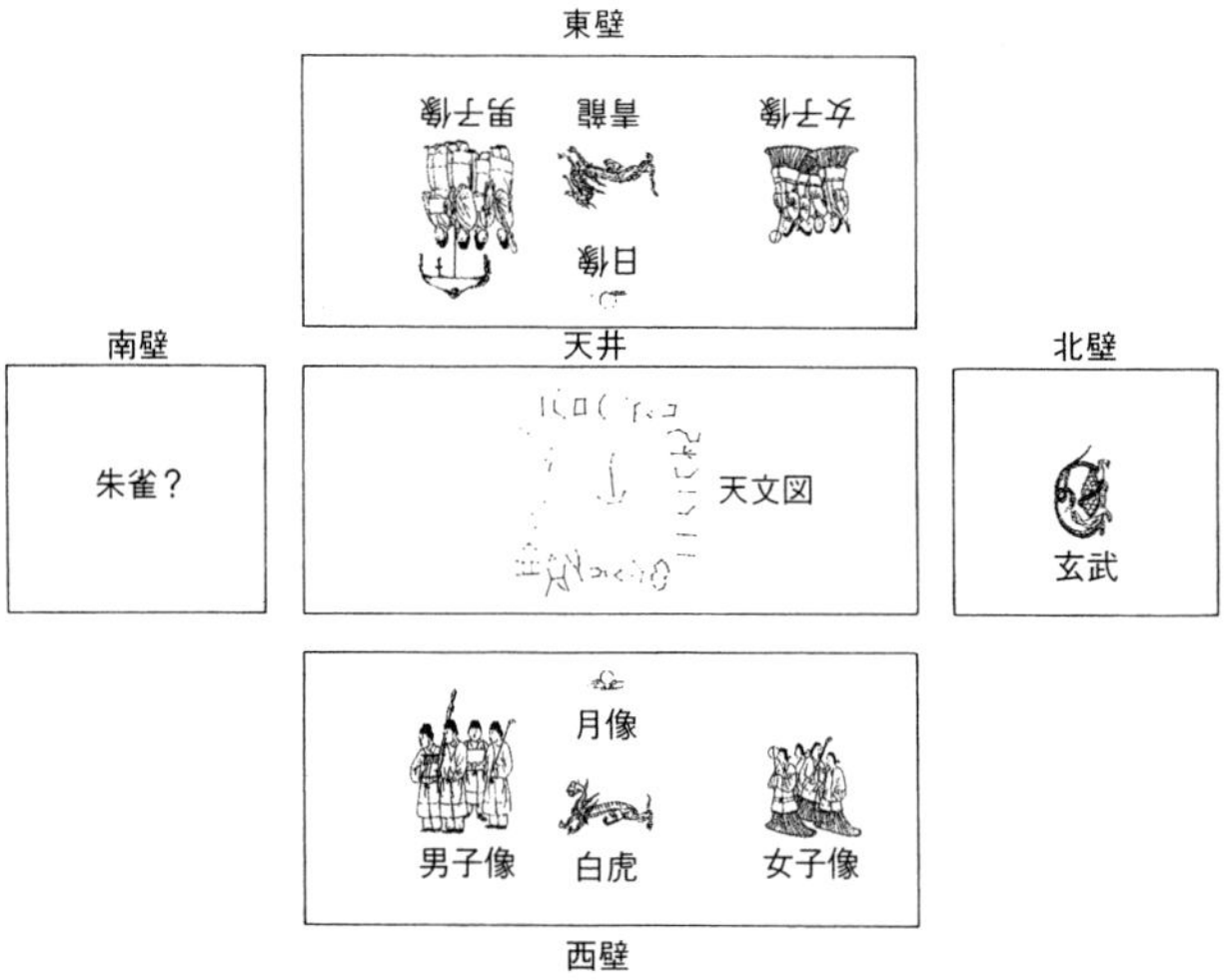

図４－３　高松塚古墳石室見取り図

『飛鳥・藤原京展』2002　朝日新聞社　図４－２は125頁，図４－３は123頁

第五章　宮都の造営における四神と三山に関する試論

はじめに

和銅元年（七〇八）二月戊寅（十五日）条には有名な平城遷都の詔が記され、「方に今、平城の地は四禽図に叶ひ、三山鎮を作し、亀筮並に従ふ。」とする。四禽はいうまでもなく青龍・朱雀・白虎・玄武の四神のことであり、それらを四方の地形の特徴に見立てて良いとし、三山が鎮めをなし、亀卜も筮卜もその結果に違わなかったとしている（図5―1）。ところが近年、後述するように、何を四神の具体的な見立ての対象にしたかについては通説とは異なる見解も示されており、百済や新羅の都の周囲にも三山があって特徴ある配置を示すことなども報告されている。ここでは陰陽師が見立てたであろう平城京の四神や三山の対象について試案を示したい。

一　藤原京と平城京の四神

平城遷都詔の「四禽図に叶ひ」の四禽とは、四神すなわち青龍・朱雀・白虎・玄武のことで、安倍晴明撰と伝えられる『簠簋《ほき》内伝』を参考にして、それぞれ東の流水、南の沢畔、西の大道、北の高山に擬えたものとされるのが通説である。そして、「四禽図に叶ひ」とは村田修一氏(1)・来村多加史氏(2)は通説をふまえてのことと思われるが、矩形の平面をもつ都城を正しい方位に合わせて土地の景観に収まることとする。

一方、鈴木一馨氏は[3]『簠簋内伝』が安倍晴明撰ではないのは確実とし、方位を複雑に測って意味付けしたり、地形を複雑に類型化して気の流れを読むなどの風水の方法は九世紀の晩唐以降始まったことで、平安京の青龍は東の鴨川、朱雀は南の小椋池、白虎は西の山陽道または山陰道、玄武は北の船岡山という説は十世紀以降の風水説から導かれるものであるという。造営時が八世紀末の平安京において四神相応の地とは四方に対応する山が備わっていることであるという。

王永融氏ら[4]も、『簠簋内伝』を安倍晴明撰ではないとし、後世に真言宗の僧がつくったものを安倍晴明に仮託したものとの中村璋八氏[5]の説を支持する。また、王氏らは『地理人子須知』は十六世紀、明代の風水書ではあるが、これには「朱雀・玄武・青龍・白虎、四方宿名也。然則地理以前山為朱雀、後山為玄武、左山為青龍、右山為白虎、亦假借四方之宿以別四方之山、非謂山之形皆欲如其物也。」とあり、山の形が四神と似ていることではなく、前後左右に山をバランス良く配することが求められたといい、平安京の四神には四方を取り囲む山々を充てている。すなわち、十六世紀の中国の風水書は平安時代における変容前の風水の見立ての方法を伝えていると考えられるのである。具体的には、北は船岡山だけでなく貴船山や鞍馬山を含み、東は比叡山から繋がる東山、西は小倉山や嵐山などの山脈、南は平安京の中軸線と重なる甘南備山とする（図5—2）。そこでは十道証穴法とよばれる方法が使われたという（図5—3）。

以上を確認して、『万葉集』巻一、五十二番歌の「藤原宮御井の歌」をみてみよう。

やすみしし　わご大王
高照らす　日の皇子
荒栲の　藤井が原に　大御門　始め給いて
埴安の　堤の上に　あり立たし　見し給へば
大和の　青香具山は　日の経の　大御門に　春山と　繁さび立てり
畝火の　この瑞山は　日の緯の　大御門に　瑞山と　山さびいます

耳成の　青菅山は　背面の　大御門に　宜しなべ　神さび立てり
名くはし　吉野の山は　影面の　大御門ゆ　雲居にそ　遠くありける
高知るや　天の御陰
天知るや　日の御陰の
水こそは　とこしへにあらめ
御井の清水

藤原宮を取り囲む近い位置に三山があり、それらは藤原京に包含される。一方、吉野山まではこれらと比べるとかなりの距離があるのが実態である。しかしながらこの歌では、藤原宮の各宮城門の背景に大和三山の香具山・畝傍山・耳成山と吉野山がバランス良く読み込まれ、碁盤目状の構造をもつ藤原京の中央に藤原宮が配置されているように、歌詞構造も「大御門」が四つ中央に配置されていることが指摘されている(6)（図5―4）。物理的に近い三山を吉野山より重視している訳ではない。三山ではなく四方の山の中央にある藤原宮とそこにある井戸が称えられ、これを通して藤原宮そのものが賛美されているのである(7)。

第二章でみたように、天上界の天文と地上の地理は相関し、それらは一対であって同格である。このため奈良時代に建立された東大寺法華堂の天蓋中心に据え付けられた鏡の中央部の文様には四神と四方の山々が交互に配されているのである（図7―19）。このことと、王氏らの説、さらに「藤原宮御井の歌」を考え合わせれば、平城京の四神にも四方の山を充てる考えが成り立つと思われる。

さて、第三章で引用したように、『文選』「西都賦」には「大漢命を受けて之に都するに至るに及びて、仰いで東井の精を悟り、俯して河圖の靈に協ふ（大漢が天命を受けここに都を定めるに当たって、天を仰げば、雍州の分野を司る東井の星座の神霊が、ここを都とせよと示すを悟り、地を見れば、黄河より現れ出た河図の霊妙なしるしにも、ここを都とする希望にうまく合う）。(8)」とある。また『易』繋辞上伝には「この故に天、神物を生じて、聖人これに則り、天地変化して、聖人これに効《なら》い、天象を垂れ吉凶を見《しめ》して、聖人これに象り、河図を出し、洛書を出して、聖人これに則る（なればこそ、天が筮竹・亀甲のような神秘の物を生んだことに則って、聖人は卜筮の術をはじめたのであり、天地が陰陽二気の変化によって万物を生成発展させる事実に倣って、聖人は易の陰陽の原理をたてたのであり、天がさまざまの自然現象によって吉凶を示す事実に象って、聖人は易の吉凶の判断を設けたのであり、その昔に黄河から出た図〔いわゆる河図〕洛水から出た書〔いわゆる洛書〕に則って、聖人は八卦を作ったのである）。」(9)とある。河図とは伏羲が黄河の中流から躍り出た龍馬の背にあった模様を書き留めた図柄（図5―5）であり、伏羲はこの図から八卦を導いたという。もう一方の洛書とは、伝説上の帝王で夏王朝の創始者という大禹《う》が見つけたという、洛水から出てきた五色の神亀の背にあった書である（図5―6）。河図は相生説、洛書は相剋説をとり、易では河図・洛書いずれもその基本とする。金子裕之氏は、「四禽図に叶ひ」の図とは河図のことと指摘している。(10)易では現象を数に置き換えるため、その「四禽図に叶ひ」というのは四方の山々の頂の数が河図の各方位に配された点の数、すなわち東に三・八、南に二・七、西に四・九、北に一・六という数に合うという意味ではないだろうか。尤も、そこにはある程度こじつけのような見立てがあるのだと思う。平城京ではその四神に春日山を中心とする東の山々、吉野山を中心とする南の山々、生駒山を中心とする西の山々、「平城京の北の山々」が充てられることになるのではなかろうか。

二　藤原京・平城京の三山について

1　平城京の三山について

平城京の「三山鎮を作し」の三山については、藤原京で藤原宮を囲む位置にある大和三山の配置を意識し、春日山、生駒山、平城山を充てるなど諸説がある。金子裕之氏はこの三山は神仙思想にある三神山に擬えたものと考えた。『史記』封禅書では渤海にいる鰲《ごう》という大亀が蓬莱、方丈、瀛洲の三神山を負い、そこには金銀の宮殿があって、不死の仙人が住むという。秦の始皇帝や漢の武帝もこの説を信じて渤海湾に船団を浮かべ不死の薬を求めさせたが、その島へ行き着くこともできなかった。そこで三山は苑地の中に象られることが伝統になるが、都城においては何らかを三山に見立て神仙世界を身近なものとしようとした。「鎮」、すなわち旧字の鎭は①しずめる、呪霊をしずめる、その地域をしずめ守る、②おさえる、などの意である[11]。鎭の旁は匙＋鼎であり、容器に匙で物を満たしたさま。鼎の字義からするとバランスの良い三角形の配置をなすものと考えることも可能であろう。三山を森浩一[12]氏は市庭古墳（宮内庁治定平城天皇陵）、蓬莱山古墳（垂仁天皇陵）、杉山古墳としており、金子裕之[13]氏は森説の杉山古墳に代わって御蓋山とする。両説の三山はともに上記で四神と考えた山々の内側にあって平城京の内外に配置されて取り込まれていることから注目される。

　垂仁天皇陵と呼ばれる蓬莱山古墳は全長二二〇メートルを超す前方後円墳で、平城京の条坊計画の中に組みこまれ、六坪分を占める。蓬莱山に関しては、『日本書紀』垂仁天皇九十年春二月庚子朔条に田道間守に命じて常世の国に非時《ときじく》の香菓《かくのみ》（橘）を求めさせた伝説があり、古墳近くに「宝来」の地名が残る。和銅八年（七一五）四月庚申（九日）条には垂仁天皇陵に墓守を三戸、安康天皇陵には四戸置いたとあり、陵の保全を図っていたことも知られる。

　市庭古墳は前方後円墳で、平城宮造営に伴って宮内に入った前方部を削平、後円部は北面大垣の北側の宮外に残した。これを平城天皇陵と呼ぶのは近世の天皇陵治定後の話である。市庭古墳は約二五〇メートルの前方後円墳であり、後円部北西の発掘調査で周壕の葺石を庭園の洲浜に利用していることがわかった。墳丘の葺石を洲浜に見立て転用する事例は平城京内左京一条三坊十五・十六坪の庭園遺構などでも確認されているが[14]、金子氏は平城宮の北に接する松林苑の中でこの墳丘を島に見立てていたと考えた。

　杉山古墳は全長約一二〇メートルの前方後円墳であり、平城京内大安寺十五町の寺地の北辺で、条坊街路を妨げるように位置する。平城京の造営に際しては多数の古墳が破壊されたであろう状況を文献が伝え、発掘調査成果がこれを裏付けているが、森氏は、『大安寺伽藍縁起并流記資財帳』に「池并岳」と記され、奈良時代に墳丘が寺の資財として扱われていたことに注目している。また、この古墳であれば後円部墳頂部直下に埋葬施設があるべきであるが、発掘調査では埋葬施設が検出されておらず、他所へ移したと考えられるため、三山の一つとして位置づけられていたと推定している。だれの墓かわからなくなっていたであろう墳丘が果たして平城京を守る鎮めとなるのか疑問があったが、改葬し墳丘を自然地形に見立てるのであれば納得できないことではない。

御蓋山は三条大路の東延長部にあたり、円錐形の神体山である。春日社は神護景雲二年（七六八）十一月に藤原永手が氏神として創建したと伝えられるが、養老元年（七一七）二月壬辰（一日）には御蓋山南麓で遣唐使の航海安全を祈念して奉幣しており、[15]創建以前からこの山に対する信仰があったと考えられている。

見立ての世界なのでいずれの説が正しいとも決しがたく、否定できる根拠もないのが現状であろう。陰陽寮を除いて当時も諸説あったのかもしれない。

2　中国・朝鮮半島の三山

目を大陸と朝鮮半島に転じると、そこでの都城では三山はどのように配置されていたのであろうか。三山の配置に着目すると、別の視点からも都城における三山を捉えることも可能に思える。

漢長安城の建章宮に設けられた太液池には蓬萊、方丈、瀛洲の三神山があった。『文選』班固の「西都賦」には「瀛洲と方壺を濫《うか》べ、蓬萊中央に起る」とある。[16]三山で中央があるのなら列をなしたと考えることができる。

唐長安城大明宮の北部にある太液池については平成十三〜十七年度に奈良文化財研究所と中国社会科学院考古研究所が共同で発掘調査を実施している。遺跡は西安市郊外にあり、後者が予め簡易なボーリング調査により池の概形を捉えていた。池の東側は集落に没しているが、西側は畑地が広がり、そこでの発掘調査で護岸施設や建物跡、築山石組などを検出している[17]（図5—7）。畑中には版築で構築された蓬萊島の遺構が小山として残存しており、その南では島の南面の洲浜を検出、その島跡の西には別の島の遺構も検出している。太液池に三島があったことは、『唐詩遺事』巻三十九掲載の「憶春日太液池東亭侯対」の一句から知られる。残りの一島は確認されていない[18]が、調査責任者の安家瑶氏は集落に没する東の池（瓢箪型のくびれの上部）にそれを想定している。

すると三島が東西に並ぶことになる（図5―8）。

『三国史記』祭祀志によると、新羅の都、慶州の三山は習比郡の奈歴、切也火郡の骨火、大城郡の穴禮であると記され、順に現在の新羅の明活山、永川地域の金剛山、迎日郡の御来山とみられ、三角形の配置を成す。一方、百済の都、扶余の三山については『三国遺事』南扶餘後百済条には「郡中有三山、曰日山、呉山、浮山」とあり、順に現在の錦城山、烏石山、浮山と考えられており、東西方向に一直線状に並んだという。(19)

3　藤原宮の南北と藤原京の三山

平城京の三山はひとまず擱き、藤原京で「三山鎮をなし」に相当する三山は果たして大和三山であろうか。

(一)　藤原宮の東西

秦の宰相である呂不韋が編纂した『呂氏春秋』愼勢には、「古之王者、択天下之中而立国　択国之中而立宮　択宮之中而立廟」とあり、天下の中心を選んで国を建て、国の中心を選んで宮室を建て、宮室の中心を選んで廟を建てるといった。おそらく意識としては国の中心を選んで藤原京を造営し、その中央には藤原宮を営んで、その中心には大極殿院南門をおいたのであろう。その大極殿院の真東約一二キロ、奈良県宇陀市榛原区高塚には八咫烏《やたがらす》神社が所在する（図5―10・11。図5―10～13には藤原宮大極殿跡と同じ緯度線、経度線を示した）。八咫烏は神武天皇を熊野から大和へ導いた天照大御神の使いである。『続日本紀』慶雲二年（七〇五）九月丙戌（九日）、大和国宇太郡に八咫烏を祀る社が置かれた。この日は天武天皇の二十回忌、すなわち没後ちょうど十九年（一章）にあたる。さらにその場所の東方（真東とは言えない）には伊勢神宮外宮が位置する。正確に言えば大極殿と同じ緯度線を東へ辿ると外宮正宮の約二キロ北へ至る。なお参考までに逆にみると、外宮と内宮の中間の真西には飛鳥の正宮が位置する。また、内宮正殿を真西へ辿るとキトラ古墳と高松塚古墳の間を抜け、桧隈寺の南を通り、天武天皇・持統天皇の時の皇太子草壁皇子の墳墓という説もある東明神古墳の七〇メートル程南に至る。

戦国時代以降成立の『周礼』考工記を参考にして藤原京は造営されたと考えられているが、[20]これには「左祖右社」という原則が記されている。南面して左に宗廟、右に土地の神と穀物の神を祀る社稷を置くというものである。この制度をそのまま古代日本が導入している訳ではないが、皇祖神を祀る伊勢神宮が東にあることと無関係ではあるまい。律令では既存の伊勢神宮を宗廟に相当するものとして読み替えているのであり、[21]実際、平安時代前期の歴史書『古語拾遺』では神宮を宗廟に比し、『倭姫命世命記』では伊勢二所大神宮のことを「宗廟社稷神」と記して、平安時代には伊勢神宮等の神社を廟と称していたことが知られる。[22]福永光司氏[23]は『詩経』神楽歌の鄭玄の注に「(周王朝の)遠祖である姜嫄の神(霊)の依る所、故に廟を神宮と曰う」とあることから、伊勢神宮と呼ばれることも皇室の遠祖を祀ることによると指摘した。千田稔氏も『日本書紀』において神宮とされるのは伊勢神宮、出雲大神宮、石上神宮であり、この解釈を可能とした。[24]『呂氏春秋』でいえば都の、さらに宮の中央に置かれる宗廟が、『周礼』を意識して東へ置かれていることになるのである。

第三章で引いた『文選』左太沖作「魏都賦」[25]には「鈎縄の筌緒を闡き、二分の正要を承く。日晷を揆り、星耀を考ふ。社稷を建て、清廟を作る(コンパスや墨縄を手順に従って用い、春分と秋分の太陽によって正しい方角を定め、太陽の位置、星の位置を計測し、土地の神、穫物の神、そして先祖を祀る廟を建設した)。」とある。藤原宮の真東に八咫烏神社が正しく位置することもこうした文献から都城建設のあり方を学んだ結果と理解できる。真東でこそないが、その東に伊勢神宮外宮が位置することは好都合であった。八咫烏とそれを祀る神社の位置は、完成をめざす古代律令国家の理念と空間秩序に関わるのであろう。

では、左祖の伊勢神宮と対になる右社には何があたるであろうか。荒川紘氏[26]によれば、記紀の語る宇宙観は「高天が原」「葦原の中つ国」「黄泉の国」という天・地・地下の垂直構造をもつが、大和を中心に伊勢と出雲を結ぶ「日の宇宙軸」は海の彼方へも延長され、東海に「常世の国」、西海に「妣《はは》の国」が想像されており、「高天が原」と「黄泉の国」が対応していたという(図5―9)。方位は真西ではないが出雲大社を充てるべきと思う。

（二）藤原宮の南北

藤原京朱雀大路の南延長部には天武持統陵や菖蒲池古墳、中尾山古墳（考古学的には文武天皇陵と推定される）が位置することをかつて岸俊男氏が指摘した[27]。その後、この軸線付近はマスコミにより「聖なるライン」と呼ばれ、このライン近くに位置する高松塚古墳やキトラ古墳もその石室壁画の発見によりさらに注目された。これらの古墳に加え、このラインから西へ大きく離れるマルコ山古墳と束明神古墳を加えて北斗七星の形に見立てた配置が文武天皇によって構想された可能性を説く見解もある[28]。

藤堂かほる氏は、文武天皇三年（六九九）十月甲午（十三日）、辛丑（二十日）に越智山陵（斉明天皇陵）とともに山科山陵（天智天皇陵＝御廟野古墳）の造営に関する記事があり、山科山陵は文武朝において藤原宮大極殿の真北（京都市山科区）に位置を定めて造営されたとした[29]（図5―12）。このことについて測量に詳しい小澤毅・入倉徳裕両氏は古代の測量技術の点などから詳細に検討し、藤原京の中軸線は正南北ではなく、真北に対して西に〇度四四分一〇秒振れており、藤原宮の南にある天武持統陵はこの中軸線の延長線上に確実に載るが、そのほかのものは載らないことを指摘している[30]（図5―13・14）。一方、藤原宮大極殿南門から約五五キロ北の山科盆地北端に位置する天智天皇陵については、経度差一・五秒しかなく真北に位置すると認めている。当時、離れた二点で経度差を正確に測定し、それを無くすことは技術的に不可能であったが、藤原宮から山川を越えて測点を北へ延ばすことは理論上は可能とする。この方法で天智陵の位置をみると、中軸線北延長部からは東へ六七〇メートル、この中軸線より振れが少ない下ッ道[31]（〇度二五分）の振れを用いた北延長部からは東へ三五〇メートルの位置にあるという。結論として経度がほぼ一致する現象を偶然とする。

（三）藤原京の三山の見立て

天武持統陵の見立て　第二章で述べたように、三神山は渤海中にある蓬莱、方丈、瀛洲で、そこには仙人がいて仙薬があると伝えられていた。天武天皇の諡、天渟中原瀛真人天皇は瀛洲の瀛の字を含み、真人は道教用語で「天の神の命を受けた地上の支配者[32]」を意味する。道教経典『真誥《しんこう》』闡幽微《せんゆうび》篇によると、生前、善徳を積んだ者は死後に紫微宮南の朱火宮で特訓を受け、神仙となって東方の東海青童君の治める東華宮に遊ぶという[33]。また、奈良市西の京の薬師寺東塔檫銘は天武天皇発願の藤原京薬師寺（本薬師寺）の塔銘を復刻したものとされ、これには天武天皇崩御を「龍駕騰仙」と記している。これは『史記』封禅書で黄帝が龍に騎《の》って昇天し仙人になった話を踏まえ、龍に譬える天皇が仙人になることをいう。[34]さらに、天武天皇没後八年の九月九日、すなわち九回忌の御斎会の夜、持統天皇が夢の中で詠んだという歌（『万葉集』巻二、一六二番歌）があり、天武天皇の魂は伊勢の沖の国で遊ぶとする。東海の三神山のことである。このように天武天皇は朱火宮での特訓を終え、瀛洲や東華宮にいるという願望を含めた意識が近親者などには持たれていたようである。

ところで、唐の初代高祖が亡くなると、二代太宗は父のため漢の高宗を意識し方形の墳丘献陵を造営した。やがて太宗の皇后が亡くなると自身との合葬のため名山である九嵕山《きゅうそうさん》の山体に墓室等を穿ち山そのものを巨大な陵とするようになった。以後、唐代では一部例外を除いて山陵制度が採用されることになる[35]（図5―15）。山を墳丘とするこうした制度を知ると、逆に墳丘を山に見立て三神山に擬えるのも自然なことであり、天武陵自体は瀛洲に見立てられていたのではないかと思われる。

大極殿の見立て　『玉台新詠』は南朝梁の簡文帝蕭綱が太子であった時に陳の徐陵に編纂させた古詩文集である。その中の鮑子卿作「詠玉階」では、紫微宮に準えた宮殿の階段を麗しいと称えるが、漢の武帝の時は西王母の使いとして訪れたと伝えられる青い鳥が今は崑崙山を空しく飛び、ここには降りないと揶揄する。[36]こうしたことへの対応策として宮殿や都城そのものが崑崙山を象り、瑞鳥を象ったものを設けたりすれば良いのである。唐長安城で太極宮の北東に設けられた大明宮[37]は改称を重ねるが、高宗の龍朔三年（六六三）から咸亨元年（六七〇）の間は蓬萊宮と称し、宮殿を蓬萊に準えていた。[38]玄宗の開元二年（七一四）のことであるが、離宮とされた興慶宮では、北面中央門の内側に瀛洲門が置かれた。[39]興慶宮を瀛洲に見立てたのであろう。このような事例を見ると、高御座のある藤原宮の大極殿を三山の中央に位置する蓬萊山に見立てたと考えることもできるのではないだろうか。

天智陵の見立て　管見の限り天智陵については蓬萊や方丈に見立てたと認められる史料はない。

陰陽が調和すると自然の秩序も人事の秩序も安定すると考えられていたため、中国古代の都市計画は「東京賦」の「和を思ひ中を求む」のように、陰陽の調和を求めて天下の中心に宮都を営んだのである。『周礼』考工記には、九経九緯の井桁状の街路、中央に王宮、その前に朝堂、後に市、朝堂の左前に祖廟、右前に社稷、左右に民居という町割りの概念が示された。その都の中枢、宮殿について『文選』「景福殿賦」は「天地《てんち》に儷《ひと》しくして以《もっ》て基《もと》を開き、列宿《れっしゅう》に並《なら》びて制《せい》を作る。制細《せいさい》として規景《きけい》に協《かな》はざること無く、作微《さくび》として水臬《すいげつ》に違《たが》ふこと無し（景福殿は、天地と同様な基盤の上に、星座に則って設計されている。その作りは、細微なところに至るまで、方角や高さが正確に測られている）。」と謳う。[40] 宮都造営の根底には方位を重視するなど古い時代からの規範があったのである。

藤原京の時代には『周礼』にあるような方位に対する規範を重視しつつ、『文選』に謳われたような正確な測量を奈良盆地南端から山科盆地北端までの長距離で実施したのではなかろうか。天智陵を藤原宮の真北に造る意図があり、技術的にも可能だったと証明できるようなデータは私には示せないが、先に示した慶雲二年（七〇五）に八咫烏神社が藤原宮大極殿院の真東へ立地したことを考えあわせると、天智陵は文武天皇三年（六九九）に藤原宮の北を意図して造営されたことは認めてよいのではないだろうか。これによって藤原の帝都は都城の範囲を超えて北は天智陵、東は八咫烏神社までも含む広大な領域で南北の軸線、東西の軸線を明らかにし、その中心性を強調できる。これは周の時代以来の王朝の正当性の証である。『古事記』序に「紫宸に御して徳は馬の蹄の極まる所に被《およ》び、玄扈《げんこ》に坐して化は船の頭の逮《およ》ぶ所を照らしたまふ（皇居におられても、その御徳は、遠く馬の蹄の止まる地の果てまで、また船の舳先の止まる海原の果てまでも及んでおられる）。」[41] とあるように、測量も山科盆地の果てまで及んだのだと思う。未熟な測量技術にも拘わらず、偶然にも藤原宮大極殿の真北に位置した天智天皇陵はその意図からすれば帝徳を示す一つの記念物となる。

藤原京の三山　『万葉集』巻三、二五七番歌では香具山のことを「芳来山」と表記し、当時の知識人には天香具山が蓬莱山に見立てられていたことが知られる。[42] 平城遷都詔にある三山のように鎮をなす山が大和三山で、藤原京の三山であったであろうことは否定できない。また、逆に平城京で大和三山に対応する位置でこれらに見立てた山や墳墓があって、代表的で有力な二説があることは先に紹介した通りである。ただし、平城遷都詔にみる三山はその文脈からすると陰陽寮の見立てによるものであって、それらが歌を詠む人の見立てと同一である保証はなく、むしろ、別物と見た方が良いのではなかろうか。天文と同様に地理（風水）もその内容は国家の枢要な事柄であり軍事機密に関わり、秘匿すべきことと思われるからである。

では、三山が直線上に並ぶ意味は何だろうか。小南一郎氏[43]によると、崑崙山は中国の北西にあり、その北東から黄河が流れ出すという。『水経河水注』巻一が東方朔『十洲記』を引いて「形は伏せた盆のようで、下は狭く上は広い。それで崑崙と呼ばれるのである。山には三つの角があり、その一つは真北を向き、辰星（北極星）の輝きをさえぎる。」とある。第七章で詳述するが、中心性をもつ山は天の中心と繋がり天文秩序を地上にもたらす役割りがあると考えられていたのである。東海の三神山も極西に位置する崑崙山も別物という訳ではなく、元来は同じ中国的な宇宙観に起源し、それらが陰陽をなす東西に分かれるなどして固有の伝承を持つようになったと推測されている。そして、宋代の類書『太平御覧』に引く緯書『河図括地象』には「崑崙の山は、大地の首《かしら》である。〔その山は〕上に上っては握契（北極星のことか?）となり、満ち溢れては四瀆となり、横たわって地軸となり、上は天鎮（天の鎮め）となり、直立して八本の柱となる。」とある。どちらの文章も解釈が難しいが、三つの頂が直線状に列び北を指すように思われる。なお、著者は「三山鎮を作し」の鎮の典拠をこの『河図括地象』に求めるが、当時、伝わっていたかは文献上明らかではない。

藤原京では天智陵と天武陵（持続天皇没後は合葬されて天武持統陵）、大極殿をもって平城遷都詔にいう三山とし、それらが南北に並ぶことが「天鎮」に見立てられて「三山鎮を作し」と表現し、三山のある領域全体を崑崙山と見立てたのではないだろうか。宮都造営の理念の上ではだれのものかわからない陵や山が宮都を守護すると考えるより、天智・天武（没後の持統も加わる）の各天皇霊と、天武天皇から神的権威を受け継いだ現人神としての天皇が藤原京を守護すると考えた方が良いのではないだろうか。また、風水では世界の中心に聳える崑崙山から山脈で繋がり、気が湧出する麓の一点を「穴」、その一帯を「明堂」と呼び、穴や明堂の南には「案山」、その遠方に「朝山」、北には「主山」の山が並ぶのが良いとされる[44]（図5―16）。耳成山南麓を穴、藤原宮や大極殿をまさに明堂の地に見立て、二陵は南の案山、北の主山に見立て、重層的な意味を附したのではあるまいか。

（四）平城京の三山と四神

平城京は大和国と山背国の境をなす一〇〇メートルにも満たない平城山丘陵を背にした大和盆地（大和国）の北端に立地した。しかし、大和国だけでなく、山背《やまうしろ》で陰をなす山背国の山城盆地・山科盆地まで含めた領域で考えると、その中央に遷都し、玄武には天智陵より北にある領域北方の山々を充てたと見た方が、天下の中心をイメージしやすい（図5—2）。聖武天皇が山背国に遷都しても「大養徳恭仁大宮《やまとのくにのおおみや》」と名付けて（天平十三年〔七四一〕十一月戊辰〔二十一日〕条）徳を示そうとしたあたりに、『文選』に学んだであろう天下の中心を選ぶ時の領域に対する認識と都城の立地を考える視点があるように思われる。恭仁京では西流する泉川（木津川）が天の川を象り、京が宇宙を象るということを瀧川政次郎氏が早くから指摘していた(45)。秦の始皇帝の都咸陽では渭水が都を貫いて天漢を象ったこと、隋の煬帝の洛陽でも咸陽にならったことを挙げて、その理由を「聖武天皇が洛陽の景観に似た都を持ちたいと考えたのは、見ぬ洛陽の都に憧憬せられたからではない。帝都は天の縮図であるから、帝京には銀河が天空を貫いているように、都を貫流する河がなければならない、という思想をもつに至られたからである。」とする。単なる唐の真似ではなく、都城は宇宙を象るものという設計思想を理解していたと指摘しているのである。

ヒサカタノ（久堅の・久方の）という枕詞は天・空などと同様に都に掛かる。そのヒサカタノを賀茂真淵は中身が空洞の「瓢型の」と捉えており、新羅の天文台、瞻星台《せんせいだい》の部材の数が一年の日数を象ることは第三章で見た通りであるが、この形もまた瓢型である。帝都は宇宙を象るものであるから天空と同様の枕詞をもつものと考えられているのである(46)。

明代に編まれた風水書『地理人子須知』には「帝都は必ず星垣に合うを論ず」があり、「天にあって帝座（玉座）をそのなかに持つ星座が、地にあっては帝の住まう都となるには、天象と地形とが上と下でたがいに相似しているのが自然の道理であるからだ。」とある(47)。これに掲載された「紫微垣地形図」は「紫微垣天星図」を理想的な地形に見立てたものである（図5—17・18）。北に天智陵、南に天武持統陵を有するこの広大な領域で「紫微垣地形図」にみえる理想的な地形をあてはめてみると、第一節で保留した「平城京の北の山々」は国境（府県境）の平城山丘陵ではなく、京都盆地・山科盆地の北の山々で、四方の山々は紫微垣に見立てられたのかもしれない。

「紫微垣地形図」では山が星に見立てられて、南北に北極五星が連なり、その北で丁字形をなすように四輔四星が並ぶ地形が描かれる（ただ、天上界を地上に写すなら裏返しにしないと重ならず天地が相通じることにならないのであるが、ここでは問わない）。高松塚古墳の星宿図の中央に描かれるのが、この北極五星と四輔四星であった（図2―13）。天武持統陵を含めた藤原宮の南に連なる終末期古墳を山に見立てて、それらを北極五星に見立てられるのか、また、元明・元正・聖武・称徳の各天皇が眠る平城山丘陵を「紫微垣天星図」の四輔に見立てられるかどうかまで判断できる材料は今はない。ただし、藤原京で瀛洲に擬す天武持統陵と方丈に擬す天智陵の二陵の見立てを平城京でも引き継ぎ、移築する予定の大極殿と合わせて「三山鎮を作し」と表現したと考えることは可能と思われる。藤原京では下ッ道を西二坊大路にしており、その下ッ道を平城遷都により京内では拡張して朱雀大路としたため、平城京では中軸線が二坊分西へ動くことになる。しかし、奈良盆地、京都盆地・山科盆地を含む南北に長い範囲では東西で約一キロ程ずれようと問題にしなかったのではなかろうか。むしろ、急がれる遷都の日程の中で、そのずれを問題にしている間はなかったのが実情かもしれない。尤もこうした考えは平城遷都前後の陰陽寮の見立てと考えるものであって、そうだったとしても、その内容が機密だったが故に人口に膾炙されることも伝えられることもなかったと考えておく。

まとめ

本章では、平城遷都詔における四神と三山の陰陽寮による見立ての対象を再考した。確実に言えることはないが、四神には前後の都の状況から四方の山々を河図に合わせて読み解き、「四禽図に叶ひ」としたのであろう。一方、三山についてはその内側にある山や陵を充てる森説・金子説がなお有力である。ただし、天智天皇陵・天武持統陵が藤原宮大極殿院の南北に位置することだけでなく、八咫烏神社も藤原宮の大極殿院の真東に位置することを偶然としない限り、藤原京では藤原宮大極殿とあわせて二陵が三山に見立てられたとみることもあり得るのではないだろうか。都城の設計思想の観点のみから平城遷都を捉えるならば、崑崙山あるいは東海の三神山に準える藤原京の三山（天智陵・大極殿・天武持統陵）の見立てを引き継ぎ、大和国と山背国（後の山城国）の中央、すなわち大和盆地と山城・山科盆地の中央へ遷都した。四方の山々を四神としたと同時に、その広大な領域を紫微垣地形図のような紫微宮に見立てたのかもしれない。それにより天と地が相関することとなり、藤原京・平城京・恭仁京という都城を含む広大な範囲は三山の中にあって、東京賦でみたように「和を思ひ中を求」めて遷都しても、理念上は陰陽の調和する都となることになる。

古代の文脈から一つの見方を示したつもりであるが、附会と言われればその通りかもしれない。後漢以来、風水的世界観は荒唐無稽とする批判もあったように、風水そのものがそのような性格を有したからである。見立てという不可知の問題、試論に拘泥するつもりはない。叱正を俟ちたいと思う。

【参考文献および註】

（1）村山修一　一九八一『日本陰陽道史総説』塙書房　四二頁
（2）来村多加史　二〇〇四『風水と天皇陵』講談社現代新書　一六七—一七〇頁
（3）鈴木一馨　二〇〇二『陰陽道　呪術と鬼神の世界』講談社選書メチエ　一五〇—一五一頁
（4）王永融・本多昭一　一九九五「日本古代宮都の敷地選定と中軸線計画について—風水思想からみた古代宮都計画の研究—」日本建築学会計画系論文集第四七四号　一四三—一五〇頁
（5）中村璋八　一九八五『日本陰陽道書の研究』汲古書院　二三七頁
（6）外村直彦　一九七三「「藤原宮の御井の歌」を考える—万葉長歌の構造分析」『人文論集』静岡大学人文学部人文学研究報告二十四　七五—九四頁
（7）石川千恵子　二〇一〇『律令制国家と古代宮都の形成』勉誠出版　一七—三六頁（初出二〇〇五「「藤原宮御井歌」考」『『親信卿記』の研究』思文閣出版　五一一—五二七頁
（8）中島千秋　二〇〇〇『文選（賦篇）上』新釈漢文大系　明治書院　二五—三九頁
（9）高田真治・後藤基巳訳　二〇〇四『易経』（下）岩波書店　二四三—二四六頁
（10）金子裕之　二〇〇五「古代都城と道教思想—張寅成教授「百済大香炉の道教文化的背景」と藤原・平城京—」『古文化談叢』第五三

集　古代文化研究会　一三三―一四〇頁、金子裕之　一九九七『平城京の精神生活』角川選書　一八頁

(11)　白川静　二〇〇五『字通』平凡社　一一二七頁

(12)　森浩一　一九八八「前方後円墳と平城京の三山」『橿原考古学研究所論集』第九奈良県立橿原考古学研究所　五一三―五二三頁

(13)　金子裕之　一九九七『平城京の精神生活』角川書店　一六―二四頁

(14)　小野健吉　一九九八「平城京左京一条三坊十五・十六坪庭園遺構」『発掘庭園資料』奈良国立文化財研究所　三一―三三頁

(15)　前掲書(13)二〇―二一頁

(16)　中島千秋　二〇〇〇『文選(賦篇)上』新釈漢文大系　明治書院　四四―四五頁

(17)　今井晃樹　二〇〇六「唐大明宮太液池の調査と共同研究」『奈良文化財研究所紀要』二〇〇六　奈良文化財研究所　一二―一三頁。関連報告の掲載は紀要二〇〇三―二〇〇六

(18)　何歳利　二〇〇三「大明宮太液池の予備調査と発掘調査研究」『東アジアの古代都城』研究論集XIV奈良文化財研究所　九五―一〇八頁

(19)　張寅成、土田純子訳　二〇〇五「百済金銅大香炉の道教文化的背景」『古文化談叢』第五十三集　九州古文化研究会　一一九―一三二頁。金子裕之「古代都城と道教思想―張寅成教授『百済大香炉の道教文化的背景』と藤原・平城京―」『古文化談叢』第五十三集　九州古文化研究会　一三三―一四〇頁。このことに関連して金子論文が書かれた経緯など、上野誠氏が大和三山を詳しく述べる中で言及している(上野誠　二〇〇八『大和三山の古代』講談社)。

(20)　小澤毅　二〇〇三『日本古代宮都構造の研究』青木書店　二二〇―二二一頁

(21)　小島毅　二〇〇四『東アジアの儒教と礼』山川出版社　四九頁

(22)　金子修一　二〇〇一『古代中国と皇帝祭祀』汲古書院　八四頁。なお、こうした考えに関しては否定的考えもあり、いずれも中国知識による文飾とみる。林睦郎　一九八一「桓武天皇の政治思想」『平安時代の歴史と文学』吉川弘文館　三七頁

(23)　福永光司　一九八七『道教と古代日本』人文書院

(24)　千田稔　二〇〇五『伊勢神宮―東アジアのアマテラス』中公新書　六八―八二頁

(25)　高橋忠彦　二〇〇〇『文選(賦篇)中』新釈漢文大系　明治書院　九―一〇頁

(26)　荒川紘　二〇〇一『日本人の宇宙観―飛鳥から現代まで』紀伊国屋書店　四三―五二頁

(27)　岸俊男　一九六九「京域の想定と藤原京条坊制」『藤原宮』奈良県教育委員会

(28)　猪熊兼勝　二〇〇一「朱雀とともに眠る古墳の被葬者像」『明日香風』第八〇号　飛鳥保存財団　二一―二五頁

(29)　藤堂かほる　一九九八「天智陵の営造と律令国家の先帝意識」『日本歴史』第六〇二号　吉川弘文館

(30)　小澤毅・入倉徳裕　二〇〇九「藤原京中軸線と古墳の占地」『明日香風』第一一一号　飛鳥保存財団　二九―三四頁

(31)　大和盆地を平行して南北に通る三本の官道があり、東が上ッ道、その西に中ッ道、さらに西が下ッ道である。

(32)　矢戸学　二〇〇六『陰陽寮とは何か』PHP新書　三七頁

（33）福永光司・千田稔・高橋徹　二〇〇三『日本の道教遺跡を歩く』朝日選書七三七　朝日新聞社　五八―六八頁
（34）福永光司　一九九三『道教と古代日本』人文書院　三七頁、『飛鳥藤原京展図録』二〇〇二　朝日新聞社　一一八頁
（35）岡林孝作　二〇一〇「山陵制度の確立―昭陵―」『大唐皇帝陵』奈良県立橿原考古学研究所附属博物館特別展図録　第七三冊　奈良県立橿原考古学研究所附属博物館　八―九頁
（36）内田泉之助　二〇〇八『玉台新詠』新釈漢文大系　明治書院　三四一頁
（37）妹尾達彦氏によると、唐長安城では太極宮の北東、後苑の射殿の跡で貞観八年（六三四）太宗が父高祖のために宮殿を建築し始め、永安宮と名付けた。建設途中の翌年（六三五）正月に大明宮と改名したが、高祖の死去によって建設は中断した。その後龍朔二年（六六二）になって高宗は大規模に造営し、翌年大明宮を居を移して蓬莱宮に改称、聴政をはじめた。咸亨元年（六七〇）には含元宮と改称したが、長安元年（七〇一）に大明宮に戻した。妹尾達彦　二〇〇一『長安の都市計画』講談社選書メチエ　一七九―一八〇頁
（38）前掲書（13）二四―二五頁
（39）愛宕元　一九九四『唐両京城坊攷　長安と洛陽』平凡社　五〇―五六頁
（40）高橋忠彦　二〇〇一『文選（賦篇）下』新釈漢文大系　明治書院　三一―三五頁
（41）次田真幸　二〇〇四『古事記』（上）講談社　三一頁
（42）千田稔　一九九六「都城選地の景観を観る」『都城の生態』日本の古代九　中央公論社　一三三―一六九頁
（43）小南一郎　一九九一『西王母と七夕伝承』平凡社　一四三―一八六頁
（44）三浦國雄　二〇〇六『風水講義』文春新書四八八　文芸春秋社　一五二―一七九頁
（45）瀧川政次郎　一九六五『京制並びに都城制の研究』法制史論叢第二冊　角川書店　三〇五―三五一頁
（46）吉野裕子　一九九九『易・五行と源氏の世界』人文書院　二二五―二二六頁
（47）前掲書（43）一五二―一七九頁

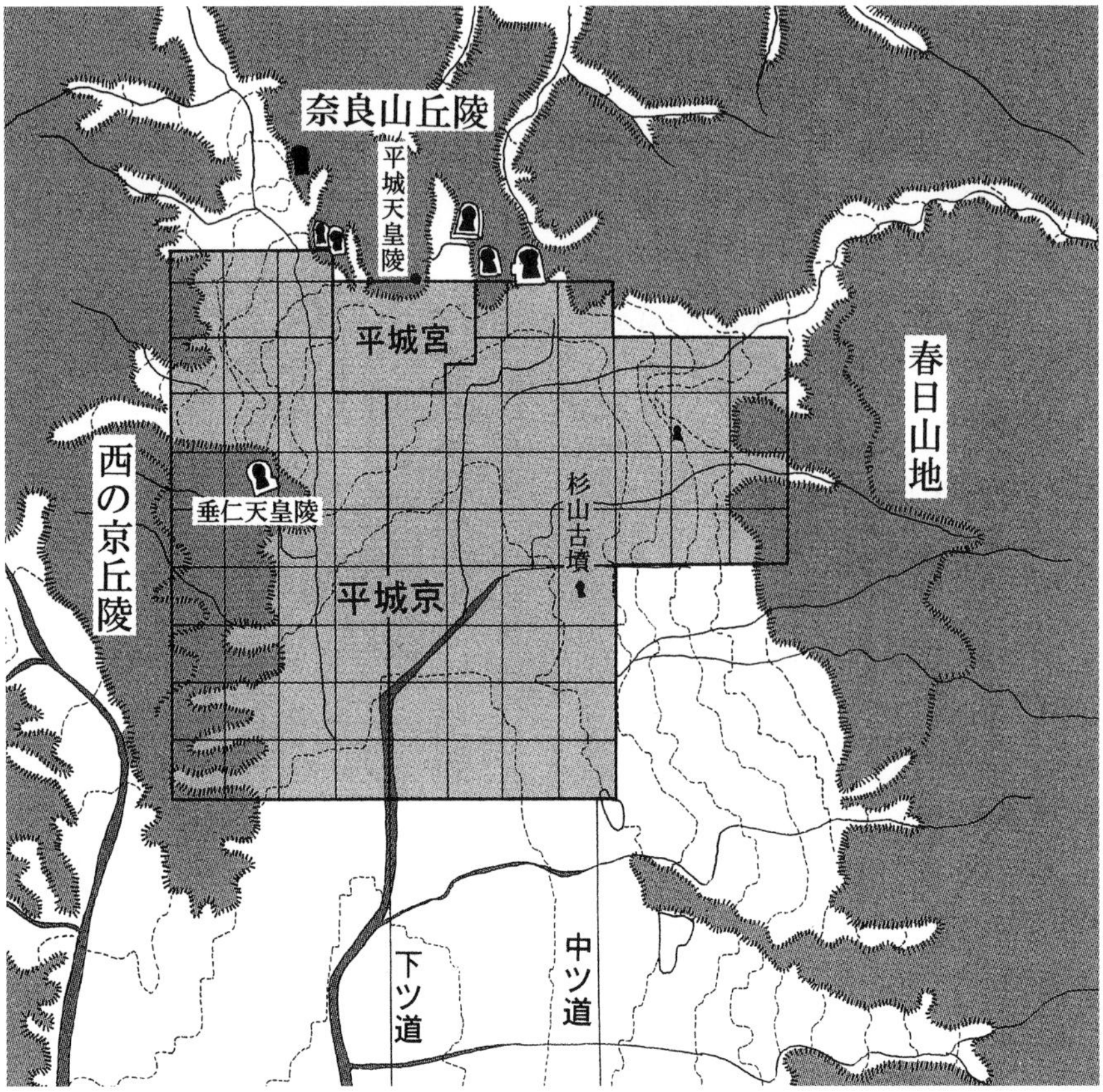

図５－１　平城京の立地

井上和人　2010「条坊」『平城京事典』柊風社　38頁「奈良盆地北部の地形と平城京」図の一部

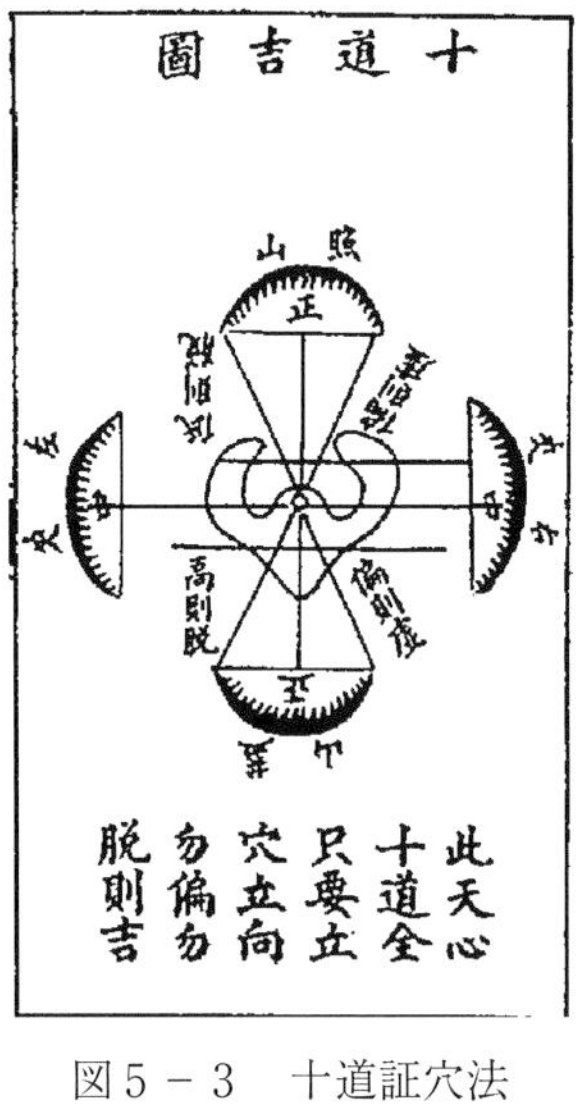

図５－３　十道証穴法

三浦國雄　2006『風水講義』

文春新書488　文芸春秋　158頁

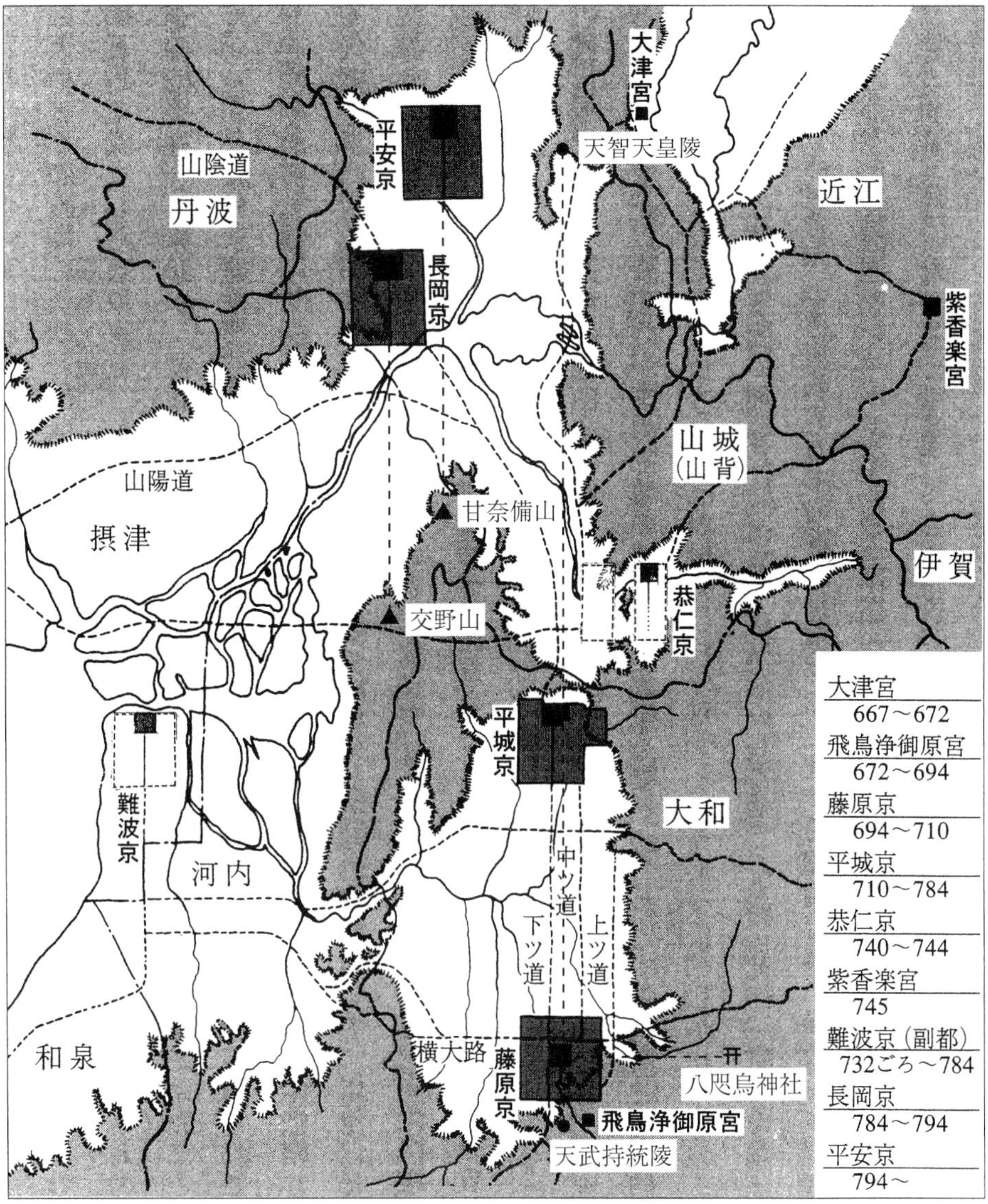

図5－2　各都城の立地とその四方

井上和人「条坊」『平城京事典』柊風社　37頁「都城位置変遷図」に加筆

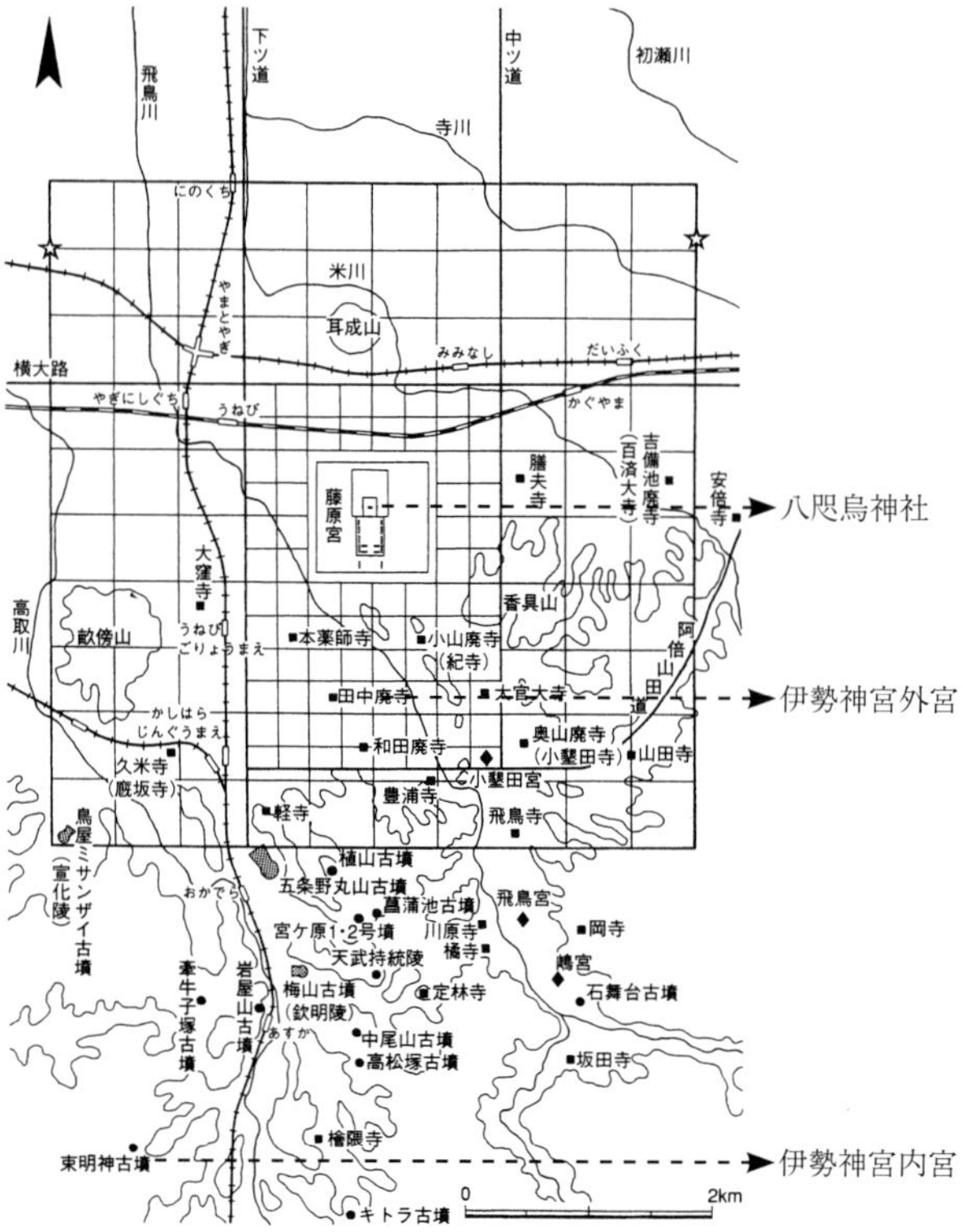

図５－４　藤原京と大和三山，藤原京の東

小澤毅　2003『日本古代宮都構造の研究』青木書店　243頁に加筆

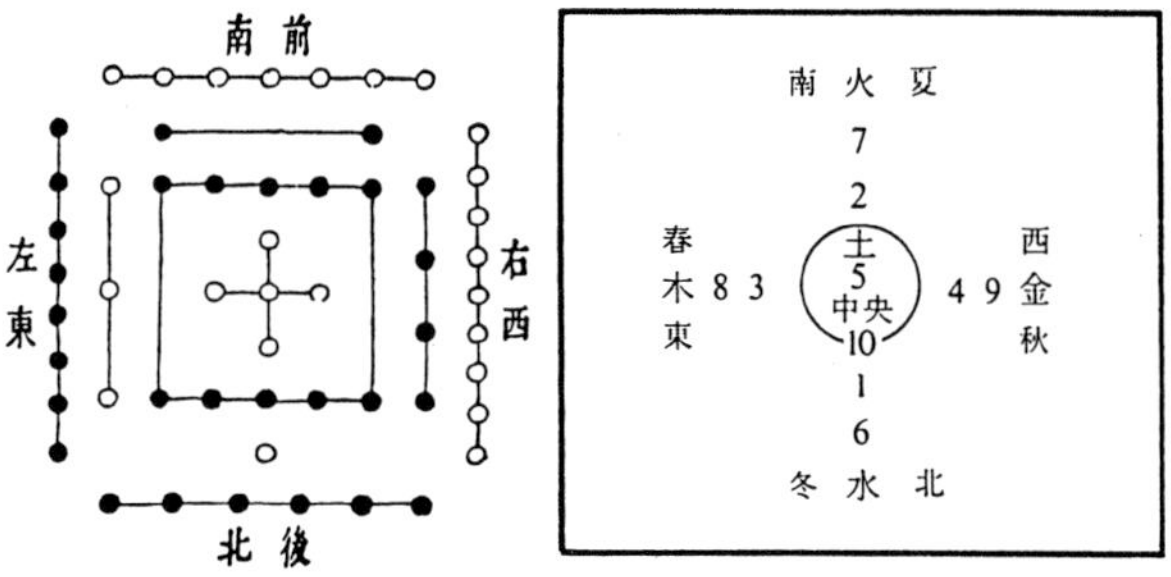

図５－５　河　　図

橋本敬造　1999『中国占星術の世界』東方書店　155頁

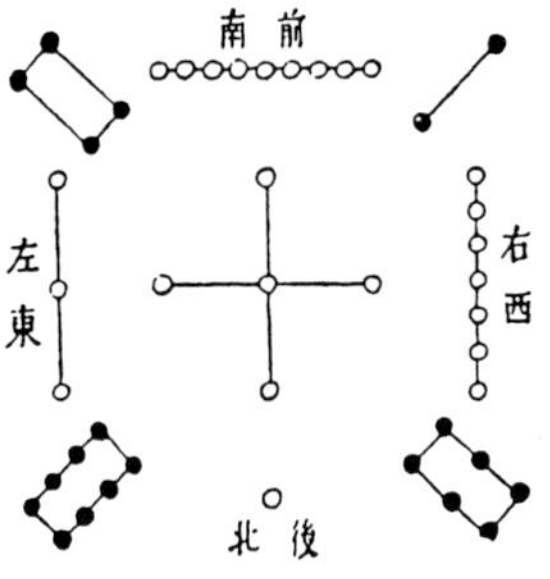

4	9	2
3	5	7
8	1	6

図５－６　洛　　書

橋本敬造　1999『中国占星術の世界』東方書店　155頁

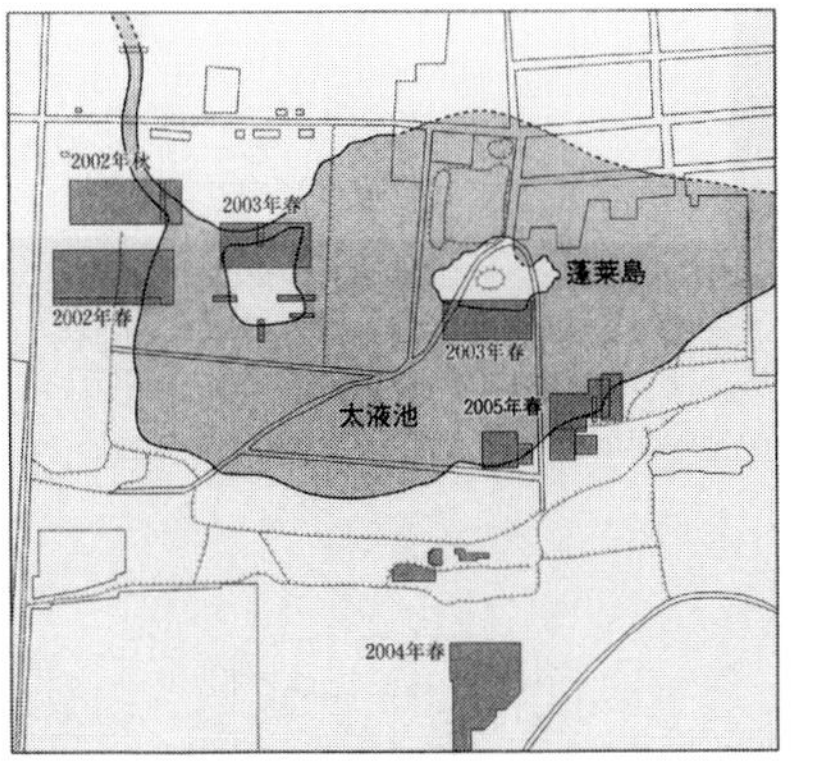

図５－７　唐長安城大明宮太液池発掘調査位置図

今井晃樹　2006「唐大明宮太液池の調査と共同研究」『奈良文化財研究所紀要』奈良文化財研究所　12頁

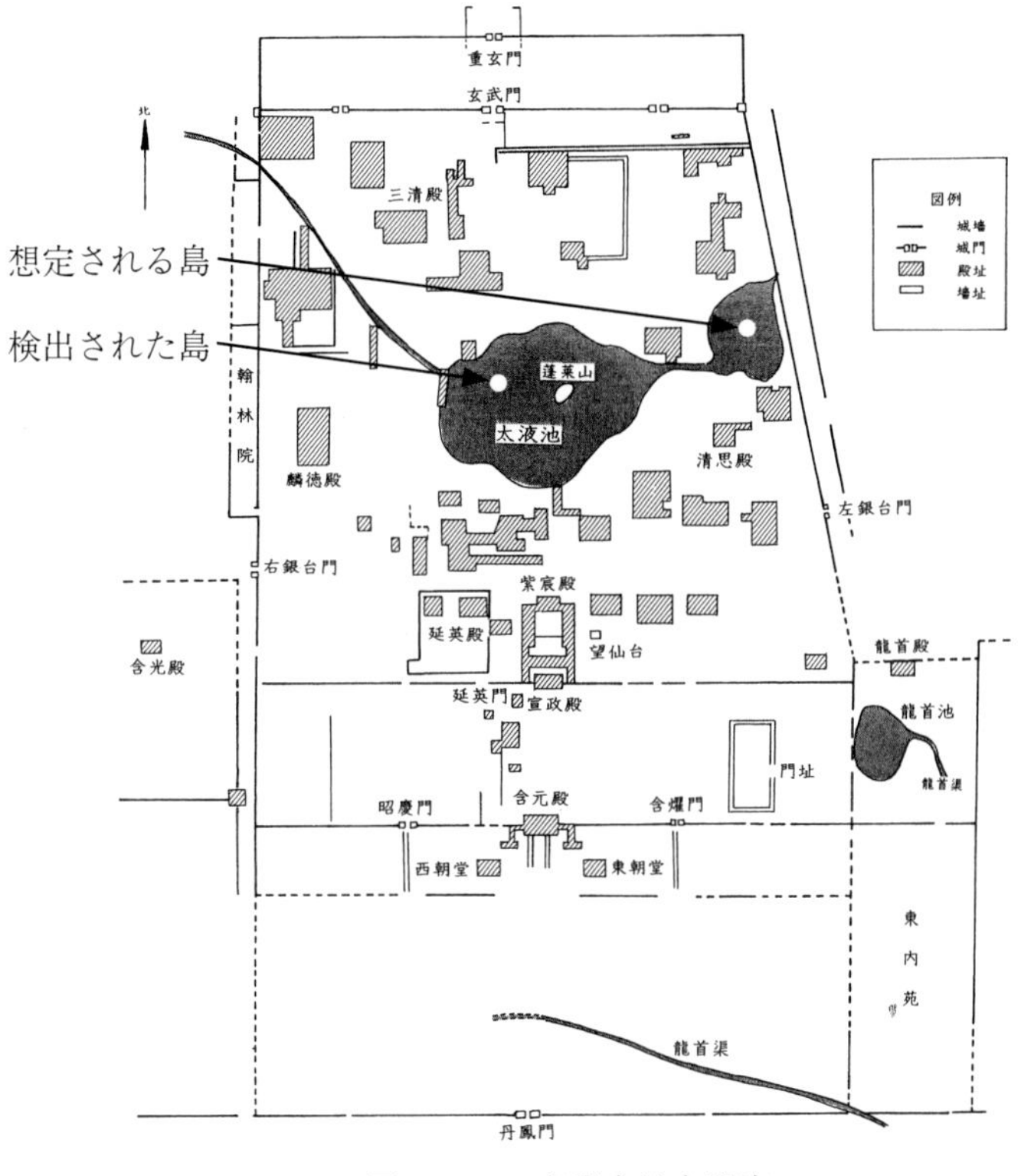

図５－８　唐長安城大明宮

何歳利　2003「大明宮太液池の予備調査と発掘調査研究」『東アジアの古代都城』研究論集 XVI　奈良文化財研究所　98頁

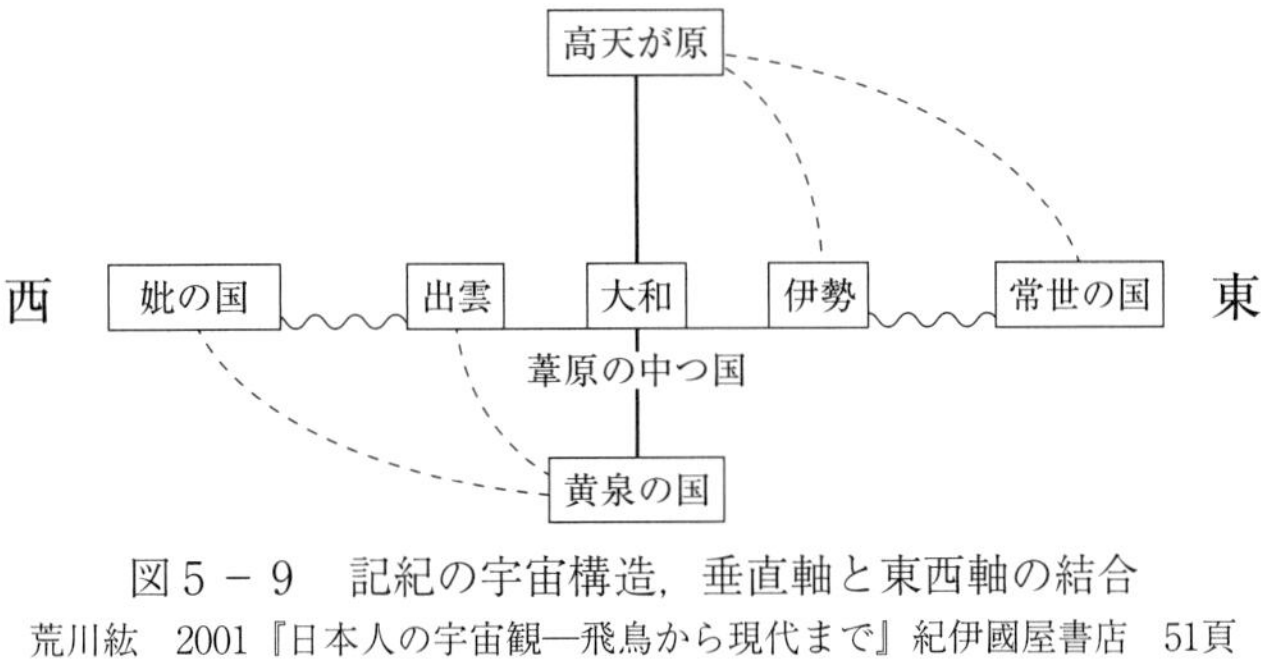

図５－９　記紀の宇宙構造，垂直軸と東西軸の結合

荒川紘　2001『日本人の宇宙観―飛鳥から現代まで』紀伊國屋書店　51頁

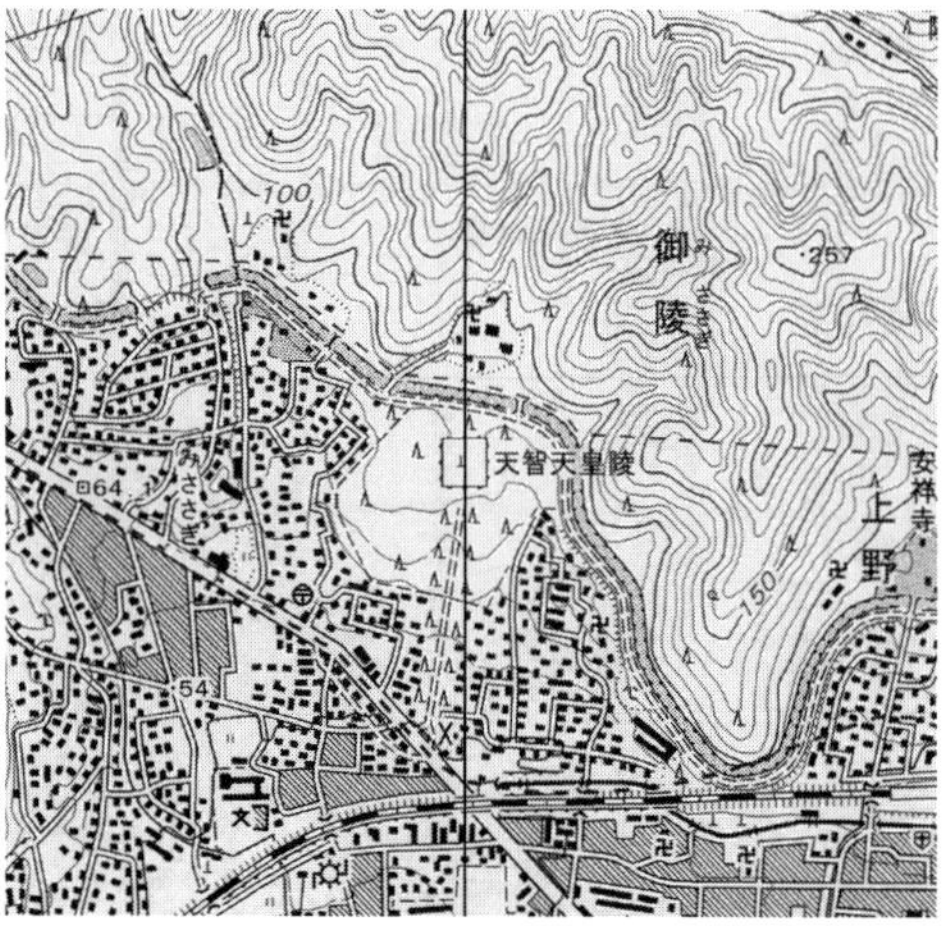

図５－12　天智天皇陵

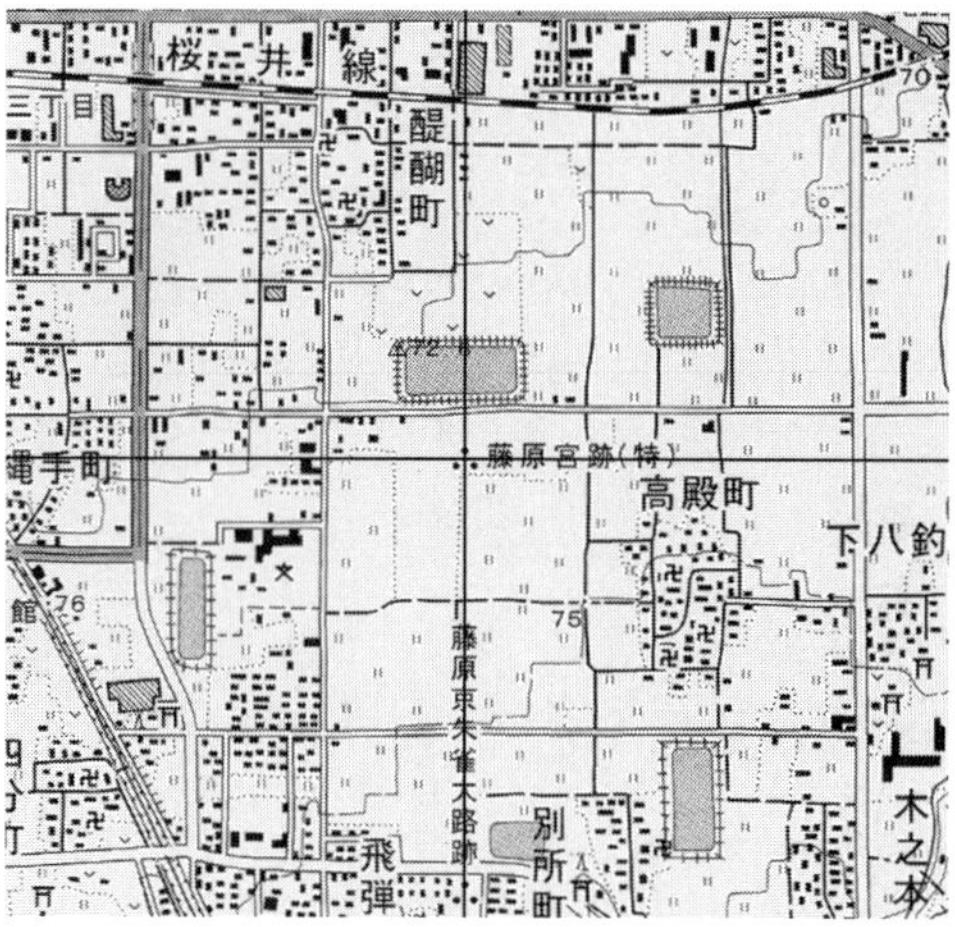

図５－10　藤原宮大極殿

図５－13　天武持統陵

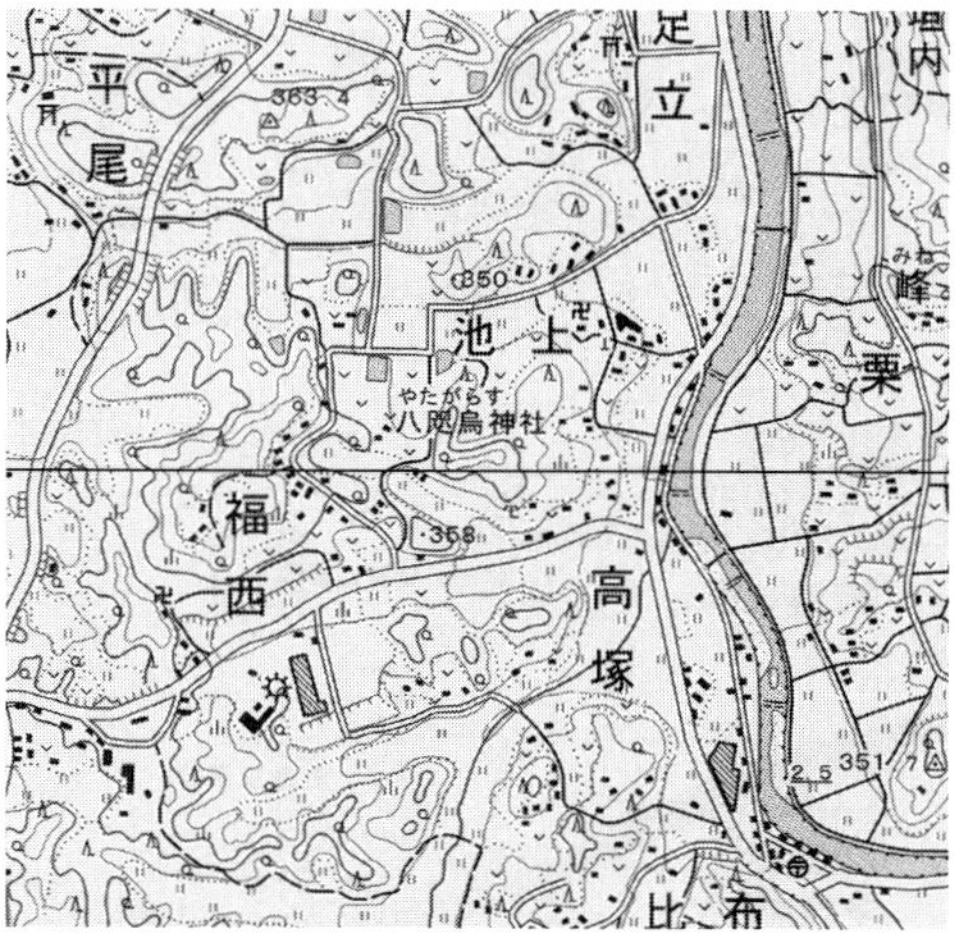

図５－11　八咫烏神社

国土地理院　2.5分の１地形図より部分

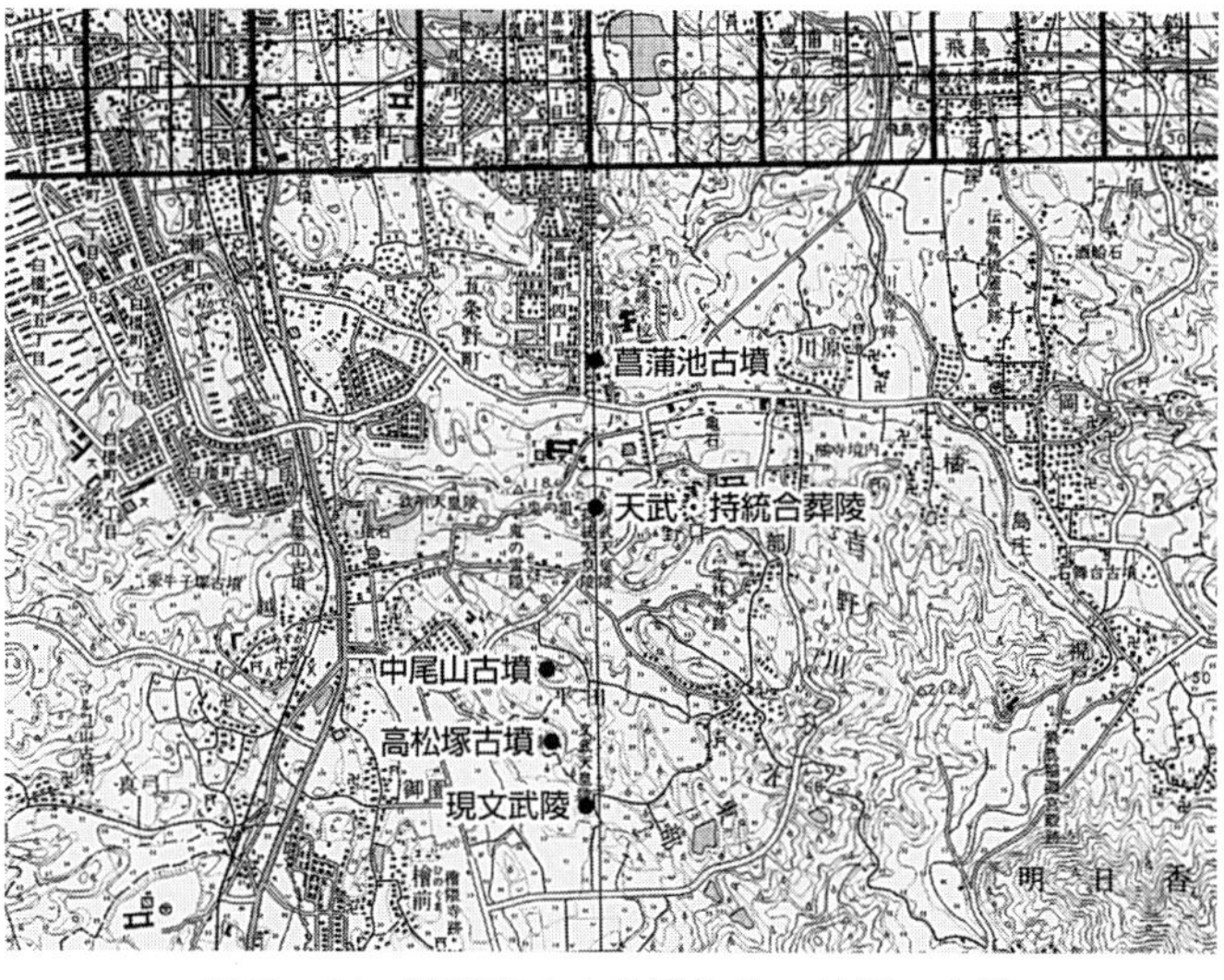

図５－14　藤原京の中軸線とその付近の古墳

小澤毅・入倉徳裕　2009『明日香風』第111号　30頁の図の一部

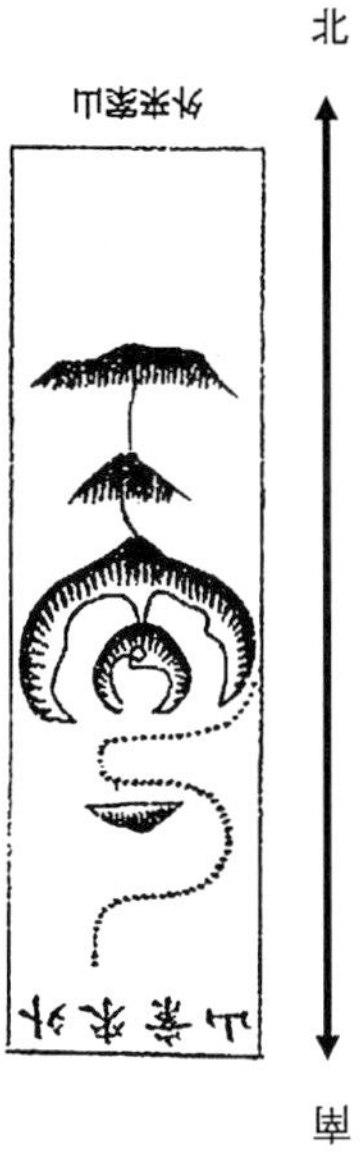

図５－16　南方の外来案山と北方の本身案山
三浦國雄　2006『風水講義』
文春新書488　文芸春秋　125, 179頁

図５－15　高宗（第三代）の乾陵

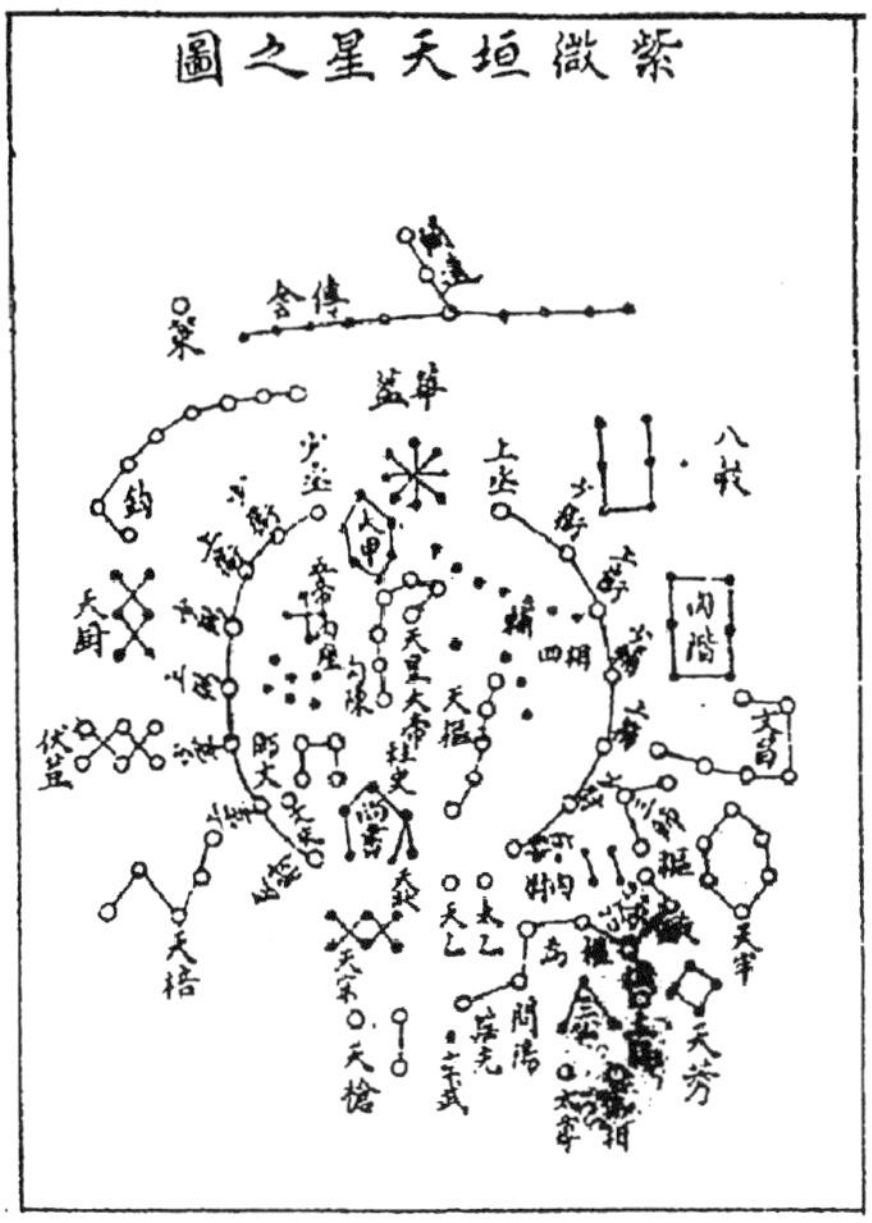

図５－18　紫微垣天星図

図５－17　紫微垣地形図

三浦國雄　2006『風水講義』文春新書488　文芸春秋　87, 89頁

第六章　平城宮第一次大極殿院の設計思想

はじめに

中国の都城や宮殿の造営では、六朝時代までは律暦・術数的イデオロギーに基づく天空の秩序の再現がなされたが、隋統一後には『周礼』など経書に基づく都城・宮殿の規格・規範の表現へと変化する。それでも前者の設計思想がなくなってしまう訳ではなく、現存する宮殿へも引き継がれていることは第三章で確認した。古代日本では七世紀から本格的な宮都の造営がはじまるが、八世紀の宮都造営では同時代の唐の最新の設計思想だけではなく、それ以前から将来していた『文選』などの文献や経書、さらには緯書を通して前者の設計思想も受容されていたため、平城宮第一次大極殿院の設計思想には両方の要素が併存していたと思われる。そのため施設配置等の空間計画や設備等の意匠における含意を読み解くには両側面からの分析が必要である。

大極殿院は天皇と臣下が儀礼により、その君臣関係を再確認するところであるため、天下支配の正当性を誇示し、国家の勢威・権力が示されたはずである。そこでは天道に則って具象的に宇宙を象り、術数を駆使して月令図式の宇宙論に基づいた空間が計画されると同時に、経書による儒教的解釈でも礼制に適う空間が計画されたであろう。大極殿院の空間や意匠が意図したのは何であろうか。この章では、その解釈を記す。

一　宇宙を象る宮殿——平城宮第一次大極殿院——

1　塼積擁壁の設計方法の解釈

（一）同心三円と一偏心円の解釈

『呂氏春秋』季春紀の圜道にみる通り、「天円地方」という宇宙観は「天道は圜に、地道は方なり」という原理を有した。塼積擁壁の設計方法の二つの案は同心円を用いているが、円弧の原理を用いて設計をしている宮殿は、平城宮の第一次大極殿院だけではない。第一次大極殿院と併存する時期の、平城宮内裏のⅠ・Ⅱ期の遺構で、そのⅡ期の建物配置の計画においては1対$\sqrt{2}$の比率に基づく距離関係を基調としていると指摘され、建物などの配置計画において円弧を描く、すなわち天道に基づく設計原理を確認することができる[1]（図6—1）。

等差の同心三円に一偏心円が交差する設計案Bの構造（図1—21）は、七世紀終わりから八世紀初めに造られたと考えられているキトラ古墳の石室天井に描かれた天文図（図1—39）を連想させた。この天文図は、天の北極を中心に内規（周極星の範囲）・天の赤道・外規（観測地点における南天の限界）が同心三円として、黄道が天の赤道と同規模の偏心円としてそれぞれ描かれ、金箔の丸点で星が、それらを朱線で結んで星座が表わされたものである。大極殿の「大極」とは易の思想でいう「太極」のことで、万物宇宙の根元である。その太極は、天文占星思想では天帝（太一）の住む天の北極付近の星座である。唐長安城太極宮などの正殿は太極殿であったが、日本では〝太〟と〝大〟が通用されて[2]、同時代の藤原宮、平城宮等へと影響を及ぼして大極殿となる。

『文選』は中国でも後世の文学に及ぼした影響も大きいが、日本へも早くに伝来し、推古天皇十二年（六〇四）の十七条憲法に影響しているとされ、『万葉集』や『日本書紀』をはじめとする我が国の文学に多大の影響を及ぼした。平城宮跡や秋田城跡出土木簡によって、遅くとも奈良時代半ばには下級官人が本書を利用し、教養を培っていたことが知られる。その『文選』が宮殿に関する事実をどこまで正確に伝えているか、文学的強調を差し引いて考える必要はあるが、そこには〝宮殿は宇宙を象る〟という設計思想が実際に記されていたのである。

　飛鳥板蓋宮は皇極天皇が皇極天皇二年（六四三）四月に遷り、二年後の乙巳の変の舞台ともなって『日本書紀』に「大極殿」と初めて記される宮で、後に重祚した斉明天皇の時代、白雉五年（六五五）に火災で焼失している。「いたぶきのみや」と読み、宮の建物が板葺きであったことに由来すると言われる。大極殿の成立は天武朝の頃で、それより前の板蓋宮の大極殿の記事は文飾とする意見が多いようである。『晋書』天文志では「大帝上九星曰華蓋、所以覆蔽大帝之坐也。蓋下九星曰杠、蓋之柄也」[3]とあり、紫微宮の左垣と右垣の間に位置する星座を華蓋として説明している。また、天の北極を中心とした天文図を蓋図とも呼び[4]、同書などでは蓋図の項目を立てて説明している。宮名に「蓋」の字を当てるのは、天文を意識したのかもしれない。すると、天文に由来する大極殿の名称があっても不思議なことではない。

　飛鳥板蓋宮と同じ時期の白雉元年（六五〇）二月戊寅（九日）、難波小郡宮で祥瑞の白雉が献上され、甲申（十五日）の記事には百官が紫門の外に並んだとある。紫門は言うまでもなく紫微宮の門であるが、これも文飾とするのが適当なのだろうか。

　降って、元慶三年（八七九）に再建された平安宮第二次大極殿については、善相公の三善清行が次の「元慶三年孟冬八日大極殿成命宴詩」（『本朝文粋』巻九所収）[5]を残している。

　元慶の初め、天子右丞相に勅して大極前殿を修復せしむ。明堂を備える也。丞相、宇峻く望高く、梁崇く材大なり。即ち伊周の宏図を運らし、更に班爾の妙匠に命ず。是に於いて、百工経始し、庶民子来す。堂室輪奐の美、観闕壮麗の奇、意亟なること勿しと雖も、日ならずして之を成す。三年十月八日、乃ち杯觴を置き、筆札を頒たしむ。群公尽く来たり、肆夏間奏す。顧みて詞人に命じて云わく、「昔者、王延寿藻を霊光に動かし、韋仲将毫を景福に含む。今日の壮観、試みに新章を綴らん。」此の清命を承りて、彼の重軒に臨む。体は紫極を象り、製は玄都を踰ゆ。飛甍は雲を排し、璧瑠はこれ夜月と相映る。斜戸漢を啓し、金紅はこれ暁星と双び点る。それ形を殊にし製を詭う、外に照らし内に融け、之を視るに眩転し、具に諭ずべからず。清行幸いに登聞の遊に預かるも、遂に研京の興に乏し。詞は歌詩に属し、空しく騏驎の賦に慙じる。慶び手足に余り、請う燕雀の賀に比せんことを。謹みて序す。

「体は紫極を象り」とあるように紫極は当然、天の北極付近の紫微宮に因む名称であり、平安宮の大極殿は天の北極付近の星座を象ることが文献により確認できるのである。

高御座心（Tすなわち、中軸線上で南門から七〇〇大尺北の点⑦）と約八尺南へずれる大極殿心（DC）の関係は、天の北極とこれと約一度ずれる当時の北極星（隋書にいう北極大星）の関係と同様であり、忠実に宇宙を象ったものと思われる。塼積擁壁の平面形の設計・施工に用いた等差の同心三円（四〇尺×六、七、八）は内規・赤道・外規に、偏心円（四〇尺×九）は黄道にそれぞれ対応するであろう。平城宮第一次大極殿院の塼積擁壁の平面プランは高御座を中心にした同心三円と、その北側に中心を持つ偏心円の交点を使い設計施工されていることをみたが、〝宮殿は宇宙を象る〟ものであるため、設計案Bを用いて物的な宇宙の構造を具象的に象ったものである可能性が高い。設計案Aでは説明がつかないのである。

ところで『晋書』志第一の天文中(6)に「天子気、内赤外黄、四方所発之處當有王者」とあることから、筆者は以前、同心三円と偏心円として内規・赤道・外規と黄道を天子の庭に描くことは天子の証と解せるのではないかと解釈したことがあった(7)。しかし、この部分は雲気などの気の特徴を述べた項であるため、「内赤外黄」を天子の気の視覚的特徴として、内に赤く外に黄色の炎のようなものと捉えるべきであったので訂正しておきたい。

(二) 塼積擁壁の設計に用いた円の中心と高御座の位置について

同心三円の中心、すなわち宇宙の中心にあるのが、〝天日嗣《あまつひつぎ》〟の高御座である。何故、日神（太陽）の後裔であるはずの天皇の玉座、高御座が宇宙の中心に置かれるのだろうか。キトラ古墳の天文図や設計案Bにおける黄道たる偏心円が同心三円の中心たる天の北極に重なることはなく、当然ながら太陽は一年を通しても宇宙の中心、すなわち、天の北極を通ることもない。高御座の位置が宇宙の構造、天道に整合しなくなるのである。

おそらくそれは、『晋書』志第一の天文上に[8]「北極五星、鉤陳六星、皆在紫宮中。北極、北辰最尊者也、其紐星、天之樞也。（中略）第一星主月、太子也。第二星主日、帝王也、亦太乙之坐、謂最赤明者也」とあり、北極五星の第二星すなわち太一の坐である当時の北極星が日を司ることと関連する。設計手法案Bの手順2で北極星に当たる大極殿心の北一二〇尺に黄道たる偏心円の中心を置くことは、大極殿の位置が太陽の軌道の中心位置を決定し、北極星が日を司ることを示すのである。煩雑な設計手法の手順の中に宇宙の構造と星座の役割が反映していると考えられるのである。平城遷都の頃の北極星は『隋書』では北極大星と呼ばれ、離極度は約一度であった。このため、地上に写した宇宙の中心に高御座が置かれ、いわゆる北極星を象る大極殿は天の北極との位置関係も正確に再現するため、中心をずらすと考えられるのである。以上は、宮殿の造営が天文秩序を地上に再現するという術数的イデオロギーに基づく解釈であるが、経書的解釈も可能である。

『礼記』郊特牲第十一において社に関する記載であるが、「君、北墉の下に南郷するは、陰に答ふるの義なり（君主が社の祭りにおいて社殿の北壁の下に南を向いて立つのは、陰の気に対する礼法である）」とある[9]。実際、唐長安城太極殿に置かれた御座は北壁の下であった。君主が南面して政治を行う時は建物の北寄りに坐すのであり、大極殿でも礼制に適うものであったのである。

（三）三点の解釈

塼積擁壁の平面形の設計・施工には大極殿心と高御座心、後殿前の点の三点を中心にした円弧が用いられていた。その設計方法では定規や紐を使ったコンパス（ぶんまわし）を用い、塼積擁壁正面部分を中軸線に対して直角につくり、四十尺を基準とし、その整数倍で同心三円と偏心円を複雑に関連づけるという規則性も備えた。煩雑な設計方法は方格規矩鏡の割付方法でも立木修氏が指摘しており、方格規矩鏡自体が天円地方の思想を示し、「定規とコンパスを使用し、幾何学的方法を駆使したこれらの割付方法で、方格規矩鏡の鏡背という小宇宙を構築・構成したもの」と結論付けた[10]。

漢代の画像石等にみえる古代中国の伝説上の伏羲は人面蛇身で、八卦をつくったとされ、曲尺をもつ。女媧も人首蛇身で、天を支える柱、天柱が欠けたとき五色の石で補ったといい、コンパスをもつ（図6―2）。文武天皇は慶雲三年（七〇六）十一月癸卯（三日）条の新羅国王への詔勅の中で自身のことを、女媧のように石を練って天を支える才能もないと謙遜して述べている。コンパスは円（天）の原理を有するため男神伏羲の持ち物、曲尺は方（地）の原理を有するため女神女媧の持ち物とされ、画像石には互いの持ち物を交換し、下半身が巻き付いて一体となって描かれている。吉野裕子氏が[11]「陰陽の逆転・交替こそ宇宙永遠の輪廻と、永生を保証する所以、とするのが天文学にもとづく中国古代哲学であり、その宇宙観である。」と指摘するように、こうした姿は正しく陰陽の交替・交合・循環を表し、秩序立った宇宙の運動と繁栄の原動力を示すと思われる。

中国古代の伝説上の帝王には、伏羲・女媧の他に神農もいる。神農は人身牛首で耕作を教え、薬を作り、八卦を重ね六十四卦をつくったという。現在も医薬と農業を司る神として信仰がある。この三人の帝王を三皇と呼び、『史記』始皇本紀では天皇《てんこう》・地皇・泰皇と呼んだ。大極（太極）殿心に泰皇（太皇）、「天皇《てんのう》」の座としての高御座心に天皇《てんこう》、後殿前の点に地皇を配して三点を三皇に見立て、大極殿院の南の中央区朝堂院で見立てた五帝（これについては後述する）とあわせて三皇五帝とするのではないだろうか。『続日本紀』天平宝字二年（七五八）八月庚子朔（一日）条の詔には「三五を軼《す》ぎて英を飛ばし」とある。三五は三皇五帝のことでこれをこえて英名を広めることの意。さらに、この三皇には『古事記』でいうところの、万物創造のはじめとなった天御中主神・高御産巣日神・神産巣日神の三神が対応すると思われる。[12]三点に三皇・三神を見立て、複雑かつ秩序だって関連づけられた設計方法でそれらをも統べるのが天皇だという設計意図を考えるのは行き過ぎだろうか。

2　大極殿の前庭

（一）偏心円上の井戸について

『学報XⅠ』によると、大極殿前庭の東寄りに井戸跡SE七一四五が位置する（図1―40）。その規模は東西三・五メートル、南北三・一メートルの隅丸方形の掘形で、深さは二・五メートル。井戸枠は完全に抜き取られており、版築で丁寧に埋め戻されていた。[13]奈良時代後半の西宮への改造に伴う仕事であろう。その中心は、Ⅱ″から三六〇・八尺で黄道に見立てた偏心円上に位置することから、黄道二十八宿の星座の一つ「東井」を思わせる。ここでは宮殿に穿たれた井戸の意味を中心に述べたい。

古代中国では聖なる水である天水を得るには二つの方法があった。『文選』西都賦によると、漢の武帝は長安城の西に建章宮を造営し、仙山を浮かべた太液池を造って、中央の蓬莱山に一対の銅柱を立てさせた。これは仙人が掌を広げて甘露を受けるような形にした承露盤であった[(14)]。七夕に芋の葉を使って夜露をとるようなものである。これが一つの方法で、もう一つが井戸を穿つ方法である。『礼記』月令で仲冬の月、天子は四海や大川とともに井泉を祀ったことが知られるように、井戸は神聖なものであって、地上の井戸には天と通じるものがあった。七夕の夜更けに古井戸で牽牛・織女の声を聞くことができるという伝説が中国や日本にあることも[(15)]井戸が天と通じる存在であったことを示している。また、前漢の末、王莽が平帝を毒殺し、摂政についたとき、「安漢公莽、皇帝と為れ」と朱書された上円下方の白い石が見つかったのが、底をさらった井戸からであった[(16)]。

小南一郎氏[(17)]によると、漢代に編まれた『河図括地象』には「河の精がのぼりて天漢と為る」とあり、地上の黄河と天上の天の河は対応していた。このため流末の海は逆に天の川の源とも考える場合もあったようで、詩人としても名高い、三国志の英雄曹操は『歩出夏門行[(18)]』で「空に輝く天の川も　この海に源を発せしか」と歌った。魏晋南北朝の頃にできた道教教典『元始無量度人上品妙経』には「東井は天河の源なり」とある。晋の道士、葛洪の号が書名となった道教教典『抱朴子』（建武元年〔三一三〕完成）の佚文では天の河は北極から分かれ、一方は南中を過ぎ、他方は東井を経て、いずれも地平線から下は地中を流れて見えない南極で結合、環状をなすと考えられていたという。これらを考え合わせると、地上の水の源は天の河、とりわけ東井と考えられていたのである（なお、後述するように、その東井を象るのが古代中国の宮殿内では天井の藻井であった）。

このため大極殿院の庭では黄道に擬える偏心円上に東井を象る〝東〟の井戸SE七一四五を設け、この井戸のみが左右対称に造営されている大極殿院の中で唯一対称を破るのかもしれない。西の対称位置では電気探査など今後の調査に期待したい。

平城宮の内裏では東面築地回廊の中程で回廊に接して井戸が設けられている。井戸は屋形を伴い、周辺には石敷きが施され、井戸枠は直径約一・七メートルの杉の大木を刳り抜いたものであった。『万葉集』巻一、五十二番歌「藤原宮の御井の歌」に歌われた、清らかな藤原宮の御井を引き継ぎ、「天つ水」を汲むのだろう。平安時代に採録された『中臣寿詞』にある「天つ水」は天皇の食膳に献上する聖なる水のことであり、高天原の皇祖神の呪言によって祝福された地中の聖泉の水のことであった(19)。吉野裕子氏は『中臣寿詞』の重要な内容が「天つ水」の採取方法であると指摘し、持統天皇が生涯三三回も離宮のある吉野へ赴いている、その目的は「天と地の水の融合が、天皇命の扶翼の源ということに在って、そのための天の水採取なのであった。天地陰陽合一こそ、あらゆる思念の根本にあるからである。」とする(20)。

なお、後世の例ではあるが井戸を掘って湧水することの意味をみてみると、平安時代中期の公卿、藤原実資《さねすけ》の日記『小右記』長和二年(一〇一三)二月十二日条に邸宅小野宮第で泉が湧いた喜びが記され、翌年には、教静律師が訪れて泉と流れを見て回り、「天地感応して、わき出でせしむ所、吉兆と謂うべし」と感嘆していることが知られる(21)。井戸で水が湧き出すことは天地が相通じ、天地の調和と関わるのであった。ましてそれが宮殿内で東井を意識したなら、さぞ縁起の良いことであったであろう。

(二) 庭の礫敷の意味

平城宮第一次大極殿院をはじめ、各宮の大極殿院や飛鳥浄御原宮の大極殿院と目される東南郭でも拳大の河原石が敷かれる。この礫敷は単なる舗装材なのだろうか。

天皇による天下支配の正当性を説明するために書かれたのが記紀である(22)。その記紀神話では、「高天の原」には「天の安の河原」が流れ、近くには「天の真名井」がある。このことは天上界には天の河があって、その近くに東井があることと対応している。高天原を奪いに来たと天照大神に誤解された素戔嗚尊《すさのうのみこと》は、その心の潔白を見せるために天照大神とウケヒ(誓約)をする。その場面では、天の安の河原で十握の剣と八坂瓊の曲玉を交換し、辺にある天の真名井に降り濯いで、それらから神々が生まれる。誓約の場が河原であることは大極殿院の庭を神話との関係で理解するのに重要だと思われる。

吉田歓氏(23)は唐以前の中国での太極殿への皇帝出御の方法と古代日本の大極殿への天皇の出御の方法を比較した。皇帝は、漢代は後房と呼ばれる後ろの部屋から、魏晋南北朝時代は南の階段から昇殿、隋唐では東房・西房を経由して出御したという。一方、日本では後ろから出御する点は漢代と似るが、大極殿内の後ろの部屋からではなく別の建物である後殿（平安時代は小安殿）からであって、天皇出御における日本の独自性を指摘した。そして、即位儀において大極殿に出御する天皇の姿を奉翳女孺が翳で隠して進む。この儀式を岡田精司氏は天孫瓊瓊杵尊《ににぎのみこと》が天之八重多那雲を押し分けて降臨する場面の再現であるとした(24)。すなわち、日本の天皇の出御は記紀神話と密接な関係を持つため、中国皇帝のそれとは全く異なるのである。

持統天皇の諡号は「高天原廣野姫天皇《たかまのはらひろのひめのすめらみこと》」であるが、『続日本紀』大宝三年十二月癸酉（十七日）条に記される持統天皇の当初の諡号は「大倭《おほやまと》根《ね》子《こ》天《あめ》之《の》廣野《ひろの》日女尊《ひめのみこと》」であった。天は天上界の高天原、広野は実名鸕野を踏まえた美称、日女は姫であり、天照大神に見立てた名称である(25)。ミカドオガミと言われる天皇への拝礼拍手も持統天皇の即位儀が初見であり、天皇を神に見立てた儀礼であったと指摘されている(26)。草壁皇子の夭逝により、やがて持統天皇の孫にあたる「天孫」文武天皇が皇位を授けられて即位する。大極殿院の庭は天皇が天照大神や降臨した天孫瓊瓊杵尊に姿を重ね合わせて群臣の前に出御する場なのであり、君臣関係を毎回、再確認する誓約の場でもある。大極殿院の庭に敷かれた拳大の河原石は単なる舗装材ではなく、天の安の河原を再現した聖なる場の表現として材料が選ばれていると考えることができるのである。

八咫烏を神使とする熊野本宮大社の現在の社地は山の中にあり、本殿周りには河原石が敷かれるが、明治二十二年（一八八九）の大洪水で流されるまで創建以来熊野川の中州の大斎原《おおゆのはら》にあった。現在、伊勢神宮・出雲大社の本殿周りなどでも同様に河原石が敷かれている。このことも天の安の河原と関係するのではないだろうか。

平安時代になると桓武天皇の皇子であった嵯峨天皇は儀式の唐風化を進め、百官が天皇に対して行っていた四拝・拍手をやめさせ、即位や元旦朝賀に際し再拝・舞踏を行わせるようにした。それまで大極殿の前庭で行われていた神への拝礼と共通する日本古来の作法は大嘗祭などの神事や天皇陵に対する拝礼に残り、今日の神社参拝の柏手《かしわで》の源流とされる(27)。地上の宮殿が天上界を準え、神社が高天の原の神の宮を準えるのであれば、宮の構造やそこでの作法が共通するのも必然的なのかもしれない。

(三) 塼積擁壁の位置―君天臣地の庭―

前述した通り、塼積擁壁正面部の位置は南門から六〇〇大尺で、そこまでが広大な大極殿前庭となり、そこから九〇〇大尺までが壇の上となる。壇上の大極殿には天皇が座し、壇下には大勢の臣下が整列して天皇を拝した。

和銅元年(七〇八)七月乙巳(十五日)条には臣下の心得に関連して「天地の恒理、君臣の明鏡なり」とある。天地と君臣の関係については、約百年前の推古天皇十二年(六〇四)四月戊戌(三日)の十七条憲法に次のように記され、内容は通じる。

三に曰わく、詔を承けては必ず謹め。君をば則ち天とし、臣をば則ち地とす。天覆い地載せて四時順行し、万気通うことを得。地、天を覆わんと欲するときは、則ち壊ることを致さむのみ。ここをもって、君言えば臣承り、上行なえば下靡く。ゆえに、詔を承けては必ず慎め。謹まずんばおのずから敗れん。

ここでは、君主は天であり、臣下は地であるという「君天臣地」という儒教的秩序が示されている。第二章で述べた通り天・地・人は九・六・八の数に象徴されるが、六〇〇大尺までが臣下の空間であり、そこから上の九〇〇大尺までが君主の空間というように、両者を隔てる壁が六〇〇大尺の位置に造られていたのである。この位置に塼積擁壁が造られたことは和銅元年(七〇八)七月乙巳(十五日)条に「天地の恒理」とあるように宇宙の秩序を示すことであり、天下が安寧に治まるためにはその秩序を地上に移し、「君臣の明鏡」として天空の秩序に倣った社会秩序を実現する必要があったのである。平城宮第一次大極殿院の塼積擁壁に相当するのが平安宮の龍尾壇であるが、井上亘氏もそれを仰ぐ朝庭を君天臣地を体現する空間と指摘し、遡って前方後円墳の円丘と方丘で行われた儀礼を重ね合わせる。[28]

高木智見氏[29]は古代中国の庭について「庭とは、世界を構成する天・地・人三界の通い道、あるいは結節点とでも称すべき施設であった。(中略)庭とは、まさに天地の神の来臨のための施設であり、それ自身、全体世界が、現世の人と天地の神とによって構成されているという世界観を具現化した空間なのであった」とし、庭は天地と人の交流点であるとした。同時に、庭は人間同士では階層性を示す場所として機能していたことも指摘している。この階層性については王海燕氏[30]の次の指摘により明らかである。

『易経』説卦伝の中の離の説明には「離也者明也。万物皆相見。南方之卦也。聖人南面而聴天下。嚮明而治。蓋取諸此也（離とは明なり。万物皆相い見る。南方の卦なり。聖人南面して天下聴き、明嚮《むか》て治むるは蓋しこれを取れるなり）。」とあり、離の卦は、聖人が南面して天下のことを聞き、明に向かって天下を治める意味がある（年号「明治」の典拠である）。また、『淮南子』説林訓には「聖人處於陰、衆人處於陽（聖人は陰に處《お》り、衆人は陽に處る）」、『春秋繁露』巻四の王道第六には「古者人君立於陰。大夫立於陽。所以別位明貴賎」とある。陰陽説においては聖人は陽、衆人は陰とされ、人君（聖人）は陰に、大夫（衆人）は陽に立つ。それによって聖人と衆人、君主と臣下の尊卑関係が可視化され明らかになり、前者が後者を支配するというのである。(31)

この空間はまさに大極殿の前庭で、大極殿の中の高御座に座す天皇と庭に列立する百官の関係がこれにあたることになる。

3　大極殿の階段

平城宮第一次大極殿の南面基壇の階段について『学報ⅩⅠ』(32)は、遺構変遷の考察の中で、当初の第Ⅰ―1期には北面と同様に南面にも三基があったとした。これは大極殿の基壇の南に近接して設けられた東西九間、南北一間の仮設建物SB六六八〇が、東から二・五・八間目を一八尺、他を一六尺としており、北面階段と相対する位置を避けて建てられているため、遺構は残らないがその存在が想定できるとしたためである（図1―4）。その後の、大極殿跡西半部を調査した一九九九年の報告では(33)、この建物の柱穴が南面西階段想定の位置に重なるとし、当初は南面には階段がなかったとし、大極殿院に楼閣が増設される第Ⅰ―2期に相当する時期には南面中央に幅広の階段一基に改めたとした。

恭仁宮大極殿では南面は中央階段部分のみ調査が行われ、そこに階段は確認されているが、南面に三基あったかどうかは不明である。難波宮大極殿(34)では南面に三基の階段遺構を検出している。平城宮第二次大極殿(35)では南面に三基の階段痕跡は検出されていないが、北面東西の階段と相対する位置を解体時の足場穴が避けており、南面中央も同様であることから、南面には三基の階段があるものと考えられている。長岡宮大極殿(36)では南面に三基の階段を検出している。平安宮大極殿については『年中行事絵巻』に三基が描かれている。なぜ複数の大極殿で南面に三基の階段があるのだろうか。儀式での人の動きと関わるであろうことは容易に想像がつくが、ここでは天文との関係を解釈の一つとして書き留めて置きたい。

『隋書』天文志に「文昌六星、両両而居、起文昌、列招揺、太微。一曰天柱、三公之位也。在天曰三台、主開徳宣符也」[37]などとある。三台という星座は二星が三組直線上に並ぶ。天柱ともいい、上台、中台、下台からなって、寿命や宗室、兵事を司る。また、太一神が上下する天の階段ともいう。陰陽を和し、万物を理する星で、地上では天子を補佐する三公にあたる。[38]三公は漢代では大司徒、大司馬、大司空の総称である。この三台の図像は正倉院宝物の七星剣である呉竹鞘御杖刀にもみることができる。天空上で帯状をなす三台・北斗・織女・牽牛が紫気の間に刻まれており、官僚の出世に関わる西晋の張華の宝剣譚や古代天文学で冬至点を求める方法とも関わるという[39]（図6―3）。大極殿南面三基の階段が三台を象る可能性は否定できない。

一方、『隋書』天文志には、文昌六星の説明の後に、「文昌北六星曰内階、天皇之階也。[40]」ともある。南面三基の階段が文昌星の北の六つの星を象るとすれば太微宮近くの三台より、紫微宮に近い内階の方が天皇の階として適当と思われる。

4　幢幡

『続日本紀』大宝元年（七〇一）正月乙亥朔（一日）条には、「天皇、大極殿に御しまして朝を受けたまふ。その儀、正門に烏形の幢を樹つ。左は日像・青龍・朱雀の幡、右は月像・玄武・白虎の幡なり」とあり、藤原宮大極殿院の南門に烏形幢を中心に七本の幢幡が東西に並んだ。室町時代、文安元年（一四四四）の『文安御即位調度之図』（図6―4）にある幢幡相当のものである。藤原宮大極殿院南門の南側にある朝堂院の調査[41]ではその遺構の検出が期待されたが、相当する遺構は見つかっておらず、南門の北側すなわち大極殿院内である可能性が高まった。

塼積擁壁の南にはSB七一四一と記された遺構がある（図6―5）。この遺構[42]は東西約三メートル、南北約一メートル、深さ約〇・八メートルの長方形の土坑で、その中に径約〇・六メートル、深さ約〇・三メートルの柱穴を伴う。これが東西に三基並び、東西の間隔は心々で約六メートル（二〇尺）、大極殿院の中軸線上には四基目が配置され、東西に計七基並ぶと考えられ、約三・六メートル北にも同様の遺構がある。全体で六間、南北一間の特異な遺構とされた。広場の中の上層礫敷面で検出したといい、奈良時代後半の西宮の時のものか、あるいは平安時代初期の平城上皇の時のものか決め難いとする。建築遺構とみるならその上部構造が大変興味深いところである。

その後、第二次大極殿院でも同様の構造の一列七基の遺構が大極殿基壇の南八〇尺（二三・六メートル）で検出された。長方形の土坑は柱の据え付け掘形で、その中の柱穴は中央が幡竿、その左右が控え柱の抜き取り穴で、それら七基が列をなす幢幡遺構と認識されるようになった。(43)

平成五年度の第一次大極殿院の一〇〇分の一模型作成時には、SB七一四一を二列の幢幡遺構として認識し直し、礫敷きの時期が第一次大極殿院の時期でも矛盾しないと考えるようになった。第一次大極殿では後に南面中央に三七尺幅、出一五尺の階段が付設されており、SB七一四一の北列は大極殿基壇南辺から一五九・八尺、南列は南面階段から約一五六・八尺である（図6―6）。幢幡の立てられた位置は、平安時代の儀式書『内裏儀式』では大極殿南階から一六〇尺、『延喜式』では一五四尺で、遺構の位置は両書記載の数値に近い。これらを考え合わせると、遺構平面図上では、当初は、前庭東寄りで東井を象る井戸SE七一四五とほぼ並ぶ位置に北列の幢幡遺構があり、階段の増設によって階段の出の一五尺ではないが、一二尺南へ移り、南列が作られたとみることができた。平成九年には長岡宮大極殿院でも同様の幢幡遺構が大極殿の基壇南端から二九・九メートルで検出され、吉川真司氏(44)は大極殿との位置関係も踏まえてSB七一四一も幢幡遺構とみたが、金子裕之氏(45)が層位の認識などの問題を指摘した。ここではSB七一四一の時期や性格の問題をひとまず擱き、幢幡の意味について考えておこう。

『礼記』曲礼上第一に記される四神の旗は行軍の旗に関するもので、先頭の軍は朱雀、後尾の軍は玄武、左翼は青龍、右翼は白虎、中軍は招揺星（北斗七星）の各旗を立て、それぞれの持ち場を守らせることから、天空の位置関係の秩序を軍の秩序としているものである。しかしながら、古代日本は四神の幡を含む幢幡を一列に並べたため、その意味をよく理解していなかったと新川登亀男(46)は指摘している。また、その幢幡には「蕃夷使者」らに向けて、もっぱら天皇の慈孝や不老長生化、あるいは日（太陽）の精たること、民命（農耕）を重んじることなどを一方的に訴え、認知させ、そのような天皇および天皇家の個性や存在を誇大なものに浮上させようとする意識が何にもまして優先させていたことを看取しなければならない」としている。付け加えるなら次のようになろう。幢幡の整列は、日月と併せて五惑星の秩序だった運行を示し、四神は四方各七宿（二十八宿）から成るものであるため[47]、黄道付近の星座を直線状かつ立体的にし、中央の烏形幢（八咫烏）がそれらを統べ、天皇が宇宙に君臨することを前庭の臣下に顕示したものと思われる。同時に、黄（黄金）色の烏形幢は四色の四神幡と合わせて五行を、月像幢・日像幢で陰陽をそれぞれ表現し、陰陽の調和と五行の循環により「天地交泰」や「天地和同」を願ったものと考えられる。

二　大極殿院と朝堂院、紫微宮と太微宮の関係

1　紫微宮を象る大極殿院

平成二十年の藤原宮大極殿院南門の発掘調査でその遺構が桁行七間、梁間二間規模の壮大な門であったことが明らかとなった[48]。この規模は桁行柱間では平城宮第一次大極殿院南門や朱雀門等の五間を凌ぐ。中央五間分の正面と背面に階段の出が確認されることから、この分が扉であったと考えられている。正方形のプランを意図したであろう藤原京の中心に位置するのは藤原宮の大極殿ではなく、この大極殿院南門であり、ここは宮城門を経て四方に繋がる位置にある（図6―7）。『三輔黄図』[49]には「始皇窮極奢侈、築咸陽宮、因北陵營殿、端門四達、以則紫宮、象帝居、渭水貫都、以天漢、横橋南渡、以法牽牛」とあり、宮殿を紫微宮、渭水を銀河、橋を牽牛にそれぞれ見立て、始皇帝の咸陽宮の端門が四方に繋がっていることを述べる。大極殿院南門は紫微宮の端門にあたるため、四方八達の都の中心に位置したのであろう。その藤原宮大極殿院では東面回廊の中央、大極殿の東に門の遺構が桁行六間分検出され、七間の門である可能性が高まった[50]。これは隣接する東楼への区画の門として機能するものであった。

ところが、平城宮第一次大極殿院では東西に直接つながる区画はなく、東面回廊と西面回廊において回廊基壇幅が広がる部分は確認できないことから、南北に三二〇メートルを超える長い区画であるにもかかわらず、回廊基壇幅より奥行きのあるような基壇をもつ門は設けなかったのである（図1―18）。

八世紀前半から中頃の各天皇の詔をみると、和銅元年（七〇八）二月戊午（十五日）条の平城遷都の詔では「菲薄き徳を以て、紫宮の尊きに処り」、養老五年（七二一）二月癸巳（十六日）条の詔では「身、紫宮に居れども心は黔首《けむしゅ》に在り」、天平宝字元年（七五七）八月十八日条の勅では「五八数を双べて、宝寿の不惑に応へ、日月明を共にして、紫宮永配に象れり」とあって、天皇自身は紫微宮（紫宮）にいることが強く意識されていることが知られる。[51] 天皇の居る大極殿院は紫微宮を象るのである。『晋書』志第一天文上には「紫宮垣十五星、其西蕃七、其東蕃八、在北斗北」[52]とあり、紫微宮は東西を塀で囲まれ、東垣・西垣ともに門が開かないため、紫微宮を象る第一次大極殿院には東西に門を設ける設計思想上の必要性はなかったと理解できる。奈良時代半ば恭仁宮へ移築されたのは第一次大極殿並びに東面と西面の回廊で、南面回廊と南門を残したことは中央区朝堂院の景観を変えずにそこを利用できる意味で合理的であった。しかし、古代日本を合理性だけで解釈することには躊躇せざるを得ない。東西両面の回廊を紫微宮の東垣と西垣に擬えているが故に移築したとも考えられるからである。

一〇〇分の一模型（図1―5）のように大極殿院東西両面の回廊に門を想定する考えもある。穴門のような通用門の存在は否定できないが、塼積擁壁より南の庭へ臣下が出入りするために、軒を上げるような門を前庭横の回廊には想定しにくいと思う。儀式のために臣下が出入りするのは横からではなく、五行では五常（五徳）の礼の配される南からが穏当だろう。それでも、回廊基壇幅を変えないで軒を上げるような門を想定するとすれば、藤原宮大極殿院での門の位置関係を踏襲し、大極殿の東西の方が妥当である。このときは、北魏の宣武帝没後の霊太后の申訟車巡行が太陽の運行に擬え、日を象徴したと指摘されるように[53]、天皇自身が東門から入り、西門から出るというような日に擬えた天皇の動きを想定する必要がある。なぜなら、『日本書紀』神武天皇東征神話の中では、天皇は日の神の子孫であるのに日に向かって敵を討つのは天道に逆らっていると考え、日神の威光を借りて進軍することにした記事があり、天皇自身を日に擬えようとした意識を『日本書紀』編纂時すなわち奈良時代初期には見ることができるからである。しかしながら、東と西の通用口を門のようにして天皇が使うとすると出御のために使う後殿が不要になってしまう。あるとしてもあくまで儀式運営上の出入り口と考えるべきで、東面および西面の築地回廊に軒を上げるような門はなかったと思われる。大極殿院が正確に紫微宮を象るからである。

2 太微宮を象る朝堂院

日本古代の宮城中枢部では発掘調査の進展によって、大極殿院、朝堂院、内裏などの区画の規模や位置関係が明らかになり、その特徴と変遷は政治の実態や儀式内容の変容などと関連して理解されてきた。

藤原宮では大極殿院は儀式と日常政務の機能を有し、大極殿院と朝堂院が南北に列なった（図6—7）。奈良時代前半の平城宮では第一次大極殿院の南に主に儀式を行う中央区朝堂院とその東で日常政務を行う東区朝堂院の二つの朝堂院が並び機能を分担した（図6—8）。恭仁遷都に伴う大極殿の移築を経て、還都後の奈良時代後半では、東区朝堂院の北に位置した中宮の大安殿を大極殿として建て替え、掘立柱建物の東区朝堂院も礎石建物に建て替えて、分割されていた機能が統合する（図1—2）。統合された機能は大極殿院と朝堂院が南北に連なる長岡宮へ引き継がれる。こうした中枢部の構造の変遷は大極殿に求められた儀式と政務の機能分離の試みに対応するものと説明される[54]。そして、平城宮の二つの朝堂院は唐長安城の太極宮と大明宮を意識したものともいわれる[55]。しかしながら、中央区の長大な四朝堂と東区の十二朝堂の建物の数となると、各朝堂院に求められる機能の数や二官八省などの役所の数だけでは説明がつかない。このため、建物の数まで機能が優先して計画されたわけではなく、必要な機能と表象との調整を図りつつ、建物の数に意味を持たせたものと思われる。

『淮南子』天文訓には「太微者天子之庭也。紫宮者太一之居也（太微は天子の庭なり。紫宮は太一の居なり）[56]」とある。『後漢書』志第十の天文上では「紫宮為皇極之居、太微為五帝之廷[57]」とある（図6—9）。一方、『晋書』志第一の天文上には「太微、天子庭也、五帝之坐也、十二諸侯府也、其外蕃、九卿也。」[58]とあり、太微宮は天子の庭であり、五帝の座であり、十二諸侯府とされ、『隋書』もこれを踏襲する。十二の星は『史記』天官書では「藩臣」すなわち内を正し外を護る藩屏の臣で、天の中宮とともに紫宮とされたものである。

第一次大極殿院南門は射礼などの年中行事[59]や宴会等のため天皇が出御する空間で、単なる門ではなく四堂からなる中央区朝堂院の正殿ともなる。このため、中央区朝堂院は五つの堂宇からなるとみることができ、中央を含めた五方向を象徴し、五帝の坐を表現したものと考えられる。一方、東区朝堂院は十二堂からなり、一年の月の数を象徴し、十二諸侯府を見立てたものと思われる。[60]その数十二は藤原宮から平城宮、平安宮の朝堂院に受け継がれる。『晋書』や『隋書』の天文志が大極殿院の解釈に適していることは前述したが、ここでもその天文観を空間に具現しているように思われる。

清の徐松撰『唐両京城坊攷』巻五「宮城」には「宮城在皇城北。因隋名日紫微城。（唐）貞観六年号為洛陽城。武后光宅元年号太初宮。東西四里一百八十八歩、南北二里八十五歩、周一十三里二百四十一歩、其崇《たかさ》四丈八尺。以象北辰藩衛。」、「皇城」には「皇城傳宮城南。因隋名日太微城。亦日南城、又日宝城。東西五里一十七歩、南北三里二百九十八歩、周一十三里二百五十歩、高三丈七尺。其城曲折以象南宮垣」とある。中国の都城で平城宮に相当する部分は、皇帝の居住する区域を宮城、諸官庁の所在区域を皇城として区別しているが、隋の洛陽城では宮城を「紫微城」、皇城を「太微城」と呼んでいたのである。[61]その「太微城」の南にある三門の内、中央を「端門」、東西にあるものを「左掖門」「右掖門」と呼んだが、これも『史記』天官書、『漢書』『晋書』の天文志の太微垣相当の記述にみえる名称である。いずれの場合も星の名称ではなく、「端門」とは、左執法と右執法という二つの星の空間、「掖門」とは、「端門」の左右の星のない領域の名称である。

大極殿院が宇宙を象ることは指摘したが、平城宮全体からみた場合の第一次大極殿院は紫微宮に見立てられ、二つの朝堂院は合わせて太微宮に見立てられて、太微宮の二つの性格、「五帝之坐」「十二諸侯府」を東西の朝堂院で表すのである。中国では朝堂はあっても朝堂院という区画はなく、日本の独特な区画であったが、そこに太微宮を充てて宇宙を象ったと考えられるのである。

3　伊勢神宮

伊勢神宮の垣が幾重にも取り囲む構造は平城宮の構造と類似するとして既に指摘されているが[62]、平城宮の第一次大極殿院とその南で東西に二つ並ぶ朝堂院の構造は、天照大神を祀り、天帝すなわち太一が習合されるとも指摘される[63]伊勢神宮の荒祭宮とその南で二〇年ごとに繰り返される式年遷宮の東西の敷地[64]（図6―10）と配置関係が近似していると思われる。神宮の建物配置が、天皇自身が紫宮にいると詔する地上の宮殿と相似あるいは似ることは共に天上界がモデルならば必然的なのかもしれない。大極殿院と伊勢神宮に関しては第七章でも、伊勢神宮の心の御柱の話で言及するものとする。

三　大極殿前庭の八咫烏

以上、宮殿は具象的に宇宙を象ることとや、大極殿院の地割りの比率が経書からも解釈可能なこと、記紀神話との関係でも理解できることなどをみてきた。キトラ古墳の天文図では黄道は赤道と同じ半径で表されたが、塼積擁壁の設計に用いた偏心円で表現した黄道は外規より大きいため、宇宙の構造を正しくは象らず、天道に則さないことになる。これをどのように解釈できようか。また、塼積擁壁に用いられている勾配はいかなる意味をもつのであろうか。

前述したように『続日本紀』の記載により藤原宮大極殿院の南門には七本の幢幡が中軸線に直行して東西に並び、その中軸線上には烏形幢が立てられたことが知られ、その烏形幢の烏は一般に三足烏とされている。三足烏は太陽の中にいると信じられたもので、もともとはある時期の太陽黒点の形に関わるものと考えられている[65]。この節では、第一次大極殿の前庭を理解するのに、庭の本質に関わるとされる鳥に注目してみよう。

1　塼積擁壁の平面形

(一) 経書にみる古代中国の庭の意味

本来、庭とは殿前の広場や軒先で囲まれた空間を意味する。『漢書』礼楽志の「景星」に「天象、秘事、庭に明らかに」とあるように、囲まれながらも天と地に対して開かれた露天空間である庭は、天地双方から祖先神が訪れ、天の意志（祝福や誡め）が表れる神聖な場所であった(66)。高木智見氏(67)は中国春秋時代以前の庭の性格を祖先のための庭つまり宗廟の庭と、宮殿の庭を分けて次のような重要な指摘をしている。

『礼記』に「魂気は天に帰し、形魄は地に帰す」とあるように人の体に宿る魂魄の死後の行き先は天地双方にあったため、祖霊を招く宗廟の庭は祖先が天からも地からも来臨するところであった。このため宗廟の祭祀では、蕭草と牲獣の脂・黍稷を併せて焼き、その臭気を天に届けて降神させる儀式や、祭用の液体を地に注ぐ儀式があった。実際、春秋時代の秦の宗廟の廟庭の発掘調査では人牲坑が多数検出され、祖先に捧げた幣が廟庭に埋められたりしたことが確認されている。

一方、宮殿の庭、朝庭は殷の湯王や文王の説話によると、庭に生える植物が吉兆なり凶兆なりの天意の表れる場として認識され、飛来する鳥も同様に考えられた。古代における鳥は単なる動物ではなく、神意の媒介者あるいは霊そのものと認識されていたのである。鳳凰は天下が安寧の時に瑞祥として飛来するものであり、『宋書』符瑞志には黄帝、堯、舜の時、周の成王の時などに朝廷（朝庭）に現れたとされる。

『周礼』秋官の「庭氏」職に、国中の夭鳥を射ることを司り、夜間に救日の弓と救月の矢で射ることを職務としたとあるのも、神と人との交流の場であった庭の特殊な性格の一端を明らかにしているとする。

(二) 瑞祥としての奇禽

奇禽が瑞祥とされ、どのように扱われたかを朝鮮半島の『三国史記』でいくつか事例を見てみよう。『三国史記』は三国時代から統一新羅末期までを対象とした、高麗時代の一一四五年完成の歴史書である。

百済本紀の温祚王二十年（紀元二）二月条に「王は大きい壇を設けて親《みずか》ら天地を祀った。不思議な鳥五羽が飛んで来た。」とあり[68]、高句麗本紀の大武神王二年（紀元二〇）十月条には次のようにある。

扶余王の帯素は使者を（高句麗に）遣わして赤色の烏を贈った。（その烏は）一頭二身であった。初め扶余の人はこの赤い烏を手に入れて、それを王に献じたところ、ある者が（王に）「烏はもともと黒いものであるのに、いま赤色に変わり、それに一頭二身をしています。これは二国を併合する兆しであります。ことによったら、王は高句麗を合併なさるかも知れません」といった。帯素は喜んでこの烏を高句麗に送ると同時に、ある者の言葉をも伝えた。（これに対して）王（大武神王）は群臣たちと相談したあげく、「黒は北方の色であるのに、変わって南方の色になっている。それに赤い烏は瑞鳥である。（それを）貴公は得てから所有しないで私に送ってくれた。両国（扶余と高句麗）の存亡についてはまだわからない」と答えた。帯素はこれを聞き驚き、そして後悔した[69]。

百済本紀の温祚王四十三年（紀元二五）九月条には「大きい雁百余羽が王宮に集まった。日官は、大きい雁は百姓の象徴であります。まさに遠いところにいる人がこの国にやって来て投降するでしょう、といった」とある[70]。

以上の三例を挙げて張寅成氏は、一例目は王が天地を祀る祭礼をすると縁起のよい鳥がやってきて祭祀に応じたとし、二例目は祥瑞は所有によって動き、それを所有する国が繁栄するという信仰を示すとし、三例目では奇禽が縁起のよい鳥ゆえに王宮に留めておこうとしたのだろうとした。瑞鳥の中で最も縁起のよいのが鳳凰であるため、百済では龍鳳文環頭大刀などに鳳凰文を多用したと指摘する[71]。奇禽は象ってでも手元に留めて置くのがよいのである。

渡辺信一郎氏によると[72]、前漢の霊台（天文観測施設）には、相風銅鳥があり、千里を渉る風が到来すると動いた（『三輔黄図』巻五台榭）。また、南朝梁の太極殿前には東西に大鐘が設置され、その中間には宋の武帝が洛陽を平定したとき手に入れた、銅製の風見鳥である相風鳥が設置された（『宮苑記』）。皇帝は世界の八方の極地にある八極の門から発する八風を統御し、全世界に調和をもたらす存在であるため、天空・宇宙の中心を模した太極殿前に相風鳥が設置されるのは、必然のことであったとする。

烏形ではないが、現在の瀋陽故宮（清代初期の盛京皇宮）の中枢部清寧宮の庭には「索倫竿」という烏の飛来を俟つ満州族伝統の竿がある（図6―11）。清朝太祖となるヌルハチの先祖を烏が助けた伝説があるためである。[73]王権が天と繋がっていることを誇示して正当化し、庭の本質には天との仲介をなす烏が関わることを示す事例として興味深い。

（三）三足烏と八咫烏

緯書の『春秋元命苞』には「陽数は一より起こり三に成る。故に日中に三足の烏有り」とあり、その烏が三足であることは太陽が陽性であることと関わるものと考えられている。[74]中国では三足烏は道教神の西王母の侍者、不老長生の具現、王者慈孝の証、日之精とされ、天授元年（六九〇）に則天武后は「周室嘉瑞」とした。[75]『文選』「魏都賦」でも三足烏は、「黒しとて烏に匪ざる莫く、三の趾ありて来儀す（三本足の烏が、黒い群れとなって飛来し）。」とあり、祥瑞の出現の一つとして述べられている。[76]

日本で三足烏の早い時期の例としては、法隆寺に伝わる玉虫厨子に描かれた日輪の中の三足烏を挙げることができ、文献では『日本書紀』天武天皇十一年（六八三）八月甲戌（十三日）条と同十二年（六八四）正月庚寅（二日）条および乙未（七日）条に三足烏ならぬ三足雀が祥瑞としてみえる。

一方、八咫烏《やたがらす》は記紀の神武天皇東征伝説の中にみえる。咫《あた》は周代における長さの単位。大尺は男子の指一〇本の幅二二・五センチ、小尺は大尺の八寸、女子の指一〇本幅の一八センチで、これが一咫に当たる。八咫烏は大きな烏の意とされ、天照大神が遣わした神武天皇の先導者であるが、三足烏とは記されていない。幢幡中央にある烏形幢（銅烏）については、弘仁十四年（八二三）に行われた淳和天皇の即位の際には「立八咫烏日月形」と記され、[77]幢幡の烏形幢の烏を八咫烏としている（『淳和天皇御即位記』）。三足烏かどうか気になるところである。『文安御即位調度之図』（文安元年〔一四四四〕藤原光忠書写）では銅烏として三足烏の烏形幢が描かれる。現在、熊野本宮大社では幡などに八咫烏が三本足の形で描かれる（図6―12）が、八咫烏と三足烏の同一視が、大宝元年（七〇一）の烏形幢の記事や霊亀元年（七一五）の元日朝賀まで遡りうるのかは明らかではない。

2　塼積擁壁の高さと勾配

（一）高さとその意味

第一次大極殿院の区画は奈良時代後半に西宮と呼ばれる区画に造り替えられ高台を南に拡張したため、塼積擁壁の南には高いところで約一・七メートル《メートル》の整地土が残る。このため、塼積擁壁の本来的な高さは六尺以上で、七尺か八尺と考えることができた。かつて筆者は、その平面形の設計方法が解明できていなかった時点では、第一次大極殿院や塼積擁壁の形態に影響を与えたと考えられている唐長安城大明宮含元殿の龍尾道（広場から含元殿に至る通路）が七回屈曲したと北宋の賈黄中箸『談録』に記されることや、塼積擁壁の屈曲する形を北斗七星の第三星から第七星に見立て、北斗七星は古代中国では天文運行の基準として、陰陽や五行を正すものとして尊ばれたことなど(78)から、設計意図を七に因んだものと解して、高さは七尺であろうと推測した。しかしながら、塼積擁壁が意識しているのは日のイデオロギーのようである。

塼積擁壁は約七〇度の勾配をもつ。北緯三四・七度の奈良において、夏至正午の太陽高度は二三・四度を加えた七八・一度、春分・秋分では五五・三度であるし、擁壁は北に転んでいるため、太陽の高度とは関係しないようである。唐長安城大明宮含元殿の塼積擁壁の勾配は高さ四尺に対して一尺転ぶものであったので(79)、塼積擁壁の勾配は二・七尺上がりの一尺転び（六九度一一分）や、一尺上がりの三・八寸転び（六九度一一分）というような勾配ではなく、設計・施工にあたっては八尺上がりの三尺転び（六九度二六分）で設定したと考えられる。

古代中国において日の影を用いて方位を割り出したり、太陽高度を測るために八尺の棒を垂直に立てた。これを表または周髀、その影の長さを測るものを土圭と呼んだ。その使い方などを記したのが奈良時代の天文生の教科書でもあった『周髀算経』である。『儀礼』聘礼の鄭注が「宮に必ず碑有るは、日景を識る所以なり」とし、『呂氏春秋』察今では「堂下の影を審らかにし、日月の行、陰陽の変を知る」としたように、庭では日影を利用して時間や自然の運行を知る目安にしていたものと高木智見氏は指摘している(80)。

中国・韓国の宮殿の庭や月台と呼ぶ張り出した基壇の上に日時計が置かれるのはこの伝統からであろう。『芸文類聚』巻六二「太極殿銘」に「大壮顕其全模、土圭測其影」(81)とあり、天平七年（七三五）四月辛亥（二十六日）条にある、唐から帰朝した下道真備（吉備真備）が献じた「測影鉄釈」も土圭であると考えられ、こちらは第二次大極殿院での儀式に置かれていたのかもしれない。

塼積擁壁正面部の高さは八尺で、表の高さに擬えたとも考えられる。前述したように天地人は九・六・八に対応する。大極殿院で南から六〇〇大尺の塼積擁壁正面部を基準に、そこから上の九〇〇大尺までが天皇の独占空間である「天」、塼積擁壁正面部までが臣下の広場「地」で、天地の間にあるのは「人」であって、高さは八尺でなければならない。塼積擁壁最下部の塼底の標高が七〇・四メートル、高さを八尺とした場合、その天端の標高は七二・七六メートルとなり、大極殿基壇南北中央の推定地盤高七三・〇メートルに近くなる。表面排水の勾配を考慮すれば適当な高さであろう。神亀元年（七二四）十一月甲子（八日）条の太政官の奏上に宮殿は立派でなければ徳が示せないとあるが、高い壇は国家の勢威を誇示するためにも必要だったのである。

（二）勾配とその意味

後漢許慎の『説文解字』によれば、東の字は「東、動也。従日、在木中（東は動である。日に従い、木中にある）」、西の字は「西、鳥在巣上也。象形（西は、鳥が巣上にある方角である。形に象る）」とあり、東は太陽が木から出る方位で、太陽を背負う鳥が空を渡り、西はその「鳥が巣に棲《す》む」意と説明されている。(82)『礼記』禮器篇には「大明生於東、月生於西、此陰陽之分、夫婦之位也」とあって、(83)大明とは太陽のことであり、日の正位は東である。唐長安城の大明宮は太極宮からみて東（正確には北東）にあり、高松塚古墳やキトラ古墳の石室の壁画でも日輪が東に、月輪が西にそれぞれ配され、朝鮮王朝の南面する玉座の背後に置かれる日月五峯図でも東西に日月が配されており、それぞれ秩序正しい宇宙観が示されている。

塼積擁壁の勾配に関わる三と八という数は前述したように「河図」（図5―5）では東に配される数字であり、陰陽生が使う教科書『五行大義』巻第一(84)には「木は天に在りては三と為し、地に在りては八と為し、三八東に合す。」とある。三と八は陰陽五行説で共に日の正位である東に配当される、しかも天と地の数であった。三足す八の一一も、三と八の三八も生気を象徴するため、吉事に多用され、神社名にも使われるともいう[85]。

唐の張守節が開元二十四年（七三六）に著した『史記正義』巻二に「又倭国は、武皇后、改めて日本国と曰う。」とあり、記事の信頼性が高いことから、東野治之氏[86]は、日本への国号の改号は大宝の遣唐使（大宝元年〔七〇一〕正月任命、二年六月出帆、十月長安到着）に対して周の武后が認めたものであり、冊封は受けていないが国号の変更は皇帝の許可が必要だったとしている。また、平川南氏[87]は、インドの大乗仏教の論書、鳩摩羅什訳『大智度論』に「日出ずる処は是れ東方」とあり、日本の国号が唐からみて東にあたり、中華思想に合致するため、承認されたとみる。このため勾配に用いた三と八も唐との関係で東を強調したと捉えることもできる。しかし、測らなければわからないものの意匠まで礼的な国際秩序を表現したとみるより、日のイデオロギーに因み三足烏の八咫烏をデザインしたものとみる方がよいかもしれない。

第五章でみた通り、慶雲二年（七〇五）九月丙戌（九日）には藤原宮大極殿院の真東にあたる大和国宇太郡に日神が天から遣わした八咫烏を祀る社が置かれていることから、八咫烏と三足烏の同一視は大宝元年（七〇一）の烏形幢まで遡れるのではなかろうか。すると、日の正位である東に配当される三と八という天地の数を用いて塼積擁壁の勾配が造られているのであって、塼積擁壁は数を介して、抽象的に「三」足烏の「八」咫烏を象ったと思われる。

3 塼積擁壁の平面形

塼積擁壁の設計の方法は同心三円と一偏心円を用いて宇宙の構造を象ったものであることを先にみたが、塼積擁壁各点を結ぶ複雑な平面形自体は何を表すのであろうか。

上記の検討を踏まえ、「天子南面」という思想に基づいて天皇の視点で（南を上にして）塼積擁壁の平面形を見てみよう。塼積擁壁中央の木階（二間分三列の柱穴が並ぶ）を胴体に、黄道たる偏心円を日輪に見立てれば、塼積擁壁の平面的な形態は神武天皇を大和に導いた八咫烏が日輪の中から羽ばたく姿を具象的に象っているように思われる（図6―13）。南朝梁の太極殿前の鳥の置物のように、塼積擁壁に八咫烏を象れば祥瑞の三足烏を庭に留め置くことができるのである。

このような平面形を作るために、偏心円（黄道）を同心三円の中間の円（赤道）より大きくしたと考えられるが、もうひとつの意図も窺える。すなわち、黄道は太陽の通り道であり、それを外規すなわち観測できる宇宙より大きくしたのは、日神天照大神の子孫たる天皇が宇宙よりも偉大なことを示す皇孫思想の現れと解釈できると思う。

塼積擁壁の平面形が八咫烏であれば宝幢中央の飾りの銅烏では胴体の表現が重複することになってしまう。平安時代になると天皇の先導者という銅烏の意味合いは後退し、平安宮では北向きに立てられているが[88]、奈良時代初期、第一次大極殿完成後に完成した『日本書紀』では神武紀を意識し、天皇の先導者として南向きに立てられたものと思われる。その神武紀は『古事記』では「八咫烏」と記されるが、『日本書紀』では「頭八咫烏」と記されている。このことに着目すると、塼積擁壁の平面形と木階が八咫烏の翼と胴体を表す実態に合わせ、重複の不都合を避けるため、第一次大極殿前の烏形幢は八咫の大きさの烏の頭を象った飾りとし、第一次大極殿完成後に編纂を終えた『日本書紀』では〝頭〟を加筆したのかもしれない。

では、三本の足はどこかということになる。第一次大極殿南面の階段に三基の時期があり、その階段下から塼積擁壁上端まで塼を敷けば大極殿と塼積擁壁が三本の足で結ばれることになるのだが、現在の解釈では第一次大極殿の南面には三基の階段はなかったようである。

小　結

塼積擁壁の設計方法を明示した上で、古代中国では宮殿は宇宙を象るものであったこと、その設計思想を古代日本も学んでいたこと、特に奈良時代前半の平城宮は『晋書』『隋書』の天文志などを意識したと考えられることなどを述べてきた。設計に用いられた偏心円の大きなことは宇宙の構造とは合致しなかったが、それは日のイデオロギーを強調した設計上の工夫であり、皇孫思想を誇示し、瑞鳥を大極殿前庭に留め置く工夫と考えることができた。ここで初めて、大極殿と塼積擁壁が宇宙を擬え、設計手法案

Bを用いて設計・施工されたことを遺構の上から実証できたと思う（図1—40）。

四　大極殿の屋根の意味

天の思想との関係で大極殿院の庭を捉えてきたが、大極殿の屋根や瓦についても天の思想との関係で理解可能なように思われる。

1　天の思想と屋根・天井・雨落溝

『礼記』郊特牲第十一に次のようにある。(89)

社は土《と》を祭りて陰氣を主とするなり。君、北墉の下に南郷《なんきょう》するは、陰に答《むか》ふるの義なり。日に甲《かふ》を用ふるは、日の始を用ふるなり。天子の大社は必ず霜露風雨を受く、以て天地の氣を達するなり。是の故に喪国の社は、是に屋して天の陽を受けず。薄社は北墉にて、陰をして明らかならしむなり（社は国土の神を祭り、従って陰の気を祭ることになる。そこで君主が社の祭りにおいて社殿の北壁の下に南を向いて立つのは、陰の気に対する礼法である。そして社の祭りに甲の日を用いるのは〔十干の〕最初の日を取ったのである。天子の大社は、社殿に屋根を設けないで、霜・露・風・雨がじかに降りかかるようにしてあるが、こうして天と地の気が良く通じ合うように計ったのである。それゆえ亡国の社には屋根を設けて、天の陽の気をじかに受けないようにしてある。〔周の都の地方に古くあった国〕亳《はく》の社は、神殿の北方に窓をつけて、陰気を強く取り入れるようにしてある）。

また、『春秋公羊伝』哀公四年にも勝者が亡国の社に屋根を架ける記事がある。大室幹雄氏(90)によると古代中国の春秋時代の部族は祖霊の上る星をそれぞれ持っており、部族間での戦いにより勝者は敗者の社を屋根で覆った。これは社と祖霊のすみかである星の交流を断ち、その部族が再起することのないようにしたためという。すると、儒教の天地を祀る郊祀の儀式が山の上で行われることや、天を祀り天命を受ける天壇の圜丘（北京）（図6—14）や社稷壇（北京およびソウル）などの壇には屋根がないことや、北京の社稷壇では祭祀の間、飛来する鳥を追い払うしきたりがあるということも天との通交を確保する方法として理解できる。では、屋根を架ける必要のある建物の場合は、風雨を避けるという機能だけではなく、天との通交のあることを誇示したり、天地の調和を促したりする意味があるのではないだろうか。形や色、文様などの意匠を手掛かりに屋根の意味を捉えることも必要であろう。[91]

現存する中国・韓国の伝統的建造物をみよう。北京の天壇祈念殿の頂部に釣瓶型の宝頂が載る。天井の「井」の字は篆書では中央に点があり、その点が釣瓶を表す。宮殿等の天井の中心が窪んで高くなる装飾天井を藻井と呼び、藻井のある天壇祈念殿の頂部に釣瓶型の宝頂が載ることについて、天水を汲む意味の説明がなされるが、天の思想の表現として理解できる。また、ソウルの景福宮では王と王妃の寝殿であった交泰殿（一九二〇年に昌徳宮大造殿として移築され現存する）や景福宮に復元された康寧殿（図6―15）の屋根頂部に龍棟《ヨンマル》と呼ばれる大棟がない特徴については、龍が王の象徴であり、王の上に龍を置くことを避けたとも、陰陽の交わる所には天地の間に妨げるものは不要とする解釈もある。天に積極的に働きかける事例と天との交流を妨げないようにする建造物の造形の事例として見ておきたい。[92]

高御座と大極殿心が一致せず高御座の真上に大棟がないことはこの文脈において合理的と思われる。また、現在の高御座がおかれている京都御所の紫宸殿は江戸時代の有職故実の研究家裏松固禅が大極殿の構造を考証した成果を反映させたものとなっており、格天井や組入天井のような天井ではなく、天井を張らない化粧屋根裏となっている[93]（図1―37）。雨を避けるという意味の部材以外を少なくしたことは、天の思想に基づき天との通交可能な場としての大極殿、さらには高御座の意匠や構造を思想面から考える上で興味深い事例である。

上記の例はいずれも、天地が通交する場であり、平城宮第一次大極殿でも同様の機能が求められたであろう。難波宮や平城宮第二次大極殿などの発掘調査でも大極殿の軒下に雨落溝の検出例がなく、庭と一体的に拳大の礫が敷かれていたことが知られる。元日の朝賀など儀式が行われる予定でも雨となれば廃朝となるため、大極殿で儀式の行われる時は結果として「天の気」が良いときである。天皇が出御する時は天地の間に雨雲のような妨げるものはなく、天地が相通じているのである。このため思想的には大極殿に雨落溝は必要がなく、検出例もないと考えられるのである。

2　屋根装飾の意味

(一) 大棟の装飾

鴟尾とは瓦屋根最上部の大棟の両端につけられる飾りである。もともと古代中国では建築の屋根を鳥の翼や飛翔の姿に擬えて、『詩経』小雅の斯干には「如跂斯翼。如矢斯棘。如鳥斯革。如翬斯飛。君子攸躋（跂《つまだ》ちて翼たるが如く　矢の棘《きょく》なるが如し　鳥の革するが如く　翬《き》の飛ぶが如し　君子攸《ここ》に躋《のぼ》れり）（〔御霊屋の全貌は〕つま立てる人のように端正で、〔その棟木は〕矢のようにまっすぐにのびている。〔その屋根の下端は〕鳥が翼をひろげたように壮大で、〔その屋根は〕雉が飛ぶように美しい。ここに祖霊が降り給う。[94]」としたように、鳥との関係が密接であったと黄蘭翔氏は指摘している[95]。鳥が天意を伝えるものと考えられていたことからすると天の思想と無関係ではないであろう。鴟尾は建物最上部の棟の両端にある飾りで仏殿や宮殿で使われていた。北魏洛陽城について記した『洛陽伽藍記』巻一城内の永寧寺の説明で「塔の北に仏殿が一つあり、作りは太極殿に似ていた」[96]とあるように、仏殿と宮殿は大きくは変わらなかったようである。古代日本では平城遷都前の寺院建築で鴟尾の使用が一般的と認められることから、第一次大極殿の大棟の両端にも鴟尾があったと考えられている。

一方、第一次大極殿の一対の鴟尾の中央、すなわち大棟中央の装飾となるとその有無も含め直接的な手掛かりはない。古代中国ではその形態が古くは鳳凰を含む鳥形、隋以後は宝珠形となり、宝珠形は仏殿に限らず建物の装飾に用いられるようになった。宝珠形の意匠は多様化し、隋から盛唐では蓮華形、宝瓶形、蓮華のつぼみと宝瓶の組み合わせがあり、晩唐以降になると玉と火焔の組み合わせからなる火焔宝珠形も現れる[97]。則天武后がはじめに造営した洛陽宮明堂の頂部には善政が行われている時に舞い降りる徳治の象徴、鳳凰があったが（図3―10）、再建後は火焔宝珠に代えた[98]。宝亀十一年（七八〇）の『西大寺資材流記帳』により西大寺薬師金堂の大棟中央飾りも宝珠形であったことが知られる。このことから、第一次大極殿の大棟中央の飾りも宝珠形が想定され、蓮華と宝瓶の組み合わせからなる法隆寺夢殿の宝珠のようなものと考えられている[99]。

小杉一雄氏は、『水経注』に引かれる、『太平御覧』居処部三、所収の戴延之『征西記』に「太極殿上有金井欄金博山鹿盧、蚊竜負山於井上」とあり、宮殿の大棟の上に井戸と滑車が設けられたことを指摘し、その目的を防火のまじないとした[100]。古代中国では蓮華文は天の中心（太一・天帝）の象徴であり[101]、天の思想から文脈的に捉えれば蓮華と宝瓶からなる宝珠形も井戸と滑車の組み合わせも宇宙から天水を汲むという意味として捉えることができると思われる。火焔宝珠に関しては、その玉は智慧の象徴で、火焔はその気を表すといい、「光明の象徴であるハスの花が、光明の光源となる火焔宝珠（如意宝珠）を生む」と指摘され[102]、蓮華と関係も深い。いずれにしても天の思想との関係で捉えることができ、漢の武帝が太液池の蓬莱島山に設けた承露盤のような意味を持つものと思われる。

（二）屋根瓦の色の意味

平城宮第一次大極殿の屋根に葺かれた瓦は他の平城宮出土瓦に比べて黒色が強いことが特徴である[103]。中国では黒色摩研瓦と呼ばれる黒い瓦が使われるのが、洛陽遷都前の北魏平城の明堂の遺跡が最も古いと言われ[104]、唐長安城大明宮の含元殿や麟徳殿など重要な宮殿では、北魏以来の伝統を受け継いで黒色摩研瓦を使用している。このため奈良時代初期の一時期、こうした伝統を模倣したのかどうかは検討課題とされ[105]、第一次大極殿で黒色の瓦が用いられたことは瓦の制作技法の系譜という側面から理解することも可能であろう。ここでは視点を変えて思想的に捉えてみたい。

天平宝字六年（七六二）正月丁未（二十八日）条には東海・南海・西海などの三道の節度使が用いる真綿入りの上着と冑を大宰府に作らせ、冑板には五行の色を使わせたことが記される。また、『延喜式』により伊勢神宮正殿の高欄に用いる飾り金物には五行の色が用いられていたことが知られている[106]。

大極殿の柱は丹塗り、壁は白い漆喰塗り、連子窓は緑青塗りであったと考えられる。大極殿をはじめ、平城宮の重要建物の壇上積基壇の化粧に使われる石材の凝灰岩は黄色味が強いことが特徴となっている。すなわち、瓦が黒いことは、大極殿全体で五色を用いることになる。黒は五行では水にあたり、伝統的な建築物の棟に鯱がのることや民家の蔵の軒などに水と記されるのと同様に、火気をきらう建物の屋根には都合がよいことになる。こうした全体性を意識しての黒い瓦の選択があったのではなかろうか。大極殿は全体で桁行九間梁行四間の規模であり、陽と陰の数が用いられている。大極殿は太極としての宇宙の根源、陰陽の統一体であり、五行の体現なのではなかろうか（図6—16）。

（三）大極殿院出土軒瓦の文様の解釈

中国では蓮の花は天の中心を象徴したものであり、『文選』「魯霊光殿賦」により仏教が伝わる以前の宮殿天井の藻井に蓮の花が用いられていたように、必ずしも仏教的なものではないことが知られる。蓮の文様には吉祥思想や火伏せなどの呪術的目的もある。[107]日本では飛鳥寺で初めて蓮華文の軒丸瓦が用いられ、後には寺院だけでなく藤原宮以後の宮殿の軒先も飾るようになる。瓦については門外漢であるが、意匠全体の意味や蓮華文に用いられる珠点の数の意味など思想的側面についての研究は少ないようである。当然すべての瓦の文様を説明し得るわけではないが、出土した軒瓦を前述のような設計思想からみた時、新たに解釈できるようになった文様もあり、以下に考えを記すことにする。

1　方格規矩四神鏡と十二支文鏡

瓦の文様をみる前に、古代中国の鏡において宇宙観を表現していると指摘される文様とその表現方法を確認しておこう。

漢代の鏡に方格規矩四神鏡があり、その文様は中央の方格と周囲のT・L・V字形、獣像などからなる（図6—17）。天円地方という宇宙観は、天空を円形で象り、大地を方形で象る。つまり天地の空間モデルは上が丸く下が四角い、ちょうど現代のドーム球場のようなものであった（蓋天説）。方格の各辺中央のT字形は大地の果てでドーム状の天を支える柱と梁であった。また、T字形と対向するL字形は天に設けられた地との連結装置であり、V字形は天と大地の四隅を繋ぐため、天に設けられた鉤の手状の連結装置であった。このような天地の構造は馬車の天蓋の円形と車台の方形や、車台の四隅と天蓋を結ぶ紐にも表され、T・L・V字形は宇宙観を表すという博六《すごろく》の文様にも用いられた。T・L・V字形の間にある四神を含む獣像は星座で、乳（円形の突起）

は日月星辰の表現であった。その外側の鋸歯文・櫛歯文・複線波文などは漢代においては光芒を表し、天空の神々しさを表現した。また、雲気文も天空の表現であった。鏡の中心の鈕座の四葉は天の中心を象る蓮の花であり、天の中心の星（太一）であった。方形の大地の中心と天の中心が重なるのは天地の立体的なモデルを宇宙軸で押しつぶすようにして二次元で表現したためであり、天地が一体となった状態を示しているという。(108)

漢帝国崩壊後、約三〇〇年の分裂の時代を経て隋が中国の統一を図り、やがて唐代となった。隋唐代の新様式となる鏡には七〇〇年頃を境に、前期のものと後期のものがある。前期のものには海獣葡萄鏡、団華文鏡、十二支文鏡があり、後期のものには飛禽・走獣花枝文鏡、瑞祥文鏡、金銀平脱鏡がある。第一次大極殿と造営の時期が近い高松塚古墳出土の鏡も前期の海獣葡萄鏡であった。これと同じ前期の十二支文鏡の主文様は、鈕の廻りに四神、その外側を一二の長方形で区切り、その中に十二支を時計回りに配置、さらに外側で外縁との間には鋸歯文を巡らす(109)（図6―18）。第四章でみたようにキトラ古墳の壁画と同様に空間と時間の象徴を配する設計原理を確認できる。

このように漢代の方格規矩四神鏡は宇宙の構造モデルを具象的に象り、唐代前期の十二支文鏡は四方と十二支という時空という意味の宇宙を抽象的に象るのであった。

2　藤　原　宮　藤原宮大極殿院出土の代表的な軒瓦をみてみよう（図6―19）。軒丸瓦では中房には内側から一＋五＋九の一五の蓮子（雌しべの入った穴の表現）、弁の外側に珠点四〇を配する。緯書で陰陽五行説を要領よく記した『五行大義』では一五は生数と呼ぶ一～五の数の和、四〇は成数と呼ぶ六～一〇の数の和である。『易経』繋辞上伝ではその総数五五は天地の数とされ、(110)唐代明堂の規定で柱の高さ五五尺にも用いられた。蓮は天の中心の象徴である。『淮南子』地形訓には「天地の間に九州八柱あり」(111)とあり、蓮の花弁の間から八方に伸びたＹ字形の意匠は、天地を繋ぐＴ・Ｌ・Ｖ字形の意匠とその意味や、天の北極から八方への赤経線を思わせる。Ｙ字は神武紀「八紘を掩ひて宇にせむ」の八紘と同じである。外側の鋸歯文は漢代の鏡の説明からすれば宇宙の光芒を表現したことになろう。

この軒丸瓦と組む軒平瓦は蛇行する蔓と蕨型の葉柄部からなる唐草文として理解されている。折れ線を光芒、珠点を星、間の文様を雲気と捉えることも可能と思われる。『易経』繋辞上伝には「易は天地を準《なぞら》う。故に能く天地の道を弥綸《びりん》す。仰いでもって天文を観、俯してもって地理を察す、この故に幽明の故《こと》を知る。」[112]とある。嘗ては天星地水と呼ばれた瓦であるように、上部の点は星で、波打っているのは水面であり、水面上の蕨型は風（和気）、水面下の蕨型は渦巻く水波、下部の鋸歯文ならぬ折れ線は地上の山並みの具象かもしれない。中間部は全体で雲気にも見えなくもない。天地を準えるのかもしれない。

藤原宮出土の鬼瓦には三重の重弧文が使われる。『易経』繋辞下伝には、「易の書たるや、広大悉く備わる。天道あり、人道あり、地道あり。三材を兼ねてこれを両《ふたつ》にする。故に六なり。六とは它《た》にあらざるなり。三材の道なり。」[113]とあり、三材とは宇宙の構成要素としての天地人「三才」のことで、才とは根源の意味である。天地人の三才からなる三界（三部世界）が世界を構成するという観念は『礼記』、『荀子』、『易』などにみえ、高木智見氏[114]は世界観に由来する実数としての三は無限または全体を意味する虚数としての三となり、世界観を顕在化する儀礼などの機会に、三つ、三回、三日、三年などの形で現れるとする。この鬼瓦も三才という宇宙観とその秩序維持による天下の安泰を表現したものと思われる。

藤原宮の瓦は軒丸瓦が天の神々しさを、軒平瓦が天地の交泰を、鬼瓦が八方を向いて三才の調和と無限の安寧をそれぞれ願った意味をもつ文様と思われる。

3　軒丸瓦の中の七曜文

和銅元年（七〇八）発行の和同開珎《わどうかいちん》に先立つ日本最古の銭として知られるようになったのが、天武天皇十二年（六八四）四月壬子（十五日）条の「今より以後、必ず銅銭を用いよ。銀銭を用いること莫れ」の銅銭にあたる富本銭である（図6―20）。銭形は円形方孔で、銭文は表にのみあり、孔の上下に「富本」、左右にそれぞれ七つの点を配する。松村恵司氏[115]によれば、銭文に記される富本は富国富民が国政の基本であることを示し、唐代の『芸文類聚』や『晋書』に記された「五銖銭」鋳造復活の故事に由来する。銭文の左右に並ぶ七つの点は七曜文と呼ばれ、七曜は天上にあっては日（太陽）月（太陰）と五惑星、地上にあっては陰陽とそれらが生み出した、万物の元になる木火土金水《もっかどごんすい》の五行を意味し、陰陽五行思想に基づくものである。陰陽が正しく作用し、五行が循環する様子を図像化したものが七曜文なのである（図6―21）。『古事記』はその序で、天武天皇の治世を「乾符《けんぷ》を握《と》りて六合を摠べ、天統を得て八荒包《か》ねたまひき。二気の正しきに乗り、五行の序を斉《ととの》えたまいき」と称えていることが示すように、富本銭の銭文は天円地方という中国古代の宇宙観を円形方孔の形に表して民衆を啓蒙しつつ、陰陽の調和を願うものと理解されている。

この七曜文は藤原宮期の官立大寺院である大官大寺の軒丸瓦にも使われる（図6―22）。蓮華文の中房には中心に一個、周囲に六個の蓮子が配されている。和銅七年（七一四）六月戊寅（二十三日）条にある、陰陽錯乱によって気候が不順とする記事や、養老六年（七二二）七月丙子（七日）条の、陰陽が乱れ災害旱魃が多いとする記事など、八世紀はじめの正史には陰陽の調和が乱れたことが散見される。『淮南子』天文訓(116)に「陰気勝てば則ち水と為り、陽気勝てば則ち旱と為る」とあるように旱魃は陽気が勝ることに原因があった。慶雲二年（七〇五）四月壬子（三日）条では陰陽が調和せず、穀物の作柄が悪く、人々が飢えに苦しんでおり、五大寺に金光明経を読経させたとある。当時の仏教は国家の安泰を願う役割が大きかったため、七曜文を含むこの蓮華文も陰陽の調和と五行の循環を願う意味があったのであろう。

平城遷都後の平城宮第一次大極殿の軒瓦で最も多い組み合わせを示した（図6―23）。その軒丸瓦は中房に一＋六の蓮子、弁の外側に二十四の珠点を配する。珠点は二十四節気を表し、中房の七曜文と合わせ、いつの季節も陰陽が調和することを願う文様なのであろう。

4　難波宮の軒瓦　難波宮大極殿院では、重圏文軒丸瓦・軒平瓦が出土する（図6―24）。嘗ては蓮華文軒丸瓦の圏線のみを残して省略した意匠とされたものである。櫻井久之氏(117)は三重の圏線直径とキトラ古墳の天文図の内規・赤道・外規の推定半径を比較検討し、その間隔比が近似することから三円は天文図を意図したものとした。また、難波宮は天武天皇の朱鳥元年（六八六）に焼失したが、聖武天皇は天文・遁甲に通じた天武天皇の正当な後継者としてその復興を図り、瓦には最先端の宇宙観を背景にした意匠を施したとした。卓見であろう。その瓦当中央に陽刻の「右」正字や裏字を施したものや、その軒丸瓦と組む重圏文軒平瓦では瓦当中央付近に十字の陽刻のあるもの（図6―24）が出土しており、ここでは、その意味について考えたいと思う。熒惑《けいわく》（火星）は地球に近い外惑星であるため、地球との位置関係で日々の観測においては蓋図上を大きく左へ（図6―25）、北を背にして南天を観測すると見かけ上は東から西へ（図6―26）戻るように観測される逆行現象があり、養老四年（七二〇）正月甲午（十七日）条、神亀元年（七二四）七月丁丑（二十日）条などに観測記事がある。天人相関思想から天子は天の正常な運行に責任があったため、こうした異変は不祥であって、天皇の不徳を意味したのである。第四章で述べたように古来天文学は宮廷の秘儀であったため、天文を観測する陰陽寮は異変を観測したら天皇に密かに奏上することになっていた。占星術の書『大唐開元占経』石氏占には、「国が礼を失し、夏の政令を過《あやま》てば熒惑（火星）が逆行するであろう」とある。[118] 養老五年は革命があると言われる辛酉革命の年であることから、前年の熒惑逆行は支配者層を脅かしたことであろう。神亀二年（七二五）九月壬寅（二十二日）条には、聖武天皇は天の教えと命令は明らかではなく、心を尽くしても感応がなく、天は星の運行の異常を示し地は振動を起こしていると し、災異を除くべく三〇〇〇人を出家させ、諸寺では経典の転読を行わせたとある。第二章で述べたように元々天人相関思想は人間の勝手な思いこみで作った思想であったため、心を尽くしても効果はなかったのかもしれない。一方、逆行など異変のない時をみると、天平宝字二年（七五八）八月庚子（一日）条には淳仁天皇の即位宣命に続き、百官の上奏文が光明皇后を称えて「日月是に於て貞明に、乾坤これを以て交泰せり。」とし、日月の運行は常に正しく明らかで、それによって天地の気が交って相通じ、万物が生成発展して安泰とした。このように蓋図上で七曜が右へ廻る天の順調な運行と、地上の陰陽の調和、五行の循環は、天下泰平の必要条件だったのである。

さて、重圏文の軒丸瓦は透明な天球（天蓋）に内側から記した右の字を天球の外側から見て、天球を平面にしたようなデザインである。『晋書』天文志などは渾天説を記載し、それを奈良時代の我が国が陰陽寮の天文生の教科書としても受容している。陰陽寮の教育では暦部門は蓋天説、天文部門は渾天説に則って行われた。前者はすでに受容してきた南朝・百済系の文化、後者は唐の新しい文化の影響が強いという。[119] 天球の外側からの視点があったことは、後漢墳墓武梁祠の画像石（図6―27）や北朝鮮の文石墓の天井石、浙江省上虞県発見の唐代天象鏡、正倉院御物中倉の青斑石鼈合子《せいはんせきのべつごうす》（図6―28）、同じく北倉の呉竹鞘御杖刀《くれたけさやのごじょうとう》（図6―29）などの七星剣刀身、式盤（陰陽師が使う道具）、唐代道教の巨匠司馬承禎が描いた『含象剱鑑図』掲載の剱等に北斗七星が裏返しに描かれていることからも知られる。(120)また、『漢書』「郊祀志」、『文選』の「七命八首」や「甘泉賦」では立派な宮殿の高い楼閣に登り、日月を下に見るほど視点が高くなると、日月が足下から影を逆さに映す「倒景」をみることができるとする。さらに天高く登ると恒星のある天球を外側から見ることになる。卵の殻のように天球には厚みがあり、そこに筒状に空いた穴が星であるため、夕星《ゆうづつ》など星名に「筒」が付けられるものがあるという。(121)天帝の天球を見る視点は地上の人間とは逆なのであり、陰陽を正す北斗を裏から描くことは天帝の視点を獲得し、天意を得て陰陽を正すことができることを意味すると思われる。新羅の月城（慶州）出土の軒丸瓦の瓦当などに「在城」の裏字を記したものがある（図6―30）が、拡大解釈すれば天に翳す瓦に裏字を刻むことも願いを天に届けることや天意を得ることに繋がるのであろう。

右裏字は、七曜の右への順行を願って透明な天球に書いた右の字を、天帝が天球の外側から見て了承したことを示す徴である。天帝が見やすいように裏字で書けば正字となり、正字で書けば裏字となって示される。この徴は古事記の序に言うところの天武天皇が得たという乾符（乾は天の意で、乾符は『文選』「東都賦」にもみえる符瑞のこと）に相当するものであろう（図6―31）。中心を外している重圏文軒平瓦の十字文は、偏心円で表される黄道の中心の象徴であり、黄道の極には星がなかったために十字で示したと理解できる。中心を外す意味を重視すれば十字文を記す軒平瓦の円弧は同心三円の一部か、それを変形させたものと考えられよう。

宇宙の構造を知り、天意を把握していることを軒先にも誇示するのは、壬申の乱を勝ち抜き、天文（占星術）遁甲に通じていた(122)という天武天皇の皇統（天武天皇から称徳女帝まで）による天下支配の正統性を示すのである。

5　平城宮第一次・第二次大極殿の軒平瓦　平城宮第一次・第二次大極殿の軒平瓦の瓦当中央には、ともに上から懸垂してくるものと下でそれを包み込むかのようなものが描かれ、唐草文の一部とされている。これらを天の陽（気）と地の陰（気）との交合と捉えるなら、そこから左右に広がる文様は和気が満ち伝う様と捉えることもできよう。

以上、数ヵ所の大極殿院出土の軒瓦を見てきた。それらの意匠は異なるが、宇宙観を映しつつ国家の統治と安泰を願うめでたい文様と解釈できることは共通する。具象的か抽象的かという別はあるが、軒瓦の文様に至るまで〝宮殿は宇宙を象る〟という設計思想が実現されているのである。

なお、平城宮第二次大極殿院出土の軒丸瓦の文様については上述の文脈での説明は難しい（図6―32）。天平七年（七三五）五月癸卯（二十四日）、宮中と大安寺・薬師寺・元興寺・興福寺などで災害を除去し、国家を安寧にするため大般若経を転読し、天平九年（七三七）十月丙寅（二十六日）には第一次大極殿で金光明最勝王経の講義を行っている。この文様については、かつて遣唐使が見聞したであろう洛陽宮の明堂での仏事や仏教思想、後の大仏の建立や仏教行事などと併せて理解すべきものと思われる。さらに、桓武朝平安宮の軒瓦の文様については皇統意識やこの頃重視された『春秋公羊伝』が参照されて解釈されるべきと思うが、他日を期したい。

五　大極殿と大極殿院の数字的意味

1　柱の数と柱間の数、基本単位

(一)　柱の本数四四

藤原宮から長岡宮まですべての大極殿は、身舎《もや》が桁行七間・梁行二間で、四面に庇がつくため、全体で桁行九間・梁行四間となり、四四本の柱を有する。天壇の祈念殿と同様、中心近くの柱に四神、それを囲む柱に十二支、その他に二十八宿が配され、柱の数にも意味がある故に難波宮大極殿や平城宮第二次大極殿の造営で建物の実長が変わっても柱間の数と柱の数は変わらずに守られたと思われる。七〇〇年前後に造営されたと考えられている、ほぼ同時代の高松塚古墳・キトラ古墳の石室壁画では天文図、日月図、四方を示す四神図が共通し、キトラ古墳には時間を象徴する十二支が獣面人身像の形で描かれている。四四は空間（四神・二十八宿）と時間（四時・十二支）、すなわち宇宙の象徴で、大極殿内の壁画の画題や高御座の意匠にも直結するモチーフと思われる。塼積擁壁が宇宙を象るのに加え、このように大極殿そのものも建物単体で時空を象るため、宮都は入れ子状になって宇宙を象るのであった。

（二）一七

一七は第一次大極殿の身舎の桁行柱間や、朱雀門の桁行・梁行の柱間の尺長など最高級の建物の柱間に利用されている。第四章でも記したが、十七条憲法の一七は陽の極数九と、陰の極数八の和と考えられている。しかし、『易』においては陰の極数は六という[123]。『管子』五行篇に「天道は九を以て制し、地理は八を以て制す」とあることなどから、極数でなくとも一桁の最大の陽数と最大の陰数のそれぞれ天地の数の和として尊重された数字であり、好まれて使われたとみてよいと思う。

（三）東面・西面築地回廊の柱間数

平城宮第一次大極殿院の東面および西面築地回廊は桁行柱間が一五・五尺という半端な寸法を用いており、東面および西面回廊の回廊心々では七〇間であるが端々まで入れると七二間である。天壇の長廊と同様、七二という暦に関わる数字に意味（七十二候）を見いだし、時空という意味での宇宙を象るのではなかろうか。そのために一五・五尺という数値を用いたものと思われる。回廊の心々距離では南北およそ九〇〇大尺で、小尺にすれば一・二倍の一〇八〇尺になることははじめに述べた。一〇八〇については『漢書』「律暦志[124]」に次のように記される。

天は一をもって水を生じ、地は二をもって火を生じ、天は三をもって木を生じ、地は四をもって金を生じ、天は五をもって土を生ずる。五勝が相い乗《か》って小回転を生じ、乾坤の数を乗ずることによって大回転を成す。陰陽は相い類するものを並べあわせ、相い交錯して成るものゆえ、九・六の変化は六爻―一卦―を上下する。三微で著をなし、三著で象―九―をなし、二象で十八変して卦をなし、十八を四倍して易をなし、七十二となるが、これは三統を三倍した九と四時を二倍した八とを乗じた数である。これを三倍すれば乾の数―二百十六―を得、これを二倍すれば坤の数―百四十四―を得る。陽九によってこれを九倍すれば六百四十八となり、陰六によってこれを六倍すれば、四百三十二となり、都合千八十、これが陰陽各一卦の微算の数である。

一〇八〇は天地、陰陽、五行、易をもって宇宙を語ることのできる数字でもあった。ただし、施工段階までこの数字が堅持されたかはさらなる検討が必要と思う。第一章の註(9)で述べたように実長が数尺足りないためである。

(四) 基本単位四〇尺

第三章で述べた唐代の明堂の規定では四〇は九會之数とされた。塼積擁壁に用いた円の半径の基本単位は四〇尺であり、大極殿院の規模も四〇尺の倍数を基本としている。設計手法案Bでは同心円心と偏心円心は一二〇尺(四〇尺×三)離れているため、四〇尺の三~九倍の数が四倍を除いて使われていた。大極殿前庭に臣下が入ったか否かについても議論があるところであるが、高い塼積擁壁が儒教的な君臣の身分秩序を視覚的に示すものならば、渡辺晃宏氏[125]の指摘の通り臣下を招き入れたのであろう。臣下が整列する場所は、官位に応じて四〇尺間隔を基本とするということになる。幢幡については大極殿院の時期(Ⅰ期)のものは検出されていないが、SB七一四一の北、奈良時代後半の整地土下、塼積擁壁の南四〇尺(高御座心⑦からは一六〇尺=四〇尺×四)が想定できるのではないだろうか。

平成十七年(二〇〇五)、平城宮第一次大極殿院の南にある中央区朝堂院で大嘗宮の遺構が一期分検出された。東区朝堂院では五期分の遺構が既に検出されており、平城宮外の南薬園新宮で即位した孝謙天皇を除き奈良時代に即位した天皇の大嘗宮の遺構がそろったことになる。[126]岩永省三氏[127]は中央区の場合も含め各時期の大嘗宮正殿の位置関係は、四〇尺ずつ南へ移動していると指摘している。前回の大嘗祭時の正殿の位置を記録に留めておき、いつとは知れぬ次の大嘗祭の時にはその遺構を踏むことなく、南への移動を繰り返すのである。五徳の一つ、礼は五行では火に配当され、方位は南と同じ属性である(表6―1)。先代の天皇と当代の天皇とは親子あるいは君臣のような関係で、礼により南へ下ると解せるのである。四〇の意味については、次の事例が参考になる。

『続日本紀』天平宝字元年（七五七）八月甲午（十八日）条にみると、蚕の卵が「五月八日開下帝釈標知天皇命百年生息」と文字を綴ったものが献上され、これによって天平宝字に改元されることとなる。孝謙天皇はその文字の意味を群臣に議論させ、臣下はその意味を奏上、天皇は「五月八日の五と八の数字を並べて掛けるならば、天子の聖寿の不惑（四十歳）に通じ、日と月はともに明るく、皇室の末永い繁栄を象徴する」(128)と加えた。こうした付会とも言える数値の積についての天皇の見解は単なる個人的な思いつきではなく、編者を含む当時の知識層の認識に共通するものとみるのが自然であろう。『漢書』律暦志に「五声と八音は調和して音楽が成立する」(129)としているように、その積四〇は前述した成数の和であり、五行の五と天皇が支配する国土（大八洲）の象徴八を掛け合わせたもので、最小公倍数はともに調和する数字として重視されたものと思われる。四〇も含め、数値が古代の朝廷においていかに重視されたかの認識を新たにする。平安宮での朝賀の時に龍尾壇の上に並ぶ威儀物の数が国の数など支配する対象と密接と考えられている(130)。これと同様に朝廷の儀式において用いられる数字は含意のあるものと考えるべきである。従って、広い大極殿院という大区画でも必ずしも完数の一〇尺の倍数となる規模をもつとは限らないと思われる。

2　各大極殿院と数字的意味

(一)　藤原宮大極殿院と九

藤原宮大極殿院の発掘調査により、東西長は四〇〇尺、南北長は五四〇尺と推定されている(131)。しかしながら、西面回廊の遺構は残存状況が悪く、発掘調査もまだ部分的であって判断は難しい。大区画ではたとえ実長が確定しても、造営基準尺を例えば〇・二九四メートルとみるか、〇・二九六メートルとみるかで九〇メートルで約二尺の差を生じることになり、個々の柱間を確定し全体の尺長を積み上げないと回廊の規模や基準尺も正確には決めがたいからである。

仮に、東西長が五尺多い四〇五尺なら九尺の四五倍、五四〇尺は六〇倍で、その比は三対四となり、『周髀算経』でも言及する鉤股弦の定理（ピタゴラスの定理で各辺の長さの比が三対四対五となる場合）と関係するのかもしれない。完数でない九尺のような基本単位を推定したのは藤原京造営に影響したと考えられている『周礼』考工記[132]が「周人の明堂は九尺の筵を度とす。東西九筵、南北七筵、堂の崇《たかさ》一筵」で九尺の倍数とし、『礼記』礼器第十では「高きを以て貴しを為す者あり。天子の堂は九尺、諸侯は七尺、大夫は五尺、士は三尺、天子諸侯は臺門あり[133]」とあって、天子の堂の基壇の高さには九尺が守られていた。このことは藤原宮大極殿の基壇高さについても示唆的であり、施設群すなわち回廊の規模もこの倍数を使うのではないかと思われる。

『漢書』律暦志には「九は中和を究極し、万物の根源となる[134]」とある。また、九を重ねると書く「九重」は天を意味し、禁中、禁裏とともに、内裏の別称で、現在も皇居を意味する。江戸時代の百科事典『類聚名物考』には「楚辞にあり。禁裏のうちを九重というは、天門九星にかたどれるなり……」とあるように、九重は天文に基づく名称と認識されていた。現在の京都御所の紫宸殿の南階十八級は九の倍数と考えられている[135]。北京の紫禁城や天安門などの中軸線上の主要建築の門扉一枚に用いている鋲は九列九段で八一となっているが[136]、これも無関係ではあるまい。前述した通り、藤原宮造営の構想に関わった天武天皇は九月九日に亡くなっており、その一九年（一章）後の九月九日には八咫烏神社が大極殿の東に造営されている。藤原宮は九と関係が深く、九を重ねること（重九《ちょうきゅう》）で宮殿や皇室の長久の音に通じ国家の安寧に繋がるのだろうことは平成十六年に指摘したことがある[137]。平成十九年には大極殿院南門のすぐ西の南面回廊から地鎮具の遺構が見つかった[138]。平瓶の中に九個の水晶、平瓶の口に九枚の冨本銭があって九を重ねた（図4―1）。

藤原宮大極殿院の回廊規模については今後の調査に期待しつつ、規模検討の一つの視点として数字の意味を書き留めた。

（二）平城宮第一次大極殿院と九・五

平城宮第一次大極殿院の回廊の長さは前述の通り、南北およそ九〇〇大尺、東西五〇〇大尺、その比は九対五であって、中国の紫禁城正殿である太和殿とその後方の中和殿・保和殿が建つ三重の大基壇の比率と同じである[139]。大極殿の基壇規模は東西一八〇尺、南北九七尺と考えられており、(140)この比に近く、南北が一〇〇尺なら長さが六分の一の相似形となる。『易』の注釈書には「王者居九五富貴之位」などとあり、重視された数値の組み合わせであった。九は最大の陽数、五は陽の真ん中の位であり、至高中正の君子が万民に恩恵を施すことを象徴するという。易の「乾」卦は「九五《きゅうご》。飛天にあり。大人を見るによろし」という。九五は縦に六つ並べた爻の下から五番目が陽の爻であることを、陽を代表して九で表現しているのであるが、転じて皇帝の中心宮殿の平面規模は桁行九間、梁行五間であるべきとする考えがここから生まれる。(141)前述した飛鳥浄御原宮東南郭の大極殿と考えられている掘立柱東西棟建物遺構（SB七七〇一）が桁行九間、梁行五間であることについても同様の指摘がある。(142)

大宝度の遣唐使派遣再開後に成立した第一次大極殿院では九五に執着しつつも、大極殿基壇南北規模で三尺、大極殿院南北規模で数尺程度及ばず、一見してわかる建物の柱間数には桁行は九間でも、梁行には四間を用いて五間を用いなかった。藤原宮から長岡宮までの大極殿は桁行九間、梁行四間で柱が四四本であることに意味があると上述したが、梁行を四間にして九五を避けた結果とも考えられないこともない。平城京の外京と北辺坊を除く規模はちょうど長安城の四分の一の面積で、相似形になるように設計されており、都城の規格は唐を中心とした国際秩序の表現でもあったようである。(143)大極殿院の寸法計画に、守るべき国際秩序と新羅などを蕃国と位置づける日本の帝国意識が見え隠れしているのかもしれない。

（三）難波宮大極殿院・平城宮第二次大極殿院と一九

後期難波宮では西半部を中心に調査が行われた。南門は後世の攪乱のため遺構は全く残っていなかったが、北面回廊の北雨落溝から南面回廊の北雨落溝まで七八・九五メートルで南北規模は二六三尺、後殿の中軸線から西面回廊心まで五〇・五二五メートルであるため東西規模は一〇一・一メートルで三四二尺、基準尺は〇・二九五八メートルとし、回廊は梁間八・五尺、桁行柱間一一・五尺と報告されている。(144)

平城宮第二次大極殿院は西半部の一部を除き、主要部の調査を終えている。回廊では礎石の下に使われていた根石の保存状態が良く、柱間を等間隔で押さえることができ、報告された規模の数値数字は確定的と言える。回廊の桁行柱間は一三尺、梁行柱間は一〇尺であり、大極殿院の規模は東西三八〇尺、南北二六七尺となる。その南北長、東面回廊心々は一三尺×一九間＋南面と北面回廊の梁間分一〇尺×二である。また、その東西長、北面回廊心々は、東面と西面の回廊の梁間分一〇尺と、東西の一三尺×八間の等間部分、大極殿と桁行の柱間を揃えたと考えられる後殿の一二九尺、後殿に東西から取り付く回廊のそれぞれ一間分の一一・五尺からなる。南面回廊は、東面と西面の回廊の梁間分一〇尺と、東西の一三尺×一〇間の等間部分、七五尺の南門、それに東西から取り付く回廊のそれぞれ一間分が一二・五尺である。後殿や南門への取り付き部分で柱間の調整がみられる。[145]

難波宮・平城宮第二次の各大極殿院はともに大規模な区画ではあるが、回廊心々の距離は前者が南北二六三尺、東西三四二尺、後者が南北二六七尺、東西三八〇尺と報告され、一〇尺単位の完数になるとは限らず現代的な感覚では半端な寸法を有して不可解なものである。ところが、九尺ではないが、一九尺の倍数を基本としているようである。東西長は順に一九尺の一八倍と二〇倍である。南北はともに二六六尺なら一九尺の一四倍になるが、若干異なるのは東と西の回廊には門が開かず、回廊の柱間が等間隔では理想的な数値を作れなかったと思われるからである。第二章で述べたように、当時の暦は太陰太陽暦で、一太陽年の長さを三六五と四分の一日とし、一九太陽年が二三五（＝一二×一九＋七）朔望月とほぼ一致するため、一九年（一章）の間に七閏月を入れた（十九年七閏法）。『漢書』「律暦志」に「暦数は閏をもって天地の中和を正す」とあるように、まさに一九は陰と陽を調和させる聖なる数であった。養老三年（七一九）十月辛丑（十七日）の詔に元正天皇が「正しい暦を持って皇位につき」などと述べていることをあげるまでもなく、暦は重要であり、その基本となる数字の一九を単位として使っていると思われる。

江口洌氏は、この一九と、一九に七を加えた二六は神聖な数字であり、単に暦数だけの問題ではなく、歴史を構成したり、政治的指導理念にまで取り組まれるほどに神聖な数として認識されていたと指摘する。[146]多くの事例からいくつかを示そう。

『日本書紀』に散見できるというが、天皇在位年数では、初代神武天皇が七六年、三代安寧天皇三八年、七代孝霊天皇七六年、八代孝元天皇五七年となっており、一九年の倍数が使われている。そして、六九〇年一月一日に即位した持統天皇の一三四九年（＝一九年×七一）前の紀元前六六〇年（辛酉年）の一月一日に神武天皇が即位したことになっている。また、伊勢神宮の式年遷宮は六九〇年から七八五年までの間は一九年ごとの遷宮が行われていた。さらに、孝徳天皇五年二月の冠位十九階のように、冠位の数にも見られるとする。

暦に関係し陰陽調和の意味のある数字とその倍数を用いることはその空間が天の権威に由来し、天下に調和と安寧を広めることを示すのではなかろうか。

（四）長岡宮大極殿院

長岡宮大極殿院では、発掘調査によって南面回廊が既に確認されていたが、平成十二年に大極殿南門を検出したことにより、大極殿院の構造が確定した。大極殿と後殿が軒廊で結ばれ、大極殿院はこれらを四面の回廊（桁行柱間一二尺、梁行柱間八尺）が囲む。その規模は、基準尺が一尺〇・二九六メートルで、東西三四〇尺（一〇〇・六四メートル）、南北三九五尺（一一五・四四メートル）と報告されている。(147) 東西三四〇尺、南北三九五尺は一九や二六で割っても特に規則性も見いだせないが、朝堂院も含めて五尺単位を基準とする配置計画ではないかと考えられている。(148) 三四〇尺は五尺の六八倍、三九五尺は五尺の七九倍であり、六八と七九に意味があるのかはわからないが、全体が五尺の倍数ということで、五行の循環を願うのかもしれない。

以上、各大極殿院の規模に用いられたと考えられる数値や比は一定しない。現在でも、暦注によって祭事の日取りの決定がされる場合があるように、造営の開始と完成の時期に関しては特に暦が重視されたものと思われる。具体的手法は見当がつかないのであるが、竣工予定年等の年の干支を六〇の数に置き換え、佳い意味を持つ数値や既に調和している数値の中からその時点で適したものを選び、建物規模の基本単位に反映させて時空という意味での宇宙の調和を図っていたのではなかろうか。

【参考文献および註】

（1）本中眞　一九九一「内裏の位置と地割」『平城宮発掘調査報告XIII』奈良国立文化財研究所　四〇一―四二一頁
（2）王維坤　一九九七『日中の古代都城と文物交流の研究』朋友書店　八六頁
（3）『晋書』二　志　中華書局　二八九頁
（4）橋本敬造　一九九九『中国占星術の世界』東方書店　九二頁
（5）清水重敦　二〇一〇「史跡の現状変更に関する資料」『平城宮第

一次大極殿の復原に関する研究2木部』奈良文化財研究所　一一一一七頁

(6)『晋書』二　志　中華書局　二九一頁

(7)拙稿　二〇〇八「平城宮第一次大極殿院と高御座の設計思想」『古代日本の構造と原理』青木書店　一八九—二七五頁

(8)『晋書』二　志　中華書局　二八九頁

(9)竹内照夫　二〇〇三『礼記』中　新釈漢文大系　明治書院　三九四—三九五頁

(10)立木修　一九九五「方格規矩鏡の割付」『文化財論叢Ⅱ』奈良国立文化財研究所創立四〇周年記念論文集　同朋舎出版

(11)吉野裕子　一九九九『易・五行と源氏の世界』人文書院　二〇六頁

(12)平城宮の構造と神話については水林彪氏の詳論がある。水林彪　二〇〇二「平城宮読解—中央区・東区二元的秩序の意味—」『古代王権の成立』青木書店　一〇五—一八八頁

(13)宮本長二郎ほか　一九八一「遺構」『平城宮跡発掘調査報告XI第一次大極殿院の調査』奈良国立文化財研究所学報XI　奈良国立文化財研究所　七八頁

(14)中島千秋　二〇〇〇『文選（賦篇）上』新釈漢文大系　明治書院　四四—四五頁

(15)小南一郎　一九九八「七夕の儀礼と物語り—水の機能の両義性を中心にして—」『別府大学アジア歴史文化研究所報』第一六号　別府大学アジア歴史文化研究所　一—一九頁

(16)鶴間和幸　二〇〇四『ファーストエンペラーの遺産』中国の歴史　講談社　三六六頁

(17)前掲書（16）。なお、中国南部の広東あたりに遺る民俗例では、七夕の日の天の河の水が直接地上の水に繋がると考えられているが、少し北の江南地方では露を介して天と地が結びついているという。

(18)竹田晃　二〇〇六『曹操』講談社学術文庫　二二一頁

(19)坂本勝　二〇〇三『古事記の読み方—八百万の神の物語—』岩波新書　七—八頁

(20)吉野裕子　二〇〇〇『陰陽五行と日本の天皇』人文書院　七三頁

(21)飛騨範夫　一九九九『日本庭園と風景』学芸出版社　五七—五八頁

(22)直木孝次郎　一九九〇『日本神話と古代国家』講談社　三〇頁

(23)吉田歓　二〇〇六「大極殿と出御方法」『ヒストリア』第二〇一号　大阪歴史学会　一—二四頁

(24)岡田精司　一九九二『古代祭祀の史的研究』塙書房

(25)遠山美都男　二〇〇七『古代の皇位継承　天武系皇統は実在したか』吉川弘文館　七三頁

(26)熊谷公男　二〇〇二「持統の即位儀と「治天下大王」の即位儀礼」『日本史研究』四七四　四—三四頁

(27)大隅清陽　二〇〇一「君臣秩序と儀礼」『古代天皇制を考える』日本の歴史第〇八巻　講談社　三一—八六頁

(28)井上亘　一九九八『日本古代の天皇と祭儀』吉川弘文館　三〇〇頁

(29)高木智見　二〇〇三「古代中國の儀禮における三の象徴性」『東洋史研究』第六二巻第三号　四三九—四七四頁

(30)王海燕　二〇〇〇年度「禁苑と都城—唐長安城と平城京を中心に—」國學院大學大学院紀要第三二巻　國學院大學大学院　三五三—

三七九頁

(31) 高田真治・後藤基巳訳　二〇〇四『易経』（下）岩成文庫　二九一―二九二頁

(32) 田中哲雄・町田章　一九八一「第1次大極殿地域の変遷」『平城宮跡発掘調査報告XI第一次大極殿院の調査』奈良国立文化財研究所学報XI　奈良国立文化財研究所　二一四頁

(33) 蓮沼麻衣子　一九九九「第一次大極殿院地区の調査第二九五次・第二九六次」『奈良国立文化財研究所年報』一九九九―Ⅲ　奈良国立文化財研究所　一一頁

(34) 中尾芳治　一九九五「後期難波宮の規模と構造について」『難波宮址の研究第十』大阪市文化財協会　七二頁

(35) 上野邦一・金子裕之「遺構各説」『平城宮発掘調査報告XⅣ　第二次大極殿院の調査』奈良国立文化財研究所　三三一―三九頁

(36) 國下多美樹　一九九七「長岡京」『都城における行政機構の成立と展開』古代都城制研究集会第二回報告集　奈良国立文化財研究所　一〇五―一六〇頁

(37)『隋書』二　志　中華書局　五三四頁

(38) このため、太政大臣の仕事は陰陽の燮理《しょうり》（調和させること）であったと、瀧川は指摘している。瀧川政次郎　一九六七『京制ならびに都城制の研究』法制史論叢第二冊　角川書店　三〇五―三五一頁

(39) 杉原たく哉　一九八四「七星剣の図様とその思想―法隆寺・四天王寺・正倉院所蔵の三剣をめぐって」『美術史研究』通号二一　早稲田大学美術史研究会　一―二一頁

(40) 前掲書（37）五三二頁

(41) 玉田芳英　二〇〇九「朝堂院の調査―第一五三次」『奈良文化財研究所紀要』六〇―六一頁

(42) 宮本長二郎ほか　一九八一「遺構」『平城宮跡発掘調査報告XI第一次大極殿院の調査』奈良国立文化財研究所　八二頁

(43) 上野邦一・金子裕之「遺構各説」『平城宮発掘調査報告XⅣ　第二次大極殿院の調査』奈良国立文化財研究所　四九―五〇頁

(44) 吉川真司　一九九九「長岡宮時代の朝廷儀礼―宝幢遺構からの考察―」『年報都城』一〇（財）向日市埋蔵文化財センター　二〇一―二一七頁

(45) 金子裕之　二〇〇二「平城宮の宝幢遺構をめぐって―宝幢遺構に関する吉川説への疑問―」『延喜式研究』第一八号　一〇六―一二九頁

(46) 新川登亀男　一九九九『日本古代の儀礼と表現』吉川弘文館　一四五頁、一六〇―一六一頁

(47) 金子裕之　二〇〇七「キトラ古墳壁画の玄武像をめぐる二、三の問題」『古代文化とその諸相』奈良女子大学二一世紀COEプログラム報告集第一五巻　奈良女子大学二一世紀COEプログラム　一―四〇頁

(48) 箱崎和久　二〇〇八「大極殿院南門の調査―第一四八次」『奈良文化財研究所紀要』六五―六七頁

(49)「中国都市史研究の史料と方法」二〇〇五（大阪市立大学大学院文学研究科二一世紀COEプログラム　都市文化創造のための比較史的研究PDF版　二一頁掲載の『三輔黄図校注』（一九九五　三秦出版社）。『三輔黄図』は著者は漢代の人と称するが、魏晋以降の内容も含まれるため南北朝時代の作とされ、唐宋時代にも増補し注が付け加えられている。

(50) 西口壽生「大極殿院の調査―第一一七次」『奈良文化財研究所紀要二〇〇三』奈良文化財研究所　七八―八四頁

(51) 前掲書（46）一六三頁

(52)『晋書』志第一天文上　中華書局　二九〇頁

(53) 渡辺信一郎　二〇〇四「宮闕と園林」『古代中国の王権と天下秩序―日中比較史の視点から―』校倉書房　一七一頁

(54) 渡辺晃宏　二〇〇六「平城宮中枢部の構造―その変遷と史的位置―」『古代中世の政治と権力』吉川弘文館　一二二―一四九頁、渡辺晃宏　二〇〇九「平城宮大極殿の成立と展開」『都城制研究（二）宮中枢部の形成と展開―大極殿の成立をめぐって―』奈良女子大学COEプログラム報告集第二三巻　五九―七一頁、二〇一〇「平城宮の建設と構造」『季刊考古学』第一一二号　雄山閣出版　二九―三三頁

(55) 井上和人　二〇〇六「古代東アジア都城形制研究の新視角」『条里制・古代都市研究』第二一号　条里制・古代都市研究会　一―七七頁

(56) 楠山春樹　二〇〇四『淮南子』上　新釈漢文大系　明治書院　一四四頁

(57)『後漢書』十一志（一）　中華書局　三二一六頁

(58)『晋書』二　志　中華書局　二九一頁

(59) 阿部健太郎・内田和伸　二〇〇四「射礼の復原に関する基礎的研究」『遺跡学研究』日本遺跡学会　七―二四頁

(60) 五帝について日本では、漢代の鏡などに見る以外、あまり馴染みはないが、『延喜式』巻八祝詞の「東文忌寸部の横刀を献る時の呪」に「謹みて請う。皇天上帝、三極大君、日月星辰、八方諸神、司命司籍、左は東王父、右は西王母、五方五帝、四時四気、捧ぐるに銀人を以ちてし、禍災を除かむことを請う」（虎尾俊哉編　二〇〇〇『延喜式』上　訳注日本史料　集英社　四八一頁）などとあり、儀式などと無関係ではない。

(61) 徐松撰・愛宕元訳注　一九九四『唐両京城坊攷　長安と洛陽』平凡社　一八六―一九九頁、大崎正次　一九八八『中国の星座の歴史』雄山閣出版　二五二―二五三頁

(62) 金子裕之　二〇〇八「なぜ都城に神社がないのか―都城とその周辺―」『奈良女子大学二一世紀COEプログラム報告集』第一八巻　奈良女子大学　一五五―一六五頁

(63) 吉野裕子　一九九〇『大嘗祭　天皇即位式の構造』弘文堂　三七―五七頁

(64) 所功　一九九三『伊勢神宮』講談社　一九九頁、一二三頁。直木孝次郎　二〇〇六『神話と歴史』吉川弘文館　二〇八頁。前者には遷宮の年が表にあり詳しい。『太神宮諸雑事記』『二所太神宮儀式帳』の藤原宮・平城宮期の記載記事にみると、式年遷宮は内宮で持統四年（六九〇）を最初として、和銅二年（七〇九）、天平元年（七二九）、天平十九年（七四七）、天平神護二年（七六六）に行われており、平安時代初期には二十年に一度の遷宮の制度が立てられたと考えられている。六九〇年から七六六年では平均すると十九年で本来は一章の十九年で、後に三回で還暦する二十年になったのではないだろうか。

(65)「日の中に三足の烏あり」と記述されたのは前漢末の緯書（占いや予言を記した書）である『春秋元命包』である。これより以前の前漢の文帝の時代の記録に「日の中に王の字あり」とある。また、

『淮南子』精神訓には「日の中に踆烏あり」とあり、いずれもその頃の太陽黒点を示していると考えられている（橋本敬造　一九九九『中国占星術の世界』東方書店　二八―四七頁）。

（66）逆に、民意を天に伝えるには庭が選ばれたように思われる節がある。橘奈良麻呂の変が失敗に終わっての天平宝字元年（七五七）七月四日条に載る東人の自白によると、首謀者らが六月に計画を練ったのは、奈良麻呂の家、図書寮の倉の近くの庭、太政官の庭中での三度で、太政官の庭では夜中に天地と四方を礼拝し、塩汁をすすり計画を誓っている。庭は天との双方向の交流の場所だったのであろう。

（67）高木智見　一九九九「古代中国の庭について」『名古屋大学東洋史研究報告』名古屋大学東洋史研究会　三一―六六頁

（68）金富軾著・金思燁訳　一九九七『完訳三国史記』明石書店　四四八頁

（69）前掲書（68）二九九―三〇〇頁

（70）前掲書（68）四五〇頁

（71）張寅成　土田純子訳　二〇〇八「百済金銅大香炉の道鏡文化的背景」『古文化談叢』第五三集　九州古文化研究会　一一九―一三二頁

（72）渡辺信一郎　二〇〇九「六朝隋唐期の太極殿とその構造」『都城制研究（二）宮中枢部の形成と展開―大極殿の成立をめぐって―』奈良女子大学二一世紀COEプログラム報告集第二三巻　七三―八九頁

（73）『瀋陽故宮』二〇〇五　瀋陽出版社　三三頁

（74）王秀文　二〇〇〇「桃をめぐる蓬莱山・崑崙山・桃源郷の比較民俗学研究」『日本研究』第二二集　国際日本文化研究センター　六九―一〇九頁

（75）前掲書（46）一五二頁

（76）高橋忠彦　二〇〇四『文選　賦篇　中』新釈漢文大系　明治書院　三〇頁

（77）前掲書（46）一四八頁

（78）北斗七星と宮殿等との関係は次のことが指摘できる。①幕末の天皇が即位式で用いた袞冕《こんべん》十二章と呼ぶ礼服の背中に北斗七星が描かれること。②塼積擁壁正面部と斜路の要所に点を補って考えるとその折れ曲がる形が北斗七星の形態に似ること。③刀身に北斗七星を刻みその霊力を込めたを剣を七星剣と呼ぶ。日本では正倉院御物の呉竹鞘杖刀、四天王寺伝来の聖徳太子御所佩の剣、法隆寺伝来の七星剣が現存し、北斗七星が尊ばれていたことが知られる。④呉竹鞘杖刀は両面の文様が合わさるようにできており、その刃を大極殿を貫く南北の軸線に見立て両面を展開すると、西側斜路は裏北斗となり、儀礼の行われる朱雀大路をはじめとする宮都の中軸線が北斗七星の霊力を持つことになる。⑤北斗七星は大嘗祭の儀式や伊勢神宮とも祭祀とも密接とする指摘もある。⑥平安時代の元日四方拝では、『内裏儀式』や『西宮記』、『江家次第』などに北斗七星が登場する。⑦前期難波宮の朝堂院が十四堂だとすると、その建物配置は北斗と裏北斗を象ることになる。これは想像が過ぎようか。

（79）楊鴻勛著／田中淡・福田美穂訳　一九九七「唐長安大明宮含元殿の復元的研究―その建築形態にかんする再論―」『佛教藝術』二三三号　毎日新聞社　一一一―一四四頁

（80）前掲書（67）

（81）前掲書（72）
（82）王秀文　二〇〇〇「桃をめぐる蓬莱山・崑崙山・桃源郷の比較民俗学研究」『日本研究』第二二集　国際日本文化研究センター　六九―一〇九頁
（83）竹内照夫『礼記』上　新釈漢文大系　明治書院　三七三―三七四頁
（84）中村璋八・古藤友子　一九九八『五行大義』上　新編漢文選七　明治書院　八九頁
（85）吉野裕子　一九九九『易・五行と源氏の世界』人文書院　一八三頁
（86）東野治之　二〇〇七『遣唐使』岩波文庫　四四―四六頁。なお、『三国史記』巻第六　新羅本紀第六文武王十年（六七〇）十二月条には倭国が国号を日本と改めたと見える。
（87）平川南　二〇〇八『日本の原像』二　小学館　四四―六二頁
（88）前掲書（46）一四九頁
（89）竹内照夫　二〇〇三『礼記』中　新釈漢文大系　明治書院　三九四―三九五頁
（90）大室幹雄　一九八六『劇場都市』三省堂　一二六頁
（91）中嶋洋典　一九八六『五色と五行』世界聖典刊行協会　一二六―一三五頁
（92）和同開珎の開の字に使われる〝井〟の字について。この字と〇〇通宝に使われる〝通〟の字は、上記の文脈から井が天に通じる意味で解釈できると思われる。『文選』文章篇、王融作の「永明九年、秀才に策する文　五首」（原田種成　二〇〇六『文選』（文章篇）上　新釈漢文大系　明治書院　二二七―二二八頁）に「泉流」とあり、泉は銭の意味を含み、銭が広く用いられること、泉の水の流れ行くが如きに喩えていう。銭と井戸は関わりがあるのである。なお、富本銭や和同開珎の銭文についての解釈は後掲註（115）が詳しい。
（93）斎藤英俊　一九七九『桂／修学院と京都御所』近世宮廷の美術日本美術全集第一九巻　学習研究社　六九頁
（94）石川忠久　二〇〇五『詩経』中　新釈漢文大系　明治書院　二八五―二九四頁
（95）黄蘭翔　二〇〇四「中国古代建築の鴟尾の起源と変遷」『仏教芸術』二七二　毎日新聞社　六八―一〇〇頁
（96）前掲書（79）、安家瑤　二〇〇三「唐大明宮含元殿跡の再発掘と再検討」『東アジアの古代都城』研究論集ⅩⅣ　奈良文化財研究所　五七―七三頁
（97）山田宏　二〇一〇「古代中国資料にみる大棟中央飾り」『平城宮第一次大極殿の復原に関する研究3彩色・金具』奈良文化財研究所　一〇一―一〇七頁
（98）金子修一　二〇〇一『古代中国の皇帝祭祀』汲古書院　二四五―二七九頁、秋山日出雄　一九八四「平城宮造営規格の成立」『日本政治社会史研究』上　塙書房　三七一―四〇四頁
（99）島田敏男・山田宏　二〇一〇「大棟中央飾り」『平城宮第一次大極殿の復原に関する研究3彩色・金具』奈良文化財研究所　一二六―一二七頁
（100）小杉一雄　一九八〇「古代木造建築の防火技術―蓮華文瓦および竜窟」『中国仏教美術史の研究』新樹社　三七八頁
（101）林巳奈夫　一九八九『漢代の神神』臨川書店　二一九―二八〇頁
（102）上原真人　一九九六『蓮華紋』日本の美術三五九　至文堂　三〇

頁

(103) 清野孝之　二〇〇四「大極殿院の屋根の色」『奈良文化財研究所紀要二〇〇四』奈良文化財研究所　三三頁

(104) 向井佑介　二〇〇四「中国北朝における瓦生産の展開」『史林』八七巻五号

(105) 佐川正敏　一九九二「中国の軒平瓦の成形・施文技法を考える―東アジアの造瓦技術の比較研究Ｉ―」『日本中国考古学会会報』第二号　日本中国考古学会　一―一三頁

(106) 福山敏男　一九七六『伊勢神宮の建築と歴史』日本資料刊行会　三〇―三一頁

(107) 前掲書（100）三六九―三七八頁

(108) 岡村秀典　二〇〇五「前漢鏡の宇宙」『鏡の中の宇宙』山口県立萩美術館・浦上記念館　一二四―一二七頁、上野祥史　二〇〇五「後漢の鏡とその後」『鏡の中の宇宙』山口県立萩美術館・浦上記念館　一二八―一三四頁

(109) 秋山進午　二〇〇五「山東省出土の隋唐鏡」『鏡の中の宇宙』山口県立萩美術館・浦上記念館　一三八―一四一頁

(110) 高田真治・後藤基巳訳　二〇〇四『易経』（下）岩波文庫　二三三頁、吉野裕子　一九九〇『大嘗祭　天皇即位式の構造』弘文堂　一六八―一七二頁、吉野裕子　一九八四『易と日本の祭祀』弘文堂　一三三―一三五頁

(111) 前掲書（56）二〇二頁

(112) 高田真治・後藤基巳訳　二〇〇四『易経』（下）岩波文庫　二一八―二一九頁

(113) 前掲書（112）二八一頁

(114) 高木智見　二〇〇三「古代中国の儀礼における三の象徴性について」『東洋史研究』第六二巻第三号　名古屋大学東洋史研究会　四三九―四七四頁

(115) 松村恵司　二〇〇五「古代銭貨の銭文」『文字と古代日本４　神仏と文字』吉川弘文館　七八―一〇三頁、松村恵司　二〇〇九『日本の美術　出土銭貨』五一二　至文堂　二六―二九頁

(116) 前掲書（56）一四五―一四六頁

(117) 櫻井久之　二〇〇三「重圏文軒瓦の意匠について」『続文化財学論集』続文化財学論集刊行会　二二五―二三四頁

(118) 『儒教の本』二〇〇一　学習研究社　一三七―一三八頁

(119) 細井浩志　二〇〇八「日本古代の宇宙構造論と初期陰陽寮の起源―特に蓋天説と漏刻をめぐって―」『東アジア文化環流』第一編第二号　東アジア文化環流研究会　六五―八六頁

(120) 三宅久雄　二〇〇一「青斑石の鼈合子と北斗七星」『亀の古代学』東方出版　三五―四五頁、米田雄介　一九九九「科学の目と北斗七星図」『正倉院学ノート』朝日新聞社　四九―五六頁

(121) 勝俣隆　二〇〇〇『星座で読み解く日本神話』大修館書店　一七四―一七六頁

(122) 戸矢学氏は道教の中の方位術という（戸矢学『陰陽道とは何か』ＰＨＰ新書三七八　ＰＨＰ研究所　三三頁）。一方、安居香山氏は兵陰陽書の一種、つまり兵法という（安居香山　一九八三『中国神秘思想の日本への展開』第一書房　一四頁）。

(123) 吉野裕子　一九九九『易と日本の祭祀』人文書院　六四―七四頁、中村璋八・清水浩子　一九九八『五行大義』上　新編漢文選八思想・歴史シリーズ　明治書院　八八―九一頁

(124) 班固著・小竹武夫訳　一九九八『漢書二表・志』筑摩書房　二一八―二一九頁

(125) 渡辺晃宏　二〇〇六「平城宮中枢部の構造―その変遷と史的位置―」『古代中世の政治と権力』吉川弘文館　一二一―一四九頁

(126) 清永洋平ほか　二〇〇五「中央区朝堂院の調査―第三六七・三七六次」『奈良文化財研究所紀要』八六―九五頁

(127) 岩永省三　二〇〇六「大嘗宮移動論―幻想の氏族合議制―」『九州大学総合研究博物館研究報告』第四号　九州大学総合研究博物館　九九―一三三頁

(128) 宇治谷孟　二〇〇三『続日本紀』（中）全口語訳　講談社　一七〇頁

(129) 小竹武夫訳『漢書』二　表・志二　筑摩書房　一八九頁

(130) 井上亘　一九九八『日本古代の天皇と祭儀』吉川弘文館　二九六―二九九頁

(131) 前掲書（50）

(132) 『周礼・儀礼・礼記』古典名著普及文庫　岳麓書社

(133) 竹内照夫　二〇〇二『礼記』（上）新釈漢文大系　明治書院　三六一頁。『大業雑記』によれば実際に隋代洛陽城正殿の乾陽殿も基壇の高さが九尺（田中淡　一九八九『中国建築史の研究』弘文堂　二一〇―二一一頁）であった。

(134) 前掲書（129）一九三頁

(135) 杉田博明　二〇〇六「南階」『京都御所　大宮・仙洞御所』京都新聞出版センター　三四頁

(136) 田中淡　一九八二「紫禁城宮殿と中国建築の伝統」『紫禁城宮殿』日本語版　五頁

(137) 拙稿「大極殿院の設計・計画・思想」『奈良文化財研究所紀要二〇〇四』奈良文化財研究所　四二―四三頁

(138) 松村恵司　二〇〇八「地鎮遺構と地鎮具について」『奈良文化財研究所紀要二〇〇八』奈良文化財研究所　六七頁

(139) 陳美東編　一九九八『宮殿建築』中華文化通史　建築史　上海人民出版社　八五―八六頁

(140) 中島義晴・蓮沼麻衣子・浅川滋男　二〇〇〇「第一次大極殿院地区の調査」『奈良国立文化財研究所年報』二〇〇〇―Ⅲ　二四―二八頁

(141) 村松伸・浅川敏　一九九九『図説　北京　三〇〇〇年の悠久都市』ふくろうの本　三九頁

(142) 林部均　二〇〇四「古代宮都と天命思想　飛鳥浄御原宮における大極殿の成立をめぐって」『律令制国家と古代社会』塙書房　八三―一〇四頁

(143) 井上和人　二〇〇五「東アジア古代都城の造営意義―形制の分析を通じて―」『東南アジアの都市と都城』第三号　東南アジア考古学会　一―三二頁

(144) 中尾芳治　一九九五「後期難波宮の規模と構造について」『難波宮址の研究第十』大阪市文化財協会　一六一頁

(145) 小野健吉　一九九三「建物配置計画」『平城宮発掘調査報告XIV　第二次大極殿院の調査』奈良国立文化財研究所　一三七―一四四頁

(146) 江口冽　一九九九「古代天皇と陰陽寮の思想」『河出書房新社』一九四―二四八頁

(147) 松崎俊郎　二〇〇二「長岡宮跡第四〇九次発掘調査報告」『向日市埋蔵文化財調査報告書』第五四集　向日市教育委員会・（財）向

日市埋文センター　一五—四二頁

(148)　向日市教育委員会の國下多美樹氏のご教示による。

図６－２　漢代画像石
規矩をもつ伏羲と女媧
橋本敬造　1999『中国古星術の世界』
東方書店　156頁

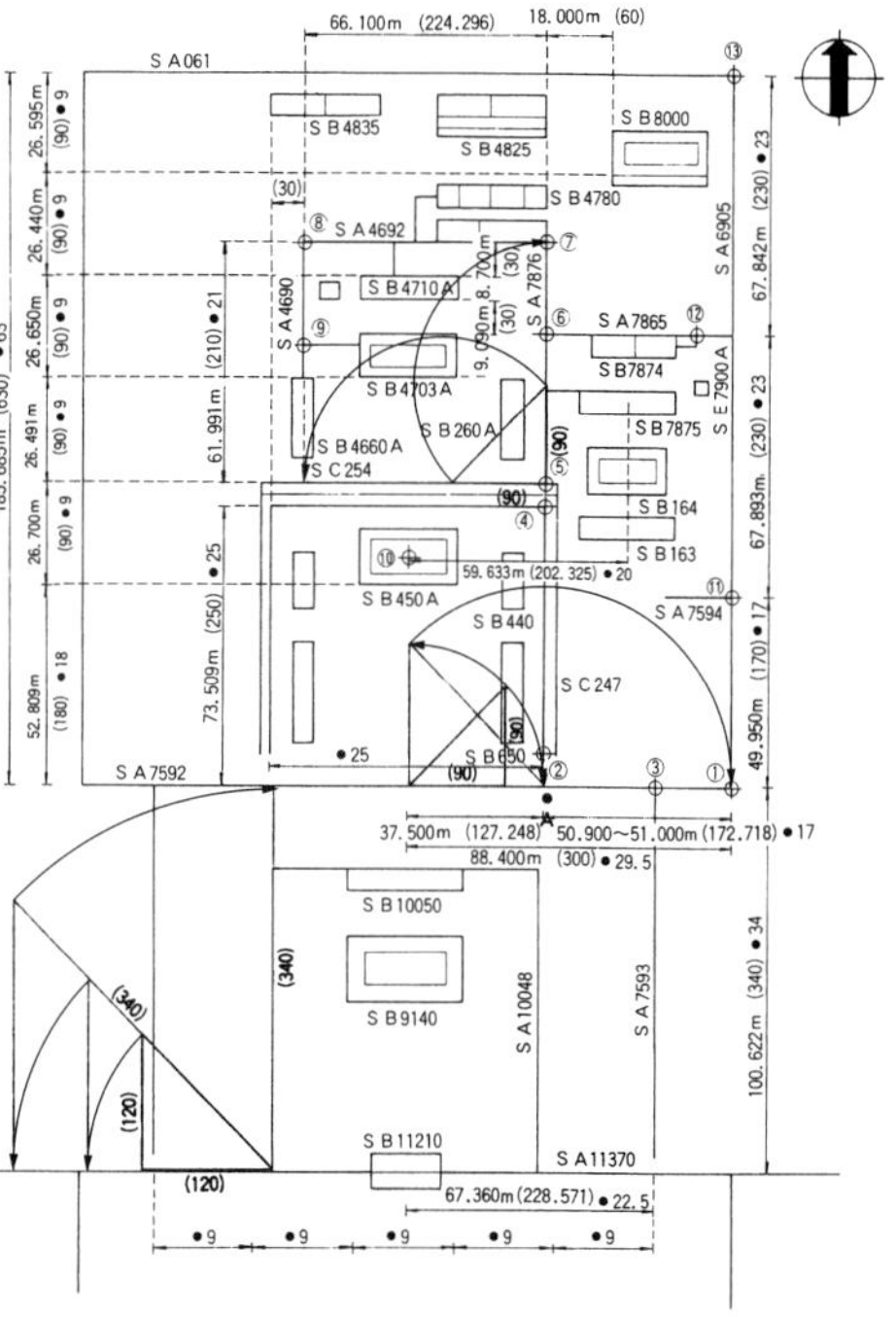

図６－１　平城宮内裏Ⅱ期の地割
本中眞　1991「内裏の位置と地割」『平城宮発掘調査報告 XIII』
奈良国立文化財研究所　404頁

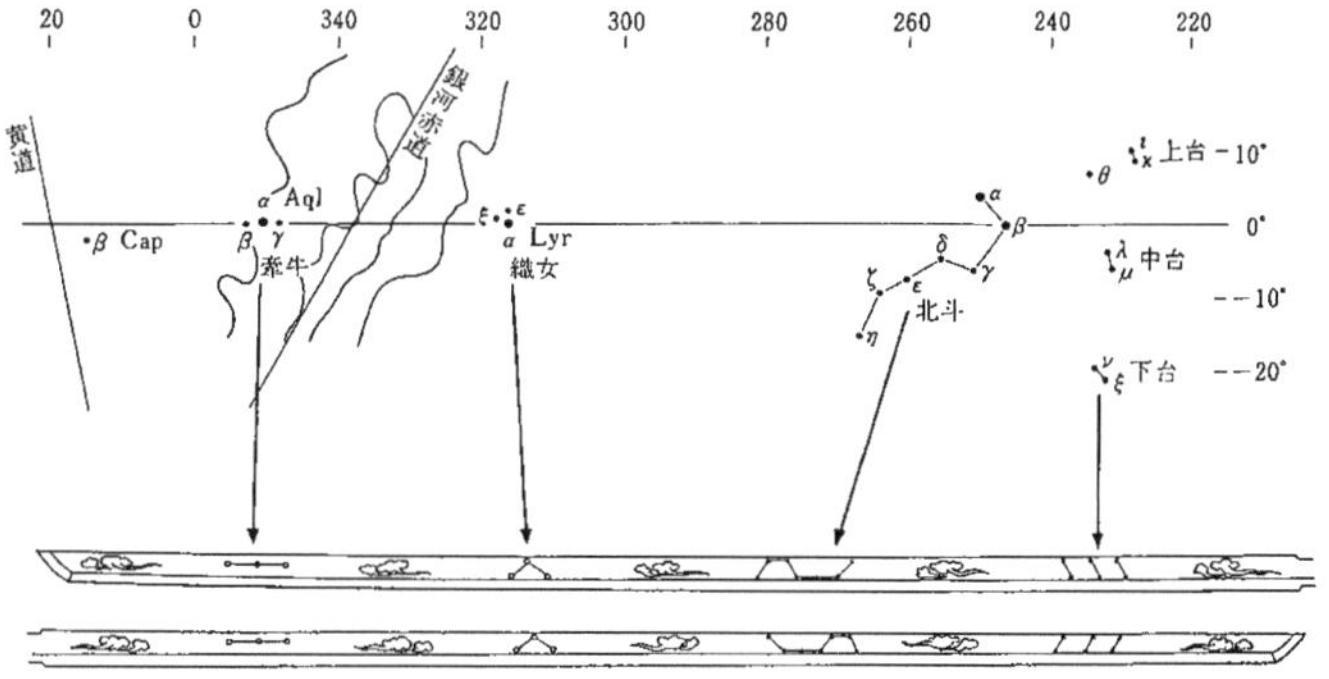

図６－３　七星剣と天文
杉原たく哉　1984「七星剣の図様とその思想―法隆寺・四天王寺・正倉院所蔵の三剣をめぐって」
『美術史研究』通号21　早稲田大学美術史研究会　14頁

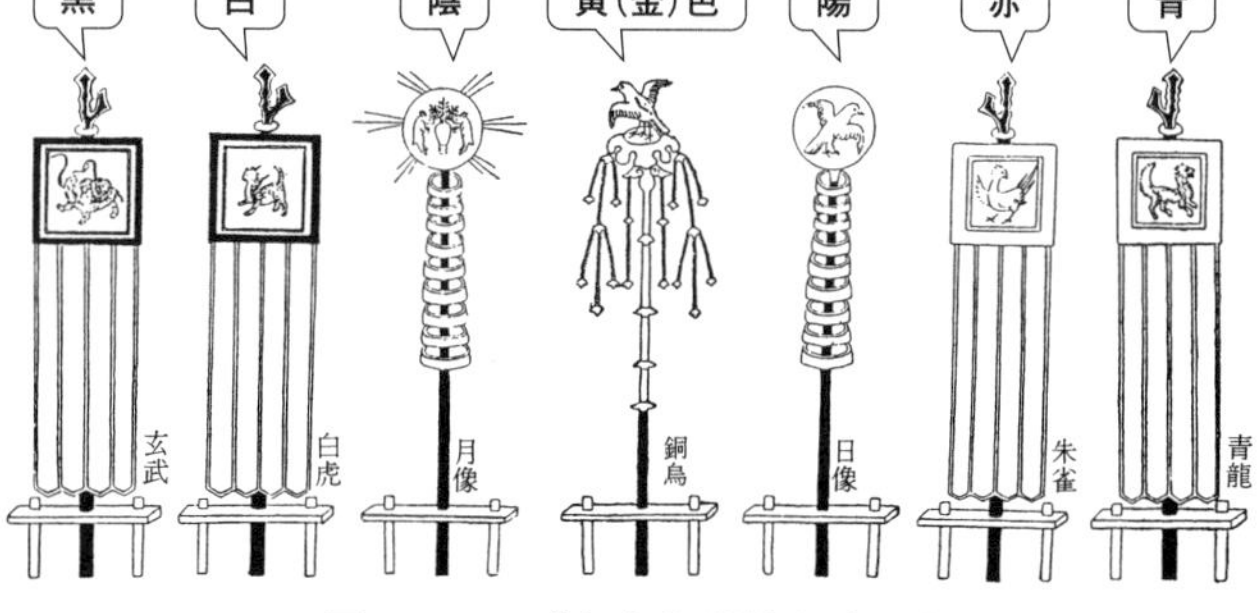

図６－４　『文安御即位調度図』
『平城宮発掘調査報告 XIV　第二次大極殿院の調査』164頁に加筆

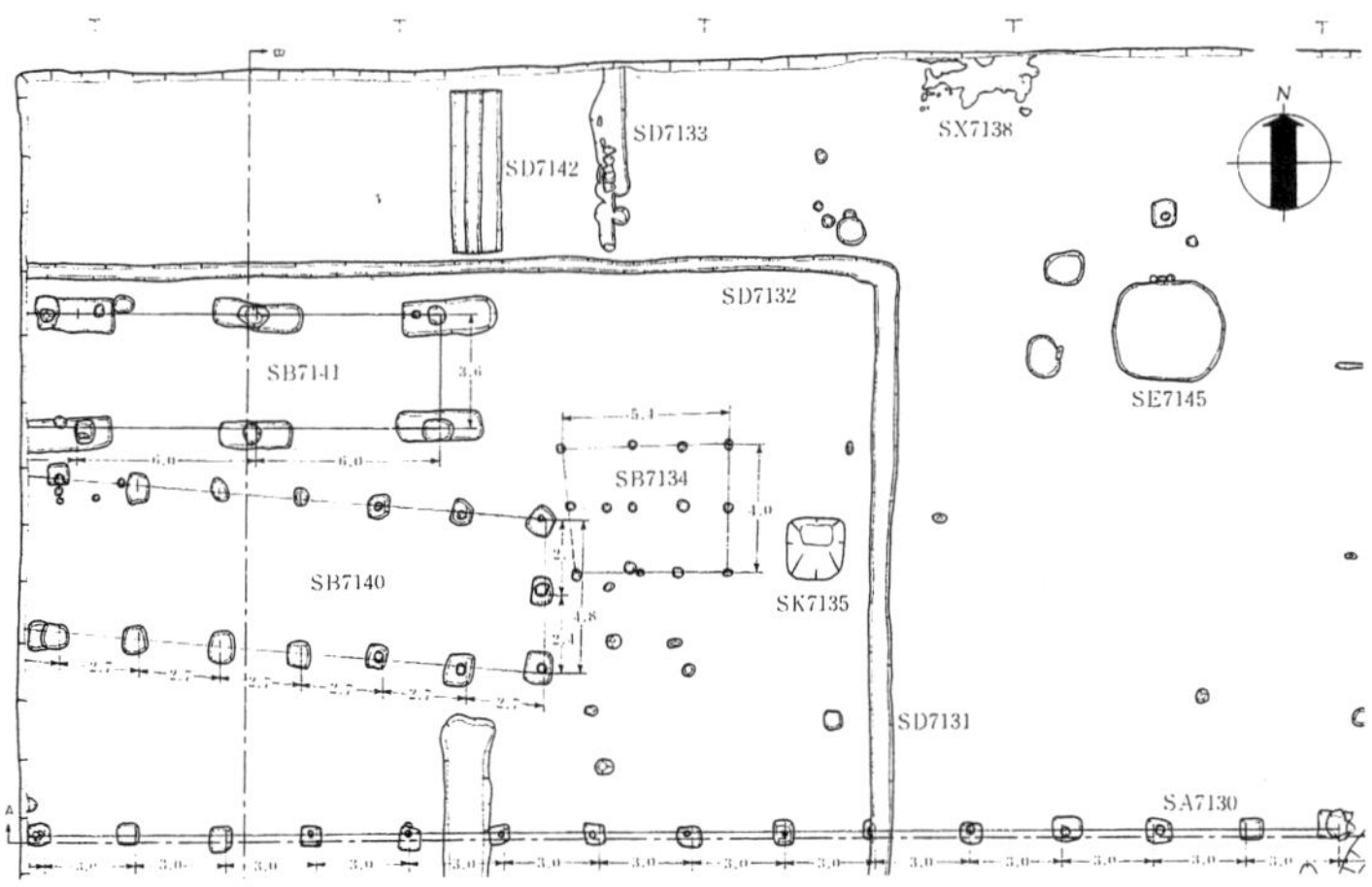

図6－5　SB7141
『学報 XI』PLAN16

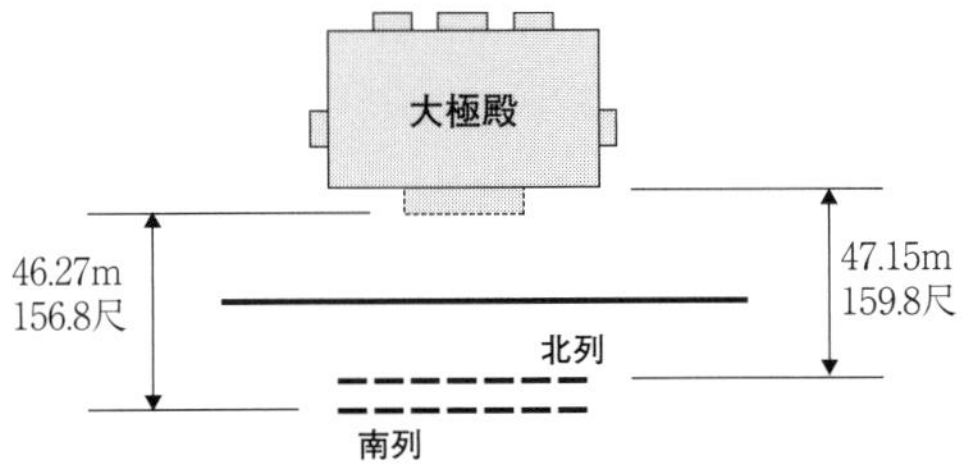

図6－6　SB7141を幢幡とみた解釈

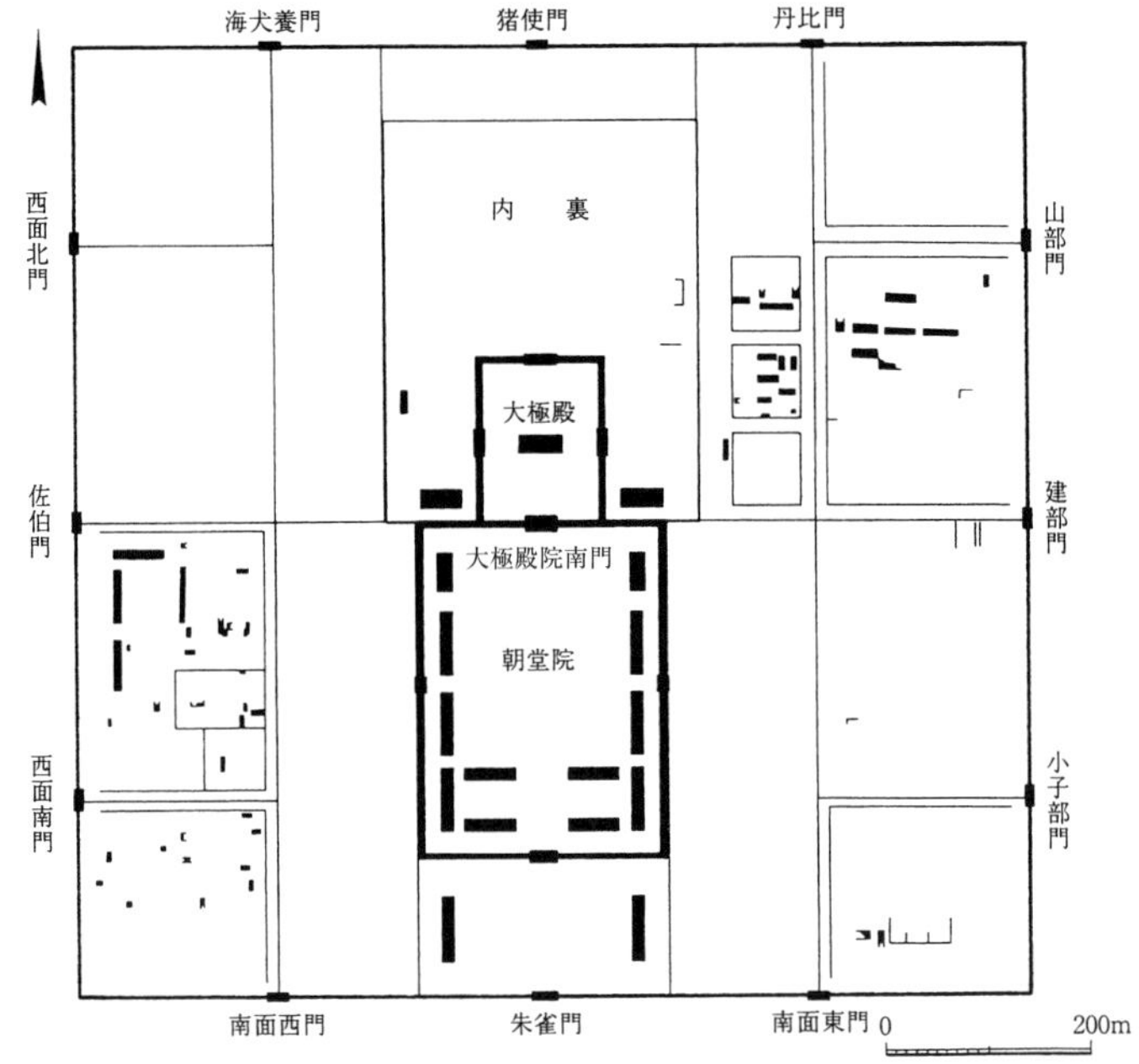

図6－7　藤原宮の構造
小澤毅　2003『日本古代宮都構造の研究』青木書店　241頁

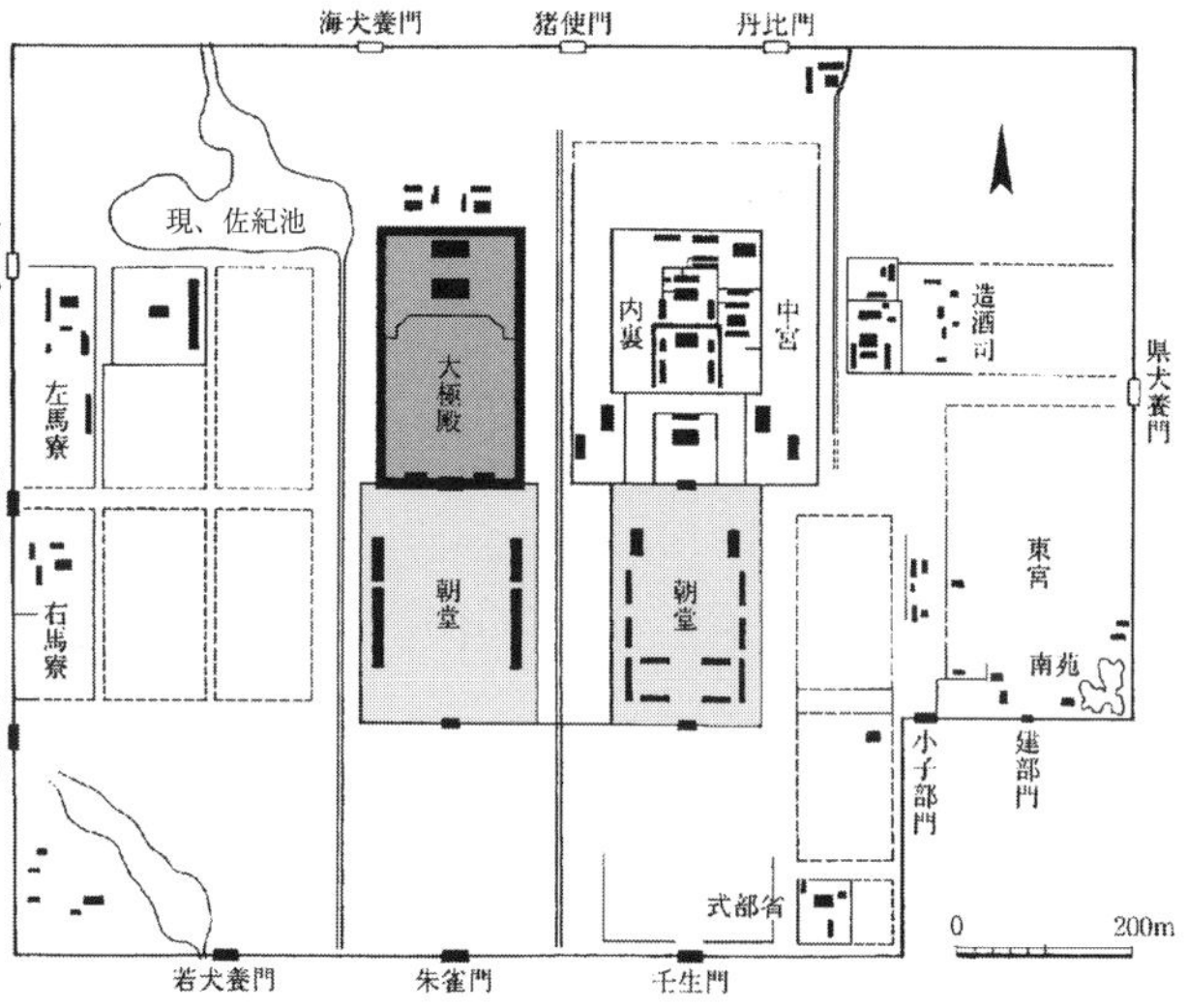

図6－8　奈良時代前半の平城宮の構造
小澤毅　2003『日本古代宮都構造の研究』青木書店　310頁に加筆

図6－11　瀋陽故宮清寧宮前の索倫竿

図6－12　熊野本宮大社の幡

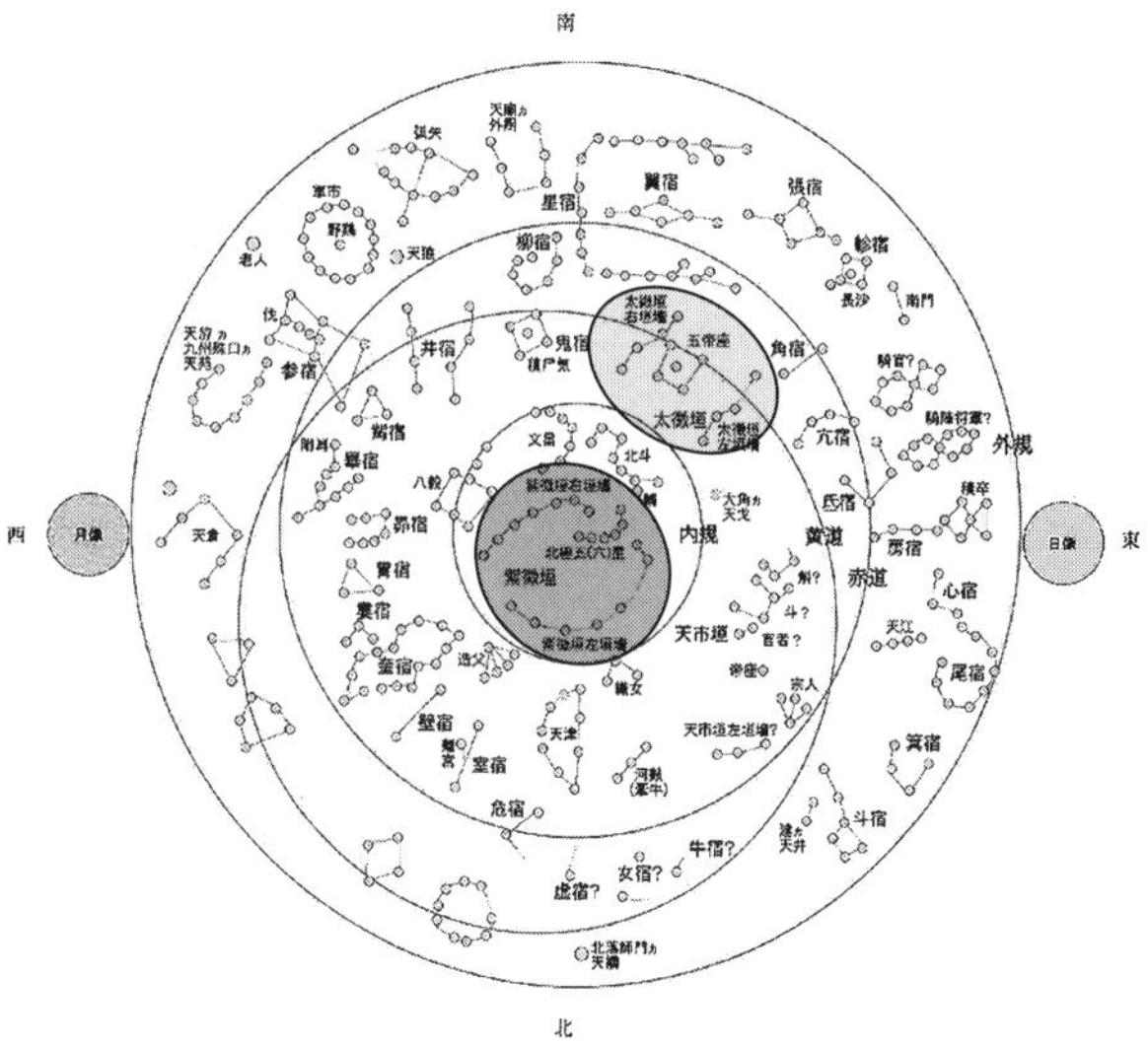

図6－9　キトラ古墳天文図の紫微宮と太微宮
『特別史跡キトラ古墳発掘調査報告』2008
奈良文化財研究所　43頁に加筆

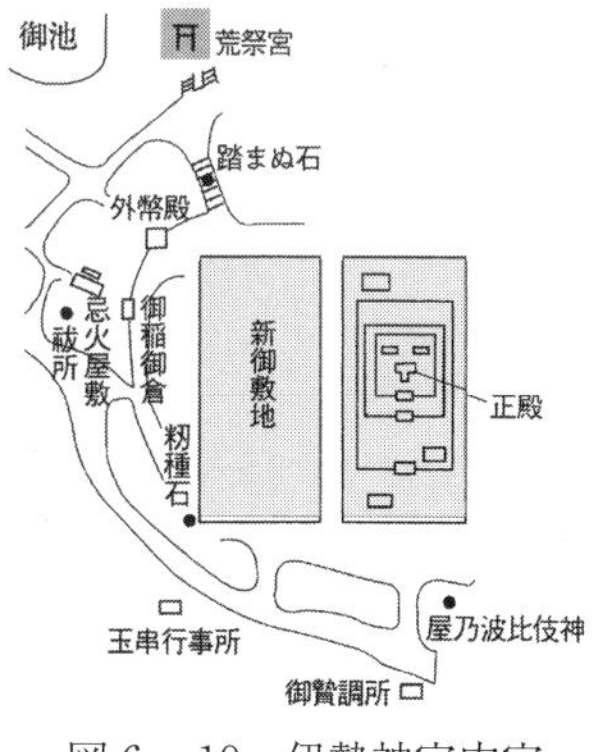

図6－10　伊勢神宮内宮
『伊勢神宮と神々の美術』2009　東京国立博物館
「内宮神域図」部分に加筆

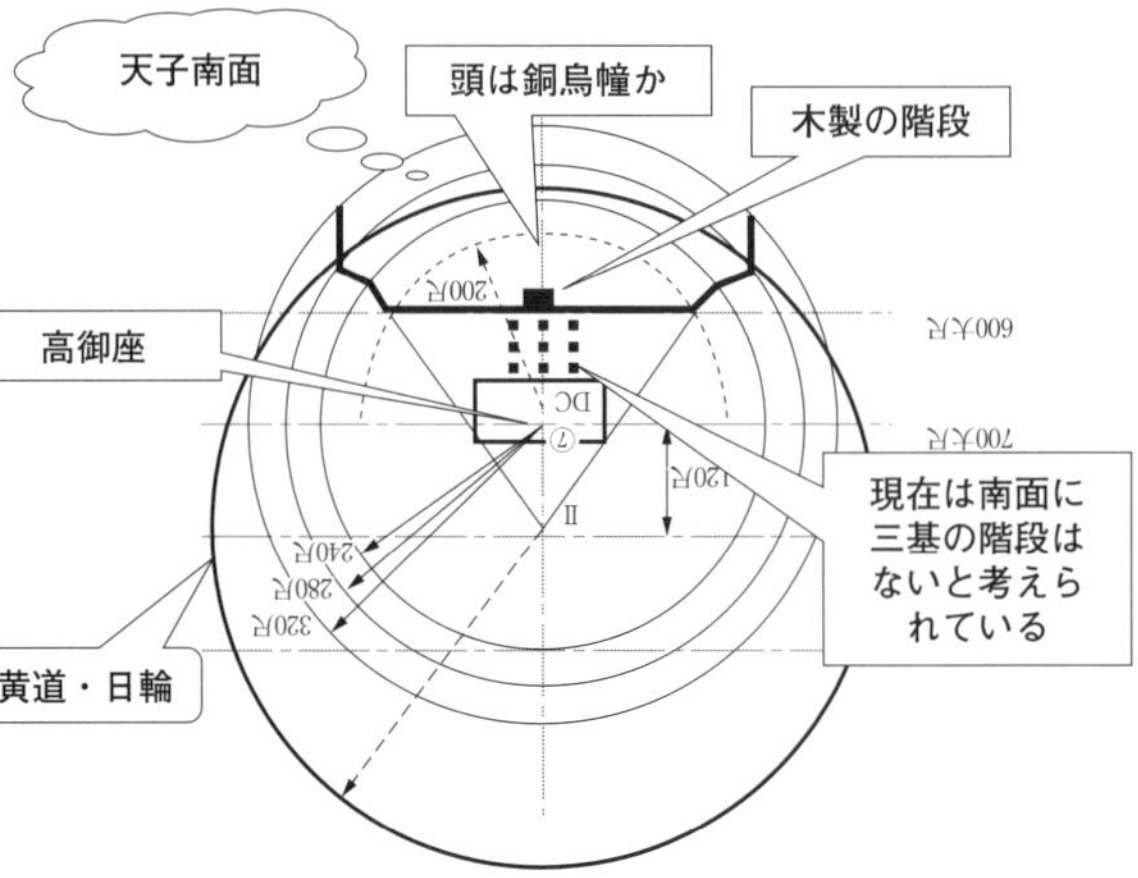

図６－13　塼積擁壁の平面形と八咫烏

図６－15　景福宮康寧殿

図６－14　天 壇 圜 丘

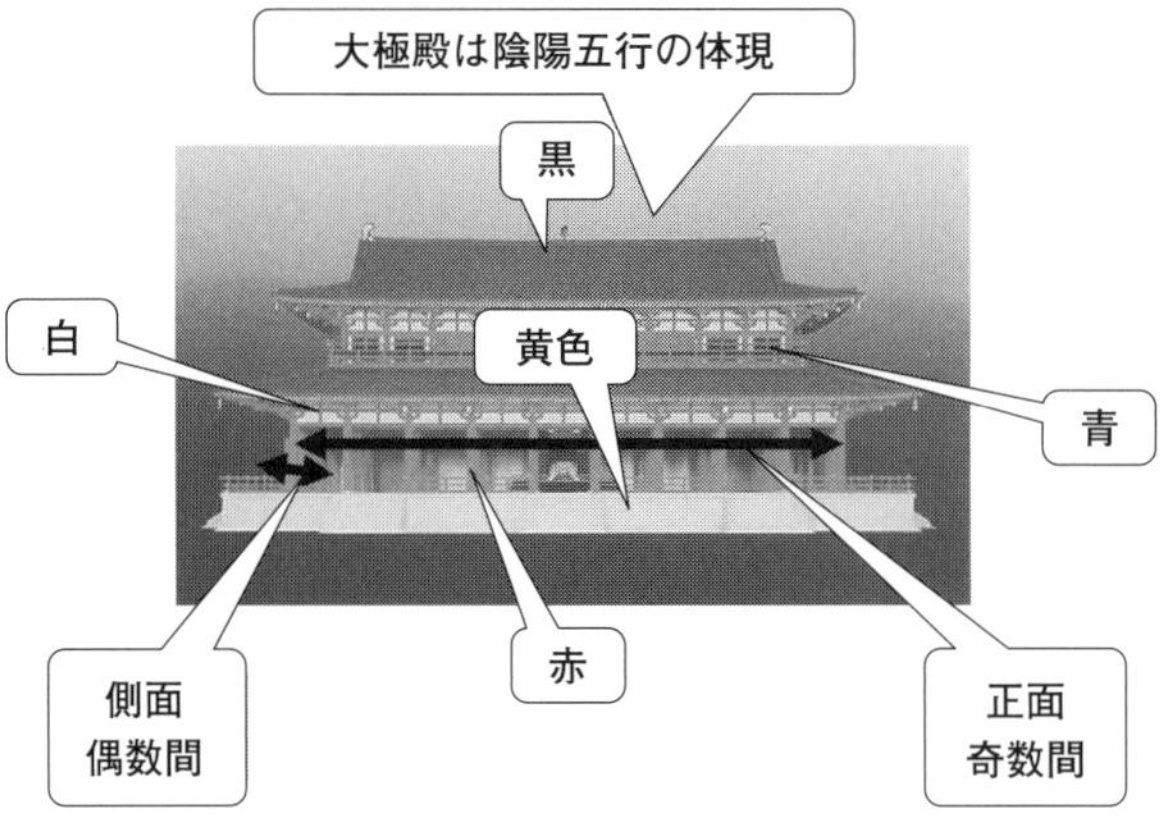

図６－16　大極殿と陰陽五行

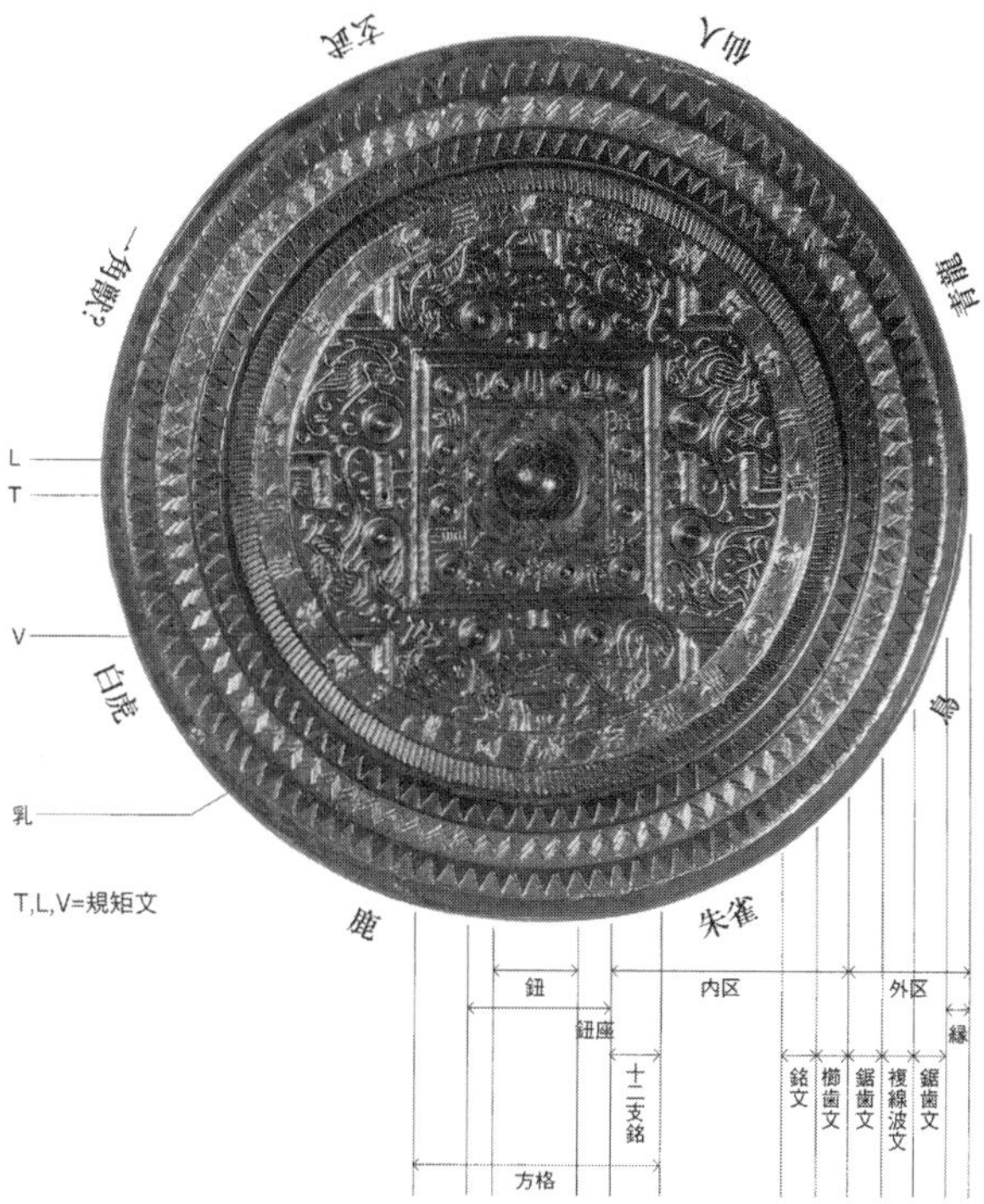

図６－17　方格規矩神獣鏡

『鏡の中の宇宙』 2005　山口県立萩美術館・浦上記念館　12頁

図６－18　十二支文鏡

『鏡の中の宇宙』 2005　山口県立萩美術館・浦上記念館　85頁

図６－22　大官大寺軒瓦
『藤原宮と京』1991　奈良国立文化財研究所飛鳥藤原宮跡発掘調査部　95頁

図６－19　藤原宮大極殿院出土軒瓦

図６－23　平城宮第一次大極殿院出土軒瓦
『学報　XI』 125頁

図６－20　富　本　銭

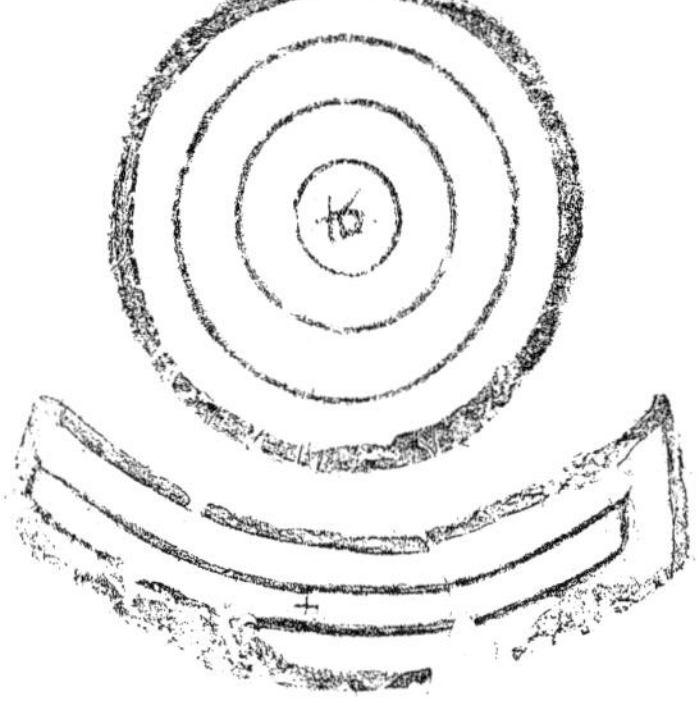

図６－24　難波宮出土軒瓦
『難波宮址の研究　第十』1995　大阪市文化財協会
98, 103頁

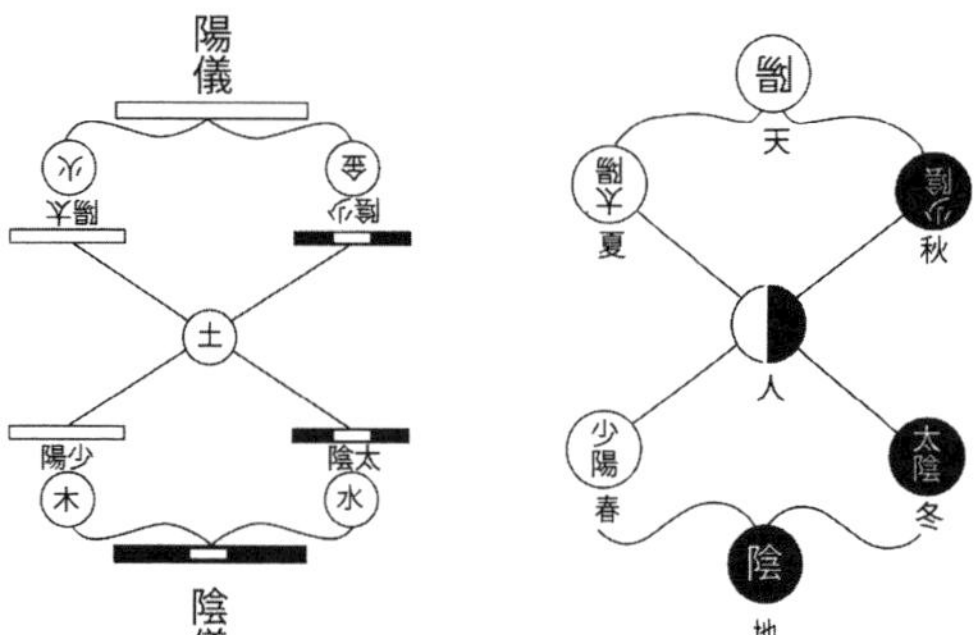

図６－21　七　曜　文
松村恵司　2009『日本の美術』512　至文堂　29頁

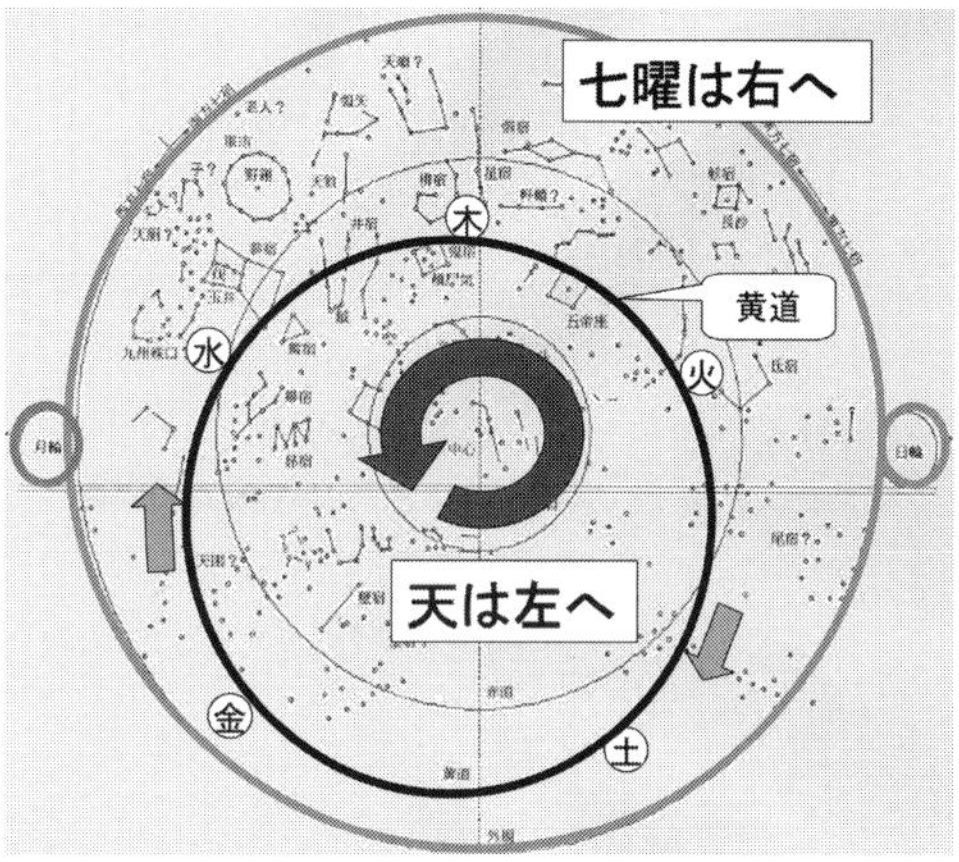

図６－25　蓋図での七曜の動き

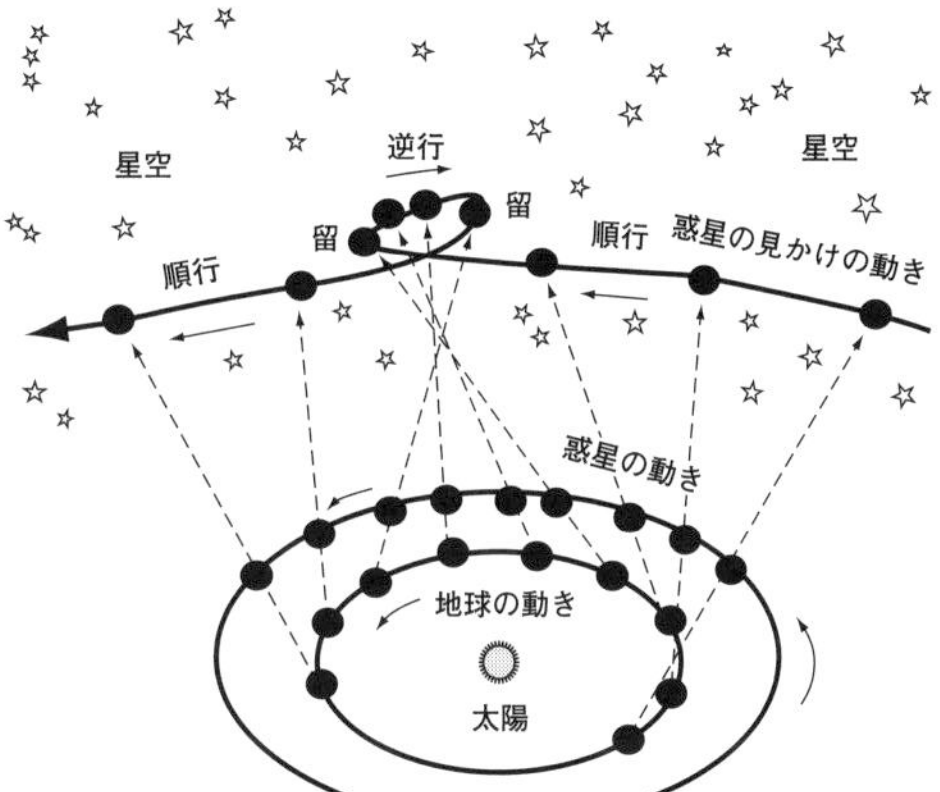

図６－26　外惑星の逆行
『学研の図鑑　星・星座』2001　学習研究社　25頁

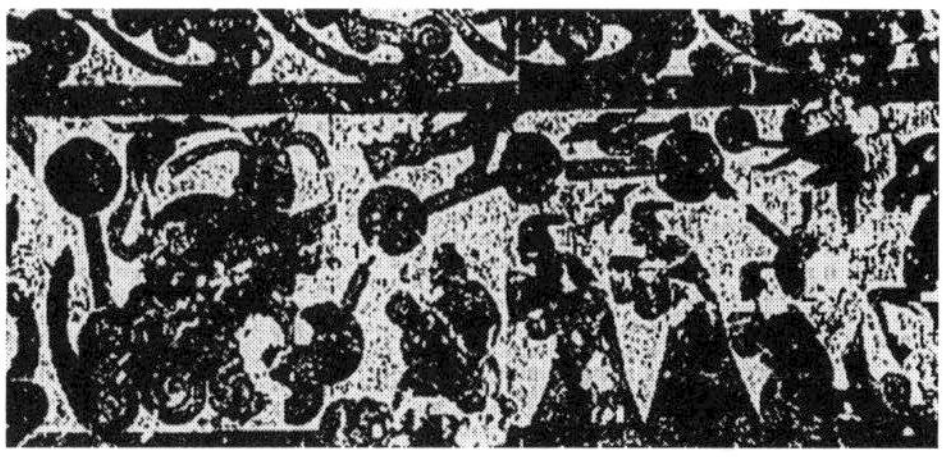

図６－27　後漢墳墓武梁祠の画像石
橋本敬造　1999『中国占星術の世界』東方書店　156頁

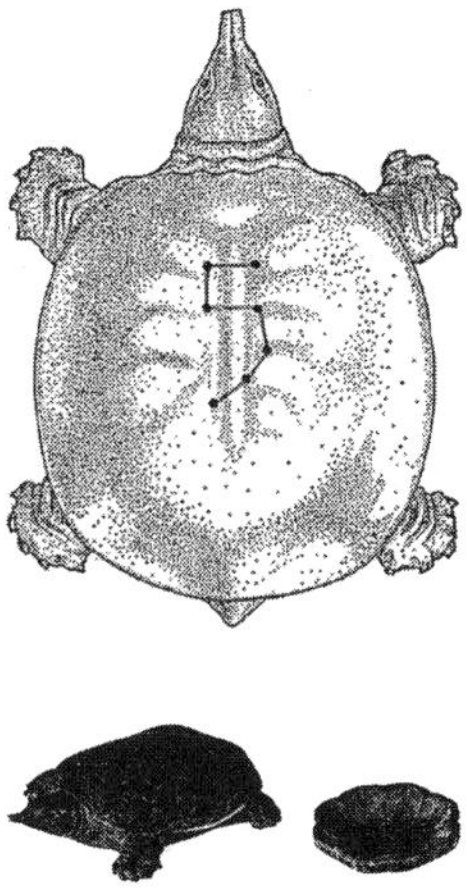

図６－28　青斑石鼈合子
米田雄介　1999「科学の目と北斗七星図」
『正倉院学ノート』朝日新聞社　53頁

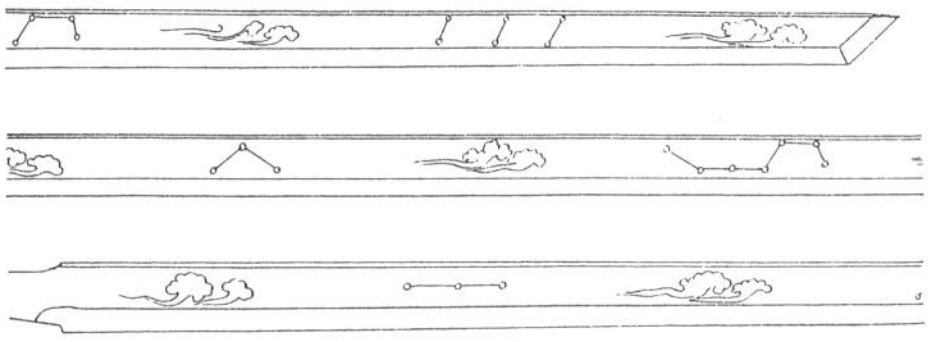

図６－29　呉竹鞘御杖刀
たなかしげひさ　1965「丙子椒林・七星剣と法隆寺の日月剣」『仏教美術』毎日新聞社　65頁

図６－30　新羅月城出土軒丸瓦（慶州）

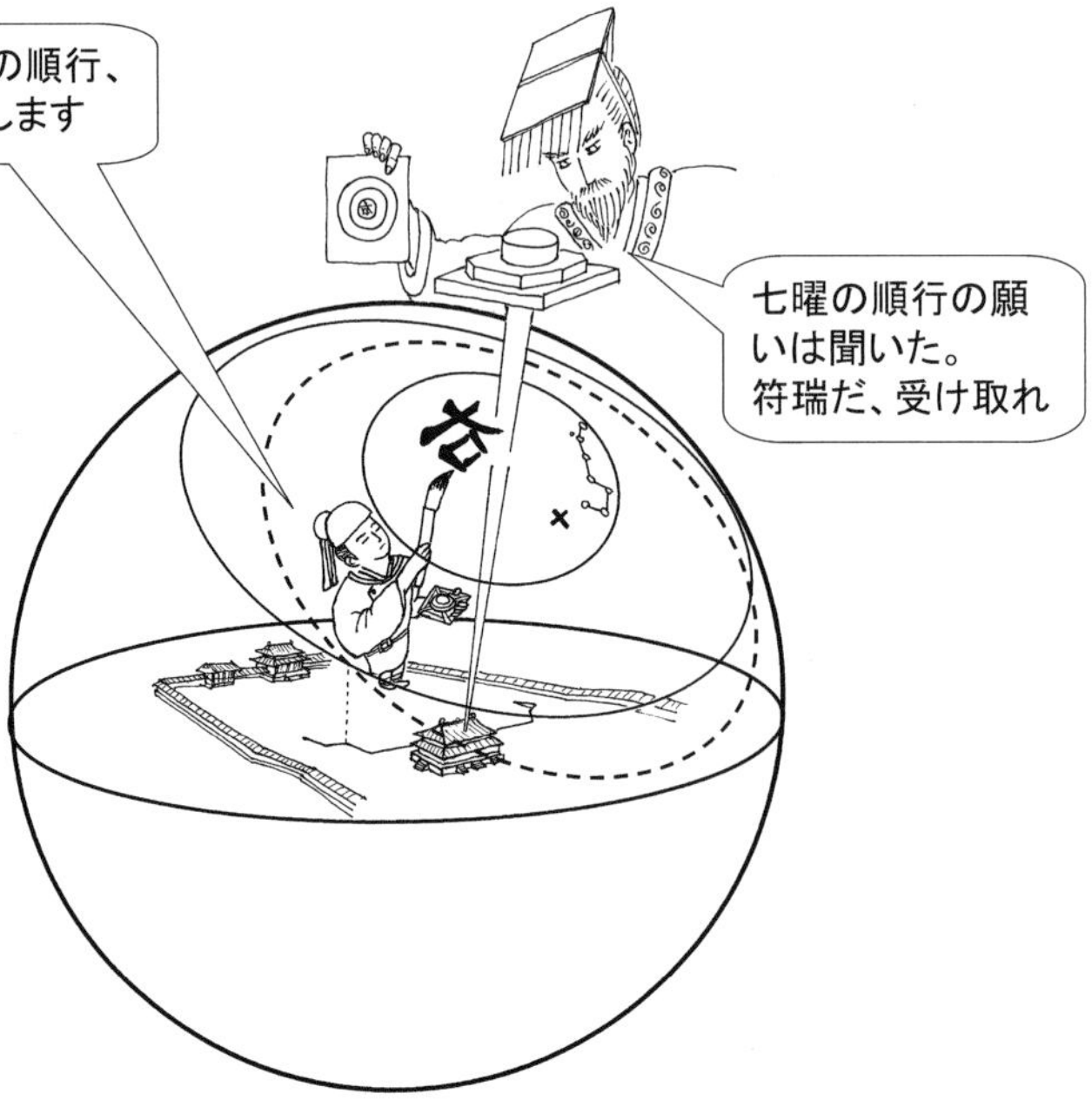

図６－31　右裏字のデザイン

図６－32　平城宮第二次大極殿院出土軒瓦
『学報　XI』242頁

第二部　大極殿院の見せ方

第七章　高御座の設計思想――大極殿院の設計思想の延長上で――

はじめに

第一部では大極殿院の設計思想についてみてきたが、ここでは大極殿および大極殿院の中で配置上意味のある位置におかれた天皇の玉座、高御座の展示のあり方について見てみたい。

現存する高御座は明治四十二年（一九〇九）に制定された『登極令』附式に基づき、大正四年（一九一五）十一月の大正天皇御即位に際して建造されたもので、(1) 京都御所の紫宸殿の中に安置されている。その形態は三層の継壇からなり、下壇は黒漆塗り、中壇には八角形の屋形が据えられ、蓋《かさ》の頂部に大鳳凰、蓋の八隅には小鳳凰が置かれ、大小の鏡や玉、幡、帳などで飾られる豪華なものである。平城宮第一次大極殿院内に設置されたであろう高御座については、平成九年に奈良国立文化財研究所が十分の一の第一次大極殿模型の中に設置し展示するために同縮尺の模型を作成している（図7―1）。奈良時代の高御座の構造・意匠に関する資料はほとんどないので、現存高御座にもとづきながら、平安時代以降の文献史料等によって復原できる点を明らかにし、後世の意匠を反映する点については、できる限り奈良時代初頭に近いものに修正するというのが基本方針であった。(2) その後、第一次大極殿の復元整備が進み、文化庁は平成二十一年度にこの模型をベースにした原寸大の高御座模型を大極殿内部に設置した。

復元建物は様々な検討を経て蓋然性の高いものを選定し、当時の空間を想像する手掛かりとして建造しているものであり、その中に高御座模型を設置したことは、大極殿や大極殿院の庭の使い方などを理解する手掛かりとして大変有効である。しかしながら、奈良時代の高御座の規模や構造などは不明なことから厳正な復元は難しい状況にあり、展示された高御座は唯一絶対という復元案ではない。このためこの模型をイメージ模型と称している。上記の高御座展示を否定できるような資料もないが、復元には少なからず推測が入るため、遺跡の見せ方として別案を示すことはイメージを固定化しないという意味において重要なことである。そのため遺構解釈による復元案に幅がある場合には、一つを現地で復元整備し、別案を模型で展示している史跡整備の事例もある。遺跡の中の復元建物は発掘調査や建造物研究の成果などのわかりやすい展示などとして位置づけられているのであり(3)、復元的展示もその延長にある。

以下では、史料的に豊かな平安時代以降の高御座から奈良時代のものを推測するという方法を主とはせずに、前述した第一次大極殿院の設計思想の延長上で別案を提示する方法をとる。具体的には、奈良時代末から平安時代初期に皇統の交替と儀式の変容があり、高御座の形態に大きな変容を与えたであろうと推定し、飛鳥時代に高御座相当の機能を有したものの意味を引き継ぎ、記紀神話や『文選』の記載等も意匠や構造に反映できるか検討しながら、天下の中心として相応しいものとしての基本方針を決めた。全体の構造や部分の意匠、それらが持つ意味なども若干は考察したが、当然高御座のすべての構成要素を考え出せる訳でもなく、前掲模型で示された構成要素がもつであろう意味を記したに留まった部分もある。全体的には古代中国思想からのコンテクストを重視した復元の方法論により、推測を重ねた部分が多くなったことが、本章を第二部―大極殿院の見せ方―に置いた所以である。

一　大極殿と高御座誕生の脈絡

1　画期としての桓武朝

『日本書紀』天武天皇即位前紀は、古代史最大の内乱、壬申の乱での戦いの様子などを詳しく記して天武天皇の皇位継承の正統性を主張している。天文・遁甲を能くしたと記される天武天皇は壬申の乱を制し、カリスマ性を得て政治を行った。『万葉集』「壬申の年の乱平定まりにし以後の歌」に「大王は　神にしませば　赤駒の　腹這ふ田居を　京師と成しつ」（巻十九、四二六〇番歌）、「大王は　神にしませば　水鳥の　すだく水沼を　皇都と成しつ」（巻十九、四二六一番歌）と謳われたように、強靱な赤馬でさえ動けなくなる田や沼沢などの湿地を都に変貌させ、さらに神的権威を高めたのである。(4) その歌は政治の正当性を讃えるものであった。

その後は、天武天皇の皇后である持統天皇、その孫の文武天皇、文武天皇の母元明天皇、文武天皇の姉元正天皇、文武天皇の子聖武天皇、聖武天皇の娘孝謙天皇と続き、天武天皇の孫淳仁天皇を挟んで、孝謙天皇の重祚称徳天皇といわゆる天武系の天皇が続き、「現御神《あきつかみ》」として君臨した。(5) 宝亀元年（七七〇）八月癸巳（四日）、称徳天皇が亡くなると、天智天皇の孫で六十二歳であった白壁王が光仁天皇として即位した。天皇は聖武天皇の娘の井上内親王を皇后とし、二人の息子で聖武天皇の血を引く当時唯一の親王、他戸親王を皇太子とした。しかし、藤原百川らの策略により皇后・皇太子が廃されると、光仁天皇と高野新笠との間に生まれた山部親王が皇太子となり、光仁天皇は天応元年（七八一）四月に老齢と病を理由に譲位、山部親王が即位して、桓武天皇となった。

桓武天皇は次のように暦を重視した政治を行っている。(6) 天応元年（七八〇）の正月朔日は、日本史上唯一の元旦の改元の詔が発せられた。この年、辛酉の年は天命が降って革命が起きるとされた年で、その元日は庚申の日であったが、暦を操作して庚申を前日の十二月の晦日に移し、元日を辛酉の日にしてまで「辛酉革命」を演出している。また、桓武天皇は翌年には改元し、天応二年を延暦元年にした。「延暦」には、天人感応つまり「天応」の暦運を持続させたいとする意思が読み取れると言われる。その延暦三年（七八四）は「甲子革令」の年で、その年の冬至の日は一九年に一度、冬至と十一月朔が重なる朔旦冬至という縁起のよい日であって、一〇日後の十一月戊辰（十一日）に長岡遷都は行われている。

桓武天皇は長岡遷都後間もない、延暦四年（七八五）と延暦六年（七八七）の冬至に長岡京の南の交野の地で郊祀の儀礼を行っている。郊祀は中国の皇帝が天命を受けた天子として都の南の郊外の地で天帝を祀る儒教儀礼で、王朝の正当性を示す重要な儀式である。その郊祀では天帝と同時に父光仁天皇を配享《はいきょう》（合わせ祀ること）し、光仁にはじまる皇統を新王朝と見なした。桓武天皇の母高野新笠は百済の武寧王の末裔とされる渡来氏族出身で、皇族ではなかったことが天皇に強い劣等感を与えたため、桓武天皇が皇位継承の正当化に利用したのが儒教の天命思想であったのである。

天武系が断絶し、天智系へと替わったわけであるが、近年は天武系皇統という意識の存在を否定する考えや、(7)天智系皇統論については延暦十年（七九一）や大同二年（八〇七）の国忌省除などの検討から見直しが進み、(8)当時の皇統に対する意識を単純に天武系、天智系と捉えることは難しいようであり、桓武天皇に新王朝のはじまりとして天智系の皇統意識が現れているとみてよいかは慎重にしなければならない。

桓武の即位宣命は「近江大津の宮に御宇しめしし天皇の初めたまひ定めたまへる法」にもとづいて皇位を継承すると述べるだけで、天孫降臨以来の皇統が連続していることや、天つ神による皇位への委託や加護には言及がなく、この宣命は幕末まで踏襲される。桓武朝以後の即位儀礼においては、それまで行われていた中臣氏による天神寿詞の奏上と忌部氏による神爾鏡剣の献上が行われなくなり、替わってそれらが大嘗祭で行われるようになり、平安時代初期成立の『儀式』に規定された即位儀が朝賀儀と基本的に同じ儀式次第になる。践祚式と即位式の分離が明白になったのも桓武天皇からであり、皇統意識の有無の議論は別に描くにしても、桓武朝での儀式の変容は確認できる。(9)このような変化は皇位継承の過程が群臣から切り離され、天皇権力の手で自律的に行われるようになったことと関係するという。(10)桓武天皇は天の思想を意識して即位儀を変え、ここでは言及しないが、軍事（東北地方の平定）や造作（遷都）といった目に見える権力によって専制君主をめざしたと考えられているのである。

遣唐使の派遣以来、律令制度の受容はかなり進んだが、奈良時代後半から平安時代初期にかけては儀式など礼の文化の受容が進められ、儀式は唐風化する。古瀬奈津子氏は、その儀式の変容には奈良時代までの天皇制を正当化していた「神話的で呪術的な」イデオロギーから、合理的で論理的な唐礼のイデオロギーへと、天皇制を支える思想に変化があったことを指摘している。(11)では儀式の中心、大極殿内部はどのように変化するのだろうか。百橋明穂氏は、復元する大極殿内身舎の小壁に描かれたであろう画題を検討する中で、奈良時代と平安時代の大極殿内の荘厳が同一な内容か、全く異なるかは興味深い問題としつつ、日月・四神・十二支といった神意による支配の正統性を主張するのか、騎馬など軍事力による現実的な支配体制を誇示するかは根本的な相違であり、両時代における支配の思想的立脚点の反映とみることができるという重要な指摘をしている(12)。どちらかと言えば桓武天皇は後者にあたり、奈良時代の天武系の天皇は前者ということになろう。

以上のようにイデオロギー構造に変化が見られるため、皇位の象徴である高御座についても大きな変容があり、その時期は桓武天皇の時であったと考えるのが適当ではないだろうか。第三章において、六朝時代と隋唐期で宮殿の設計思想が律暦・術数的イデオロギーから儒教的秩序の表現に替わるという指摘を紹介したが、それに似た変化はこの頃に起きるのだと思う。事実、長岡宮大極殿院では南北を等分する配置の東西基準線が、大極殿心の南を通り、それまで北を通っていた大極殿院における大極殿配置の原理と異なっており、それが長岡宮では継承されていない。また、平安宮になると、大極殿院の南門も撤去されて大極殿院は約百年で消滅、紫微宮を象る構成ではなくなる。大極殿は朝堂院の正殿となり、正面の桁行柱間は九間から一一間に変化し(13)、大極殿の柱の数四四は術数的に意味のある数値であったが、それから解放されることになる(14)。これらのことから奈良時代初期の高御座の復元は平安時代以降の史料を中心とした復元の方法では限界があるように思われるのである。橋本義則氏は平安宮以前の大極殿を復元するのに、平安宮末期の大極殿の史料を用いるのは抵抗を覚えるとしたが(15)、こうした指摘も頷ける。復元の別の方法論を模索した次第である。従って、イメージ模型では上記のような変化を認めたとしても、高御座の形態を変えるような大きな影響はなかったとの想定に立つことになる。いずれにしても不明な点が多いことから想定のない復元はできないのである。

ここでは現存する高御座や今回展示されたイメージ模型とは外観の異なるものを提示し、奈良時代末から平安時代初期にかけての儀式や設計思想の変化、それに大きく関わるであろうイデオロギーや皇統の違い、近世までの皇族においては始祖は天智天皇と認識されていたことなどを表現するものとする。

2　中心の象徴

(一) 古代中国

東洋の神話を研究したミルチャ・エリアーデ氏によると、世界の中心は山岳(宇宙山)・植物(宇宙樹・世界樹)・柱(あるいは梯子段・塔)などで表され、そこにおいてのみ天上と地上と地下の三つの世界の通交が可能であり、それを登ることによって不死性を得られるという[16]。第一部で述べたように、周代には既に天下の中心に都を設けるという考えがあったが、後代には山岳を大地の中心とする観念も加わり、古代中国での天との通交可能な場所の事例を小南一郎氏は以下のように整理する[17]。

山岳では崑崙山や須弥山がある。崑崙山は、不老不死の薬をもつ神仙で、仙女の女王的存在である西王母が住むといわれる山である。一方、須弥山は仏教の世界観で宇宙の中心に位置し、帝釈天をはじめ四天王や三十三天など仏法の守護神の住みかとされる。

植物では『呂氏春秋』『山海経』にある建木や、扶桑樹、桃都の樹などがある。建木は、『淮南子《えなんじ》』地形訓に「建木は都廣に在り、衆帝の自りて上下する所、日中に影無く、呼べども響無し。蓋し天地の中なり。」とあり[18]、衆帝(天帝)が天地間を上下する通交の可能な場所であったことが知られる。林巳奈夫氏が画像石の中に比定する建木はみな、三段式神仙図像鏡(図7―2)の建木のように二本が絡まったように表現され、木連理同様に祥瑞の意味ももつのである。こうした植物は宇宙樹と呼ばれ、その中央は天界に達し、宇宙の最高神が座を占める。後漢時代の画像石にある宇宙樹は地上から伸びる三本の内、中央のものが高く、そこに西王母が描かれるものがあること(図7―3)などから、仙人が住むという東海の三神山(蓬莱・方丈・瀛洲)も極西に位置する崑崙山も別物という訳ではなく、元来は同じ中国的な宇宙観に起源し、それが陰陽をなす東西に分かれるなどして、固有の伝承をもつことになったと推測されている。

(二) 古代日本

さて、『日本書紀』神武天皇紀で神武天皇は、天香具山の社の土をとって八十枚の平瓦や御神酒を入れる瓶などをつくらせ、天神地祇を祀らせた。崇神天皇紀では、武埴安彦《たけはにやすびこ》の妻の吾田姫が香具山の埴土を盗み、この土こそ倭そのもの「倭国の物実」として祈り、天皇に謀反を起こした。ともに天香具山が天下の中心であり、その土は支配する国土を象徴すると考えられる。天地間の通交が可能であった場所が大和三山の中で唯一「天」を冠し、五行で中央を意味する「香」を具える天香具山であった。『万葉集』巻一の第二番歌にあるように、その天香具山に立って舒明天皇が国見をすることは必然のことであった。その歌の中で飛ぶ鳥をカモメに見立てているとの解釈が正しいとすれば大和三山を東海の三神山に準えてのことだろう。(19)

飛鳥の宇宙山には須弥山もある。斉明紀三年（六五七）七月、五年（六五九）三月、六年（六六〇）五月に、飛鳥寺の西側の地で須弥山を作り、観貨邏、蝦夷、粛慎《みしはせ》の人々を饗宴した記事がある。須弥山自体は推古天皇二十年（六一二）、是歳条に小墾田宮の南庭に百済からの渡来人路子工が須弥山と呉橋の庭を作ったとするのが『日本書紀』における初見である。いずれかの記事に関わるであろう遺物が、飛鳥寺の北、石神遺跡で明治年間に発見された須弥山石（重要文化財）である。これは表面に山の文様が施され、内部は刳られて噴水として加工されていた。三石からなり、本来は四石からなると考えられる（図7―4）。

古代日本では宇宙樹にあたるものが各地にあった。『播磨国風土記』などには楠や桑の巨木が記され、聖なる樹とされていたことが知られる。(20)一方、飛鳥の宇宙樹にあたるのが、飛鳥寺の西の槻の木である。『日本書紀』に飛鳥寺の西に関する史料は九件みることができる。(21)そのうち、大化元年（六四五）六月乙卯（十九日）条の孝徳天皇即位に際し、天皇・皇祖母尊・皇太子が群臣らを「大槻樹之木下」に集め、天神地祇に君臣の秩序の維持を盟約させた記事があり、誓約を天に届ける槻の木の宇宙樹的性格を認めることができると思う。また、天武天皇六年（六七七）二月条には「飛鳥寺西槻下」で多禰島人等を饗応したことがみえ、天武天皇十年（六八一）九月庚戌（十四日）条には「飛鳥寺西河辺」で多禰島人を饗応し様々な舞楽が奏されている。持統天皇二年（六八八）十二月丙戌（十二日）条には「飛鳥寺西槻下」に蝦夷男女二一三人を饗応し、冠位を授け、物を賜り、持統天皇九年（六九五）五月丁卯（二十一日）条では西槻下に隼人の相撲を観覧している。このように朝貢してきた者の服属儀礼の一環として、方物の貢進、奏楽、相撲の奉納、饗宴と禄物賜与があったが、服従を誓わせる場所が槻の木の下であったのである。

大きな槻の木は神聖だったが故に、用明天皇の「磐余池辺双槻宮」、斉明天皇二年（六五六）是年条にある「両槻宮」、大宝二年（七〇二）三月甲申（十七日）条にある「二槻離宮」と、宮の名前にも好んで使われたのであろう。[22] また、木目の美しいことに加え、神聖な槻の木は古代王権を象徴したこともあり、赤漆槻木厨子（正倉院宝物）は天武・持統・文武・元正・聖武・孝謙へ伝領され、槻の木製の大型四脚椅子の赤漆槻木胡床（正倉院宝物）は聖武天皇の側にあったのかもしれない。[23]

このように天と通じることができる場所は、飛鳥では天香具山、飛鳥寺西に造られた須弥山（の前）、飛鳥寺西の槻の木（の下）であった。これらが正史に記されなくなって藤原宮大極殿、[24] 正確にはその中に「天地の結節点」[25] と言われる高御座が成立したことは、その機能を引き継ぐものとして注目すべきであり、高御座の意匠や材料についてもそれら宇宙山・宇宙樹等の意味・形態の継承を考える必要があると思われる。

二　平城宮第一次大極殿に設置された高御座の概念——天の中心と天下の中心を繋ぐもの——

奈良時代の天皇はその即位宣命にみるように仏教思想や皇孫思想、儒教の天命思想、易の思想等[26]を寄せ集めて皇位継承を正統化し、権威を維持した。[27] それ故に皇位の象徴である奈良時代の高御座は、こうした観念をも表現したであろうと考える。また、「神話的で呪術的な」性格を有したであろう奈良時代の高御座の形態・意匠を考えるとき、参考になるものに、東方朔の著した神秘的な地理書『神異経』にある崑崙山の話がある。彼は前漢の武帝に仕えた役人で、『漢書』列伝第三十五に詳しい。後世、彼は神格化され神仙扱いとなり、我が国では彼の名は能の演目「東方朔」で知られ、仙人として登場する。崑崙山は中国の北西にあり、その北東から黄河が流れ出すといい、次のような特徴がある。[28]

崑崙山には銅柱がある。それは高くそびえて天にまで突入している。いわゆる天柱である。その周りは三千里、円くてその周囲は削って作ったように〔全く凹凸がない〕。その下部に廻屋と呼ばれる建物があり、仙人の九つの役所がここに置かれている。

上には大きな鳥がいて、希有と呼ばれる。〔その鳥は〕頭を南に向け、左の翼をのばして東王公を覆い、右の翼で西王母を覆っている。その背中に少しばかり羽毛のないところがある。〔その広さは〕一万九千里。西王母は、歳ごとにこの鳥の翼の上に乗って東王父のもとへ行くのである。……この鳥の銘には、次のようにいう。「鳥あり　希有、緑赤　煌煌たり。鳴くことなく、食べることなく、東は東王公を覆い、西は西王母を覆う。王母　東せんと欲し、これに乗りて自ら通ず。陰と陽と相い須《ま》ち、惟《こ》れ会すること益ます工《たく》みなり」と。

崑崙山の上には天柱と呼ばれる銅柱があって天まで届き、頂部は丸く、下部には廻屋と呼ぶ建物がある。その上には陰陽を調和させる鳥がとまるというのである。この文章から崑崙山の性格として、〝天柱を象る〟、〝廻屋を象る〟、〝陰陽の調和を象徴する〟を挙げることができる。高御座にも天の中心と天下の中心を結びつける崑崙山の機能やその性格があると考え、復元設計の基本方針には中心性を形象化するものとして、次の四つを設けた。①宇宙山を象る、②天の御柱を象る、③明堂を象る、④易の重卦を象る。以下、具体的にみていこう。

1　宇宙山を象る

(一) 崑　崙　山

この項では、主に小南一郎氏(29)の研究をここでの関心からまとめておこう。

崑崙山について、『水経河水注』巻一が東方朔の『十洲記』を引いて「形は伏せた盆のようで、下は狭く上は広い。それで崑崙と呼ばれるのである。山には三つの角があり、その一つは真北を向き、辰星（北極星）の輝きをさえぎる。」とある。また、緯書の『尚書緯』に「北斗は天の中（中央）に居り、崑崙の上に当る。運転して指す所、二十四気を随え、十二辰を正し、十二月を建つ」とあり、本来、前半が北極星の説明、後半のみが北斗の説明であって混同が見られるが、大地の中心の崑崙山が北極星と結びつき、北斗の回転が四時を正し、その宇宙軸を通して天空の秩序が地上にもたらされるという。

道教経典『太上洞玄霊宝天関経』には「崑崙山は天地の〝臍〟である。北辰玄君がその上に〔役所を置いている〕。」とあり、『周礼』春官大司楽の鄭玄の注には「天神は則ち北斗を主（中心の拠り所）とし、地祇は則ち崑崙を主とする。」とある。鄭玄の注も北辰（北極付近の星座）とすべきところを北斗とした混同が見られる。いずれにしても、天の中心は北辰、大地の中心に崑崙山があるとする。その崑崙山が北極星と対応して天と地がそこで結びつき、北斗は四時を正し、五行を整える役割を担い、その回転を通して宇宙の秩序が天下にもたらされると考えられているのである。

第五章でも引用した緯書の『河図括地象』には次のようにある。

「崑崙の山は、大地の首《かしら》である。〔その山は〕上に上っては握契（北極星のことか？）となり、満ち溢れては四瀆となり、横たわって地軸となり、上は天鎮（天の鎮め）となり、直立して八本の柱となる。」

「崑崙山は柱である。〝気〟は崑崙山を上って天と通じる。崑崙が大地の中央をなしているのである。その下に八本の柱があり、その柱の太さは十万里ある。三千六百の軸があって、互いに引っ張りあっている。」

崑崙山は柱であると言われるように、崑崙山と柱が本質的には同質なものであることを示すのであろう。高御座もこうした崑崙山を意識するのだと思われる。

(二) 須弥山を象る

北宋時代の道教経典ではあるが、『雲笈七籤《うんきゆうしちせん》』巻二十一には、「三界図に云ふ。其の天の中心、皆崑崙有り。又の名須弥山なり。其の山高潤にして四方を傍障す。日月山をめぐりて互いに昼夜をなす」とあって、須弥山は崑崙山の別名とされていた。これは仏教的な楽土思想と神仙思想が習合したものと考えられている。(30)『長安志』によると六朝時代の後晋の人姚興（三六六～四一六）は西域から六朝時代の訳経僧鳩摩羅什を長安に招き、経典の翻訳と仏教の普及に努め、長安で須弥山を造ったという。(31)飛鳥寺の西でも須弥山を設けており、この前で服属儀礼を行っている。この機能と意匠を高御座が継承する必要があると思われる。

(三) 高千穂山

記紀神話で天孫瓊瓊杵尊《ににぎのみこと》が降臨した場所が日向の高千穂であった。具体的な山の様子は描かれず不明であるが、甘南備山である高千穂が崑崙山、須弥山とともに高御座にイメージを重ねたものと思われる。

2　天の御柱を象る

(一) 天の御柱

天下の中心という空間概念から高御座を構想しようと思う時、注目されるのが、『古事記』『日本書紀』に記された国産み神話である。記紀の成立は順に和銅五年（七一二）、養老四年（七二〇）で、平城遷都は和銅三年（七一〇）であるが、第一次大極殿院の実質的な御披露目が蝦夷や南方の島民も参列した霊亀元年（七一五）元日の朝賀である。記紀に記される神話や初期の天皇の話は政治的な物語としても理解されるべきものである[32]。平城宮第一次大極殿院もまた、天皇による天下支配の正当性を顕示し国家の勢威を誇示した、記紀と同時代の政治的な建築・造園作品として理解できるのである。その中の高御座も同様であろう。

柱としての構造　国産み神話では伊弉諾尊《いざなぎのみこと》と伊弉冉尊《いざなみのみこと》は「天の浮橋」の上から天の沼矛を使って淤能碁呂島《おのごろじま》をつくり、地上に降り立って、天に届く「天の御柱」を「化作《みた》」てた。天から下がる天の浮橋の付け根を「天の八巷《やちまた》」と呼び、地上の付け根に「化《み》竪《た》」てたのが「八尋之殿」であった。崑崙山に天地を繋ぐ銅柱があり、その下部に廻屋と呼ばれる建物があることを思わせる。

二神による国産みで、二神が天の御柱を廻る方向は『古事記』では、伊邪那岐命は左廻り、伊邪那美命は右廻りである。他方の『日本書紀』では、はじめに伊弉諾尊は右廻り、伊弉冉尊は左廻りをするが、生まれた子供が良くなかった。そこで『古事記』と同方向で廻り直してうまくいき、日本の島々を生み出す。勝俣隆氏[33]によると、前者は天父神、後者は地母神の性格を有すると考えられ、二神の廻る方向は天と地の廻る方向に関係する。すなわち、蓋天説の説明で記したように、天の北極を中心に天（恒星）は左へ、相対的に地と五惑星は右へ回転する。『日本書紀』がはじめに記す二神の回転方向は自然の、つまり天地、陰陽の摂理に反するため良くなかったと解せるとし、日本の方言に北極星をしんぼし（芯星）、しんぼう（心棒）と呼ぶ例があることは、北極星を星空の回転軸で天空を支える柱だとみなしたものとした。そして、天の御柱とは、北極星に由来する天空を支える柱とみなし、その柱の立つ地点が世界の中心・宇宙の中心であり、聖なる空間と認識されていたと指摘している。天の北極近くに天枢という星があるが、枢とは回転する軸を受ける臍《ほぞ》のことであり、宇宙の構造に関わる名称である。つまり、国産み神話の天の御柱は地軸であって、陽たる天は左、陰たる地は右に回るという宇宙の秩序を示すと同時に、夫唱婦随でなければならない儒教的秩序をも示しているのである。[34]

また、『日本書紀』には、天の御柱について次の話もある。伊弉諾尊と伊弉冉尊は、日の神を生み、その子は華やかに光り麗しく、国中を照らしわたった。そこでこの国に留めておくわけにはいかず、天に送り高天原の仕事をしてもらおうとする。このとき天地はまだあまり離れていなかったので、天の御柱をたどって日の神を天上へ送りあげた。次に生まれた月の神も天に送った。このため勝俣氏は、天の御柱は日神・月神を天上界へ送るための通路としても観念されていたと指摘している。

先にも触れたように、『淮南子《えなんじ》』地形訓に「建木は都廣に在り、衆帝の自りて上下する所、日中に影無く、呼べども響無し。蓋し天地の中なり。」とあり、[35]その註から建木は衆帝（天帝）が天地間を上下する通交の可能な場所であったことが思い出される。

儒教儀礼の郊祀は天子が冬至に南郊で天を祀り、夏至に北郊で地を祀る儀式であるが、『漢書』礼楽志、郊祀歌十九章の「八　天地」には「降神之路」とみえ、[36]その通路の下部は「紫壇」になっていた。妹尾達彦氏によると、[37]長安城太極宮太極殿は天の中心と地の中心を結びつける空間と観念されていたという（図7―5）が、その紫壇は太極殿ならぬ大極殿の中の高御座を想起させる。太極殿のその性格は日本における天の御柱に関する観念に通じるものであり、宮殿が宇宙を象るという設計思想だけでなく天下の中心が宇宙の中心に繋がっているという空間の理念をも学んでいたものと考えてよい。

井筒としての構造　我が国現存最古の漢詩集『懐風藻』には、天智天皇の第一皇子、大友皇子の伝に次のような話が記されている。皇子がある夜夢をみた。天の中心ががらりと抜けて穴が開き（「天中洞啓」と表現する）、朱い衣を着た老人が太陽を捧げもって皇子に奉った。すると誰かが脇の下の方に現れて、すぐに太陽を横取りして行ってしまった。皇子は驚いて目を覚まし、内大臣藤原鎌足にそのことを話すと、大臣は天智天皇崩御の後に皇位を狙う悪賢い者がいるのだろうと答えた。

皇統が分かれる契機となる壬申の乱の結末を予期していたかのように記してあるが、天の中心に穴が開き、そこから地上にいる日嗣の皇子に皇位を象徴する太陽がもたらされる通路となっていたことが記されており興味深い。「天中洞啓」の表現は『淮南子』詮言訓の「天地に洞同し、渾沌として樸為り、未だ造さずして物を成す、之を太一と謂ふ（天地の間にはびこり、渾沌として素樸そのまま、作為せずして、物を作りあげる、これを太一という）」(38)を意識しているのであろうか。「天中洞啓」の「洞」は貫くという意味であり、全体で太一の元気が天地を貫き一体となり、充満しているさまという。(39)太一の元気とは宇宙の根源ですべてを生み出すエネルギー（徳）といったところであろう。なお、この太一と同格なのが天武天皇の諡の一部にも使われる「真人」である。(40)

ところで、『山城国風土記』逸文に賀茂社の項には、『日本書紀』の八尋之殿ならぬ八尋屋がみえる。賀茂御祖神社は平安遷都後、伊勢神宮に次ぐ崇敬を受けて王城鎮護の神社となった。八咫烏を神使とする現在の下鴨神社である。『山城国風土記』にみる八世紀前半の御阿礼《みあれ》祭（『釈日本紀』九所引）の話では、子神の外祖父が「八尋屋」を造り、神々を集めて父親を探させると、子神は「酒杯」をあげて「八尋屋」の屋根を分けて天に昇ったとある。(41)天との交流のためには屋根そのものが障害だったのである。中国では天に向かう高い楼閣の名称には、通天閣・通天台の他、井幹楼(42)のようなものも知られている通り、天と通じるための建物は柱状であることと同時に、井筒のような管状の構造と演出が求められたのであろう。

以上を総合すると、天の中心と天下の中心（本来なら北極点になってしまうが、そこは古代宇宙観の話）を結ぶ地軸には見えない柱状の通路があった。それを「天の御柱」と呼び、これを通して天下の中心にある天皇は天上界と通交することができた。ここから皇位はもたらされるため、その権威は天上界（高天原）に由来するのである。その柱の地上での形は井筒をイメージした特異な八尋の建物状のものであったということになろう。

(二) 心の御柱

平城宮の大極殿院・朝堂院の配置と、伊勢神宮内宮荒祭宮とその南で二十年ごとに繰り返される式年遷宮の東西の敷地と似ていることを第六章で述べたが、その伊勢神宮内宮正殿中央の床下には短い柱が立ち上がり、「心の御柱」や「天の御柱」と呼ばれている。弘安八年(一二八五)の度会行忠撰『神名秘書』に「天地開闢之本紀、諸神所化之本體也」とあるように神の依りしろであると同時に宇宙軸でもあると指摘されている[43]。見えない天の御柱は大極殿と天上界を繫ぎ、天の北極で天球を突き抜けたところで止まる。藤原宮の時代、その柱である地軸は大極殿から東へ横たわって、天上界(高天原)の神の宮である伊勢神宮において天上界と地上が繫がった様が表現されていると理解できるのである。八咫烏神社が藤原宮の東、伊勢への途中にあるのは天皇の先導者八咫烏が天上界と地上との間にあって、天皇を天上界へも導くためであろう。

3 明堂を象る

(一) 天地の結節点

明堂については第三章で述べた。『史記』封禅書の、封禅とは天子が天地を祀る儀式のことで、「封」の儀式では山の頂に壇をつくり天を祀り、「禅」の儀式では麓で地を祀る。黄帝など天命を受けた者が泰山で封禅したという伝説があり、泰山も宇宙山であったこと、その泰山に作られた明堂の高楼が崑崙と呼ばれたことが知られる。崑崙山と柱が同質だったことを先に示したが、崑崙山と明堂も天地の結節点という意味では同質のものだったのである。

封禅書に武帝の時の次のような話がある[44]。

済南の人 公玉帯が、黄帝の時代の「明堂図」を献上した。その「明堂図」では、中央に一つの殿があり、〔その建物は〕四面に壁がなく、茅で屋根が葺かれていた。宮垣の周りをぐるっと取り巻いて水が流され、複道(二階建の廊下)が作られた。〔その殿の〕上には楼が置かれ、西南の方向からそこに入るようになっていて、〔その通路は〕崑崙と名付けられた。天子は、そのその崑崙から中に入ると、上帝を拝して祠るのであった。
崑崙は地上の人間が天と通交する経路として明堂内に作られたことが知られ、明堂の中に天下の中心に聳える崑崙山を見立てたのであった。

このように宇宙山の中には明堂があり、明堂の中には宇宙山を象って同質なもので中心性を強調したのである。

第六章では第一次大極殿院の塼積擁壁の設計に用いた半径が唐代明堂の規定で基壇の径の数値であり、明堂を意識しているのではないかとの考えを示した。また、元慶三年（八七九）に再建された平安宮第二次大極殿について三善清行が「元慶三年孟冬八日大極殿成命宴詩」（『本朝文粋』巻九所収）[45]で「元慶の初め、天子右丞相に勅して大極前殿を修復せしむ。明堂を備える也。」としており、大極殿が明堂を意識していることも示した。大極殿は宇宙山であり（それ故に第五章では三山の一つに見立てた考えを示した）明堂であって、明堂に擬す大極殿の中に安置される高御座も崑崙山、また同質の柱に見立て、さらには明堂をも象ると考えたい。紫微宮を象る大極殿院を造営し、その庭に宇宙全体を示す同心三円と一偏心円を描いて入れ子状に宇宙を象り、さらに大極殿単体でも時空を象ったように、天下の中心は同質のものを反復して中心性を強調するからである。

唐代明堂の規定では「且柱為陰数、天実陽元、柱以陰気上昇、天以陽和下降、固陰陽之交泰、則天地之相承。[46]」と記され、明堂の柱の本数は陰数をなし、陽の元である天に向かい、柱を伝って陰気が上昇し、天の陽気が下降し、陰陽の交替、結合、循環が確かなものとなり、万物が生成する。天地のあり方に則っているのである。天へ向かう柱の機能は陰陽の調和のための装置で、注目すべきことである。先の「天柱」を銅柱としたのも天地の和同（和銅）のためと解せるのである。

一方で、『淮南子』主術訓には「明堂の制、蓋のみ有りて四方無けれども、風雨も襲ふこと能はず、寒暑も傷《そこな》ふこと能はず（明堂のつくりは、屋根があるのみで四方は吹き抜けであったが、風雨の襲来することもなく、寒暑の侵害することもなかった）。[47]」とあり、壁のない質素な建物であった。柱がないと建物は建たないが、「蓋のみ有りて」の表現には注目しておきたい。

(二) 天の御柱の下部

崑崙山の話でみたようにその天地の間を繋ぐのが見えない宇宙軸で、これを通して地上に秩序がもたらされた。その軸は形而上でいかなるものかをみると、『荘子』斉物論第二[48]に次のようにある。

彼是《ひし》其の偶を得る莫き、之を道樞と謂ふ。樞にして始めて其の環中を得て、以て無窮に應ず。是も亦一無窮なり。非も亦一無窮なり（相対的な彼・此を越えたもの、それを道枢というが、枢なればこそ環の中心を占めて無限の変化に応じるのである。このように見れば、是も無限の変化の中の一つであり、非も無限の変化の中の一つである）。

世の中の動きを回転する戸に譬えればその軸、すなわち枢になるものが道であるという。『管子』君臣篇上には「人君たる物は万物の原《みなもと》に坐し、諸生の職を官する者なり」とあるが、こうした宇宙軸の中心に身を置くことができるのが聖人である王である。また、『白虎通』爵に「王者は天を父とし、大地を母とす」とあるように、天と地の間に生まれるのも王であった。そして、王が玉座に坐せば宇宙軸は完成し[49]、宇宙の生命力である徳あるいは太一の元気[50]は王の身体を経て、天下へ及び、気は世を蓋《おお》う（「垓下歌」項羽）のである。小南一郎氏は「地上の支配者の役割は、天から降される徳（生命力）をその身に受け（膺受し）、そのようにして受け取った徳を、今度は、地上世界（天下）全体に敷き広げることにあった。」「主君が、天の祭祀を怠ることなく、つつがなく天上の生命力をその身に受け、官僚たちが、主君が受けた生命力を滞りなく万民に敷き広げることができれば、この地上世界は生命力に満ちあふれ、太平の世が招来できるとされた。」と指摘している[51]。

一柱《ひとはしら》の現御神として天皇が宇宙の回転軸に位置する高御座に座してはじめて天の御柱が結ばれ天地が交わり（天地交泰）、天の御柱を通して天空の秩序が天下へもたらされて、地上の泰平が実現する、そんな呪術的な高御座を構想するため、高御座には壇から立ち上がる柱は必要としないと考える。『文選』詩篇の陸士龍作「大将軍の讌會に、命を被りて作れる詩」には「芒芒宇宙　天地交泰（芒たる宇宙、天地は交泰す）」（ひろびろとした宇宙、そこでは天と地と交わり万物が生じて止むことがない〔そのように上のものと下のものとは親しみあっている〕）[52]とあるように、「天地交泰」とは『易』の泰卦に「天地交るは泰」とあり、天地が交わって、万物が盛んに生じ、滞ることがない意である。イメージ模型のような形態の高御座は天地が一体化した形を示すと考えるが、第一次大極殿内の高御座はまさに天地が一体となろうとしている形をここでは想定する。鍾乳洞でいえば天井から下がるつらら状の鍾乳石と床で成長する筍状の石筍が一滴の水で接するイメージである。

高御座は、『古事記』や『日本書紀』完成の頃に観念されていた天の御柱を具現し、全体としては七世紀後半の法隆寺金堂の天蓋と須弥壇のようなもので、天を象徴する天蓋と天下の中心の壇が相対し、この部分が「蓋のみ有りて」という柱のない明堂を象ると考える。屋根が二重と考えられる大極殿は法隆寺金堂の構造を参考に復元しているが、その中の中枢部も似た形態のものを考えるのは整合的かもしれない。また、理念的に近いと思われるものに景福宮（韓国ソウル）勤政殿の唐家と呼ぶ玉座がある（図7—6）(53)。これは儒教を国教とした朝鮮王朝時代のもので時代は下るが、壇の上に藻井（後述する）のある天蓋が懸けられ、構造上必要な柱が建物の柱に沿って目立たぬように二本建てられており、前面では垂蓮柱と垂花斗が下へ向かって伸びるのが特徴である。

4　易の重卦を象る

（一）易を象る諸物

『易』の八卦や六十四卦に因んで建設された都市や建物にはいくつか実例がある。

乾の卦☰を上下に重ねた六十四卦にある「乾為天」の重卦は天を意味し、宋の呈大昌撰『雍録』巻三の龍首原六坡によると長安城の区域の中を東西に走る六つの丘がこれに見立てられ、帝都がそこに建設された理由となった(54)。易の卦では九をもって陽爻、六をもって陰爻を表し、重卦の各爻は下から数えるため、一番下の爻が陽であることは初九といい二番目が陽である場合は九二、三番目が陽である場合は九三、四・五番目も同様で、一番上が陽である場合は上九という。爻は南面して数えるため、宮殿は初九と九二に位置し、北から五番目にあたる第五爻の九五の丘は町中であるがその数字の組み合わせの良さ（第六章参照）から住宅地として人気を博したほどであった。この高台にある永楽坊に中唐期の宰相裴度が自宅を構えたが、政敵張権輿はこれを政治的野心の表れとして格好の攻撃材料にした（『旧唐書』巻一七〇本伝）ことなどから、六つの丘の見立てが後代の附会という訳ではないことが知られる。[55]

太極図（図7—7）は北宋の易学者、周敦頤が『太極図説』（一一世紀）で初めて太極から始まる宇宙生成を表した図像であるが、光緒三年（一八七七）、中国東北部の町、桓仁県城では蛇行する川を太極図に見立て、川に隣接して八卦を象る八角形の町を造った。京都の吉田神社にある大元宮は八角堂で、室町時代中期に卜部兼倶が易の八卦を模して建立したものという。[56] 現在の本殿（重要文化財）は慶長六年（一六〇一）の建築で八角形をなし、天神地祇八百万神を祀る。

唐長安城太極宮では同じ中軸線上に南から太極殿・両儀殿・甘露殿が列び、その名称「太極」「両儀」が『易』の基本理念を表しており、日本の大極殿の性格を考えるとき易の思想を無視できない。[57] 大極（太極）殿に設置される高御座は、後述するように文配する天下を象徴する意味で八角形の形状をもつと思われるが、同時に八卦で代表される易の思想を意識したものと考えられる。

（二）宮殿建築の天井と高御座

高御座が宇宙軸の天地の結節点であることを意識していたとすると、玉座だけで意匠の意味が完結するのではなく、天井の意匠とも密接に関わるものと思われる。中国の伝統建築に用いられる天井には、化粧屋根裏（露明天花）や鏡天井（海漫天花）の他、宮殿や廟などの大型建物に用いる格天井（井口天井）や藻井（装飾天井）がある。藻井は天井が一段高くなったもので、中心を際立たせ、崇高な室内空間を構成する上で大きな役割を果たした[58]（図7—8）。古代の日本は宮殿の設計思想を『文選』や『史記』『漢書』『晋書』『隋書』等を通して学んでおり、その文脈上で遺構・遺物も理解できるものがあることを第一部で述べた。ここでは、再び『文選』を取り上げ、宮殿の藻井を手掛かりに高御座の形態を考えてみよう。

『文選』にみる藻井の意匠

①張平子作「西京賦」[59]

「西京賦」は、後漢の長安城の宮殿の豪華さを謳っている。その宮殿未央宮では、「倒茄《とうか》を藻井《そうせい》に帯し、紅葩《こうは》の狎獵《かふれふ》たるを抜く

（藻草模様の組天井は、蓮の茎がつらなり、さかさに紅の花びらが重なり合って開いている）」とする。「茄」とは、はちすといって、上に花の座をのせる蓮の茎のことであり、「葩」は、ぱっと咲いた白い花のことで、藻井に蓮の飾りがあったことが知られる。

②左太沖作「魏都賦」(60)

「魏都賦」では、魏の都鄴城では星座の名を冠す広大な文昌殿において、「綺井《きせい》列なり疏《し》きて以て蔕を懸け、華蓮葩《はなびら》を重ねて倒《さかしま》に披く（模様の描かれた天井が広がっているが、そこからは、蓮の花が下に向かって、重なった花びらを開いた型の飾りが、茎によってつるされている）。」とされており、蓮の飾りが下を向けて取り付けられていたのである。

③王文考作「魯霊光殿賦」(61)

前漢景帝の子で、魯の恭王劉余は多くの宮殿を造営したが、戦火により多くが失われ、幸い魯国の霊光殿は焼失を免れた。現在、山東省曲阜に遺跡があり、周公廟と呼ばれる。その霊光殿の天井は、「圓淵《ゑんゑん》方井に、反《さかしま》に渮渠《かきょ》を植う（天井は、円い池や四角い井戸のようになっており、その井桁の中に蓮の花が下に向かって植えられている）。」とある。

第三章で述べたように、大極殿院の設計思想の参考にしたであろう東京賦の中に、天下の中心を選んで都をつくり、測量で方位を正して宮殿をつくっていたことが記されていた。その中心建物には方円が組み合わされた藻井が設けられ、中央の「圓淵」は天空と水、すなわち天水の象徴であった。その周りには蓮花の飾りが下を向いて開き、茎で懸垂していたものもあることが注目されるのである。

『文選』以降

隋代の『大業雑記』（『指海第三集』）「元年・東都大城」に東都洛陽の紫微城（宮城）正殿の乾陽殿に関する記述がある。基壇の高さが九尺であることなどに加えて、「倚（綺）井垂蓮」と述べて、藻井があって蓮の花の彫物が垂れ下がっていたことが知られる(62)。時代は下るが宋の徽宗のとき、将作監（都城・宮室・宗廟・陵寝など土木・建築工事を司る役所の長）であった李誡《りかい》が当時の建築技術を系統的にまとめた編著書に『営造法式』がある。この書に藻井は、下部は方井、中間部は八角井、上部は円形で、頂部には垂蓮か、彫華雲捲などの装飾が施され、鏡が取り付けられることが記される。[63]

現存する建造物では、紫禁城（現在の北京故宮博物院）正殿の太和殿（北京、清代、一六九五年再建）や天壇の祈念殿（北京、明代、一四二〇年建造）などに藻井が設けられている。紫禁城太和殿の藻井（図7―8）が象徴しているものは、中国古代の伝説上の帝王である黄帝以来の正統な後継者としての皇帝の神性であり、あわせて天地の水、雷神の神たちによる防火鎮火であるという。[64]その藻井も外側（下）から方形、八角形、円形からなり、中央に龍が据えられる。天地を表す円と方の組み合わせは、そこが宇宙の中心であることを示す。[65]龍は、中国古代には大地や水にやどる神霊であり、天と地とを結ぶ機能をそなえた存在であった。[66]その龍が軒轅鏡と呼ばれる球状の鏡をくわえる。軒轅は北極星付近の星名であり、黄帝のことであって、雷雨の神でもある。[67]この鏡もまた、天水の意味を継承していることが窺える。天井の鏡については、十三世紀の陵墓の墓室で天井壁画の中央部に天の中心を象徴する蓮が描かれ、その中央に鏡が埋め込まれていた例もある。[68]

第一次大極殿に藻井はあったか

平城宮第一次大極殿に影響を与えたと考えられている[69]唐の長安城大明宮元含殿は、『大唐六典』巻之二十三、左校令条に「天子之宮殿皆施重栱藻井」とあることから、その復原設計案においても藻井が考えられている。[70]一方、日本では、平安時代の『中尊寺落慶供養願文』により、平泉の中尊寺に藻井があったことが知られるが、宮殿建築に関する具体的規定はなく、[71]第一次大極殿に藻井があったかどうかは明らかではない。『続日本紀』神護景雲元年（七六七）四月癸巳（十四日）条の東院に玉殿が完成した記事には、「東院の玉殿新に成る。群臣畢く會す。其殿、葺くに琉璃之瓦を以てし、畫くに藻繢之文を以てす。時の人これを玉宮と謂ふ。」とあり、建物内部に水草の文様を描いていたことが知られる。一般的には建物の柱や壁に文様を描いたと解されるが、原文からは壁に描かれていたと読むことはできない。『礼記』明堂位第十四には「山節藻梲」とあって、魯の大廟の柱頭には山を彫刻し、梁の上の短い柱に藻を彫刻するものであり、天子の廟の装飾には決まりがあったのである。「魯霊光殿賦」[72]には「雲楶《うんせつ》藻梲《さうせつ》、水草を描く場龍桷雕鏤《りょうかくてうろう》あり（柱の上には雲の飾り、梁の上には水草模様が描かれ、垂木は龍の姿に刻まれている）。」と記されており、所は梁の上の束ということになる。従って水草の文様があるからといって、藻井の存在を示すとも限らないのである。

奈良時代の東大寺法華堂西の間の仏座の上に設けられた天蓋の中央には鏡がつく（図7—9）。高御座の蓋《かさ》を飾る調度に光芒のある小鏡二四枚と光芒のない大鏡一枚があり、大鏡は蓋の頂部裏面に下を向けて取り付けられていた(73)。従って、大極殿に藻井があったかどうかはわからないが、藻井の意匠とその意味の一部は高御座の蓋が引き継いだものと思われる。高御座があれば大極殿に藻井は必ずしも必要ではないのかもしれない。

(三) 易の天地交泰を象る高御座

地天泰という重卦は、上に地を表す坤卦☷、下に天を表す乾卦☰からなる。これは天と地が逆であるからこそ、動き始め、交わり合って良いとされる卦である(74)。

後世の図であるが太極図が形に示すごとく、『易』には陽中に陰、陰中に陽の兆しが現れ、変化しだすことを重視する考えがある。天地の結節点の形は、母（陰）なる大地に築かれた陽たる壇が、父（陽）なる天に穿たれた陰たる藻井と一体化する形であり、天と地が交わる、めでたい形なのであろう。この重卦の内、下卦を三層の壇が象り、上卦を三段に窪む藻井が象り、全体で天地が一体となる形を示すとすると、おそらく高御座上層の壇（狭義の高御座）は円形になるであろうし、天を祀った北京の天壇の圜丘や唐長安城圜丘(75)の遺構が円形であることからも相応しいものと言えよう。

先に藻井に替わってその中心にあるべき鏡が高御座の蓋の裏につけられていたことをみたが、天水を象徴する鏡が天の中心を象徴する蓋に取り付けられ、壇と一体となった現存の高御座やイメージ模型のような高御座は、天地が一体となった縁起の良い形であると理解することができる。そのような形態の高御座は上述のごとく平安宮の大極殿が起点になると考えておく。ただし、このような形態自体は奈良時代後半の「阿弥陀悔過料資財帳」にある阿弥陀如来を置く奉殿でも確認することができ、イメージ模型の復元根拠にもなり得るものである。

（四）易の雷天大壮を象る高御座

では、奈良時代前半の第一次大極殿に置かれた高御座は第一次大極殿院の設計思想の延長で考えるべきこととし、再び『文選』に着目しよう。

左太沖作「魏都賦」(76)によると、魏の都の鄴は「乾坤交泰して絪縕《いんうん》たり、嘉祥徽顯して豫め作《おこ》れり（天地の気が交わって生気を生じ、吉兆があらかじめはっきりと表れている土地である）。」とある。その宮殿の建設計画は多くの王者の都市を兼ね合わせ、長安・洛陽を準え、八方の都市を参考にした。堯帝が屋根の茅すら切り揃えなかったことを見習い、夏の禹王が低い宮殿を造ったことを思った。古公亶父が周を建国した時、高い門を建て、周の宣王が中興を果たして、百丈の宮室を造ったことも考えた。聖賢たちの事蹟を総合し、華美と質樸の両面をそなえ、豊かさと倹約の中庸をとり、時世にあうように規模を定めた。そして、「重爻を思ひて、大壮に摹《のっと》り、荀卿を覽《み》、蕭相を采る（易の大壮の卦に則り、荀子の書や蕭何の故事を考慮にいれた）」という。

『文選』註釈者の高橋忠彦氏は「大壮の卦と宮殿との関係はよくわからないが、一説に壮大な宮殿の意をとったともいう。」としている。『文選』を継承する意図で六朝末から唐の作品を編んだ『文苑英華』は、宋の太宗の勅を奉じ李昉らが雍熙四年（九八七）に撰したもので、その巻四七の「上陽宮賦」「望春宮」「晴望長春宮賦」に、壮大な規模の表現として確かに「大壮」が使われている(77)。大壮は春二月、方位は東に配当される卦で(78)、平城遷都の詔も和銅元年の二月で、塼積擁壁の勾配に用いられた三と八も東に配当される数字であった。「乾坤交泰して絪縕たり」が平安時代以降の高御座、「大壮に摹り」が第一次大極殿院内に想定される高御座のコンセプトと見ておくのである。

5　小　結

大極殿の設計思想の延長上で高御座の機能を次のように捉えた。大和盆地、山城盆地・山科盆地を囲む山々を紫微垣に見立て、その中程に天下の中心を選んで平城京へ遷都した可能性を示した（第五章）。平城宮中枢部には太微宮に見立てた朝堂院を東西に配し、その北に紫微宮に見立てた大極殿院を置いた。さらに大極殿院の庭では内規・赤道・外規・黄道を地上に写し取り塼積擁壁を設けた。四四本の柱で時空を象った大極殿の中には同心三円の中心があり、そこに高御座を据えた。都城も宮殿も入れ子状に宇宙を象った。大極殿は天の北極と約一度離れる当時の北極星を象り、その軌道の内側、不動の点である天の北極と同心三円の中心は地軸として結ばれ、それが記紀神話における天の御柱で、具象化したのが高御座であった。それを拝する即位儀や朝賀の儀式を通して伊《い》弉《ざ》諾尊《なぎのみこと》と伊《い》弉《ざ》冉尊《なみのみこと》二神による国産み神話が秩序が乱れぬ陰陽のあり方を示し、臣下や蕃客に君臣の秩序を教化するのであった。崑崙山に柱があって北極星につながっており、そこから天空の秩序がもたらされると考えられていたように、高御座にもそのような機能が期待されたのであろう。その形は呪術的には宇宙山と天の御柱を象り、経書的には明堂と易を象るという四つの復元コンセプトが想定できた。それらはこの時期の政治思想や統治理念、治世術としての術数、実際的な政策とも通じるものと思われる。

松村恵司氏は、(79)平城遷都と和同開珎の発行が密接な事業であったことを指摘している。和同開珎は緯書『詩緯』を踏まえ、陰陽の調和により地（坤）の宝（『説文解字』に「珍とは寶なり」とある）である和銅が産出したことを表した「天下和同して、坤珍を開く」という意味であった。また、和銅改元の詔には「天地の神の顕し奉れる瑞寶」とあり、『淮南子』に「万物和同するは、徳なり」とあることから、元明天皇の徳を称え、和同と和銅を通音させたとする。さらに、新都の造営費用を和同開珎の発行で捻出させ、和銅改元と新銭発行、新都造営という三位一体の政策であった可能性が高いというのである。第一次大極殿院や高御座の造営もその新都造営に含まれるものではあるが、天地和同を実現する装置として（復元設計上は四つのコンセプトを持つ高御座を構想し）、その意匠の概念を天武天皇が編纂に着手した記紀の中の国産み神話と矛盾なく整合させて、天下支配の正当性を誇示したのであろう。記紀の完成は遷都後の大極殿の御披露目に相前後するが、三位一体の政策に記紀の編纂も加えて、四事業が一体的に進められた政策であったのではなかろうか。

三　高御座の復元考察

以上の四つのコンセプトに順って、具体的な形を構想してみよう。

1　天　蓋

（一）蓋の構造と意匠

高御座は大極殿の天井部と蓋《かさ》、壇とが一対のものと考え、易の六十四卦の一つ、大壮という重卦を象ると考えた。これは上卦が雷を表す坤卦☳、下卦が天を表す乾卦☰から成り、下四つの爻が陽爻、上二つの爻が陰爻であり、地天泰の重卦とは、下から四つ目の爻が異なる。この重卦が藻井の三段と壇の三層構造と対応するなら、藻井の下段の構造が上段・中段とは異なることになる。

ところで、天蓋は箱形・傘形・華形に大別される(80)。箱形天蓋は法隆寺金堂の釈迦三尊像や阿弥陀如来像に懸けられるような方形のもので、傘形天蓋はまさしく開いた傘のようなものである。華形天蓋は蓮華あるいは宝相華の形をした平板な天蓋で、東大寺法華堂の天蓋は方蓋の下（内側）に鏡を伴う蓮華形がつく構造である。藻井の構造であれば方形の蓋が下になるのであるが、法華堂の天蓋では小さな蓮華形は見えなくなってしまう。したがって、下から見上げた平面的な構成が、外側から方形、八角形、円形であれば藻井の原則が保たれているものとみることができる。昭和の再建の四天王寺金堂の天蓋も外側から方形・八角形となった箱形の天蓋がつく。高御座では八角形の蓋に円形の鏡が付き、蓋とは別構造のものが平面的には外側に付くと考える。第四爻が第五・第六爻とは異なるからであり、大極殿の天井が藻井の方形の役割をなすと考え、藻井の中段と上段にあたるものが蓋と鏡と考えておく。蓋は八角形と考え、それを下から見上げた時に見える八本の隅木（蓋の骨）は天の北極に集まる八方からの赤経を象ることになり、すなわち八方に通じる道に見立てた「天の八巷」の表現となる。天の八巷は天孫が高天原から降臨した通路の入口であるからである。

高御座に柱はないものと想定したが、蓋を支えるのはいかなるものか。大宝二年（七〇二）正月丙子（八日）条には造宮職が長さ八尋の杠谷樹（柊）を献上したことが記されている。柊《ひいらぎ》は棘があり、邪気を払うという。モクセイ科の常緑小高木にもかかわらず八尋の長さがあったのか、祥瑞に準じて献上されたものと考えられている(81)。これを八を強調する「八尋之殿」の高御座に用いたとすると、蓋に用いた八尋の骨や柄か、蓋を支えるものが考えられよう。

杠谷樹の〝杠〟は、『字通(82)』によると、『説文解字』に「牀前の横木なり」とあって横木の意味という。第三章でも引いた『晋書』天文志には「大帝上九星曰華蓋、所以覆蔽大帝之坐也。蓋下九星曰杠、蓋之柄也。」とあり、杠とは蓋下の九星のことであり蓋の柄のことをいっている。『晋書』を引き、天文で解釈することは整合的ではある。一方、『古事記』には倭建命の東征の際、父が下した杠谷樹の八尋矛の話がある。〝杠〟は『漢和大字典(83)』によると、川に一本の木を渡してつくった橋のことであり、工の字が上下を線で貫いた様を示すという。後述する『文選』「思玄賦」の霊亀の話も橋であり、ここでは橋の意味で考えておく。実際に八尋の長さがあるのかはわからないが、八尋も高い頭上に蓋を差し掛けるよりも、『文選』に見える未央宮や文昌殿、霊光殿で蓮の花の飾りが茎によって吊されていたように、八尋もの高さから蓋を差し掛ける方が適当と思われる。明堂では柱は陰数（偶数本）をなし、『河図括地象』では崑崙は柱でその下には八本の柱があった。高御座には蓋を支える柱はないと考えたが、蓋の骨を上から八本の杠で支え、これも八紘に見立てて全体で概念的には天の北極に繋がる一本の橋あるいは一本の柱、天の御柱を表現したと考える。

(二) 大　鏡

平安時代以降の文献から蓋の裏側中央には光芒のない大鏡が下向きに付けられると考えられている。大鏡は天皇のみ覗くことができる天の御柱の中の通路の蓋《ふた》であり、藻井の鏡と同様、天水を表現すると思われる。『日本書紀』の一書に「三種の宝物」とある、いわゆる「三種の神器」の一つ、八咫の鏡は、この天地の結節点にある鏡の写しとも理解できるのである。その大鏡の外形は円形あるいは八角になるであろう。この鏡の文様の参考になるのが正倉院御物南倉の十二支八卦背円鏡（図7―10）である。これは国産と考えられており、経五九・四センチ、縁厚四・三センチ、重量五二・八キロで、宝庫に伝わる五六鏡のうち、最も重く、大きさは二番目である。[84] 鏡背の文様は中央の大鈕に獣形を配し、それを中心に界圏を巡らす。第一区に四神とその間に花卉の生えた山岳文をあしらい、第二区に八卦文、第三区に十二支文、第四区に葡萄唐草文を巡らせている。第五章で天文と地理（風水）が同質であることを述べたが、四神の間に山岳が描かれるのは天空の四神と地上の四方の山岳が同等同質で、天上界と地上界は相似形であるからである。八卦の配置には誤りがあるが、[85] 空間の象徴である四神と時間の象徴である十二支が刻まれ、時計廻りの規則正しい循環を示しているのである。奈良時代の東大寺法華堂の天蓋の中の鏡も十二支が時計廻りに巡る。時間と空間の象徴を秩序正しく描くこれらの鏡は、第一部で述べた大極殿院の設計原理と合致するのであり、「月令図式の宇宙論」に則った、時空という意味の宇宙の中心に相応しい文様である。

（三）蓋の飾りについて

記紀神話では、天の岩戸に隠れてしまった天照大神を引き出すために、常世の長鳴鳥を集めて長鳴きをさせ、天香具山にある沢山の榊を掘り、上の枝に懸けたのが八坂瓊《やさかに》の五百筒《いおつ》の御統《すまる》（八坂の勾玉）、中の枝には八咫の鏡、下の枝には青や白の麻のぬさをかけ、八百万の神々が祈禱した。この枝が三層の構造に描かれていることは高御座に懸かる蓋の構造を考える上で示唆的である。一書第三では上の枝と中の枝に懸けたものが入れ替わるため、鏡は蓋の上部あるいは中程に取り付けられたものと理解できる。

中の枝に懸けたのが八坂瓊の五百筒の御統というから、蓋の先に飾るのは勾玉がふさわしい。正倉院宝物の幢幡鉸具の金銅杏葉形裁文は、「金銅製雲形一枚と杏葉形七枚を連ね、深緑色の翡翠、濃緑色の碧玉、褐色の瑪瑙などでできた勾玉を付ける。また下端に磬形金具がなく、勾玉一個を下げるのみとする。この造作の裁文は本品のみで、[86] 勾玉も飛鳥時代以前のものである可能性も指摘され、荘厳具として特別な場所に懸けられたのかもしれない。」と指摘されている（図7―11）。第一次大極殿の高御座の構成要素が伝世するものと推察する。

大極殿の天井は蓋の上にあるが、下から見上げた時に平面的には天蓋の外側にあたるため、下の枝にあたると考えることができる。その下の枝には青や白の麻のぬさを架けたことから大極殿の天井近く、側面の小壁の下にはカーテン状の青や白の麻のぬさを下げるものと考えておく。『年中行事絵巻』の大極殿正面にぬさを描いているものもあり参考になる。

（四）鳳凰像

七夕の日、天の川に橋を架けた鵲が陰陽合一を助けた伝説のように、崑崙山の銅柱の頂部にはこの役割をなす鳥がいて、両翼で陰陽の象徴を覆い、陰陽の統一と和合、調和を示したことは先に見た。このため、天の御柱を象る高御座の頂部の「大鳳像」もその意味をもち、正面を向くことは陰陽いずれにも偏らない中正、中和の状態を示すと考えられる。八角形の蓋の八隅には「小鳳像」、すなわち小さい鳳凰像が立てられ、八方の陰陽の調和を促すのだろう。

正倉院宝物で額に王の字が象嵌される平脱鳳凰頭《へいだつのほうおうかしら》がある。先述したように、宇宙山や宇宙樹、柱といった垂直にそびえるものは天上と地上と地下の世界を貫いて三つの世界の交通が可能になると考えられていた。前漢中期の儒学者董仲舒説で王という字は「古の文を造る者、三畫して其の中を連ね、之を王と謂ふ。三なる者は天地人なり。而して之れを參通するものは王なり」(87)とする。『字通』(88)によると王という字は鉞《まさかり》の下部を下に置く形の象形というため、どうやら漢代の附会の感もあるが、三つの世界を垂直に貫いて繋げるのが王であるとするのは納得のいく説明ではある。王の身体が宇宙軸であるからである。平脱鳳凰頭が高御座の大小いずれかの鳳像に当たる可能性を考えたが、機能的には何かの蓋であり、鳳凰ではない可能性もあって(89)、これらの一部を伝えるものと捉えるのは難しいようである。

（五）幡

幡とは元来「きぬはた」のことで、仏教においては幡が風にひるがえることにより、種々の功徳を得るということから、仏菩薩の荘厳具になったものという。『日本書紀』の欽明天皇十三年（五五二）には百済の聖明王から釈迦金銅仏像、経論とともに献じられたと伝えられる「幡蓋」がみえる。幡に蓋がつくものである。天上界からの八紘で、八本の柱にあたる蓋を下げる杠谷樹を飾るのに法隆寺献納宝物を代表する名品の一つ、金銅灌頂幡を参考としたものを考える。金銅灌頂幡は七世紀後半に法隆寺が再建された頃のものと推定されており、文様を透かし彫りと毛彫りであしらう金銅板三連の上部に天蓋が付き、その先を多数の垂飾が飾る。(90)（金）銅製であることは崑崙は八本の銅製の柱からなるとされることに擬える。

ところで、八つの幡と書く八幡とは、福永光司によると、唐の太宗（六二六～六四九在位）の頃から使われ出した唐土の言葉で、八本の幡を手に持って天地八百万の神々を支配する宇宙の最高神を象徴し、その最高神が八幡大神もしくは大八幡菩薩と呼ばれて軍神として信仰されるようになったといい、(91)軍隊制度を象徴する「八幡・四鉾」に由来するという。(92)十四世紀初頭成立の『八幡宇佐宮御託宣集』によると、「辛国の城に、始て八流の幡と天降って、吾は日本の神と成れり」とあり、その辛国城は和銅六年（七一三）に日向国から四郡を割いて成立した大隅国に所在した辛国城と考えられている。翌年には大隅国の隼人の教導のため豊前国から二百戸が入植しているのだが、その前後、大宝二年（七〇二）には薩摩隼人の反乱、養老四年（七二〇）には大隅隼人の反乱もあり、この頃のこの地域の政情は不安定であった。『八幡宇佐宮御託宣集』は宇佐宮の成立を六世紀の欽明天皇の頃とするが、実際にはもう少し下ると考えられている。和銅三年（七一〇）には律令国家の対隼人政策の一環で宇佐に社を造り、八幡神は鎮護国家の神となり、やがて大仏建立を契機に入京することとなる。(93)高御座が北方や南方の民の服属儀礼に用いた飛鳥寺の西の槻の木や須弥山の性格を引き継ぐことは先述したが、高御座八隅の幡に八幡神の意味をも読むことはやぶさかではないのかもしれない。

2　壇

(一) 配置原理からみた高御座下壇の規模

第一章で述べたように平城宮第一次、恭仁宮、難波宮、平城宮第二次の各大極殿院における大極殿配置原理は、大極殿心の少し北側を東西の基線（各大極殿院を中軸線上南北に南門心から七対二、四対一、二対一、二対一に内分する点）に載せ、そこに高御座心があると推定できるというものであった。仮に、この想定が正しいとの前提に立ち、以下で検討してみよう。

第一次大極殿院ではそこが塼積擁壁の設計施工に用いた円心三円の中心であり、その位置は南門から七〇〇大尺の位置にあり、大極殿心から約八尺（廂の出の半分）北にあった。第一次大極殿身舎の梁行柱間は一八尺であるため、高御座心から身舎北側柱筋までの余裕は一八－八＝一〇尺となり、さらに、礎石端が床面から立ち上がる位置を柱心から二尺としてこの分を減ずれば、下壇の最大南北長は（一〇－二）×二の一六尺程度となる。下壇が正方形なら東西一六尺となり、中央間桁行柱間一七尺を超えないことになる（図7—12）。

同様にして他の大極殿院での高御座についても規模を推定してみよう。

藤原宮大極殿は平城宮第一次大極殿、さらに恭仁宮大極殿として移築されたものと考えられており、大極殿の規模は上述した第一次大極殿と同一であろう。大極殿そのものの発掘は戦前の成果であるため、再発掘によって詳細な位置の計測が必要な状況であり、大極殿院の南北規模も確定はしていない。しかしながら大極殿院の東門の検出により、東西の想定される基線を東門中心を通る東西軸とすると大極殿身舎中心の北、八尺か九尺程を通ることになる。仮にここに高御座が設置されていたとすると、同様に計算し、高御座の最大南北長は一四～一六尺となる。高御座下壇が正方形なら桁行中央柱間一七尺より若干小さいことになる。不確定な要素が多いため、傾向のみ確認してここでは除外しておこう。

恭仁宮大極殿で同様の検討をすると、規模は第一次大極殿と同じとみて、配置の基準（東西の基線）は大極殿心の三尺北側にあると考えられるため、一八－三－二＝一三尺となり、南北長は倍の二六尺程度となる。高御座下壇が正方形なら桁行中央柱間一七尺より大きいことになる。

難波宮大極殿では、その身舎の桁行柱間は中央を一五尺とし、両脇に漸減し、梁間は一四尺等間、廂は一一尺と推定されている(94)。高御座心は大極殿中心から三・三尺北にあると推定され、同様に計算し、一四－三・三－二＝八・七尺となり、南北長は倍の一七・四尺程度となる。桁行中央柱間は一五尺と推定されているため、高御座下壇が正方形ならその東西長は桁行中央柱間よりすこし大きいことになる。

第二次大極殿で同様の検討をすると、[95]身舎は桁行・梁行ともに一五尺等間で、配置の基準は大極殿心の五尺北側にあると考えられるため、一五－五－二＝八尺となり、南北長は倍の一六尺程度となる。高御座下壇が正方形なら中央間桁行柱間一五尺より若干大きいことになる。

以上により、高御座の最大南北長は一六尺から二六尺となるが、天平十六年（七四四）二月丙辰（二十日）条には恭仁宮の高御座と大楯を難波宮へ運んだ記事があり、藤原宮から長岡宮まで同一のものが用いられたと見ておく。すると、最も小さい値でないと各大極殿で計画位置に納まらないことになるため、規模は一六尺までとなり、中央桁行柱間寸法を大きくは超えないことになろう。

藤原宮・恭仁宮の大極殿は第一次大極殿と同一とみられ、その身舎の梁行柱間は確定している。長岡宮の大極殿は難波宮から移築されていることからこれと同一規模であろう。この平城宮第一次大極殿・第二次大極殿・難波宮大極殿の各大極殿の規模は順に小さくなり、身舎桁行中央柱間は順に一七尺・一五尺・一五尺で、身舎梁行柱間は順に一八尺・一五尺・一四尺となっている。大極殿院における大極殿の配置から推定した高御座の位置と大極殿心との距離も順に約八尺・五尺・三・三尺と小さくなることが確認できる。これは高御座の規模が決まっており、大極殿身舎北寄りの点にその高御座を設置しようとすると規模の小さな大極殿では大極殿心からずらすことのできる範囲が小さくならざるを得ないと考えられるからである。現存する紫禁城保和殿（図7―13）・景福宮勤政殿（図7―6）などの玉座も桁行中央柱間を超えてはいないのである。

古代中国で封禅とは、受命した帝王が泰山において山上で「封」という儀式を行い、山麓で「禅」という地を祀った祭祀で、始皇帝が始めたものである。玉座ではないが、『史記』封禅書によると元禅元年（紀元前一一〇）に漢武帝が行った封（土を盛って作った壇のこと）の壇の広さは一丈二尺、高さは九尺という。[96]一方、先の高御座のイメージ模型の下壇は方二四尺としている。二四は三×八＝二四、いつの季節も（二十四節気）天地人の三才が調和し、徳が天下の八隅に及ぶと考えることのできる佳い数値である。ここでも佳い数字を選んで第一次大極殿の高御座下壇の規模は方一五尺としておく。一五は一年三六五日の概数三六〇を二十四節気で分けた数であり、『五行大儀』では一から五までの数（生数）の和とされ、重要視される数値であり、四辺の長さは六〇尺となりこれは干支を象ることになる。壇全体では『封禅書』にならい九尺とすることも考えられるが、後述する八角に因んで八尺としておく。下壇の高さは大地を象り四尺とする。

（二）下壇上面と中壇下部・中部の意匠

中壇下部の意匠　古代中国で大地や蓬莱島を背負うと考えられていた亀は第一次大極殿に据えられた高御座の重要なモチーフになり得る。

『文選』に後漢の天文学者張平子（張衡）作の「思玄賦」(97)がある。張平子は機械技術や天文学に優れ、渾天儀（天球儀）や候風地動儀（地震計）を制作し、科学技術の上で大きな実績をもつ。玄とは宇宙の根源の道理のこと。「崑崙の巍巍たるを瞻《み》、縈河の洋洋たるに臨む。靈龜を伏せて以て坻《しま》を負はしめ、螭龍《ちりょう》の飛梁を亘す。閬風《ろうふう》の層城に登り、不死を構へて牀《とこ》と為す（高くそびえる崑崙山を見て、屈曲した黄河の流れを渡ろうとした。霊亀に島を背負わせて橋桁となし、螭竜に命じて、高くかかる橋となってもらった。閬風の峰にそびえる九層の城郭に登り、不死の樹を組み立てて寝台を作った）。」とある。崑崙山に行くために、天に架ける架け橋の橋桁が天地間を行き来できるという龍で、橋脚が霊亀なのである。

また、『楚辞』天問に「大亀が山を背負い手を打って舞うというのに　どうして蓬莱山を無事に落とさずにいられるのか」とあり、王逸注には『列仙伝』を引き「大亀が背に蓬莱山を負い、手を打って滄海の中で戯れる」とある。(98)

亀（鼇）が蓬莱島を載せるモチーフは沂南画像石中室八角柱（図7―14）に、亀が天上界に通じる柱を背負う図は三段式神仙画像鏡（図7―2）にそれぞれ見ることができる。

我が国でも参考になる文物がいくつかある。法隆寺西院の聖霊院に安置された十二世紀の聖徳太子像の胎内には飛鳥時代の小金銅仏である観音菩薩像が収められていた。それは首を高く上げる亀の背中に蓬莱山を載せ、仏の台座とするものである（図7―15）。法隆寺献納宝物で平安時代の作の「蓬萊山蒔絵袈裟箱」にも、海を泳ぐ蓬莱山を背負った亀が描かれている。

ところで、平安時代初期の『内裏式』や『儀式』の朝廷の儀式と、延喜年間以降の朝廷の儀式を記す『西宮記』の比較により、平安時代の中で大極殿や豊楽殿における儀式は衰微し、紫宸殿や清涼殿など内裏の殿舎が儀式の場の中心となっていくことが知られる。延喜年間までの紫宸殿は南庭に面する廂部分に天皇の御座などが設けられ、身舎はまだ儀式空間としては利用されていなかったが、儀式の変化を受けて紫宸殿の身舎も儀式空間となり、北廂との間に建具が必要となって賢聖障子《けんじょうのそうじ》が成立したものと考えられている。その成立時期は九世紀末から十世紀初頭の儀式と儀式空間の変化に対応し、延喜年間を大きく遡らない頃と考えられている。「賢聖」は「魏都賦」で宇宙を象ったという温室の中の壁画に描かれたことが知られる。賢聖障子は成立から江戸時代末期に至るまで描き継がれた最も古い伝統を誇る障壁画である。[99]かつて高御座が設置された慶長年間造営の紫宸殿は、寛永十八年（一六四一）仁和寺へ下賜、移築され金堂として現存し、そこには慶長十九年（一六一四）頃完成した狩野孝信による現存最古の賢聖障子絵が伝わる。二〇面よりなり、獅子・狛犬と一対の松が描かれ、右方に一二名、左方に二〇名、董仲舒や班固、張良、張華ら賢聖名臣が配される。この獅子・狛犬の上方は余白となっているが、そこには絵を描くことが古くから行われ、江戸時代に蓬莱山から亀に代わるという。寛文年間（一六六一〜一六七三）造営の紫宸殿を飾った、狩野探幽筆賢聖障子絵の小方守房による縮図が伝世し、これには蓬莱山とそれを背負う亀が描かれる（図7―16）。この賢聖障子のうち、高御座の後方の障子に描かれた画題である蓬莱山と亀が高御座そのもののモチーフであった保証はないが、参照すべき事例と思われるのである。

第一次大極殿の御披露目は和銅八年（七一五）（霊亀元年、和銅から霊亀への改元はこの年の九月）正月朔日であり、高御座すなわち天の御柱の付け根も霊亀であろう。高御座のモチーフも霊亀の出現・改元もともに予定されていたのかもしれない。「神話的で呪術的な」奈良時代初期の高御座には相応しいと思われる。亀は法隆寺聖霊院の久世観音や亀趺[100]のように首を高く上げなくても良い。明日香村の酒船石遺跡出土の亀形石造物[101]（図7―17）のような扁平なものもあるからである。河内（羽曳野市）の野中寺の塔心礎（亀石）には亀の顔と足が線刻され、天柱（心柱）を背負う亀としてよく意味を理解していたものと思うが、高御座に線刻は簡便に過ぎるだろう。

中壇中部の意匠　この亀が背負うのが蓬莱山であるため、中壇中部には蓬莱山と混同されていた須弥山が刻まれると考える。参照すべき意匠に前述の石神遺跡出土の須弥山石がある。

下壇上面の意匠　正倉院御物の木画紫檀棊局（図7―18）は碁石を入れる碁盤の引出に亀の細工が施されているものであるが、これは亀が大地を背負うという考えが下地となっている。大室幹生氏が班固の囲碁についての随想『奕旨《えきし》』や張擬の『棊経』などを引いて説明するように、大地を象るのが経緯一九条の碁盤であるという。そこにある一九掛ける一九の三六一路は一年の概数、各面一八路は四面で四季、七十二候を表す。碁盤は宇宙の象徴で、白黒の碁石は陰陽二気と天体を模倣するという。[102] 基本理念の上での藤原京の条坊もこれに通じるものと思われる。伊弉諾尊《いざなぎのみこと》と伊弉冉尊《いざなみのみこと》が地上に降り立って八尋殿を建てた島が『古事記』では淤能碁呂島《おのごろじま》であり、その名に碁の字が用いられていることは天下を碁盤に準えて考えていたことを示すのではなかろうか。

先述したように下壇は方形で四方の大地を象り、高さは四尺。上面は碁盤目のように一九条の格子を通すため、方塼を縦横一八列に敷き詰めた意匠とし、宇宙を象る都城にも準える。平安時代の高御座では方形の下壇を浜床と呼んだため、[103] 川原寺出土の緑釉波文塼や法華寺阿弥陀浄土院出土の水波文塼のような塼を敷き、蓬莱山を背負う亀の泳ぐ海面を表わすとする。波文の中を亀が泳ぐ姿は東大寺法華堂天蓋光心鏡の飛天十二支文鏡（出光美術館蔵）（図7―19）や飛天十二支八花鏡（東京国立博物館蔵）の鈕にもみることができる。

（三）中壇上部の意匠

八角形の意味　和田萃氏[104]は、高御座の形状が八角形であることの由来について、天皇による日本全土（大八洲）の支配を象徴するものとしている。その根拠として、第一に、天平改元宣命に「この天つ高御座に坐して天地八方を治め賜い調へ賜ふ事」との表現がみえること。第二に、『万葉集』にみえる「やすみしし吾大王」の表記二七例中二〇例が「八隅知之」であり、八隅は八嶋国や大八洲を指し、その支配を象徴するものとする。第三に、養老公式令詔書式条を取り上げ、詔書の冒頭に「明神御大八洲天皇詔旨云々咸聞」等の五形式があり、この種の規定が飛鳥浄御原令においても存在した可能性を指摘する。また、孝徳朝においては

「（オホ）ヤシマグニシロシメススメラミコト」の呼称が成立していたと推測できるとする。

『漢書』巻二十五郊祀志下に「甘泉泰畤紫壇、八觚宣通象八法。」[105]とあり、『旧唐書』巻二十二志第二礼儀二[106]には「基八面、象八方。按周禮、黄琮禮地。鄭玄注　琮者、八方之玉、以象地形、故以祀地。則知地形八方。」ともある。国構えに八方と書く徳川光圀の圀の字は、則天武后が國の字に或（惑う）が含まれることを嫌って定めた則天文字の一つであるが、その八方は天皇が支配する国土を象ることは間違いないと思われる。

福永光司[107]は『古事記』の太安万侶の序に「天武天皇、乾符を握りて六合を摠べ、天統を得て八荒を包みたまう」とあり、『日本書紀』神武紀には「六合を兼ねて以て都を開き、八紘を掩いて宇と為す」とあって、八荒と八紘は同義であるとする。また、これらの表現について次のようにも指摘している。

道教の神学における宇宙の最高神である天皇大帝（天皇）の、八紘（八荒）すなわち無限大の八角形の中心に高御座を置いて、全宇宙（世界）を一宇として統治する神聖な政治理念を意味するものにほかならず、この神聖な政治理想はまた道教の神学においても、しばしば「天下太平」もしくは「天地太和」とも呼ばれている。いわゆる「八紘為宇」もしくは「八紘一宇」とは、

道教の最高神・天皇大帝の神聖な政治理想であると共に日本国の天皇の神聖な政治理想でもあった。

言うまでもなく八紘一宇は大東亜共栄圏建設の理念とした戦時中のスローガンであるが、古代の思想を巧く言い表したものであると思う。前述したように、この八角形は同時に八卦、すなわち易の思想をも象徴すると思われる。

規模と意匠　第一次大極殿に置かれた高御座の本来的な姿や大きさを考える上で手掛かりになることがある。記紀神話の「八尋之殿」の尋は身体尺で、両腕を広げた長さのこと。一尋を五尺とし、一辺一尋の八角形の高御座の中壇と見立てるなら、対辺間距離は一二・一尺となる。ここでは、平面規模を中壇は一辺五尺、一廻り八辺で四〇尺とし、蓋も同じ規模とみておく。中壇の高さは三才を象り三尺としよう。四十の意味については第六章で述べた。

八角形の中壇の意匠については、正倉院御物の白石板（白石鎮子）[108]八点が示唆的である。確かな用途は不明であるが、建築の腰

張りや台座の周囲に嵌め込むものとも考えられている。各々、縦約二一㌢、横約三二㌢、厚さ五㌢程の大理石製で、石材は北京付近産出のものと酷似すると言われ、舶来の可能性がある。(109)仮にそうなら各地の石材を集めて造ったという宮崎の近代の八紘一宇の碑とイメージが重なる。また、部材には「阿斯大九沙」「秦司」「山伐一馬」など不可解な墨書があり、これを作者名と考えると、中国的でも日本的でもないともされる。四神の二神が組んで二面、十二支の二支が組んで六面の計八面からなることから、空間と時間の象徴を八面の中に凝集したものと言え、大極殿院の設計思想によく合致する（図7―20・21）。白石板の文様の中には雲文も描かれ、そこが天上界に近いところであることを窺わせ、中壇上部の意匠に相応しい。第一次大極殿内の高御座の下壇と中壇は寺院の金堂の須弥壇と同様に建物基壇と一体的に作られ、中壇上部にこれらが嵌め込まれていたと考える。

（四）上壇と玉座

上　壇　高御座については常設の壇があることやその名が示すように高い座に特質があるとの指摘がある。(110)上壇は繧繝文《うんげんもん》を施した木製の円形壇を「継ぎ壇」とし、円形の壇の大きさは想定した八角形にほぼ内接する径一二尺とする。この上に玉座が設けられると考える。壇の総高は八尺としたので、上壇の高さは残りの一尺とする。天平十六年（七四四）に恭仁宮の高御座を難波宮へ運んだ時は、常設の中壇までは残したのかもしれない。

玉　座　平成二十一年発刊の『家具道具室内史学会誌』の創刊号は、玉座を特集しており興味深い。この特集では、考古学の立場から広瀬和雄氏が、古代史学の立場から仁藤敦史氏が、建築学の立場から川本重雄氏がそれぞれ論じ、高御座と椅子の関係などについて研究の現状を示す。高御座に椅子が置かれたのを七世紀以前とする考えと、平安時代初期とする意見に二分されているのである。

仁藤敦史氏は、(111)人物埴輪にみえる椅子の存在や『日本書紀』の胡床の記載を重視して前者の説をとる。広瀬和雄氏は、(112)石製品や形象埴輪に表された椅子や、椅子に座った人物埴輪を検討し、椅子が威儀具として用いられていたとするのだが、葬送儀礼以外での椅子の使用状況は判然としないと指摘し、今後の課題とする。

一方、川本重雄氏[113]は後者の説をとる。大極殿の高御座は『儀式』巻第六〈元正朝賀儀〉に「前の一日、大極殿において装飾す。高御座を敷くこと錦を以てす。高御座の南ならびに東西の壇上、敷くこと両面を以てす（東西の壁に各二間至らず、南廂に一間至らず）。」とあり、こうした内容は先行する『内裏儀式』『内裏式』と共通する。『延喜式』には「上敷両面二条、下敷布張一条」と記されるのみであるが、『兵範記』『山槐記』などの高御座に関する記録からの裏松固禅の考察を引き、高御座の中の天皇の座は敷物を敷くだけの平座であったとする。また、豊楽殿での高御座については四角い斗張が立てられるが、同じく『儀式』巻第六、元日御豊楽院儀に「御座を敷く」という表現から大床子の上に敷物を敷く形式であったと考えられている。

高御座の座具については一〇分の一模型作成時と同様現在も決定的な史料を欠き、解釈は二分されている状況であって、模型では椅子を用いると先に方針を決めたのは正解であった。結局、直接的な史料はないため、どのような文脈で考えるかにも拠るのである。大極殿の設計思想に『文選』が大きく関わっていたことから、ここでも『文選』を重視した案とする。先の「思玄賦」には霊亀の橋を渡り、九層の城郭を登り、「不死を構へて牀と為す（不死の樹を組み立てて寝台を作った）」とあった。模型とは別の案を示すのが目的でもあるため、玉座は床子とする。

『続日本紀』和銅六年（七一三）六月辛亥（十九日）条に右京の人、支半于刀と河内国志紀郡の人、刀母離余叡色奈とが繧繝文を染めて献上し、授位、賜物にあずかった人物に関する記事がある。正史に記載する程のことであったことが、当時の大事業との関わりを推察でき注目される。繧繝彩色とは、色を淡、中、濃の三段階以上に分けて段階的に塗るぼかしの技法であり、奈良時代に隆盛を極め、建築、工芸品、彫刻、錦などの染色品に多用された[114]。大嘗祭で用いる畳の縁に繧繝文が施されるため、同様の畳を床に敷くのではないだろうか。

真床追衾の文様　記紀神話で高皇産霊尊が降臨させた瓊瓊杵尊《ににぎのみこと》を包んでいたのが真床追衾《まとこおうふすま》であることから、その玉座の上に置かれたと考える。その文様は如何なるものであったであろうか。伊勢神宮の皇宮神宮別宮伊雑宮の神事御田植祭（国指定重要無形民俗文化財）で、大翳《おおさしば》が神田に立てられる。それには松の生える島台と日月を描いた団扇と、太一の二文字を帆に記した船の絵の扇が取り付けられることなどから、民俗学者で易・陰陽五行に詳しい吉野裕子氏は、伊勢神宮の内宮は天照大神と太一、外宮は北斗七星と豊受大神がそれぞれ密かに習合され、扇に太一と記されていることについては伊雑宮が内宮の外にあることからそのことが漏れた結果とみている。内宮の二十年ごとの遷宮の際、御正体を蔽う夜着のような御被《みふすま》（衾）に秘文が描かれ、屋形文錦（図7—22）と呼ばれる。外宮でも同様に用いられるものに刺車文錦がある。鎌倉時代初期に成立したと考えられている『宝基本記』には「太神宮屋形文錦御衣者。皇天常住之本居義。豊受宮小車錦御衣者。乗宝車廻四天下度万類由也。（太神宮の屋形文錦の御衣は皇天、常住の本居の義なり。豊受宮の小車錦の御衣は宝車に乗り、四天下を廻り、万類に度る由なり）」とある。『史記』天官書第五に「天の中官は天極星で、その中の最も明るいのは太一の常居である。……北斗七星は、いわゆる旋・璣・玉衡などの七星で、七政を司る。……北斗は天帝の乗車で、天帝はこれに乗って中央を運り、四方を制し、陰陽を分け、四季を立て、五行を均くし、季節を移し、諸紀を定める。したがって、これらはみな北斗にかかわった仕事である。」とあって、このことから、屋形文は基壇を伴う瓦葺き寄せ棟風の屋根の建物で太一の居所、刺車文は北斗七星の象徴と考えられている。屋形文の建物中央の柱風のものが屋根の棟まで達してみえるのが高御座が意図しているとみる天の御柱を思わせて興味深い。玉座に使う真床追衾の文様として相応しいと思う。

(五) 設え

『礼記』明堂位に「天子斧依《ふい》を負い南郷《なんきょう》して立つ（天子は斧依《ついたて》を後ろに南面して立つ）」とあり、天子は斧が描かれた屏風を背にして南面して立つという。現存する紫禁城（現在の北京故宮博物院）の太和殿（清代、一六九五年再建）の玉座の屏風は七曲であるが、高御座の背後にも屏風が置かれ、第一次大極殿の屏風は六曲とする。六曲としたのは北斗七星と関係し、少々説明を要する。

天平四年（七三二）正月乙巳朔（一日）条に「大極殿に御して朝を受く。天皇始めて袞冕を服す」とある。従来この記事を袞冕《こんべん》十二章と呼ぶ、赤地に刺繡のある中国風の冕服《べんぷく》を服して大極殿に出御したものと考えられていた。ところが近年では、中国風だったのは袞冠と呼ぶ冠だけで礼服は刺繡のない白地のものだったと見るのが有力という。ここでは聖武天皇が袞冕十二章を着たかどうかは擱き、以下のような文様の意味は理解されていたものと考えておく。章は文様の意で、十二章は君主（天子）の備えるべき資質（徳）を動物や自然事象の形を借りて表現した十二種類の文様である。すなわち、衮龍は思慮深い聖徳、日・月・星辰は照臨無私、山は鎮定・雲の湧出・雨露の恵み、龍は変幻自在な霊物、華虫は雉の意でその美麗さと文明、火は照耀光輝、宗彝《そうい》の虎は剛猛さで猿は物事の制御をそれぞれ象徴し、それら八章が上衣を飾る。一方、藻は潔らかさと流れへの順応、粉米は民を養うもの、黼は斧で事にあたっての決断、黻《ふつ》は「己」字の展開図形で、両己・君臣の共生を象徴し、それら四章が裳にあしらわれる。天皇はこの礼服で森羅万象を身にまとい、太陽を抱く礼冠を頭上に輝かせて中国風の正装をする。そして、万能の天子として群臣の前に現れるのである。(120)

中国古代の皇帝の衮冕には星辰として左袖に北斗七星、右袖に織女三星が描かれる。北斗は天の大時計として陰陽、四時を正し、農耕の基準を示す。一方、織女は機織りをはじめとする女功を示す。すなわち一対で、天子親耕と皇后献蚕を示す。日本の天皇の衮冕十二章で現存するものは、幕末の孝明天皇の時のものであるが、織女三星が省略され、北斗七星を背中に背負う（図7―23）。この違いは双方の祭祀に対する意識の差によると考えられている。(121) 六曲の屏風は、上から見れば平面的には陰陽師の使う式盤（図7―24）のようになって北斗を象り、北斗は司る天空の秩序を地上にもたらす。同時代の中国の玉座についても詳細はわからないが、安禄山の牀張には北斗の第七星瑤光が装飾されていたという。(122) 斗張とは、帳台の上にかけるとばりや神仏を安置した龕の前にかけるとばりであるが、その名の由来を北斗を象る屏風や牀張に求めるのは考えすぎだろうか。

その屏風には高御座が天上界に近いことを誇示する雲を描くものとする。五色の八雲は記紀神話の天孫降臨を具現する舞台装置の文様として誠に相応しいと思われる。八雲は出雲大社本殿天井の文様が参考になる。なお、高さについては『儀式』にみる斗帳の高さに八尺一寸（九×九＝八一、重九＝長久）があることからも、これが適当であろう。

なお、紫禁城太和殿の玉座を囲む四本の柱には警句や教訓になる対聯《ついれん》が飾られ、字句が書かれており、(123) 高御座を囲む四本の柱にも正倉院宝物の「鳥毛篆書屏風」から字句を引くことは可能である。だが、「神話的で呪術的な」高御座には少々不釣り合いかもしれない。

（六）補足復元考察

備　品　古代中国では宮殿の中心、つまり天下の中心を定める儀式をしたという。(124)雄略紀には「壇を泊瀬朝倉に設けて天皇位に即き、遂に宮を定む」とあり、所功は「おそらく卜により選んだ所に土盛りの「壇」を築き、そこで即位式を挙げただけでなく、そこを中心に「宮」（王宮）を造ったのではないか」とする。(125)大極殿造営前の宮殿・玉座の造営に関わる意識を思わせ興味深い。天武天皇十三年（六八四）三月、「京師を巡行して宮室の地を定む」の記事は、すでに藤原京の造営は始まっていたため、天武天皇臨席の上での儀式の挙行に関する記事と考えられているが、(126)その内容は知られていない。天下の中心が定まったら、そこを高御座の位置とし、その中心に八尺の表を立て、東西を定め、夜間には北極星を観測して南北を正す。そして、規（ぶんまわし）で同心三円などを描く測量を兼ねた儀式をしたのではなかろうか。こうして塼積擁壁と大極殿が造営される。『文選』魯霊光殿賦の詩文などからすると、それは天理に叶ったことであり、宮殿が永く安泰であるために必要だったからである。

『礼記』明堂位には、「周公天子の位を踐《ふ》みて以て天下を治む。六年に諸侯を明堂に朝せしめ、禮を制し楽を作り、度量を頒つ。（周公が天子の位を践んで天下を治め、六年で諸侯を明堂に集めて朝見させ、礼楽を制定し、度量衡の基準を公布して、天下これに服した。）」とある。(127)『淮南子』時則訓は時令思想を記した篇であり、『呂氏春秋』十二紀や『礼記』月令と共通する内容が多い。時則訓の最後には次のようにある。(128)

> 制度。陰陽の大制に六度有り。天を縄と為し、地を準と為し、春を規と為し、夏を衡と為し、秋を矩と為し、冬を權と為す。縄とは萬物を縄す所以なり、準とは萬物を準する所以なり、規とは萬物を員にする所以なり、衡とは萬物を平かにする所以なり、矩とは萬物を方にする所以なり、權とは萬物を權る所以なり。（中略）明堂の制。静かなれば準に法り、動けば縄に法り、春は治むるに規を以てし、秋は治むるに矩を以てし、冬は治むるに權を以てし、夏は治むるに衡を以てす。是の故に燥湿寒暑、節を以て至り、甘雨膏露、時を以て降る（制度。陰陽の大制には、六つの度《はかり》がある。天が縄《すみなわ》であり、地が準《みずもり》であり、春が規《ぶんまわし》であり、夏が衡《さおばかり》であり、秋が矩《ものさし》であり、冬が権〔分銅〕である。縄とは万物を正すもの、準とは万物を水平にするもの、規とは万物を円くす

るもの、衡とは万物をつりあわせるもの、矩とは万物を方正にするもの、権とは万物をはかるものである。〔中略〕明堂の制。この制は静かであれば準にのっとり、動けば縄にのっとり、春は規によって治め、秋は矩によって治め、冬は権によって治め、夏は衡によって治める。このようにすれば燥・湿・寒・暑は時節通りに到来し、めぐみの雨露は時にかなって降る)。

現在、北京の紫禁城太和殿前には度量枡と日時計が置かれ、統一と則天を象徴する。大極殿は六合を統べるところであり、大極殿の儀式では高御座の案（脚の短い机）に規矩準縄に衡権が並べられ、正当性が誇示されると考えられないこともないが、やはり「呪術的で神話的な」高御座のある大極殿には不釣り合いかもしれない。

幕　高御座ではないが、大極殿に用いた幕で参考になるものがある。幕末の即位儀で軒下に付けられた幕、帽額《もこう》をみることができるが、麻布に描かれた、正倉院宝物の十二支彩絵布幕《じゅうにしさいえのぬののまく》がそれである。龍図は縦七一センチ、横は残存部分で一二一センチを超える。上端につけられた三個の吊り手によって横長に懸けられた、水引幕の類で、表現は動勢に乏しいが実直であることから儀礼的な用途に応ずるために定められた粉本をもとに描かれたものと考えられている。尾を後肢に絡ませ跳ね上げる特徴は高松塚古墳・キトラ古墳の青龍・白虎に共通する。大儀には刺繍のある帽額、喪葬には彩絵した麻布の帽額を用い[129]、この宝物は聖武太上天皇の大葬に第二次大極殿に掛けたものといわれる[130]。

龍図、鶏図の他に猪の一部などもあり、十二支の前半の子から巳までを左向きに、後半の午から亥までを右向きに描き、堂宇などの前面に左右対称に掛けたのではないかと推測されている[131]（図7―25）。大極殿院は時空を象ることは上述した通りであるが、その意味を正面からわかりやすく展開し、教化にも用いたものと考えよう。

おわりに

遺跡における復元的な展示物については、ないものを想像して作るのであるから参考になる事例を使ってある程度はパッチワークにせざるを得ない。ただ、それらは遺跡や歴史を理解するための材料や手段であって、それを通して語るべき歴史像や時代の精神性があるのであろう。広瀬和雄氏は先に引いた論考で、「そもそも前方後円墳という政治的墳墓は、弥生伝統と中国思想を統合した観念装置であったから、墳丘・埋葬施設・副葬品といった構成要素のどれに、どこに淵源を発した思想的営為を看取するかは、古墳時代首長層のイデオロギー構造を読み取っていくためにも、今後の課題になってくる。」と指摘している。この指摘は大極殿院という政治の場にもあてはまる。そのため、ないものを想像するのにイデオロギー構造を推考して、文脈的に細部を決定する方法が必要になると思われた次第である。

おそらく平城宮第一次大極殿に据えられた高御座は、記紀編纂の頃までに成立した政治的な神話や奈良時代以前の伝統が中国思想を利用して成立した威儀発揚装置であった。記紀神話では天の中心と天下の中心を繋ぎ、天地が交泰する装置として「天の御柱」が構想され、天孫降臨を語ったが、高御座はこれを具象化し、それが置かれた場所は天にも通じる場所であることを意匠にまとって天下支配の正当性を誇示したのであろう。つまり大極殿院は記紀神話を再現する場で、高御座はその舞台の中心であった。そこで行われる即位儀は天孫降臨を再現、日本の独自性を誇示して、民や蕃客を教化するのであろう。

もとより正しいという保証などもない別案提示のため、紙幅を割いてまで推論を重ねた。本来なら別案のパースでも示すべきところであるが示さなかった。細部の意匠などを論ずるのは手段ではあったが目的ではないからである。高御座のイメージ模型は大極殿心から八五㌢北にずらして設置されている(132)。これを手掛かりにさらにイメージを膨らませたり、物の背景にあるであろう意味についても考える機会になれば幾分かでも遺跡の活用に資することができようか。

【参考文献および註】

（1）所功　一九九〇「高御座の伝来と絵図」『京都産業大学世界問題研究所紀要』第一〇巻　京都産業大学世界問題研究所　三八四—三三一頁

（2）古尾谷知浩・箱崎和久　一九九七「高御座の考証と復原」『奈良国立文化財研究所年報一九九七—Ⅰ』奈良国立文化財研究所　二二—二三頁

（3）文化庁文化財部記念物課監修　二〇〇五『史跡等整備のてびき』

同成社。復元の功罪については以前にまとめたことがある。拙稿一九九八「遺構展示手法と遺構復元の問題点」『緑の読本』四五巻公害対策技術同友会　三七—四四頁

（4）熊谷公男　二〇〇一『大王から天皇へ』日本の歴史〇三　講談社　三三四—三三五頁

（5）大隅清陽　二〇〇一「君臣秩序と儀礼」『古代天皇制を考える』日本の歴史第〇八巻　三一—八六頁

（6）清水みき　一九九五「桓武朝における遷都の論理」『日本古代国家の展開』上巻　思文閣出版　三八三—四一二頁

（7）遠山美都男　二〇〇七『古代の皇位継承　天武系皇統は実在したか』吉川弘文館

（8）北康宏　二〇〇八「「後佐保山陵」の再検討」『続日本紀研究』第三七六号　続日本紀研究会　二〇—三四頁

（9）持統天皇から文武天皇の譲位が文武天皇元年（六九七）八月一日条に「受禅即位」、同十七日条に即位詔を載せているが、その後、光仁天皇即位まで践祚式と即位式の分離の例はない。詳しくは下記を参照されたい。橋本義彦　一九九〇「即位儀礼の沿革」『書陵部紀要』宮内庁書陵部　一—一八頁

（10）熊谷公男　二〇〇二「持統の即位儀と「治天下大王」の即位儀礼」『日本史研究』日本史研究会四七四　四—三四頁

（11）古瀬奈津子　二〇〇三「唐礼と日本古代の儀式～唐礼受容の過程～」『唐代史研究』第六号唐代史研究会　一七三—一七四頁

（12）百橋明穂　二〇一〇「史料からみた大極殿小壁の彩色」『平城宮第一次大極殿の復原に関する研究3彩色・金具』学報第八二冊　奈良文化財研究所　七五—八二頁

（13）近年の発掘調査成果からは大極殿の基壇が東西一七七尺（約五三メートル）、南北七〇尺（約二一メートル）と推定されるため（梶川敏夫　二〇〇七「平安京大内裏の遺構」『王朝文学と建築・庭園』竹林舎　五三九—五六二頁）、実長は第一次大極殿より小さくなっている可能性がある。

（14）ただし、長岡遷都が十一月十一日で、平安宮大極殿が桁行一一間になったことを考えると、十一が意味をもつようになるのかもしれない。十一は東方に配される三と八の和で大極殿の瓦も東方の青（緑釉瓦）になる。

（15）橋本義則　一九九六「朝政・朝儀の展開」『日本の古代』7まつりごとの展開　中央公論社　一一五—一六六頁

（16）小南一郎　一九九一『西王母と七夕伝承』平凡社　一四三—一八六頁

（17）小南一郎　一九八四「西王母と七夕伝承」『中国古代の神話と物語り—古小説史の展開—』岩波書店　一三—九四頁、鐵井慶紀氏も社についての考察から宇宙軸やその表象について述べている（鐵井慶紀　一九八一「「社」についての一試論」『東方学』東方學會　一—一六頁）。

（18）楠山春樹　二〇〇四『淮南子』上　新釈漢文大系　明治書院　二〇八—二〇九頁

（19）伝板蓋宮跡が舒明天皇の飛鳥岡本宮、皇極天皇の飛鳥板蓋宮、斉明天皇の後飛鳥岡本宮、天武天皇の飛鳥浄御原宮とほぼ同じ場所で建て替えられていくことは定説化している（小澤毅　二〇〇三『日本古代宮都の研究』青木書店　一九—七一頁）。天香具山が実際に中心性を帯びるようになったのは、宮の北に天香具山が位置するよ

うになってからのことではないだろうか。ただし、その遺跡の最も下層の舒明天皇の飛鳥岡本宮の遺構は正南北ではなく、正南北になるのは皇極天皇の飛鳥板蓋宮からであり、飛鳥岡本宮造営の頃は天香具山を大きくは意識していないのかもしれない。なお、七世紀後半には大和三山の神格化が進んでいたと言われる（金子裕之　二〇〇五「古代都城と道教思想―張寅成教授「百済大香炉の道教文化的背景」と藤原・平城京―」『古文化談叢』第五三集　九州古文化研究会　一三三―一四〇頁）。

(20)　中西進　一九九一「生命の木」『しにか』第二巻第二号　大修館書店　九二―九七頁、永藤靖　一九九三「古代日本文学と空間意識の研究―宇宙樹の変容―」『明治大学人文科学研究所紀要』第三十四冊　一―一三頁

(21)　今泉隆雄　一九九三『古代宮都の研究』吉川公文館　二―一〇頁

(22)　後の二者は、後飛鳥岡本宮の東の岡で、酒船石と丘陵斜面に幾重にも廻る石垣、亀形石造物などを含む酒船石遺跡と考えられる。田身嶺上の二本の槻は木連理のようになっていたのであろうか。

(23)　仁藤敦史　二〇〇九「古代王権の象徴―槻・厨子・椅子」『家具道具室内史』具道具室内史学会誌創刊号　家具道具室内史学会　四〇―五一頁

(24)　藤原宮大極殿の成立の時期については、持統天皇四年（六九四）の藤原遷都後、藤原宮大極殿の初見が『続日本紀』文武天皇二年（六九八）正月壬戌（一日）条であるが、和田萃氏は前年八月庚辰（十七日）の即位宣命に「此の天つ日嗣高御座の業」とあることからこの時に大極殿で即位式が行われたとみている（和田萃　一九九五「タカミクラ―朝賀・即位式をめぐって―」『日本古代の儀礼と祭祀・信仰』上　塙書房　一六三―二〇一頁）。

(25)　仁藤敦史　二〇〇三「首都平城京―古代貴族の都鄙観念―」『古代王権の空間支配』青木書店　二〇五―二三八頁

(26)　鑑真を招請した遣唐使に対し玄宗皇帝が日本は仏教にばかり熱心で道教を崇めないと不満を示していることなどから（東野治之『遣唐使』岩波書店　一三一頁）、道教思想の導入に積極的であったわけではないが、田道守の非時香菓の珍果を求める話（垂仁紀）、浦島子と亀比売の話（雄略紀）、祝詞の大祓詞などの例もあり、神仙思想・道教からの影響がなかった訳ではないであろう。

(27)　早川庄八　二〇〇〇『天皇と古代国家』講談社　二二一―二二三頁

(28)　前掲書（16）一九八頁

(29)　前掲書（16）一四三―一八六、一九八頁、小南一郎　一九九九『中国の神話と物語り』岩波書店　六四頁

(30)　福永光司・千田稔・高橋徹　二〇〇三『日本の道教遺跡を歩く』朝日新聞社　二〇頁

(31)　飛田範生　一九九九『日本庭園と風景』学芸出版社　九九頁、荒川紘『日本人の宇宙観―飛鳥から現代まで』紀伊國屋書店　三三一―三三三頁

(32)　早くには津田左右吉氏が『神代史の新しい研究』（一九一三）で古墳時代から飛鳥時代の政治思想が記紀神話に反映されたものと見た。最近では、神野志隆光氏の研究（一九九九『古事記と日本書紀「天皇神話」の歴史』講談社）があり、平川南氏（平川南　二〇〇八『日本の原像』小学館　五三頁）が記紀がある執筆目的の上に作品論的な立場から分析する神野志氏の姿勢を評価している。

(33) 勝俣隆　二〇〇〇『星座で読み解く日本神話』あじあブックス　大修館書店　六五―八三頁

(34) 『春秋緯』に「天は左旋し、地は右動す」、『芸文類聚』の『白虎通』に「天は左旋し、地は右旋す」、『淮南子』天文訓に「雄は左行し、雌は右行す」、『医心方』二八巻に「男は左転し、女は右旋する」とある。荒川紘　二〇〇一『日本人の宇宙観　飛鳥から現代まで』紀伊國屋書店が詳しい。

(35) 楠山春樹　二〇〇四『淮南子』上　新釈漢文大系　明治書院　二〇八―二〇九頁

(36) 小竹武夫訳　一九九八　班固『漢書』二表・志上筑摩書房　三四六頁、『漢書』四志〔二〕中華書局　一〇五八頁

(37) 妹尾達彦　二〇〇一『長安の都市計画』講談社選書メチエ　一五〇―一五一頁

(38) 楠山春樹　二〇〇五『淮南子』中　新釈漢文大系　明治書院　七六三―七六五頁

(39) 江口孝夫　二〇〇一『懐風藻』講談社学術文庫　四二頁

(40) 戸川芳郎「後漢を迎える時期の元気」『気の思想』東京大学出版会　一八一―二〇八頁

(41) この流れを汲むのが井桁土台の建築である、現在の上賀茂神社（賀茂別雷神社）の神殿とされる。三宅和朗　二〇〇〇『古代の神社と祭り』歴史文化ライブラリー111　吉川弘文館　一五二―一五六頁

(42) 『漢書』にみえる漢の上林苑の建章宮井幹楼は、雲南省晋寧石塞山一二号墓の建築像にあるような干欄式（高層建築）の校倉造り建物という（田中淡　一九八九『中国建築史の研究』弘文堂　一一九―二四一頁）。

(43) 鐵井慶紀　一九八一「「社」についての一試論」『東方學』第六十一輯　東方學會　一―一六頁、荒川紘　二〇〇二『日本人の宇宙観―飛鳥から現代まで―』紀伊國屋書店　四二―五二頁

(44) 前掲書（16）一五〇頁

(45) 清水重敦　二〇一〇「史跡の現状変更に関する資料」『平城宮第一次大極殿の復原に関する研究二木部』奈良文化財研究所　一一―一七頁

(46) 『旧唐書』三　紀〔三〕志〔一〕中華書局　八五九頁

(47) 楠山春樹　二〇〇五『淮南子』中　新釈漢文大系　明治書院　三九四―三九六頁

(48) 阿部吉雄・山本敏夫・市川安司・遠藤哲夫　二〇〇五『老子・荘子（上）』新釈漢文大系　明治書院　一六一―一六三頁

(49) 大室幹雄　一九八六『劇場都市―古代中国の世界像―』三省堂　一三四―一三五頁

(50) 元気とは、戸川氏によると『淮南子』に一回限りみえる語で、「四時を運営する陰陽二気を統合した本根の一気」の意味である（戸川芳郎「後漢を迎える時期の元気」『気の思想』東京大学出版会　一八一―二〇八頁）。

(51) 小南一郎　二〇〇六『古代中国　天命と青銅器』京都大学学術出版会　二一三―二一五頁

(52) 内田泉之助・網祐次　二〇〇五『文選』（詩篇）下　新釈漢文大系　明治書院　六七―七〇頁

(53) Park, Hi-Yong Kim, Jong-Gi Choi, Jong-Chul Hong, Dea-Hyung　二〇〇六「朝鮮時代宮闕正殿唐家の形式と役割に関する研究」『大

韓建築學會論文集』計画系二二一　一六七―一七四頁　日本語訳では金年泉氏の協力を得た。記して謝したい。

(54) 妹尾達彦　二〇〇一『長安の都市計画』講談社選書メチエ　一五〇―一五一頁

(55) 王維坤　一九九六「長安城のプランニング」『しにか』九月号大修館書店　二〇―二七頁

(56) 中村璋八　一九九四「易と道教」『しにか』第五巻第一一号　大修館書店　三二―三七頁。卜部兼倶は元本宗源神道（唯一神道）を唱え、吉田神道を成立させ、その子孫が吉田神社の社務職を引き継いでいる。『五行大義』は中国では亡失してしまったが、日本では陰陽生の必読書となり、平安貴族や陰陽道関係者に尊重され、天理大学付属図書館の吉田文庫にも写本が伝世する。もともとはこの吉田家のものという。

(57) 狩野久　一九七七「律令国家と都市」『大系日本国家史』一古代　東京大学出版会　二一七―二五四頁

(58) 田中淡訳編・中国建築史編集委員会編　一九八一『中国建築の歴史』平凡社　三一四―三一六頁

(59) 中島千秋　二〇〇〇『文選（賦篇）上』新釈漢文大系　明治書院　二五―二七頁

(60) 高橋忠彦　二〇〇〇『文選（賦篇）中』新釈漢文大系　明治書院　九―一〇頁

(61) 高橋忠彦　二〇〇一『文選（賦篇）下』新釈漢文大系　明治書院　一―一五頁

(62) 前掲書（58）二一一頁

(63) 竹島卓一　一九七一『営造法式の研究』二　中央公論美術出版　三八四―三八八頁

(64) 西村康彦　二〇〇〇「紫禁城の神獣・幻獣たち」『しにか』第十一巻第四号　五八―六五頁

(65) 村松伸　一九九九『図説北京』河出書房新社　三九頁

(66) 前掲書（51）四八頁

(67) 西村康彦　二〇〇〇「紫禁城の神獣・幻獣たち」『しにか』第一一巻第四号　五八―六五頁

(68) 河北省文物管理所　一九七五「遼代彩絵星図是我国天文史上的重要発見」『文物・考古』河北省博物館　三三頁

(69) 狩野久・鬼頭清明　一九八一「第一次大極殿地域の性格」『平城宮跡発掘調査報告ＸＩ』奈良国立文化財研究所　二三五頁

(70) 楊鴻勛著　田中淡・福田美穂訳　一九九七「唐長安城大明宮含元殿の復元的研究―その形態にかんする再論―」仏教芸術　二三三号　毎日新聞社　一一一―一四四頁

(71) 十川陽一　二〇〇六「八世紀の宮都造営―唐制との比較を通じて―」『史学』三田史学会　二一七―二三八頁

(72) 前掲書（61）九―一〇頁

(73) 以下、古尾谷知宏氏のご教示によるもので記して謝したい。『延喜式』内匠寮式では、八角形の高御座の蓋《かさ》を装飾する記事の中に、「毎面、懸鏡三面、当頂著大鏡一面」とある。つまり、各辺に三面ずつ小鏡を付け、頂部に大鏡を付けることになるのだが、「頂」といっても、蓋の上には大きい鳳像を載せる規定になっているので、天井の頂部のことと考えられる。また、『頼業記』久寿二年十月十六日条では、南北二辺に小鏡五面、残り六辺に小鏡各三面を付けるとした上で、「蓋裏中央、付大円鏡一面」とあり、ここでは鏡の形は円であることがわかる。さらに、院政期と考えられる『文安御即位調度図』によれば、「蓋裏内着大鏡一面（以鏡裏、令通入、以六寸釘、固之）」とある。難解だが、鏡の裏に釘を通して固定するということであり、紋様面は上になると考えられる。

(74) 薬師寺東塔などのように、建物の軒が二重のものは、下の地垂木が断面円形、上の飛檐垂木が断面方形のものがあり、天円地方であれば、天たる円が上になりそうである。構造的な意味もあるであろうが、ここでも逆であることに天地の交泰を願った意匠の意味を汲み取りたい。

(75) 妹尾達彦氏のご教示によると、四は大地を象徴するという。

(76) 前掲書（60）九―一〇頁

(77)『文苑英華』第一冊　一九九五　中華書局　二一二一―二一二四頁

(78) 高田真治・後藤基巳訳　二〇〇四『易経』（下）岩波文庫　二八頁

(79) 松村恵司　二〇〇九『日本の美術 出土銭貨』五一二　至文堂　三八―四一頁

(80) 原田一敏　二〇〇七「天蓋」『歴史考古学大辞典』吉川弘文館　七九九―八〇〇頁

(81)『続日本紀一』新日本古典文学大系　岩波書店　三三三頁

(82) 白川静　二〇〇五『字通』平凡社　五〇一頁

(83) 藤堂明保編　一九九五　学習研究社　六二七頁

(84) その鏡の外周は一八六・五センチとなる。咫（あた）は親指と中指を広げた身体尺で、周代の小尺。大尺（二二・五センチ）の約八寸で、一咫は約一八センチ。八咫では一四四センチ。ちなみに、この大尺で八尺ならば一八〇センチ。大尺を咫とすればこの鏡の大きさは八咫となるところではあるが…。

(85) 奈良国立博物館　一九九八『平成十年正倉院展目録』奈良国立博物館　六六頁、和田軍一　一九九七『正倉院案内』吉川弘文館　一九九頁

(86) 京都国立博物館　二〇〇三『金色のかざり―金属工芸にみる日本美―』特別展覧会図録　三一四頁

(87) 大室幹雄　一九八六『劇場都市―古代中国の世界像―』三省堂　一二一―一六六頁

(88) 前掲書（82）八九頁

(89) 奈良国立博物館　二〇〇三『平成十五年正倉院展目録』三〇頁

(90) 中野政樹　一九八六「金銅灌頂幡」『国宝大事典』四　工芸・考古　講談社　二八頁

(91) 福永光司　一九九七『「馬」の文化と「船」の文化―古代日本と中国文化―』人文書院　四八―四九頁

(92) 福永光司　一九九二「道教と八幡神」『豊日史学』五六巻二号　豊日史学会

(93) 飯沼賢司　二〇〇四『八幡神とはなにか』角川書店　七―五二頁

(94) 中尾芳治　一九九五「後期難波宮大極殿院の規模と構造について」『難波宮址の研究第十―後期難波宮大極殿院地域の調査―』財団法人大阪市文化財協会　一五九頁

(95) 上野邦一・金子裕之「遺構各説」『平城宮発掘調査報告XIV　第二次大極殿院の調査』奈良国立文化財研究所　三三頁

(96) 東晋次　二〇〇三『王莽　儒家の理想に憑かれた男』白帝社　一八四頁

(97) 前掲書（61）一五三―一八三頁

(98) 目加田誠　一九九八『詩経・楚辞』中国古典文学大系　平凡社　三三四、三四三頁

(99) 川本重雄・川本桂子・三浦正幸　一九七九「賢聖障子の研究（上）―仁和寺蔵慶長度賢聖障子を中心に―」『國華』一〇二八号　國華社　九―二六頁、「賢聖障子の研究（下）―仁和寺蔵慶長度賢聖障子を中心に―」一〇二九号　國華社　七―三一頁

(100) 石碑の土台に亀をあしらったものを亀趺と呼ぶ。日本では水戸徳川家や会津藩松平家など儒式の近世大名の墓所などに見られる。中国古代の亀趺とその意識については平勢隆郎『亀趺の正統』白帝社が詳しく参考になる。

(101) この遺構を含む遺跡全体について、大嘗祭の施設とみる考えが示されており、興味深い（相原嘉之　二〇〇三「飛鳥大嘗宮論―初期大嘗宮と酒船石遺跡―」『続文化財学論集』文化財学論集刊行会　四〇九―四一八頁）。

(102) 大室幹生　二〇〇四『囲碁の民俗学』岩波現代文庫　二四三―二五八頁

(103) 角田文衛　一九九四『平安の都』朝日新聞社　二四頁

(104) 和田萃　一九八四「タカミクラ―朝賀・即位をめぐって」『日本政治社会史研究』上　塙書房　二三五―二六八頁

(105) 『漢書』四、志一　中華書局　一二五六頁

(106) 『旧唐書』三、紀三、志一　中華書局　八五七頁

(107) 福永光司　一九九三『道教と古代日本』人文書院　一三―一四頁

(108) 正倉院事務所編　一九六五『正倉院の宝物』朝日新聞社　五九―六〇頁、土井弘　一九八二『原色日本の美術第四巻正倉院』小学館　五八頁。

(109) この図像の検討から製作年代は七六〇年前後ではないかとされる。金子裕之　二〇〇七「キトラ古墳壁画の玄武像をめぐる二、三の問題」『古代文化とその諸相』奈良女子大学二一世紀COEプログラム報告集　一五巻　奈良女子大学二一世紀COEプログラム　一一―四〇頁

(110) 今泉隆雄　一九九三『古代宮都の研究』吉川弘文館　一九六―二〇〇頁、吉江崇　二〇〇三「律令天皇制儀礼の基礎的構造―高御座に関する考察から―」『史學雜誌』第一一二編第三号　史學會　三五―五五頁

(111) 仁藤敦史　二〇〇九「古代王権の象徴―槻・厨子・椅子」『家具道具室内史』家具道具室内史学会誌創刊号　家具道具室内史学会　四〇―五一頁

(112) 広瀬和雄　二〇〇九「古墳時代の椅子―首長の権威発揚の場をめぐって―」『家具道具室内史』家具道具室内史学会誌創刊号　家具道具室内史学会　二一―三九頁

(113) 川本重雄　二〇〇九「天皇の座―高御座・椅子・大床子・平敷―」『家具道具室内史』具道具室内史学会誌創刊号　家具道具室内史学会　五二―六六頁

(114) 正倉院事務所編　一九八八『正倉院宝物中倉』朝日新聞社　五四頁

(115) 吉野裕子　二〇〇〇『天皇の祭り　大嘗祭＝天皇即位式の構造』講談社　六一―八四頁

(116) 小竹文夫・小竹武夫訳　二〇〇〇『史記』二　書・表　筑摩書房　一〇六―一一七頁

(117) 竹内照夫　二〇〇三『礼記』中　新釈漢文大系　明治書院　四八

五—四八六頁

(118) たとえば、米田雄介 一九九八『正倉院宝物の歴史と保存』吉川弘文館 六一頁など

(119) 渡辺晃宏『平城京一三〇〇年「全検証」 奈良の都を木簡からよみ解く』柏書房 一九七頁

(120) 吉田さち子 二〇〇六「袞冕十二章」『図説 宮中 柳営の秘宝』河出書房新社 一〇頁

(121) 前掲書（115）一九〇—二〇六頁

(122) 北田裕行「中国の史資料からみたタカミクラの形状」今井晃樹代表 大極殿院の思想と文化に関する研究 平成十八年度—平成二十一年度 科学研究費補助金（課題番号：18380027）研究成果報告書 一八四—二三六頁

(123) 村松伸 一九九九『北京 三千年の悠久都市』河出書房新社 四〇頁

(124) 斯波義信 二〇〇三『中国都市史』東京大学出版会

(125) 所功「高御座の伝来と絵図」『京都産業大学世界問題研究所紀要』第一〇巻 京都産業大学世界問題研究所 三八四—三三一頁

(126) 小澤毅 二〇〇三『日本古代宮都の構造』青木書店 二四八頁

(127) 前掲書（117）四八七頁

(128) 楠山春樹 二〇〇四『淮南子』上 新釈漢文大系 明治書院 二四一、二八五—二八九頁

(129) 金子裕之 二〇〇七「キトラ古墳壁画の玄武像をめぐる二、三の問題」『古代文化とその諸相』奈良女子大学二一世紀COEプログラム報告集 十五巻

(130) 原田淑人 一九六二「正倉院の布幕」『東亜古文化論考』吉川弘文館 一六七—一八四頁

(131) 奈良国立博物館 一九九七「十二支彩絵布幕 龍図 鶏図」『平成九年正倉院展目録』図録奈良国立博物館 四〇—四一頁

(132) 小野健吉・加藤真二・箱崎和久 二〇一〇「高御座の「外観をイメージできる実物大模型」」『奈良文化財研究所紀要二〇一〇』奈良文化財研究所 四〇—四一頁

図７－１　高御座十分の一模型
『奈良国立文化財研究所紀要1997－Ⅰ』1997
奈良国立文化財研究所　iv 頁

図７－２　三段式神仙画像鏡
小南一郎　1999『中国の神話と物語り
―古小説史の展開―』岩波書店　51頁

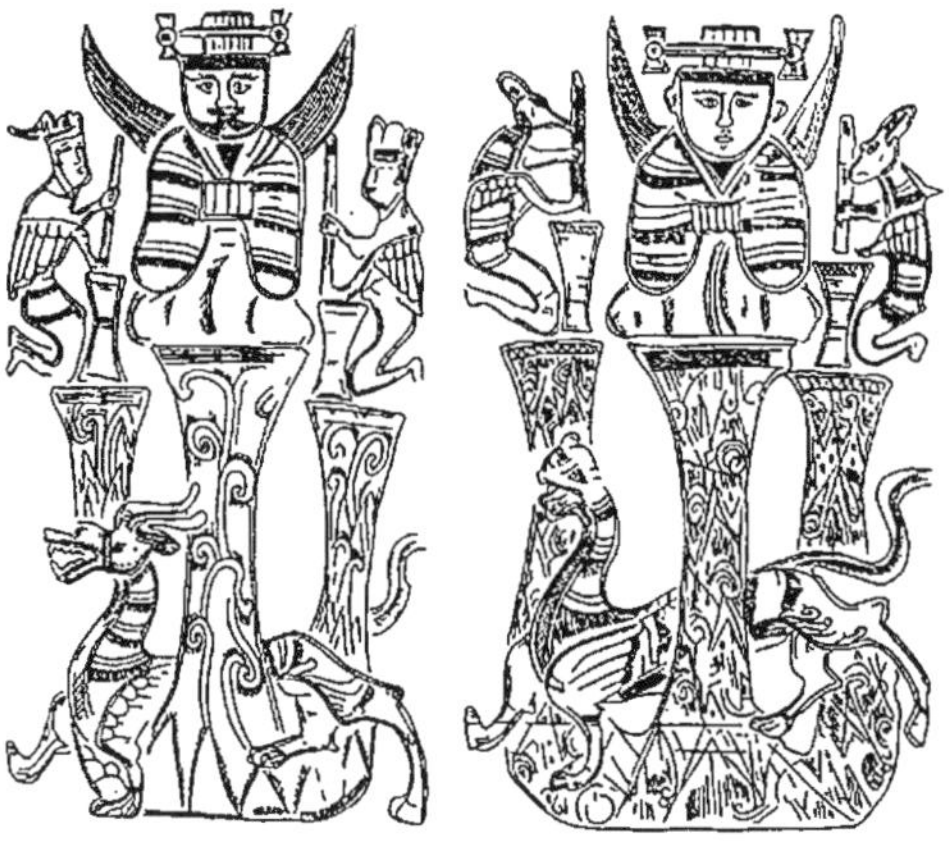

図７－３　画像石の東王父と西王母
小南一郎　1999『中国の神話と物語り
―古小説史の展開―』岩波書店　56頁

図７－４　須弥山石（復元）
『飛鳥・藤原京展図録』2002　朝日新聞社　67頁

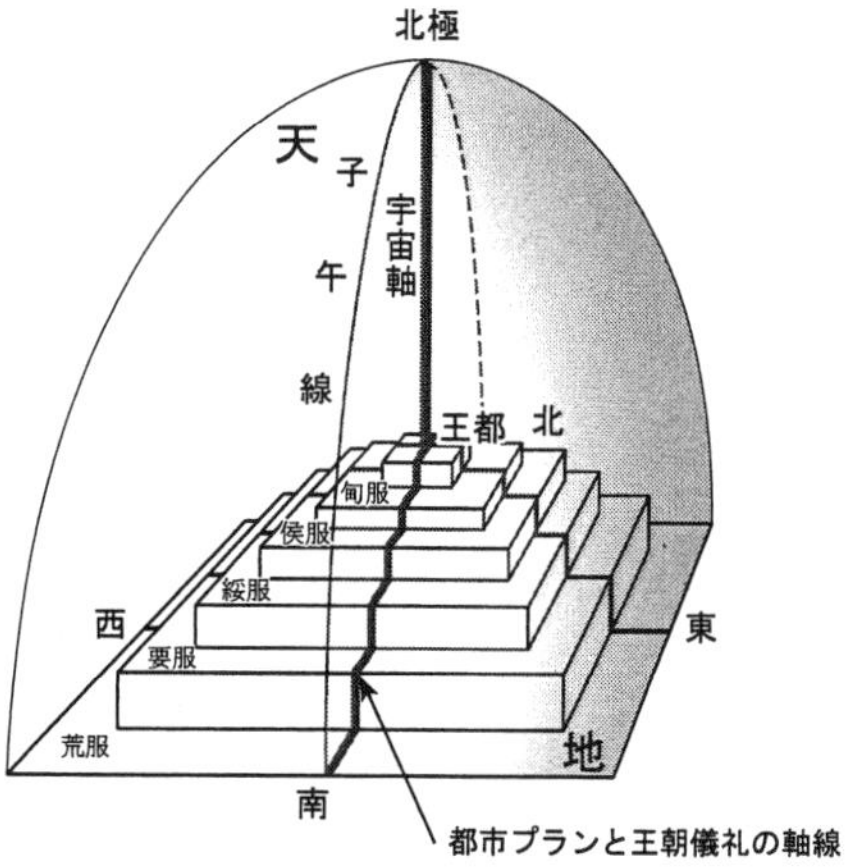

図７－５　宇 宙 の 都
妹尾達彦　2001『長安の都市計画』
講談社選書メチエ　139頁

図７－６　景福宮勤政殿の玉座（唐家）

図７－11　幢幡鉸具の金胴杏葉形裁文
京都国立博物館　2003『金色のかざり―金属工芸にみる日本美―』特別展覧会図録　78頁

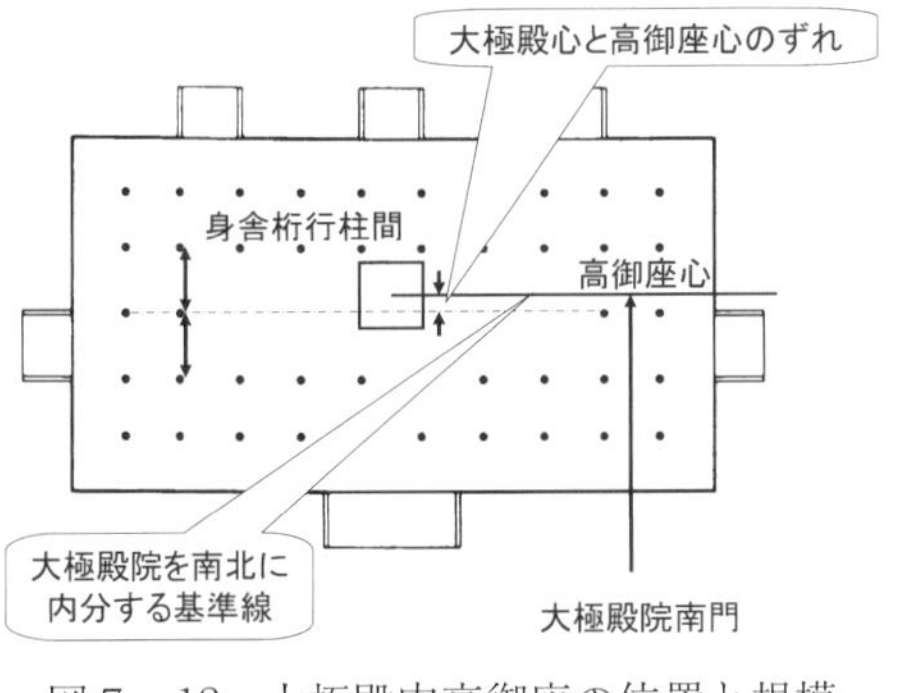

図７－12　大極殿内高御座の位置と規模

図７－13　紫禁城保和殿の玉座

図７－７　太　極　図

図７－８　紫禁城太和殿の藻井
『紫禁城宮殿』1982　故宮博物院・商務印書館香港分館

図７－９　東大寺法華堂西の間天蓋
『奈良六大寺大観　補訂版　第十巻　東大寺二』2001　岩波書店　７頁

図７－10　十二支八卦背円鏡
米田雄介　2000『正倉院宝物と平安時代』淡交社　62頁

図７－17　酒船石遺跡亀形石造物
『酒船石遺跡パンフレット』2000　明日香村教育委員会

図７－14　沂南画像石（中室八角柱）
小南一郎　1999『中国の神話と物語り』岩波書店　79頁

図７－18　正倉院宝物木画紫檀棊局
『国史大事典』７　吉川弘文館

図７－15　聖徳太子像納入品観音菩薩像
文化庁　1999『国宝・重要文化財大全』
４彫刻（下巻）毎日新聞社　748頁

図７－19　飛天十二支文鏡（出光美術館蔵）
京都国立博物館　2003『金色のかざり―金属工芸にみる日本美―』特別展覧会図録　67頁

図７－16　狩野探幽筆賢聖障子絵縮図　小方守房筆
山本英男・山下善也　2009『京都御所ゆかりの至宝―甦る宮廷文化の美―』京都国立博物館　293頁

図７－20　正倉院宝物の白石板（朱雀と青龍）
『正倉院寶物』一北倉Ｉ　毎日新聞社　1994　37頁

図７－21　正倉院宝物の白石板（寅と卯）
『正倉院寶物』一北倉Ｉ　毎日新聞社　1994　37頁

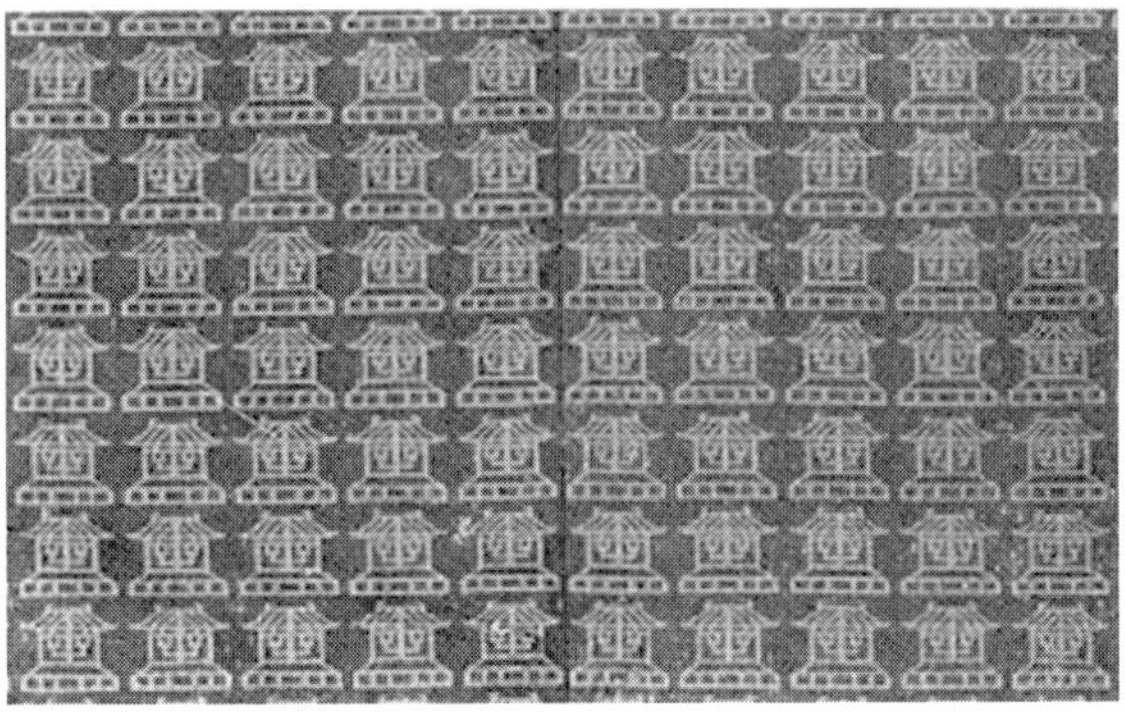

図７－22　伊勢神宮内宮の屋形文錦
吉野裕子　2000『天皇の祭り　大嘗祭＝天皇即位式の構造』
講談社　38頁

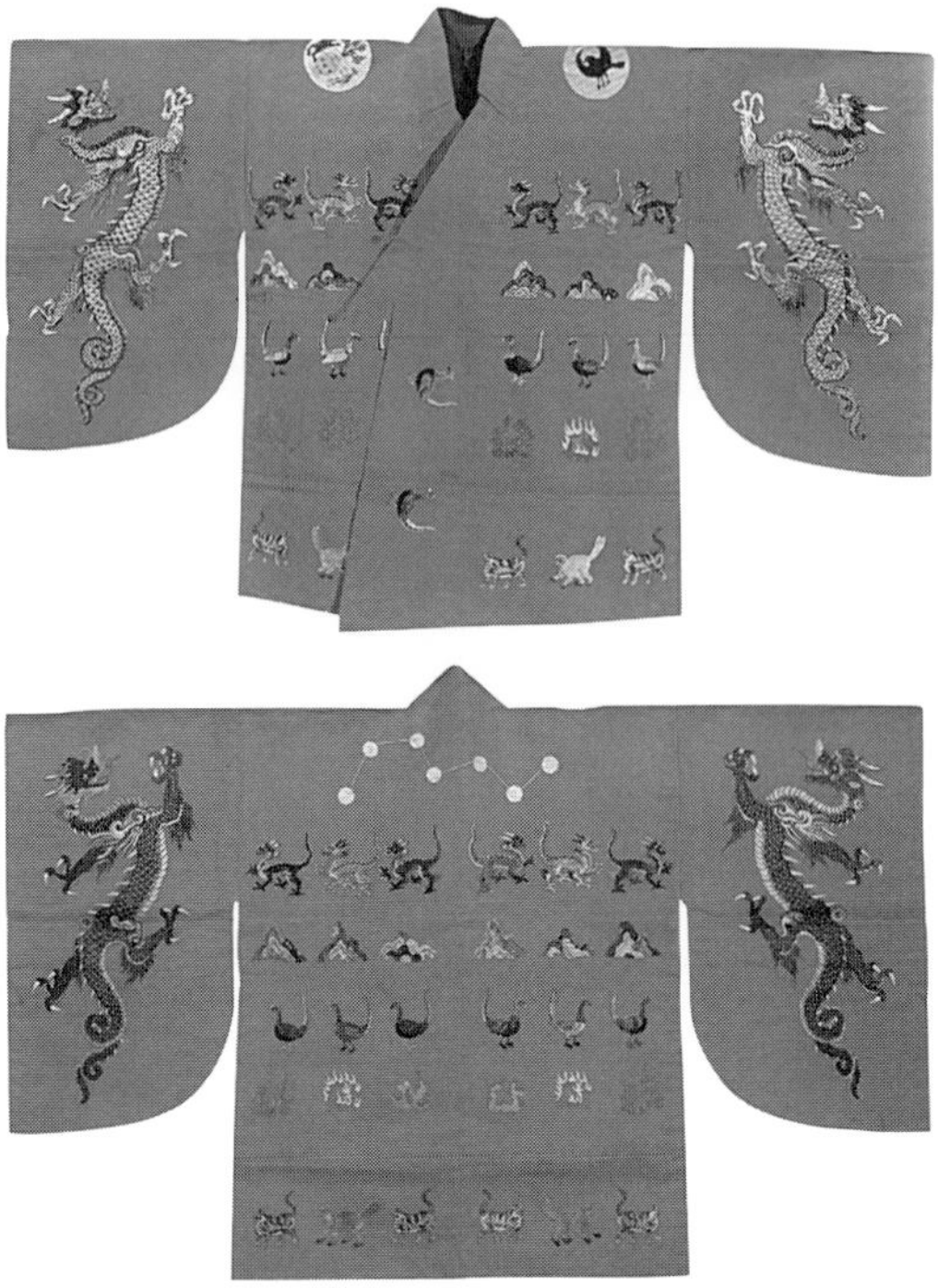

図７－23　孝明天皇の袞冕十二章
吉野裕子　2000『天皇の祭り　大嘗祭＝天皇即位式の構造』講談社　巻頭図版

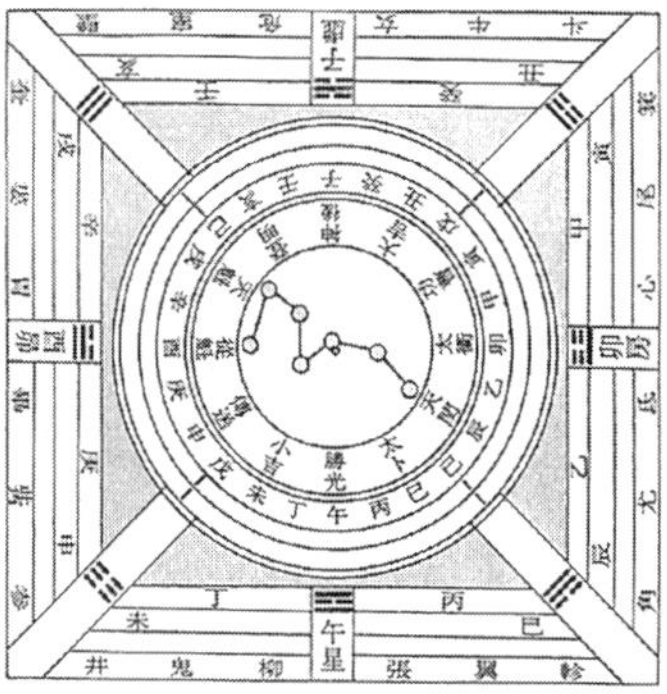

図７－24　式盤（復原図）
村山修一『陰陽道史総説』塙書房

図７－25　正倉院宝物の十二支彩絵布幕
米田雄介　2000『正倉院宝物と平安時代』淡交社　68頁

第八章　塼積擁壁の見せ方

はじめに

平成二十一年度に文化庁が九年掛かりで実施してきた平城宮跡第一次大極殿復元工事が完了し、平成二十二年四月には、大極殿の公開の運びとなった。第一次大極殿院地区では大極殿院復元整備事業の一環で前庭部の仮造成工事が完了し、平城遷都千三百年記念事業のメイン会場として利用された。大極殿前庭にある塼積擁壁の整備方針についてはまだ確定していないことから表示などは行っておらず、張芝の緩斜面とし、東西両斜路付近を園路として利用している（図8―1）。将来的には塼積擁壁の遺構表示が必要になる状況である。

ここでは塼積擁壁をどのように整備するかについて、過去の経緯と若干の私見を述べたい。

一　高台と塼積擁壁の意義

1　唐長安城大明宮含元殿の塼積擁壁

唐の第二代皇帝太宗は、貞観八年（六三四）長安城太極宮の東北で、禁苑の範囲内にある龍首原という高台に永安宮を造営し、翌年にはこれを大明宮と改称した（図5―2）。大明宮の南面中央の正門が丹鳳門であり、その真北六〇〇メートル程のところに龍朔三年（六六三）含元殿が造営された。

長安城で平城宮に相当する部分は南半の官衙街である皇城と、北半の皇室の居住区にあたる宮城に分かれる。唐代の宮城の中枢部は外朝・中朝・内朝からなる「三朝」の制を備えていた。外朝は元日・冬至などの国家的儀礼のために、中朝は朔日や十五日の朝会などのために、内朝は日常政務のためにそれぞれ皇帝が出御する空間である。それらにあたるものは、長安城では太極宮の承天門・太極殿・両儀殿、洛陽城では洛陽宮の則天門・乾天殿・大業殿であり、一門二殿であった。一方、この大明宮は、含元殿・宣政殿・紫宸殿の三殿からなり、大明宮の規模と外観は遙かに広大かつ荘厳であった(1)。含元殿は太極宮承天門や洛陽宮則天門に相当するため、含元殿の東西には闕形式の両閣が建ち、閣下には朝堂、肺石、登聞鼓が配置され、承天門と同様に元日や冬至には朝会が行われた。そこを門ではなく殿としたのは『唐六典』が前面の平地より四〇尺（約一二メートル）高いと記す龍首原の地に、さらに同程度の高さの城門の台を建設することを避けたためという(2)。それでも「元会（元旦の朝会）に来朝する者、玉座を仰瞻《あほぎみ》るに、（それ）霄漢《せうかん》（天空）に在るが如し」とあるように、その基壇の高さは見る者を圧倒したのである。

発掘調査とその後の検討成果により、含元殿は高さ十数メートル、三重の大基壇の上に建ち、主殿の基壇規模は東西七六・八メートル、南北四三メートル、四面に廂が巡り、正面は一一間と判明している。主殿の両側に隅楼、飛廊、閣が建ち、殿前広場から主殿に登る斜路は東西両側に設けられ、龍尾道と呼ばれた。宋の程大昌撰の地理書『雍録』巻三に、唐の韋述の『両京新記』を引いて「含元殿左右有砌道盤上、謂之龍尾道。」などとある(3)（図8―3・4）。

2　大極殿院への影響

遣唐使の派遣は天智八年（六六九）から大宝二年（七〇二）まで中断されていたため、この時期は唐の長安城に関する直接的かつ詳細な情報は得られにくい状況にあった。その時期に造営された藤原京は『周礼』考工記にみるような、文献を重視した理想型の都市づくりであったと指摘されている(4)。また、建国して五十年ばかりの唐の長安を真似るよりも、それ以前の都城の制度を幅広く検討したり、古代の理想的な国家、周の規範を強く意識した独自性を主張したとも考えられている。[5] 大宝元年（七〇一）正月乙亥朔（一日）条には藤原宮大極殿院南門（付近）に四神の幡を立てて朝賀をしたことを、『続日本紀』は「文物の儀是に備われり」と誇らしげに記している。翌年に出発した第八次の遣唐使粟田真人らは長安三年（七〇三）、大明宮麟徳殿での則天武后の招宴に応じており、記録はないがそれ以前に含元殿での朝賀に参列したことは確実と考えられている。[6] この遣唐使が慶雲元年（七〇四）に帰朝し、もたらした長安城や大明宮に関する情報によって、都の北端に宮を置く壮麗な宮都の必要性が認識されることとなったのであろう、平城遷都が計画されることになる。

平城京では従来、平城宮朱雀門と同規模と考えられていた羅城門が、桁行柱間（正面）が七間で朱雀門を凌ぐものであり、京の南辺には平城宮の大垣にも匹敵する築地塀が中国の都城の城壁を意識して造営されていたことが知られるようになった。[7] また、羅城門から平城宮へ続く朱雀大路は藤原京での三倍にあたる約七四メートルもの幅員の道路として、実用性を越えたスケールに発展するが、これは対外的に国家の威容を誇示する装置としての意義を有していたことが指摘されている。[8]

宮都の荘厳化については、『続日本紀』の神亀元年（七二四）十一月甲子（八日）条に、宮殿は万国が朝貢してくるところであるために壮麗でなければ天皇の徳が示せないと太政官が奏上したことが記される。『史記』高祖本紀で、蕭何が「天子以四海為家、非壮麗無以重威」といって未央宮を造作したように、宮都は権威を示さなければならなかった。和銅七年（七一四）十二月己卯（二十六日）条によると、新羅の使節は、壮大な羅城門外の三椅《みつはし》で騎兵百七十騎に迎えられる儀式をへて、平城京に入った。朱雀大路を北上し、平城宮正門の朱雀門から宮内に入り、朝堂院・大極殿院での儀式に臨むことになる。宮都、特にその軸線上の施設はその儀礼的側面から立派でなければならなかったのである。

平城宮第一次大極殿院の造営は、北側に傾斜する藤原宮の立地では実現できなかった大極殿の載る高台の景観を、奈良盆地北端への平城遷都と洪積世台地端部の利用によって可能にしたのである。[9] 町田章氏はこの大極殿院こそ中断していた遣唐使が再開され、唐長安城の大明宮含元殿の影響を強く受けて造られたと考え、類似点として、①高台上に正殿を建築し高い擁壁に塼を用いる、②

登壇の斜路を高台の左右に設ける、③築地回廊の採用等を上げている。このような類似性は『東大寺献物帳』に「大唐勤政楼前観楽図屏風」「大唐古様宮殿画屏風」などがあったことが知られることから、大明宮宮殿図が渡来していた可能性が高いことを示すという。

塼積擁壁は大明宮含元殿の登壇の斜路、すなわち龍尾道に相当すると考えられるのである。この塼積擁壁は第一次大極殿院以外の宮殿にはみられないが、大極殿院の南面施設のなくなった平安宮において朝堂院との境で、高くはない段差として現れ、龍尾壇と呼ばれた。前述した通り、平城宮第一次大極殿院は設計思想の上で中国からの影響が大きかったとみたが、形態的にも唐からの強い影響を受けていたのである。

3　高台上の遺構

平城宮跡の発掘調査により大極殿院や朝堂院のような大規模な区画は基本的には左右対称と考えられている。このため、第一次大極殿院では東半分を発掘調査し、西半分は発掘をせずに東側の成果を折り返して遺構表示などを行うことを基本としてきた。ところが、実際に第一次大極殿院を復元整備することとなり、塼積擁壁の北側すなわち高台上で大極殿西側にある西面築地回廊の調査を行なったところ、東側とは非対称となる地盤が見つかった[10]。その地盤高（I期に相当する下層礫敷）は東側の相当部分に比べて〇・九メートル程度低くなっており、平面的な位置も中軸線で折り返した成果に比べ一メートル近く西にずれていたのである（図8—6）。また、北面築地回廊自体は削平されて遺構の残存状況は良くないが、その南雨落溝南側石とそれにつづく内庭の礫敷が断続的に検出されており、大極殿院内の北面築地回廊隣接部の地形を復原する手掛かりになった。その地盤高は後殿と回廊をつなぐ南北の軒廊部分が最も高く、そこから東西に振り分けた地形となっていた。勾配は東半部では〇・一～〇・三％で、全体では〇・二五％で東へ下る。一方、西半部では中央から西半部の三分の二付近までは〇・七％で西へ下がり、そこからは一・八％になって、全体では一・〇％である。北面築地回廊南雨落溝脇の両端は削平されているが、東端で標高七二・八三メートル、西端で七二・二一メートルと推定でき、大極殿院の内庭の北西隅は北東隅に比べて〇・六二メートル低いことがわかった（図8―5）。

さらに、奈良時代半ば、第一次大極殿と東西両面の築地回廊を恭仁宮に移築し、平城還都まで第一次大極殿院の両面を一本柱の掘立柱塀で閉塞する（Ⅰ―3期）。その柱の底は築地回廊の基壇上面からほぼ同じ深さで掘り込んでいると考えられるため、残された柱根や抜き取り穴の底の標高を確認できれば基壇上面の高さが推測できることになる。その高さを東面と西面で比較すると、やはり西側が東側に比べて〇・八五メートル下がっていたのである（図8―6）。

奈良時代後半以降の遺構はどうか。奈良時代後半の礫敷きは回廊近くに部分的に残るが、高台上の地盤高を面的に復元できる程には残っていない。そこで左右対称に配置されている施設群である掘立柱建物および掘立柱塀の柱の深さに注目した。これらは同時期、同規模の施設であれば同様の地下構造をもち、当時の地表面からほぼ同程度掘り込んでいたと考えられることから当時の地形を推定する手掛かりとなる。そこで奈良時代後半のⅡ期および平安時代初頭のⅢ期の遺構の断ち割り調査で得られた柱根や柱痕跡、柱抜き取り穴の底の標高を施設毎に平均し、東西で対になる施設のそれを比較した。その結果、Ⅱ・Ⅲ期ともに西側の遺構が東側対称部の施設に比べて〇・六八メートル程度低くなっていたことがわかった（図8―7・8）。

以上のように、大極殿のちょうど西側、検出した西面築地回廊付近ではⅠ期の地盤面は東側対称部分に比べて約〇・九メートル低くなっている場所があり、Ⅱ・Ⅲ期も西側地盤高は東側に比べて低くなっていたであろう状況が確認できたのである。(11)

4　遺構解釈と実態

断ち割り調査の結果、西面築地回廊地盤（図8―6のA）は二一・三メートル以上、その西側の段下の地盤（図8―6のB）では二一・八メートル以上も盛土していることがわかった。では、なぜ、あと〇・九メートルの盛土をし完全に対称にしなかったのかという疑問が残る。これに対する解釈は大きく二つあった。

一方は、大極殿院北西部で地山（自然堆積土）が下がる部分を検出しているが、その傾斜地に盛土した結果、西側にズレ落ちたと見るものである。つまり、大極殿院は対称性を確保して施工されたが、厚い盛土造成を行なった北西部分のみ、一三〇〇年の間に変形を来たしたというものである。

もう一方は、造成後幾分かの圧密沈下をみても、地盤が〇・九メートルも沈下したとするのは不自然と考え、これを施工上の工夫と見る。西面築地回廊の西側には約一メートルの段差を検出しているが、実際に地形を東側と対称にすれば西面築地回廊の西側には検出した遺構面の段差のおよそ倍の一・九メートルもの段差を生じ、その斜面処理が課題となる。このため、意図的に〇・九メートル地盤を下げて、大極殿院造成地盤を周辺造成地盤に擦り付けて地盤の安定を図り、西面築地回廊では基壇の高さを東面築地回廊のそれよりも高くするなどの工夫をして実際上の見え方の対称性を確保、こうして、役民の逃亡が続く中、土工量を削減したと考えるのである。

このように東西の落差をどうみるかの遺構解釈は歴史観や空間のイメージにより二分され、発掘調査だけでは決着はつかなかった。

その後、平成十四年にボーリング調査を実施したところ、「標準貫入試験の値が〇に近い軟弱土層が宮造成時の盛土の下半部にあるばかりか、その下層の自然堆積土中にも同様の軟弱土層があり、合わせて最大七メートルの厚みに達することが判明した。しかもその分布範囲が、西面回廊および北面回廊の遺構がずれを生じている範囲とほぼ一致する」こともわかり、それまでの調査区域内では地盤面に地割れ痕跡が見つからなかったことから、この変化は一定荷重による継続的変形（クリープ）とされたのである。[12]ところが、平成二十一年の第四三八次調査[13]では西側築地回廊の内側の地盤で無数南北に延びる亀裂が検出された。幅は〇・八から四センチ、深さは五〇センチ前後、南北一六メートルの調査区の範囲で長いものは一二・五メートルであった。地震によって引き裂かれた地盤に上から土が流入した痕跡で、層位と遺物の検討から八世紀後半から九世紀の遺構の可能性が高いとされ、仁和三年（八八七）の仁和の南海地震によるものと考えられている。

先に見た通り、Ⅰ期地盤高の西側沈下分〇・九メートルとⅡ・Ⅲ期の西側沈下分〇・六メートルとの差が〇・三メートル程度あり、盛土による圧密沈下は初期に大きく進むことを考えあわせると、奈良時代前半のうちに〇・三メートル程の沈下があり、さらに地震や一三〇〇年の間のクリープにより遺構が変形したものと思われる。第一次大極殿院の地盤は左右の対称性を重視して造営されていたと考えられるのである。

二　塼積擁壁の復元的考察

1　塼状飾板の解釈

『学報XI』によると、塼積擁壁の前面直下からは全形は不明、厚さ二センチの粘土板に径一五センチ程の円板を貼り付け、さらに径八センチほどの饅頭のような半球状の突起を付けた板状土製品が二点出土している。塼積擁壁上端部に積んだ装飾塼の一種であろうと考えられており、塼状飾板と呼ばれる[14]（図8―9）。塼状飾板は正面から見ると同心円状の文様をなす。もう一段外側に下がると二・三センチの薄さになってしまうため三重目があってもこれ以上薄くなることはなさそうであり、塼を布積みした中に収めるなら、その外形は方形になると思われる。

ところで、その中央部の形は奈良時代からは降った高麗王朝以降の「日暈文《にちうんもん》」などと呼ばれる軒丸瓦に似るように思われる（図8―10）。学術用語としては鬼目文、圓圏文、蛇目文、暉眼文、日暉文とも呼ばれている[15]。この軒丸瓦は中央部が饅頭型に盛り上がり、周囲に同心円状の段がつくものであり、これと組む平瓦には天下太平と記されたものもある[16]。この文様の名称と形状を手掛かりに塼状飾板の性格を考えよう。

（一）　中国の史料にみえる日暈

日暈と言えば太陽を光源として周囲に生じる光の輪、ひがさのことであるが、中国歴代王朝の正史にある天文志などにその観測記録が多く記されている。

『史記』「天官書」には「両軍が相対し、日暈が出て暈気の周囲が等しければ力が均衡し、厚く長大なら勝ち、薄く短小なら負ける。（中略）天に白虹が現れ屈んで短かければ、その下に大流血がある。」と記される。[17]漢代の出土遺物では『馬王堆漢墓帛書』「刑徳甲篇」に、「日重暈、軍畏。」「有暈、軍疲、客勝。」[18]などとある。『南斉書』志第四天文上[19]には、「永明四年（四八六）五月丙午、日暈再重、仍白虹貫日、在東井度。」や、「永明九年（四九一）正月甲午、日半暈、南面不帀、北帯暈生一抱、東西各生一珥、抱北又有半暈、抱珥並黄色、北又生白虹貫日、久久消散。」とあり、東井（黄道上の星座）の位置で二重の日暈に虹色の光が貫いたこと、半分の日暈が懸かり東西に耳飾り状の光が生じたことなどが記される。虹色の光が日を貫くことについては「大明二年（四五八）至元徽四年、天再裂。占曰『陽不足、白虹貫日、人君悪之』。」とあることから、祥瑞ではなく、不祥として捉えていたことが知られる。『新唐書』巻三十二志二十二天文二[20]には、「天寶三載（七四四）正月庚戌、日暈五重。占曰……「是謂棄光、天下有兵」」とある。

『史記』天官書以来、日暈は軍隊が疲れ負けるなど不吉なことの暗示となっていたのである。

（二）『続日本紀』にみえる日暈

元正天皇の養老五年（七二一）二月甲子（七日）条には地震があったことが記され、壬辰（十五日）条には大蔵省の倉がひとりでに鳴り、人の声がしたとある。その次の癸巳（十六日）条には太陽に日暈がかかり、白い虹が日を貫いたように見え、日暈の南北の端に耳飾りのような輪があったとし、天皇は自分に徳が少なく、民を導けない、国家の良策があれば奏上するように述べ、自分が退出した後で悪口を言うなとまで詔した。翌日、天皇は施政が正しくない時、洪水や干魃のような災害が天の戒めとして現れると述べた。日暈も災害の前兆の一つであり、日本でも日暈は不吉なものとされていた。日暈そのものに良い意味はなく、特に、日暈に白虹が貫くように見えた時は君主に武器が向く予兆とされた。[21]このように当時の日本は災異思想を受け入れ、日暈という天の異変は為政者の不徳の表れとして認識されていたのである。

(三)『古事記』の序にみえる暉

前述のように中国では日暈を災異の兆しとして受け止めており、『続日本紀』も同様であった。ところで前述記事の九年前にあたる和銅五年（七一二）成立の『古事記』ではどうであろうか。

和銅五年正月の太安万侶が記した『古事記』序には、「伏して惟ふに、皇帝陛下、一を得て光宅し、三に通じて亭育したまふ。紫宸に御して徳は馬の蹄の極まる所に被び、玄扈に坐して化は船の頭の逮ぶ所を照らしたまふ。日浮かびて暉を重ね、雲散りて烟に非らず。柯を連ね穂を并す瑞、史書すことを絶たず、烽を列ね譯を重ねる貢、府空しき月無し。名は文命よりも高く、徳は天乙にも冠りたまへりと謂ひつべし。」とある[22]。

天皇が皇位に就いてから徳が天下に満ち、天地人の三才にわたり万民万物を化育しているとする。それに続いて、皇居にいて、地の果て海の果てまで徳が行き渡っているとし、祥瑞の例を列挙している。元明天皇の聖徳に感応して太陽が輝きを増すこと、雲でもなく煙でもないもの、連理の枝や一本の茎に多くの穂が出ることなど、書記官は絶えず記録しているというのである。『漢書』礼楽志には「海内あまねく主上の徳を知り、その教化をこうむり、光暉は日々に新たに、上の徳に化し善に遷りながら、しかる所以を知らず、万物が夭折せず、天地が和順で瑞祥が降るに至る。」[23]とあって、『古事記』の序文はこれを参照したのであろう。この序文を記した和銅五年、太安万侶は祥瑞の例示の一番始めに太陽が輝く「暉」を挙げており、これは編者だけの個人的な認識ではなく、この頃の層の認識とみるべきであり、注目してよい。

(四)語義と学術用語

『説文解字』には、〝暈〟の字は「日月気也。従日軍聲」とあり、〝暉〟の字は「光也。従日軍聲」とある。現代の『角川大字源』[24]でみると、〝暈〟の字は「かさ」・「くま」と読み、和訓で「ぼかす」。意味は、①かさ。太陽や月の周りに薄く現れる光の輪。②くま。光や色彩の周りに淡くにじんだ部分。③めまい。目がくらむ。一方、〝暉〟の字は「かがや」く・「ひかり」と読み、意味は①かがやく。ひかりかがやく。②ひかり。日のひかり。

このように部首の日の位置が異なり字が異なるのであるから当然ながら、意味が異なるのである。遠回りをしたが、高麗時代の屋根を飾る瓦の文様はその形態的特徴から「日暈文」と呼ばれたが、おそらく本来的意味を表現しない名称だったのである。

2　塼積擁壁正面部の復元的考察

唐長安城大明宮含元殿の前面の塼積擁壁や大明宮麟徳殿の基壇には皇帝の象徴たる龍の一種である螭《みずち》の石造装飾、螭首が設けられていたことは発掘調査により知られる(25)（図8―11）。現存するものは紫禁城太和殿の大基壇、天壇の円丘などにあり、いずれも上壇の表面排水を受けて口から放水するようになっている。基壇跡を復元整備した大明宮の麟徳殿でもみることができるが、含元殿跡整備事業では石造装飾の構造と意匠は復元しなかったようである。

第一次大極殿の塼積擁壁正面部には日神、天照大神の子孫たる天皇を象徴し、皇位の正統性を誇示する、「日暈文」ならぬ「日暉文」が飾られていたのではないだろうか。塼状飾板は形状としてはやや不揃いであり、直接これを見せるものではなく、これに飾りを掛けるため、塼積擁壁の中に嵌め込まれたものとも考えることができる。その飾りは日像幢あるいは四天王寺の国宝の左大太鼓上部の日形《にちぎょう》のようなものであって、当然、八方に各三本の光芒を伴うことが想定できる（図8―12）。

塼積擁壁の勾配に用いた三と八の数字は東方に配され、その積には意味を見いだすことができる。三掛ける八で二四、二四は太陽の位置で決まる二十四節気と関連する。第三章でも触れたように『旧唐書』の明堂風に言えば、「三為陽数、八為陰数。三八相乗、得二十四。故法二十四気。」となろう。これはいつの季節にも天皇の支配する天下に天皇の徳が行き渡って、嘉応として太陽が光り輝き天下に泰平をもたらすと考えた治世術となる。塼積擁壁正面部の東西長三三二尺の中に二四個を配するなら、その間隔は閏月のない年間の月の数と関わらせて一二尺となる。

三　塼積擁壁の展示のありかた

1　含元殿跡の現状

一九九三年、ユネスコは中国および日本政府とともに専門家を組織して含元殿跡の調査を行い、ユネスコ世界文化遺産保存日本信託基金を利用して含元殿跡の保存修復事業を実施することを決定した。第一期プロジェクトは一九九五〜一九九八年で、ユネスコは中国社会科学院考古研究所に発掘調査を委託、その成果を受けて含元殿基壇の保存整備案を策定した。第二期プロジェクトは一九九九〜二〇〇三年で、保存整備工事を実施している(26)（図8—13）。遺構面を盛土で保護し、整備地盤を上げて、その上に基壇を復元表示している。含元殿跡の保存整備に我が国が関わってきたのである。

唐側の記録にはみえないが、天平勝宝六年（七五四）正月三十日条の遣唐副使大伴宿禰古麻呂の帰朝報告によると、唐の天宝十二年（七五三）正月朔日に玄宗皇帝が含元殿で挙行した朝賀の儀式において、古麻呂の席次が西側の第二番吐蕃（チベット）の下に置かれ、新羅使の席次は東側第一番大食国（ペルシャ）の上に置かれた。これに対して古麻呂は新羅は昔から日本に朝貢しているため義に適わぬと抗議し、席次を交替させたという。こうした席次を争う争長事件は頻繁ではないが、いくつか知られている。突厥と突騎施による宴会の席次（七三〇）、ウイグルとアッバース朝による儀式入場順位（七五八）、渤海と新羅の賀正の席次（八九七）がある(27)。天平勝宝五年（七五三）の話は日中外交史の中でも有名であり、その遺跡の履歴にもう一頁が加えられたことになる。

近年、多数の旅行者が訪中あるいは訪日する際、互いの国の遺跡を見る機会も増えてきており、共通した特徴の明示などにより両国の歴史と文化をより深く理解する上で極めて重要と思われる。

2　Ⅱ期の整地土の現状

第一章でも述べたように、第一次大極殿の南には塼積擁壁があったが、平城還都後の改造によって埋め立てられた。すなわち、奈良時代後半には第一次大極殿院地区は東方にある内裏と同規模の宮殿、西宮となり、その区画の南北中央に東西に伸びる玉石積擁壁を築き、塼積擁壁から玉石積擁壁までの約一八メートルは、二メートルを超える厚さで盛土（Ⅱ期整地土）し、北半部の高台に主要殿舎を配置、南半部を広場としたのである。玉石積擁壁は後世の削平のために、最下部の玉石の一部とその抜き取り溝しか残っていないが、その北側整地土の削平は塼積擁壁に近い部分までは及んでいない。塼積擁壁東半部ではそれ沿いに幅約二メートルでトレンチを入れ（図1―6）、発掘した範囲内ではⅠ期の礫敷面から上のⅡ期整地土が最大一・六三メートル残ることを確認している。Ⅱ期の遺構の存在する、この整地土を保存することが遺跡整備の前提となる。

3　整備上の課題

この前提条件のもとに、塼積擁壁を本来的な平面位置で復元し、想定される地形も忠実に復元しようとすると、Ⅰ期の遺構面上に一・六三メートルの嵩上げに加え、復元する塼積擁壁の基礎厚も必要になることから、二メートル以上整備地盤を嵩上げしなくてはならなくなる。盛土厚を遺構面＋二メートル近くまで上げることは可能であるが、現状の周辺地盤との関係や盛土の自重が遺構に影響を及ぼす恐れも考えられることから避けられた。平城宮跡では発掘後の盛土厚の基本を〇・八メートルとしているため、ここでも復元した大極殿の地盤もこれに従っている。整備地盤高をⅠ期の遺構面＋〇・八メートルとすると、塼積擁壁正面部の南一二メートル程からⅡ期の遺構の残る整地土が突出し始め、最大で一・六三－〇・八＝〇・八三メートル突出することになる（図8―14）。また、〇・八メートルの盛土では、東面築地回廊の位置にあるⅢ期の東面築地の遺構の一部と、大極殿前庭中程にあるⅢ期の南面築地の遺構の一部も突出するが、前者については回廊基壇表示の盛土の中で保護し、後者については遺構周辺の盛土を築地の高まりに擦り付ける造成で対処可能であった。

このため塼積擁壁前の突出部の遺構をどのように保存し、いかに塼積擁壁を表現するかが現在も整備上の大きな課題である。

4　整備案の提示

塼積擁壁の設計方法が不明で、かつ大極殿院北西部での地形や遺構が東西対称でない理由が明らかでなかった時点[28]では、次の三つの課題をどのように考えるかで大きく六つの整備案が考えられた。

課題1　高台上の地盤を東西対称にするか、否か（対称案・非対称案）

課題2　そのそれぞれにおいて、塼積擁壁の本来的な平面位置を重視しそこで表現するか、Ⅱ期の盛土を覆う位置まで移しても本来的高さを表現するか（本来位置案・前進案）

課題3　さらに本来位置で整備するなら、Ⅱ期整地土を高まりとして表示するか、バラス敷で覆ってしまうか（高まり案・礫敷案）

課題①	課題②	課題③	図8―15
対称案	本来位置案	高まり案	……第一案
		礫敷案	……第二案
	前進案		……第三案
非対称案	本来位置案	高まり案	
		礫敷案	
	前進案		

前述の通り、地盤に起因する問題は地盤沈下が原因と判明したので、課題1は東西対称のものとして解決した。課題2に関しては、平成十四年の小論発表時点では、大極殿の正面観を重視し、塼積擁壁の位置を前進させてでも高さを表現した方がよいと考え

た（図8―15第三案）。この長所としては、広場側正面からは塼積擁壁が本来的な景観に近いことが挙げられ、短所としては大極殿と塼積擁壁の間が約二倍に広がり、その影響で東面・西面築地回廊の勾配の変換点や斜路の位置も影響を受けて正しくは表現できなくなることであった。遺構の理解を展示する遺構単体として捉えるのではなく、遺跡の意義や遺構の背景にある造形の意図という本来的な文脈にまで立ち返って考えた。平城遷都における第一次大極殿院と塼積擁壁造営の意義、壮麗でなければならないとされた漢土の宮殿の事例などを考え合わせると、その整備案のもつ問題点は小さくないが、位置をずらしてでも塼積擁壁の高さを表現した方が良いと考えたのである。ところが、遺構の表示は本来的な平面位置を守ることが原則とされている。さらに塼積擁壁は大極殿や高御座の位置関係によって設計施工されており、その意味も明らかになった。このため平面的な位置表示を変えてまで高さを表現することはできなくなったと考えられ、課題2は本来位置案となる。

残る課題3はⅡ期整地土が〇・八メートルの盛土から突出する部分を薄い盛土で保護した上で、庭の勾配を変えて高まりを表現するか（図8―15第一案）、突出部を覆う高さを決めて南から緩い勾配で上がるか（図8―15第二案）である。これは今後も検討していく課題である。なお、前者の場合、突出部を芝生など舗装材を変えて表示することは、奈良時代の中でも大規模な土地造成を伴う遺構変遷のあったことなど遺構残存状況を示す展示としては有効である。しかしながら、本来的にはなかった地物であり、復元した大極殿とともに可能な限り当時の景観を再現しようとしている大極殿院としてはそぐわないことになると思われる。このためこの部分は礫敷とすることが適当であろう。ただし、礫敷を南から緩い勾配で上げるか、斜路の起点付近で勾配を変えるかなど、周辺地盤との見え方と併せて考える必要がある。

なお、塼積擁壁正面部の荘厳についてはその復元的考察はしたが根拠はなく、その高さも表現できない状況であるため表示までする必要はないと考えている。

おわりに

遺跡の整備では遺構保存など考慮しなければならない様々な設計条件があって、本来的な状況を再現できるとは限らない。塼積擁壁については第一部で述べた平面形状がもつ含意を正しく表現できても、約二・四メートルもの高さやその歴史的意味を充分には表現することはできなくなる。このため塼積擁壁上端部を可能な限り高く表示する工夫が必要になる。塼積擁壁上端部と大極殿南面階段下との間は削平が著しく、排水施設は検出されていない。表面排水を塼積擁壁上端部から垂れ流しにしていたとは考えにくいため、その上端部北側には表面排水を受ける排水施設が設けられていたと考えられる。上端の整備では表面排水は北に向かって下がる勾配をとり、大極殿南面階段下あたりで暗渠排水をとるのが適当であろう。『年中行事絵巻』の大極殿前面の龍尾壇上に高欄があるため、塼積擁壁上部を高欄の基壇風に北側からも若干は塼を積むなどの工夫をし、雨水の流入を避けると同時に南から見える塼積擁壁の高さを少しでも高くする検討をして良いと思う。遺構が出ていないと批判を受けるであろうか。遺構復元では遺構の位置や形態、検出状況を重視し、復元する「もの」の正確さは追求すべき課題ではある。しかしながら、その遺構という「もの」の背景にある本質的な意味や関係性、歴史的事績などの「ことがら」が復元した展示物を通してどれだけ表現できるかが遺跡整備の成否を握る鍵の一つであると思う。根本的には遺跡を整備する主体が遺跡をどのように理解し、来訪者に何を伝えたいかを明らかにしておくことが、遺跡を整備・活用する上では重要であると思われる。

【参考文献および註】

（1）古瀬奈津子　一九九八『日本古代の王権と儀式』吉川弘文館　七一―七三頁、楊寛　一九八七『中国都城の起源と発展』学生社　一八〇―一八一頁

（2）傅熹年　福田美穂訳　一九九九「含元殿遺構とその当初の状況に対する再検討」『佛教藝術』二四六号　一一三―一三六頁

（3）安家瑤　二〇〇三「唐大明宮含元殿跡の再発掘と再検討」『東アジアの古代都城』研究論集ⅩⅣ奈良文化財研究所　五七―七三頁

(4) 小澤毅　一九九七「古代都市「藤原京」の成立」『考古学研究』第四四巻第三号　六四頁
(5) 寺崎保広　二〇〇二『藤原京の形成』山川出版社　九三頁
(6) 前掲書（3）
(7) 井上和人　一九九九「平城京羅城門再考」『条里制・古代都市研究』第一四号　五〇―六〇頁
(8) 今泉隆雄　一九九三『古代宮都の研究』吉川弘文館　一〇〇―一〇二頁
(9) 町田章　一九九七「大明宮含元殿と平城宮大極殿」奈良国立文化財研究所第八〇回公開講演会レジュメ
(10) 蓮沼麻衣子　一九九九「第一次大極殿院地区の調査―第二九五次・第二九六次」『奈良国立文化財研究所年報』一九九九―Ⅲ　奈良国立文化財研究所　四―一三頁
(11) 拙稿　二〇〇〇「第一次大極殿院の地形復原」『奈良国立文化財研究所年報二〇〇〇―Ⅰ』奈良国立文化財研究所　一四―一五頁
(12) 清水重敦・長尾充・蓮沼麻衣子・中島義晴　二〇〇三「平城宮第一次大極殿院回廊基壇の復原」『奈良文化財研究所紀要』奈良文化財研究所　二七―二九頁
(13) 大林潤・寒川旭　二〇一〇「平城宮第一次大極殿院回廊の地震痕跡」『奈良文化財研究所紀要二〇一〇』奈良文化財研究所　五二―五三頁
(14) 岡本東三　一九八一「瓦磚」『平城宮跡発掘調査報告XI第一次大極殿院の調査』奈良国立文化財研究所学報XI　奈良国立文化財研究所　一二九頁　なお、『年中行事絵巻』の平安宮大極殿の図にその前庭の龍尾壇とその上部に高欄が描かれていることから、この出土遺物は高欄の柱底部の安定のために用いられた可能性も考えられるが、部材が薄いように思われる。なお、類似品は大極殿から離れた平城宮内の基幹排水路で内裏東外郭を流れる東大溝や長屋王邸でも出土している。
(15) 朴銀卿　一九八八「高麗瓦當文様の編年研究」『考古学研究学志第四輯』東亜大学校博物館　一二〇頁
(16) 前掲書（15）
(17) 司馬遷　小竹文夫・小竹武夫訳　二〇〇〇『史記』二書・表　ちくま学芸文庫　一三一―一三二頁
(18) 『馬王堆漢墓帛書』刑徳甲篇　文物出版社
(19) 『南斉書』志第四 天文上　中華書局　二〇三―二〇八頁
(20) 『新唐書』巻三十二志二十二天文二　中華書局　八三三頁
(21) 『続日本紀』二　新古典文学大系二〇〇〇　岩波書店　八八頁
(22) 青木和夫・小林芳規　一九八八『古事記』日本思想大系一　岩波書店　一五頁
(23) 小竹武夫　一九九八『漢書二』表・志上　筑摩書房　三三〇頁
(24) 『角川大字源』角川書店
(25) 中国社会科学院考古研究所西安唐城工作隊　一九九七「唐大明宮含元殿遺址一九九五―一九九六年発掘報告」『考古学報』一九九七年第三期　中国社会科学院考古研究所　三四一―四三八頁
(26) ユネスコ『大明宮含元殿遺址保護工程』パンフレット
(27) 石見清裕　二〇〇九『唐代の国際関係』世界史リブレット九七　山川出版社　六七頁
(28) 拙稿　二〇〇二「遺跡の遺構解釈と復元整備における文脈」『ランドスケープ研究』日本造園学会　四二一―四二六頁

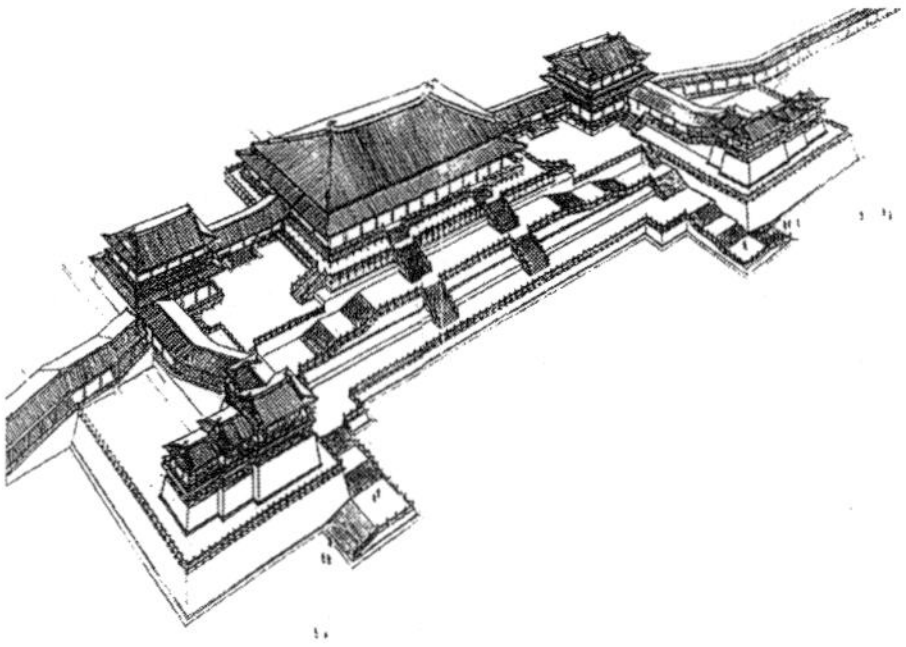

図８－３　大明宮含元殿　俯瞰図
楊鴻勛　2001『宮殿考古通論』紫禁城出版社　436頁

図８－１　復元された平城宮第一次大極殿の前庭の現状

図８－４　大明宮含元殿
『唐大明宮遺址考古発現与研究』2007
文物出版社　表紙

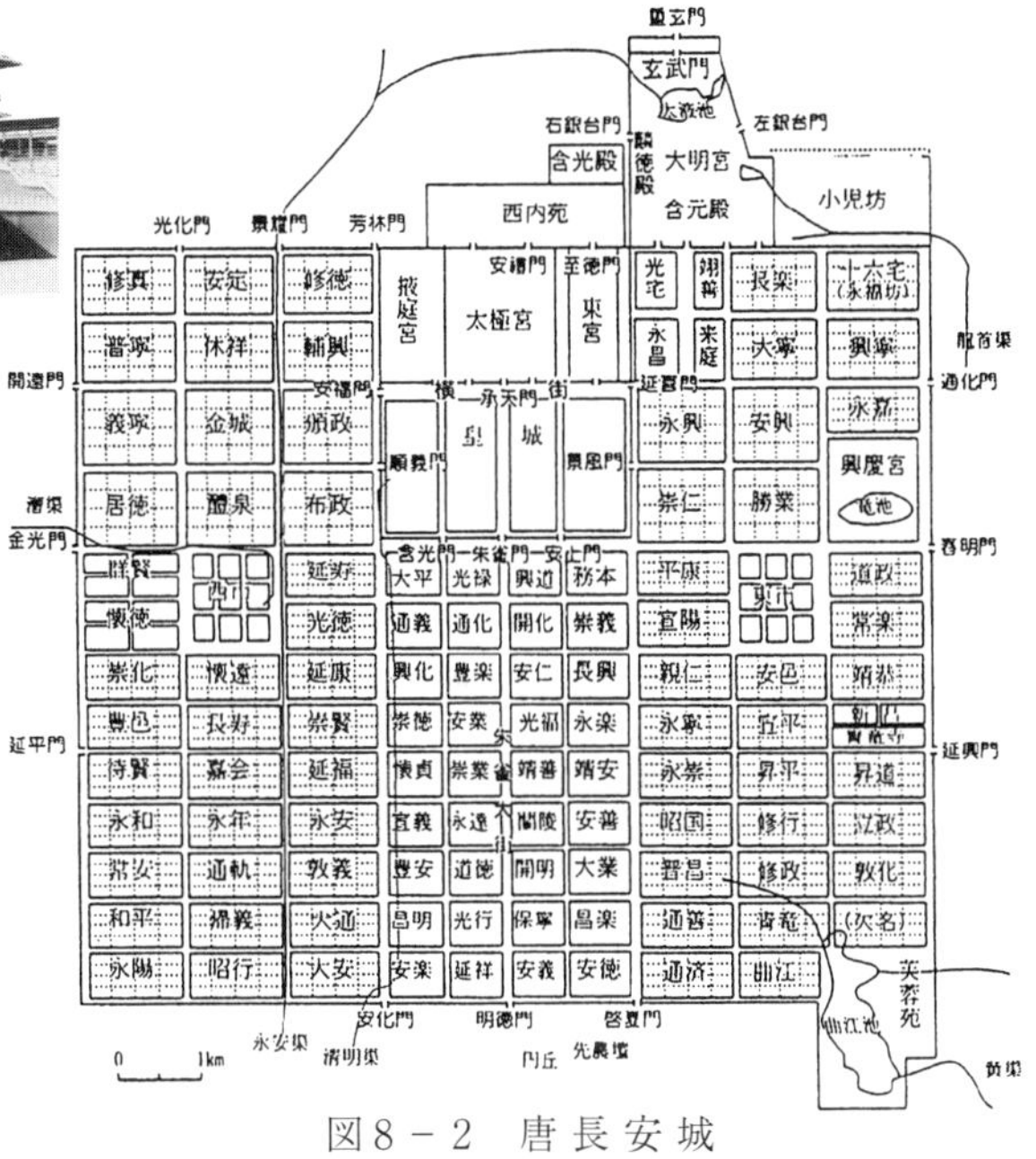

図８－２　唐長安城
『長安―絢爛たる唐の都―』1996　角川書店　10頁

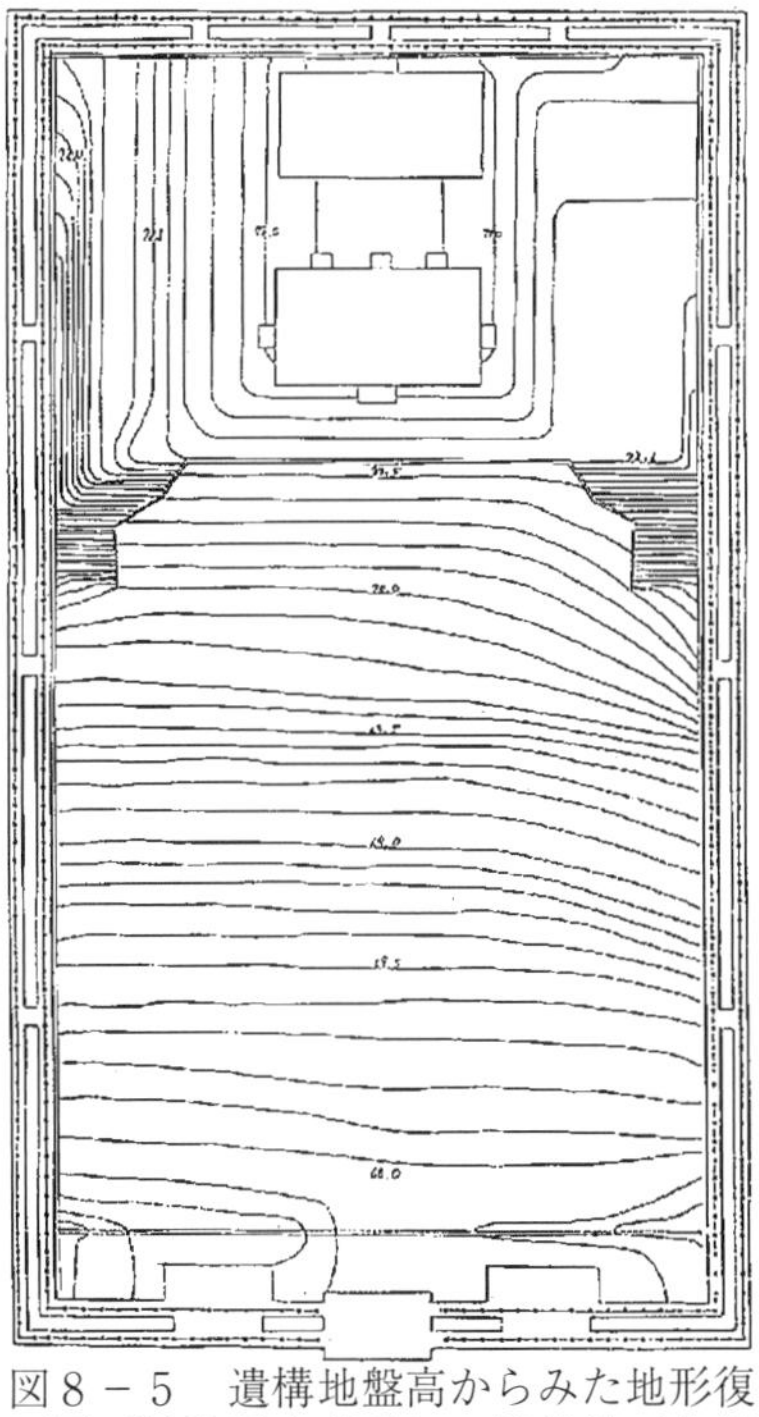

図８－５　遺構地盤高からみた地形復原図（対称性を考慮し，地盤沈下を想定しない場合）

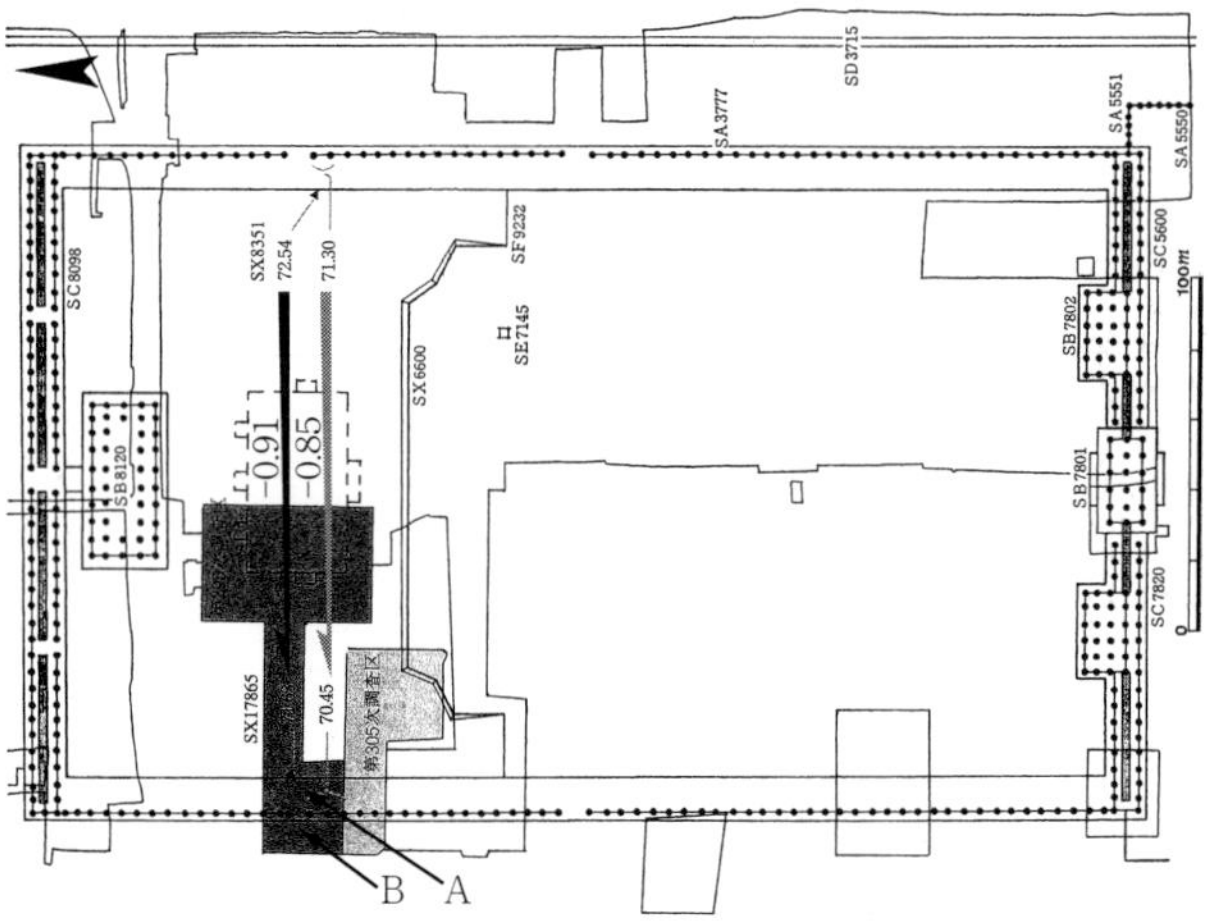

図８－６　第一次大極殿院地区Ⅰ－３期の遺構の東西比較

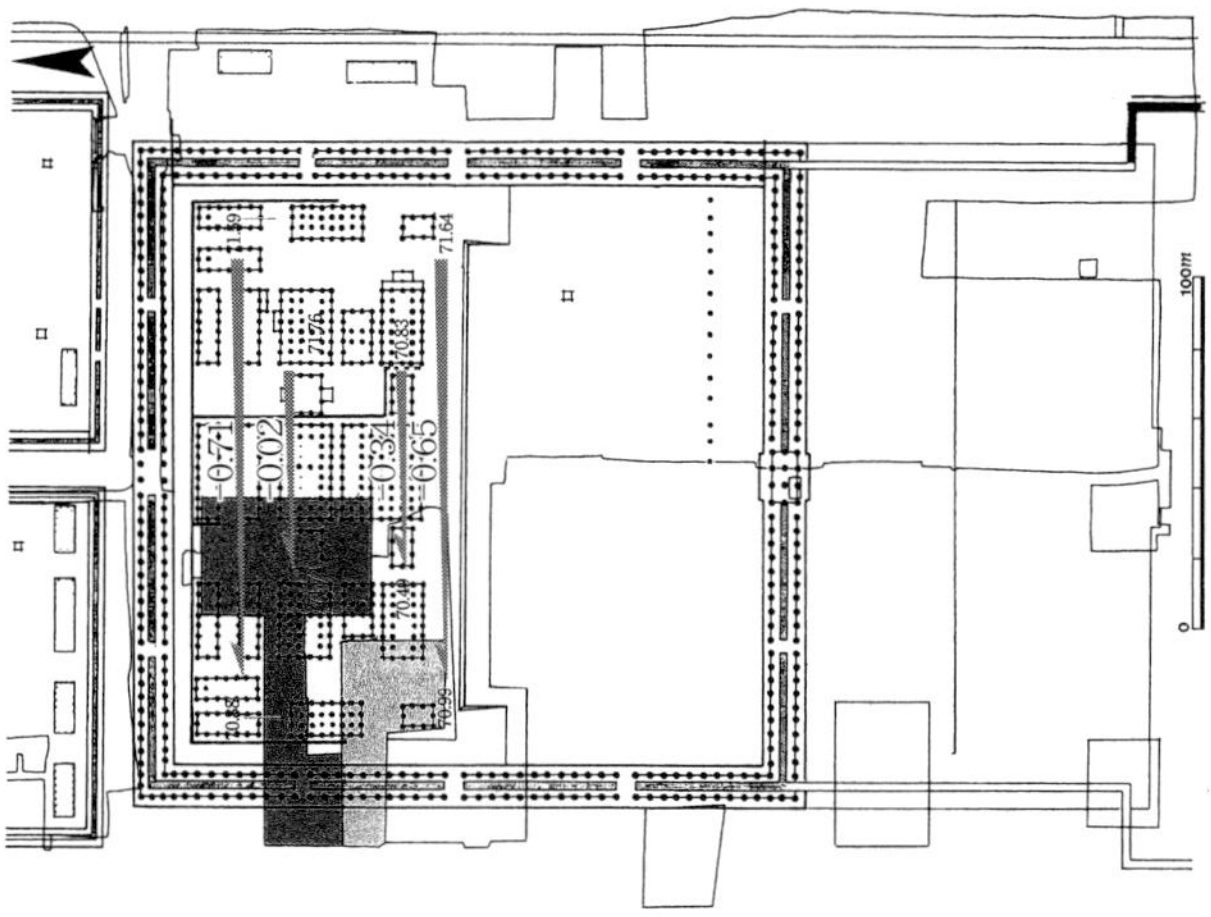

図８－７　第一次大極殿院地区Ⅱ期の遺構の東西比較

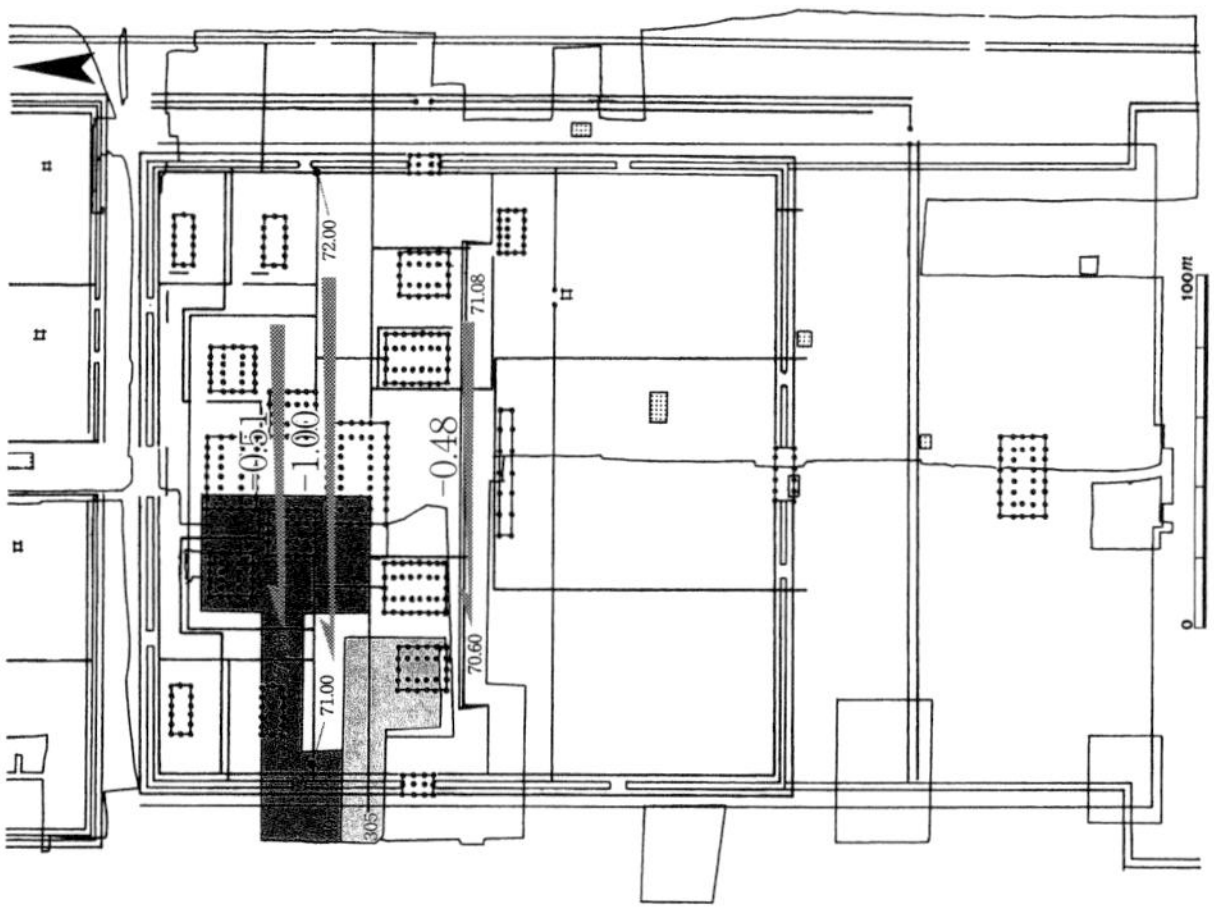

図８－８　第一次大極殿院地区Ⅲ期の遺構の東西比較

拙稿　2000「第一次大極殿院の地形復原」『奈良国立文化財研究所年報2000－Ⅰ』奈良国立文化財研究所　14-5頁

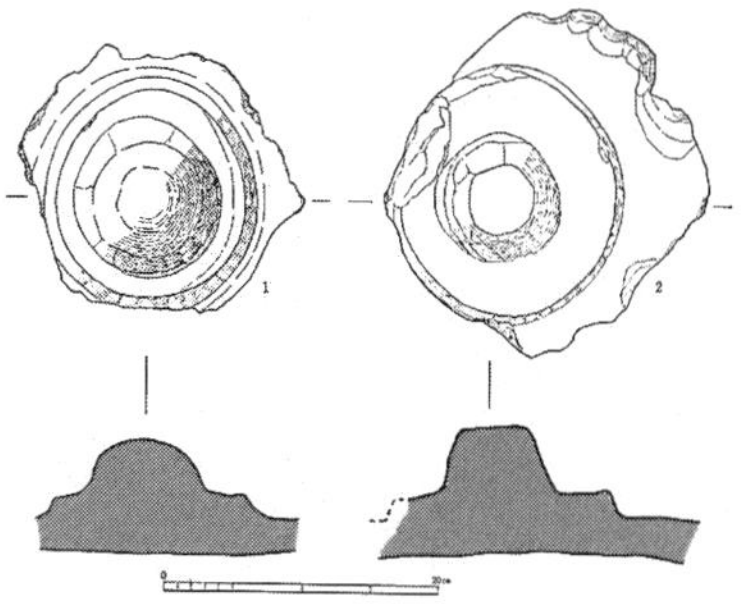

図８－９　塼 状 飾 板
岡本東三　1981「瓦磚」『平城宮跡発掘調査報告 XI 第一次大極殿院の調査』奈良国立文化財研究所学報 XI　奈良国立文化財研究所　129頁

図８－12　四天王寺所蔵の左方の火焔太鼓
杉浦康平　2004『宇宙を叩く―火焔太鼓・曼荼羅・アジアの響き―』工作社　183頁

図８－10 「日暈文」軒丸瓦
朴銀卿　1988「高麗瓦當文様の編年研究」『考古学研究学志第四輯』東亜大学校博物館　120頁

図８－13　大明宮含元殿跡基壇整備状況

図８－11　大明宮含元殿出土の螭首
ユネスコ『大明宮含元殿遺址保護工程』リーフレット

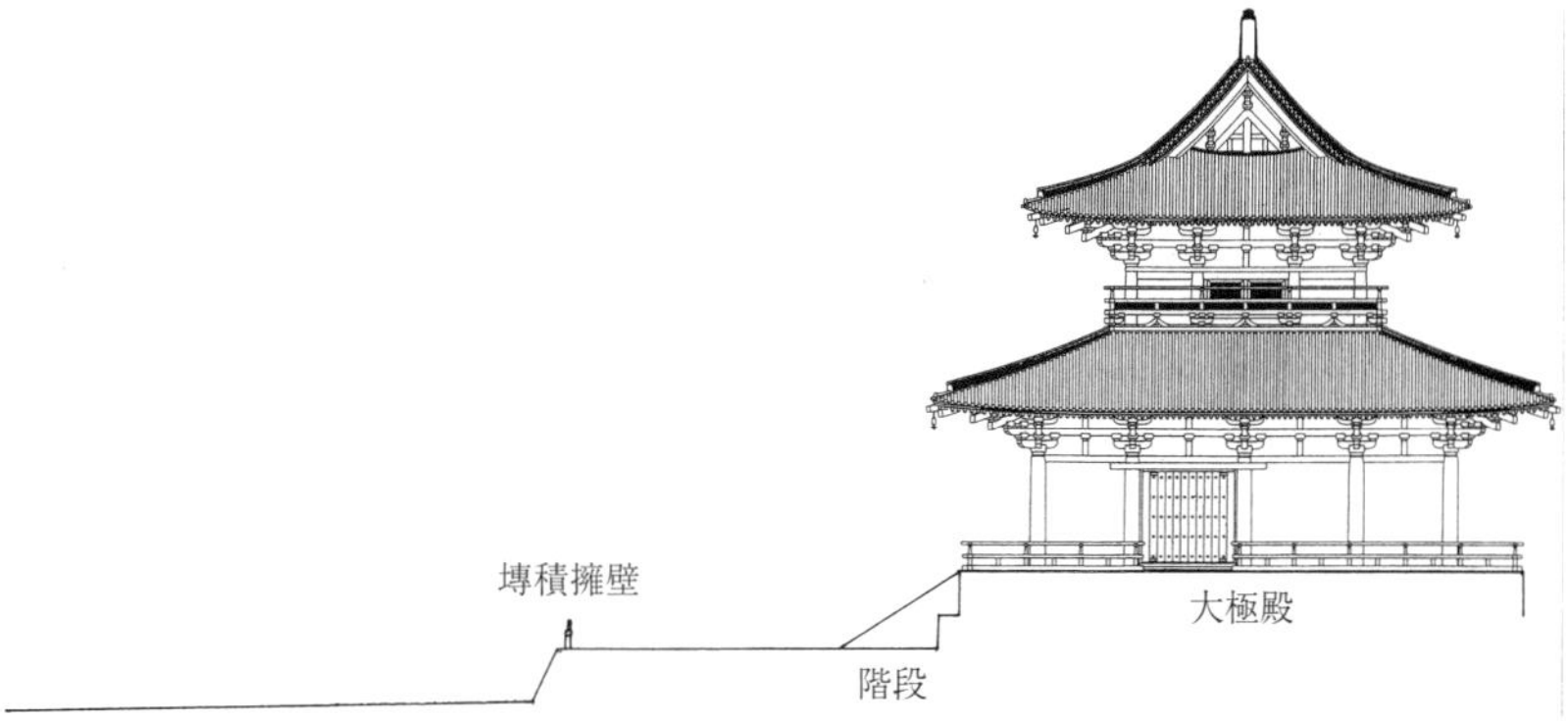

図８－14　想定される本来的な高さ関係

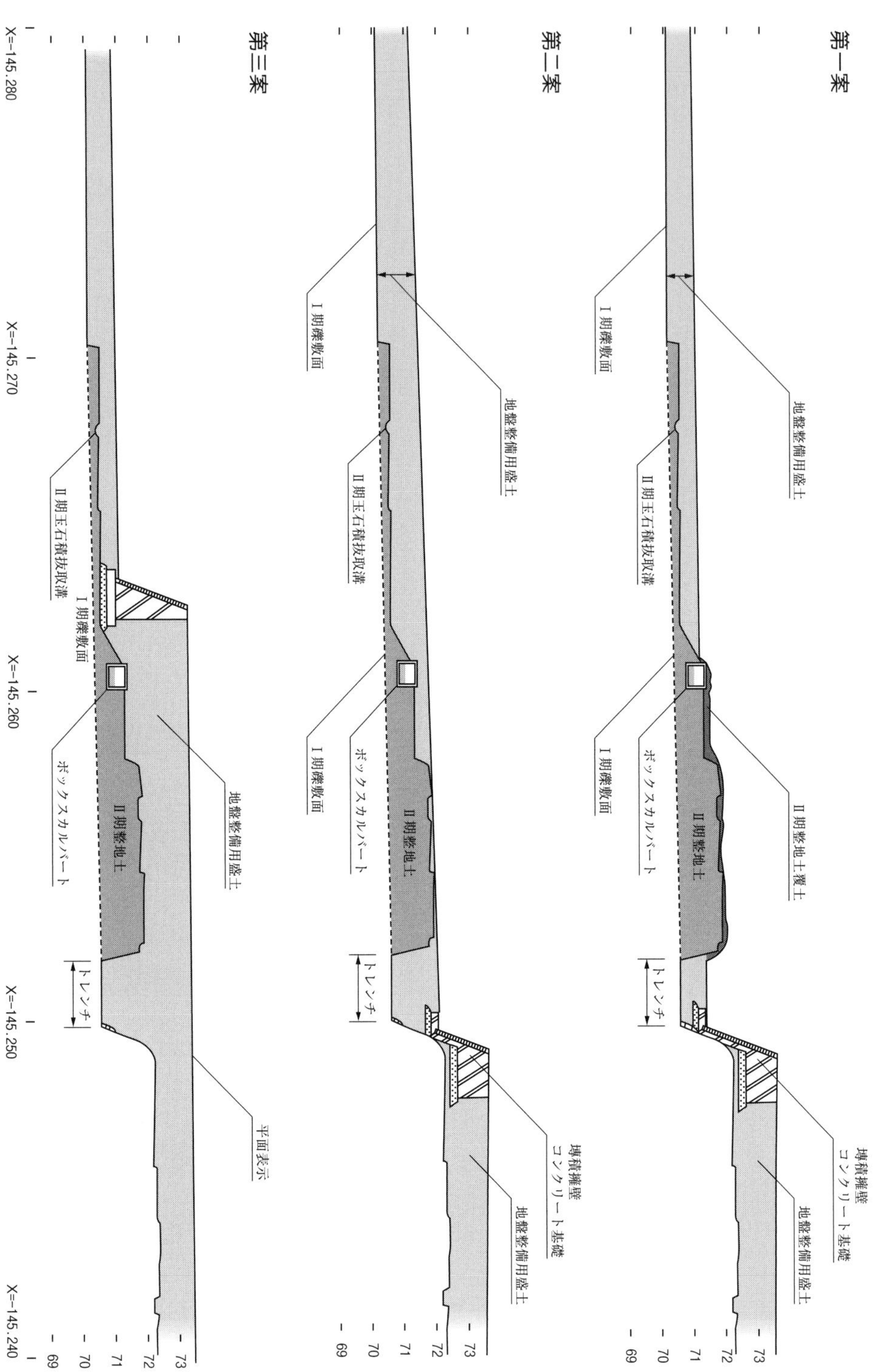

図8－15　塼積擁壁の整備案（南北断面）

第九章　大極殿跡の近代

はじめに

古代寺院、特に各地の国分寺跡・国分尼寺跡の近代までの履歴については角田文衛編『新修国分寺の研究』(1)で概観することができる。これによると、基壇の痕跡である土壇には後の時代に本堂が建てられたり、寺跡という性格からか、その跡が畏怖の対象となったり、名所図絵に描かれる名所となり参詣の人々で賑わったりしたものもある。そこにあった礎石は原位置で保存されたり、礎石が信仰の対象となったりするものがある一方、再興された堂塔の礎石に用いられたり、手水鉢に転用されたりするものもある。古代の施設が遺跡になって後、地域社会が関わった独特な履歴があるのである。

殿堂の柱に伴う礎石、基壇内部の土壇、殿堂を取り囲む回廊の土壇、散見される布目瓦、それらを有した古代の宮殿中枢部は、古代寺院跡と同じような形態で残り構成要素が共通するため、規模の差はあるが物的には似た景観を呈することがある。

明治四年（一八七一）の古器旧物保存法を引き継いで制定された、明治三十年（一八九七）制定の古社寺保存法第十九条には「名所旧跡ニ関シテハ社寺ニ属セサルモノト雖仍本法ヲ準用スルコトヲ得」と明記されたが、第十九条の条文は付則にすぎず、運用上は死文化していたといわれる(2)。この法律の成立に前後し、古代に関わる遺跡の多い古都、京都・奈良では、明治二十七年（一八九四）の平安遷都千百年祭を契機に地域社会が遺跡に注目し、明治四十三年（一九一〇）には平城遷都千二百年祭の記念事業も行われていく。また、この時期は寺院跡の顕彰や保存工事も行われるようになる。古社寺保存法成立前後から大正八年（一九一九）の史蹟名勝天然紀念物保存法成立の頃まで、古代遺跡の保存と整備はどのように進んだのだろうか(3)。古都における古代の宮殿跡や寺院跡について、保存整備の初期の事例から対比的に取り上げて、宮跡特に大極殿跡の履歴の一端を明らかにしたいと思う。

一　古都における古代寺院跡の近代

1　奈良県下、明治三十年代の古代寺院跡

大安寺は南都七大寺の一つで、東の東大寺、西の西大寺と鼎立し、南大寺とも呼ばれた寺で、奈良時代には一五町もの寺地を占めていた。天平十九年（七四七）の『大安寺伽藍縁起并流記資財帳』からは整った伽藍堂塔の様子が窺われる。寛仁元年（一〇一七）の火災などで大きな被害を受け、再建はされるが、中世にはかなり衰退していた様子を『七大寺巡礼私記』などで知ることができる。近世の『和州旧跡幽考』には「わずかに二間四面の堂を建立して大安寺のしるしとなせり。」とあり、近世には一段と荒廃が進んでいたことが知られる。近代になると大安寺は明治十五年に再興し、明治十六年までには仮本堂及び庫裏を建築していた(4)。ところが、明治十三年度から二十七年度まで続いた古社寺保存金は大安寺には給付されず、さらに明治三十年の古社寺保存法制定後は保存の対象が国宝および特別保護建造物となるために古建築を有しない大安寺には補助はなかった。翌年には内務省の指示を受けて奈良県において名勝旧跡の調査がはじまる。この調査は名勝旧跡に関する最初の調査で、明治三十一年十二月二十七日付けの奈良県訓令甲九十八号により「其部内所在ノ名勝旧跡ニシテ史書ニ著称セラレ又ハ其ノ風景優秀ニシテ人口ニ膾炙シ、永久ニ保存スルノ必要アリト認ムルモノ」について県下各郡役所・市役所を通して調べたものであった(5)。この調査で奈良県添上郡長は「旧跡」を維持し、永遠に保存するために国費による保存費の補助を奈良県知事に訴えたが、基礎的な現況把握に調査の目的が置かれており、結局、大安寺金堂跡の土壇が破壊されるに至った(6)。大安寺はかつての南都七大寺の中で最も荒廃が著しかった。

明治三十年代のこの時期には寺院跡のみでなく古墳墓でも少なからず遺跡が破壊されており、遺跡の保存を巡る問題は深刻であ

った。「古墳墓保存ノ建議」が明治三十二年一月十四日に貴族院に提出され全会一致で可決されている。(7)この建議の発議者木下広次はその趣旨説明の中で古墳墓破壊の原因には、畏懼《いく》心崇敬心がなくなったこと、地租改正により免租地になっていた旧跡地が個人所有になり活用を図らねばならなくなったこと、鉄道工事などで石材の需要が拡大したことなどをあげている。寺院跡についてもその状況は大きく異ならなかったと考えられる。実際、奈良県北葛城郡王子町の西安寺の塔の心礎を付近の橋の工事に割って用いたり、高市郡明日香村の大官大寺の礎石を橿原神宮の礎石に用いたことが知られている。(8)

寺院跡の破壊が進む一方で、寺院跡が考古学的に注目され出すのも明治三十年代からであった。明治三十五年、関野貞は礎石の配置から寺院跡と考えた遺跡に関する論文「大和国毛原伽藍遺跡」を『考古界』に発表した。翌年の帝国古蹟取調会発行『古蹟』には諸国の国分寺跡の現状が述べられるなど、以後寺院跡の研究が進んでいった。こうして、研究は一定の成果を上げはじめていたのだが、明治三十年代の寺院跡に関する研究は発掘により地下に埋まった遺構を明らかにするという方法は行われず、地表に残る礎石や基壇の風化した土壇等の観察による研究に終始していた。

以上のように、明治三十年代まで旧跡を保存する施策は「旧跡」という由緒ある敷地にある古建築保存に向けられており、建物基壇が風化して残った土壇などの遺構は学術的に注目されだすにも拘わらず、施策上で実際に保存が講じられることはなかったのである。

2　奈良県における寺院跡の保存整備

明治四十年代は寺院跡の保存と整備が積極的に行われていく時期であった。以下では奈良県における二つの事例をみよう。

(一) 大安寺の保存整備

大安寺が明治三十年代に荒廃していたことを先に述べたが、遺跡の保存について奈良県から添上郡に指示が出される。(9)

第四一六九号

御部内大安寺村大安寺ハ現今衰頽シテ漸ク其寺名ヲ存スルニ過キサルノ状況ニ有之候へ共右ハ往昔有名ノ巨刹ナリシニ付尚一二礎石ノ現存セルモノアリ以テ往時ノ俤ヲ偲ビ大伽藍ノ遺址ヲ認メ得ヘキ儀ニ有之候処近来其伽藍石ノ所在ヲ動カシ敷地ノ地均ヲ為ス等殆ト古蹟ヲ湮滅セントスル哉ノ状況ニ聞及候間一応御取調御回報相成度尚是等ノ古蹟ハ考古学上将タ建築学上有益不少必要ノ場所ニ付可成保存ノ方法ヲ講スベキ様御取計相成度此段及照会候也

明治四十一年八月三日

内務部長横山三郎

添上郡長　谷原岸松殿

伽藍石とは廃寺の礎石を庭園材料として使ったもののことで、飛び石の分岐にある踏分石や手水鉢に好んで用いられた。江戸時代には既に用いられていたが、明治期の庭園に多く見られるものである。ここで言う伽藍石は西塔跡（図9―1）の礎石と考えられる。奈良県内務部長はこの指示の中で古跡は考古学上、建築学上の価値を有するため保存する方法を講じるよう要請している。添上郡ではこの要請を受けて現況調査を行い、次のような回答をしている。(10)

甲第二、七二三号

客月三日付―第四、一六九号ヲ以テ御照会相成候部内大安寺村旧伽藍大安寺旧跡ニ於テ礎石保存ノ義ニ付取調候処右ハ目下境内中西塔跡ニ於テ中心礎石壱個（直径八尺）現存セルノミニシテ之ガ保存ノ為メ曩ニ該地ニ繁茂セル雑木ヲ伐採候得共其ハ今回礎石ノ周囲ニ梅樹ヲ植付ケ梅林トシテ永久保存スルノ目的ニシテ礎石ハ毫モ其所在ヲ動カスガ如キコト無之候条左様御承知相成度此段及御回報候也

明治四十一年九月二日

添上郡長　谷原岸松

内務部長横山三郎殿

奈良県内務部長が添上郡長に対して要請した調査以前に、大安寺の西塔跡ではその中心礎石（塔の心礎）の保存のために周囲の樹木を伐採し、梅樹を植え付け梅林にしようとしていた。その工事が遺跡を湮滅すると誤解されたのだった。添上郡長の回答に約一ヵ月を要しているため、工事の主体は添上郡ではなかったと考えられるが、工事の主体はどこか、実際に工事がなされたかどうかは確認できなかった。この時期に寺院跡の遺構保存工事が行われたことは特筆すべきことであろう。ところで、近世の城跡が近代において公園として整備され、桜の名所となっていく場合が少なくないが、ここでは遺跡の保存を図る中で、修景材料の樹種に梅が選ばれたことは興味深い。

(二) 大安寺の事件以後

この大安寺西塔跡の礎石保存の件を契機に、奈良県は遺構の保存の問題に対して積極的に動きだす。遺構保存の要請を行った翌日の明治四十一年八月四日には、奈良県は同様の内容を一般化した形で県内の郡市長宛に文書を送り、六日には警察部長宛に「破壊的行為等無之様御注意相成度」との依頼をしている[11]。さらに、十四日付けで宇陀郡役所が郡内の町村に次のような指示を出している[12]。これは奈良県が郡市に伝えた内容と同様であろう。

名称《ママ》旧跡保存二関スル件　第三、〇〇四号

本県ハ上古歴朝帝都ノアリシ処殊ニ推古時代ヨリ寧楽時代ニ至ル迄ハ政治宗教ノ中心文学美術ノ源泉タリシ地ナルヲ以テ随テ社寺及名勝旧跡等頗ル多ク其現存セルモノニ在テハ宜シク保存ノ方法ヲ講スベキハ勿論既ニ廃頽湮滅セルモノト雖トモ尚其遺址ヲ認メ当時ノ俤ヲ偲ブニ足ルベキ材料ノ存スルモノ不少現ニ往昔有名ノ巨刹ヲシテ今尚大伽藍ノ礎石ヲ存スルモノ往々有之是レ等ハ皆歴史ノ證徴トナリ考古学上将タ建築学上裨益不少然ルニ近来動モスレハ其伽藍石ノ所在ヲ移転シ敷地ヲ開墾スル等甚シキハ礎石或ハ石燈籠等頓ニ高価ニ買受ケントスルモノアルヲ奇貨トシ恣ニ売却スルモノ有之哉ニ相聞へ候ヲ洵ニ慨慣嘆ニ不堪儀ニ有之候条厚ク保存ノ方法ヲ講スベキ旨其筋ヨリ通牒ノ次第モ有之候ニ付夫々御留意相成度此段及通牒候也

年　月　日

郡役所名

町村長宛

社寺宛

追テ其方法ハ設定ノ上御報告相成度此段及申添候也

このように奈良県の方針が県下に示される中で、翌明治四十二年には国は県に対して遺跡の保存計画を立て、私有地については町村に買上させ保存施設を設置するよう指示を出すことになる。この内容は奈良県宇陀郡役所が郡内の郡長宛に出している次の内訓から知ることができる。(13)

明治四十二年六月二十一日

史跡勝地ノ調査保存ニ関スル件　内訓第三号

古社寺保存法ノ適用セラル丶範囲外ニ於テ歴史文学美術等我邦文化ノ跡ヲ徴スヘキ遺跡遺物及世教民治ノ資料トナルヘキ文書遺跡遺事肖像墳墓等ノ今日ニ存シテ将来尚保存ノ途ヲ講スヘキモノ又ハ古来ノ名区勝地並ニ旧跡地ニシテ更ニ風光ノ美ヲ加ヘ以テ来遊者ヲ招致スルニ足ルモノハ宜シク今ニ於テ之分調査ノ道ヲ竭シテ保存ノ計ヲ立テスンハ其私有ニ属スルモノニ在リテハ或ハ地形ヲ変シ或ハ樹木ヲ伐採シ其ノ然サルモノニ在リテモ多年ノ風霜ヲ経ルノ間ニ自ラ風致ヲ損シ荒廃益丶甚シキニ至ル等復其跡ヲ尋ヌヘカラサルニ到ルヘシ依テ貴職ハ宜シク其等ノ関係者ヲ指導奨励シテ私有ニ属スルモノニ在リテハ之ヲ町村ニ買上ケ相当ノ施設ヲナス等調査ト保存ト相俟ツテ史跡ノ湮滅遺物ノ散佚ト風景勝地ノ廃頽トヲ未然ニ防カンコトニ深ク留意セラルベシ

右内訓ス

年　月　日

郡長

町村長宛　親展

この内容は明治四十二年四月二十日に内務省下の地方官会議で内務大臣の訓辞として述べられたもので、奈良県が郡市役所に伝えた内容を宇陀郡役所が管内の町村に示したものである。これとほぼ同様の文書が埼玉県に保存されており、当時の内務省の考えが端的に示されている。ここで特に注目したいのは冒頭で述べられているように「古社寺保存法ノ適用セラル、範囲外ニ於テ」遺物、名区勝地、旧跡地等の保存整備を図っていくとしている点で、これは古社寺保存法第十九条を準用した形での史跡名勝の保存の限界を内務大臣が認めていると考えられることである。埼玉県の文書には更に次の内容が記されている。(14)

固ヨリ法令ノ力ニ須ツヘキモノ少カラサルヲ以テ目下之カ調査中ニ係ルト雖トモ地方ノ有志又ハ団体等ニシテ之カ維持保存ニ力ムヘキモノ多シ各位ハ宜ク是等ノモノヲ指導奨励シ調査ト保存ト相俟ツテ史跡ノ湮滅遺物ノ散佚ト風景勝地ノ廃頽トヲ未然ニ防カンコトニ予メ留意セラレンコトヲ望ム尚ホ此種目的ノ為メニ組織セラレシ団体等ニシテ醵金ノ管理確実ナラス其経費モ不十分ナルヲ免カレサルモノ鮮カラス因テ此等ニ対シ相当指導ノ道ヲ講セラレンコトヲ望ム

翌明治四十三年の地方官会議には史蹟勝地保存法案の審議がなされるが、明治四十二年にはそのための調査が内務省ではじまっていたのであろう。しかし、法的な根拠のない状態では内務省としてはその意向を伝えるだけで具体的な対応は府県に下駄を預けた形となっている。なお、後半で述べている団体というのは明治中期以降各地に創立された旧跡や景勝地に関する顕彰会、保勝会のことで、法が不備な状況ではこれら団体の活動に期待せざるを得ない状況であった。当時のこれらの団体の性格や活動については高木博志氏の論文(15)に詳しいが、団体の中には寄付金を集めては石碑を立て、印刷物を配る程度の活動しかしないものも少なくなかったようで(16)、それらに対して注意を促しているのである。

(三)　本薬師寺の保存整備

遺跡の保存整備は大安寺だけではなく、本薬師寺でも行われている。薬師寺は天武天皇九年（六六〇）天武天皇によって皇后（後の持統天皇）の病気平癒のために薬師仏を本尊とする寺院として藤原京に創建された。この寺院は後に平城遷都に伴い平城京に移された、平城京西の京の薬師寺に対して本薬師寺と呼ばれるようになった。明治三十六年以来、平城京の薬師寺は新築したものか、移築したものかの論争が行われてきたが、近年の本薬師寺の発掘調査成果では中門や東塔（図9―2）の移築の可能性は低いこと[17]などが指摘されている。このような調査結果も遺跡が保存されていてはじめて明らかになることであるが、明治四十三年に保存の危機があった。この本薬師寺の保存整備の契機となるのは国有地となっている塔跡の礎石が、大阪市の一個人の庭園の景石として売却されそうになる事件であった。

伽藍石売買協議ノ件報告[18]

部内白橿村大字木殿薬師寺（生駒郡都跡村大字西ノ京薬師寺ノ宝物ハ当寺ヨリ移動シタリトノ伝説）伽藍跡礎石約四尺角弐拾四五個及其東南約三十間小字ドコダ第二百八十番地古塚廿六歩内ニ存在スル大盤石一個及薬師寺ノ西南約三十間小字ドノマエ第二百八十四番地塔跡礎石約九尺角一個有之候昨年秋前長官閣下御巡遊ノ砌新谷郡長ニ対シ村長ヲシテ将来保存スヘキ内命ナリシ処今般同村大字見瀬島田忠為同村大字畝傍吉村理平ノ二名ハ部内阪合村大字越服部村治ニ売買ノ周旋センコトヲ大字木殿西田政吉ナルモノニ申込ミ大字協議中ニ三名ノ異議者ヲ除ク外ハ売却賛成者ナリ買主ノ本人ハ大阪市藤田伝三郎ニシテ同人ノ桜ノ宮庭園ノ置石ニセントノ計画ノ由ニテ尤モ古塚及塔跡ハ官有地ニ有之故ニ西田政吉ニ対シテハ勿論売買関係者ハ相当注意ヲ加ヘ候条此段及御報告候也

明治四十三年十二月十四日

八木警察署長　警部　柴原伝治郎

奈良県警務長　円中喜■介殿

〔欄外に朱字で注記：二百八十四番地ハ塚二十六歩　官有地ナリ〕

明治四十三年十二月二十六日付で奈良県高市郡長新谷重蔵が奈良県内務部長川越壮介に行っている報告によると「本薬師寺伽藍石并ニ塚地石材保存ニ関スル件右ハ同村長職務管掌ニ示達シ其方法ヲ講セシメ候処其結果同大字区長ヲシテ礎石ヲ売却セシメサル

ノミナラス塚地ノ周囲ニ木柵ヲ設ケ猥リニ該地ニ侵入スヘカラサル様協定致候」[19]とあり、村長の監理下で土壇の周囲に木柵を設ける保存工事がなされ、本薬師寺の礎石は現地で保存されることになった。

さて、伽藍石を購入しようとした藤田伝三郎とはどのような人物だったのだろうか。彼は天保十二年長門萩城下の醸造家に生まれ、高杉晋作に従って奇兵隊に身を投じ倒幕運動に奔走した。維新後、大阪に出て実業界に入り西南戦争の軍事輸送で巨利を得、明治十四年藤田組を創設、後に鉱業や干拓等に事業を拡大した。また、井上馨と親しく長州閥を背景にして政商の名を恣にし、大阪財界の指導的地位を得た。維新以後の古美術品の海外流出が進む中、その収集を行い、石塔や石仏、礎石などを集めた庭園を大阪桜ノ宮に造った。現在、美術品は藤田美術館で公開されており、その庭園の一部は残され、太閤閣の庭園として公開されている。彼はその庭園に本薬師寺の礎石を移そうとしたのだった。実際、彼の所有になったものには法隆寺若草伽藍や山田寺の礎石がある。礎石など遺跡の遺材を庭園などに利用することは以前から行われ、明治期には遺跡から礎石を掘り出して売買されることも少なくなかったことが『大和上代寺院志』[20]（昭和七年）に散見できる。それゆえに、大正十二年の川原寺の史跡指定地買い上げなどにおいては土地代とは別に礎石一五個を四〇〇円で買い上げることになった[21]。もっとも、この礎石が瑪瑙と言われていたことが[22]一段とその商品価値を高めたものと思われる。

寺院の礎石は単なる土木工事の資材としての利用される場合と造園材料としての転用される場合などがある。当時藤田伝三郎は遺物の散逸を免れるように精力的に集めたといわれ、こうした行為が遺物の保存に繋がったのか、逆に遺跡の破壊に繋がったのかは個別の検討が必要であり、評価は単純にはできないように思われる。飛鳥時代の庭園、飛鳥京苑池遺構の噴水への施設の一部の石材が京都の近代庭園に使われており、歴史的価値を帯びてきていると思われる事例もあるからである。

二　古代宮跡の近代

1　近世以来の宮跡の考証と顕彰

(一) 平安宮跡

桓武天皇が平安宮を造営して後、貞観十三年（八七一）の大極殿の焼失などがあったが、平安宮はその都度再建された。しかし、安元三年（一一七七）の大火以後は再建されることなく荒野となり、この荒野は内野と呼ばれ、『今昔物語』には妖怪が現れると記された。一方、和歌の上では次の歌で知られるように歌枕ともなり、歌人の詩情をそそいだ。(23)

忘れずよ内野となれる夕露の芝生にみえし礎の跡　　正徹（草根集、巻十二）

昔思う内野の草の夕露に衛士のたく火は蛍なりけり　　長嘯子（挙白集、巻一）

中世には内野は騒乱の場所になったが、秀吉が内野の東部に聚楽第を建設し周辺の宅地化を図り、家康は内野の東南隅に二条城を築いて周辺は大きく変貌した。

明治二十八年（一八九五）、遷都千二百年を記念して編まれた『平安通史』の「平安京及大内裏旧跡実測記事」(24)には「大極殿ハ桓武帝ノ特ニ叡念ヲ尽シ之ヲ造営シ華麗荘厳以テ国家ノ正朝ト定メラレシ所ナレバ、今回平安宮ヲ造営シ、帝ノ叡霊ヲ鎮祭スルニツキテハ、固ヨリ此旧跡ニ於イテスヘキ事ナリシカ、勢今俄ニ然ルヲ得サルヲ以テ之ヲ他ニ造営スルトイエドモ其ノ旧跡ヲ表彰シテ以テ之ヲ表彰シテ千歳ニ明ニスルハ祈念祭ノ緊要事件タルヲ以テ、先ス大極殿遺跡ヲ考査スル事ヲ始メトセリ」と顕彰の経緯が記されている。また、その場所は「延暦造営ノ旧跡ニ於テ、其ノ現存ノ者ヲ得テ」とあり、具体的には東寺の南大門が古代の位置を踏襲していると考え、「之ヲ起点トシ」、延喜式記載の街路規格を用いるなどして宮跡、大極殿跡を科学的に復元したものであった。市街地の中に没していた大極殿跡は近辺での出土品の傍証もあり、学術的な復元考証によってその位置を確定したのだった。そして、その位置には大極殿跡顕彰のための建碑が行われた。現在、千本丸太町の内野児童公園内にある「大極殿遺趾之碑」がそれである（図9―3）。

(二) 長岡宮跡[25]

長岡宮跡では、「好古之士」が安永年間に現在の向日市鶏冠井の地が長岡宮大極殿跡であると発表したのが世間に知られる最初の機会であったようである。その後、明治になって乙訓郡新神足村の岡本爺平が「数年前ヨリ諸書ヲ探究シ且近戸各地ニ於テ史上ニ証蹟アル地数ケ所ヲ得更ニ廿六年十月右ノ字大極殿ノ地ヲ掘鑿シテ千百余年ノ古瓦ヲ得弥此地ヲ以テ長岡宮城太極殿ノ遺址ト確定」した。明治二十六年に岡本自身が推測した場所でどうやら試掘のようなことを行い、長岡宮時代の遺物の発見によって遺跡の性格を確定したとされる。もっとも、現在行われる発掘調査のようなものでないにしろ、遺物の発見により遺跡の性格を裏づけていく考古学的手法が都城の遺跡で用いられたことは当時としては注目される。

翌明治二十七年（一八九四）は平安遷都千百年にあたる年で紀念大祭が計画されていた。岡本をはじめ郡内有志でつくる長岡宮城大極殿遺址創設会は「奠都紀念祭並内国博覧会に内外国人京都に参集の日、本郡に此遺蹟有る事を表示せすばあるべからず」とし、遺跡の保存顕彰のために紀念大祭はまさに千載一遇の好機と捉えられた。保存顕彰のためといっても遺跡の地であることを明示した記念碑建設が目的であった。創設会は京都市参事会に対して補助金の下附を願い出た。その窓口である京都市遷都紀念祭事務所は「明年紀念祭ノ挙行及博覧会ノ開設有之其際来遊内外国人ニ対シ遺蹟保存上ニ関シ見苦シカラサル様致置度トノ趣旨ヲ以テ」とし、京都市が補助金を出すことにした理由が明らかである。観光で訪れる内外国人に対し体裁を気にしている点が、遺跡保存と顕彰を行なう当局側の意識を見る上で興味深い。翌明治二十八年四月には「長岡宮城大極殿蹟地」（図9―4）と記した碑は完工し、十月十九日には関係者八〇名が集まり建碑式を行ない、宮内省からの下賜金があった。

長岡宮跡に関する近代的な歴史研究は喜田貞吉が明治四十一年に発表した「長岡遷都考」（『歴史地理』十二巻一から四号）が初期

の例であるが、これに先だって顕彰が行なわれたのである。

(三) 大津宮跡[26]

天智天皇が大津宮を置いた場所は近年の発掘調査で確定しており、御所の内などの字名の残る錦織遺跡とされている。もともとこの場所は膳所藩の儒学者寒川辰清が伝承地として紹介し、『扶桑略記』に宮の乾の山中に崇福寺を建てたという記事があることから『近江輿地志略』（享保十九年〔一七三四〕）では志賀里西方の廃寺跡に崇福寺をあて、宮跡は伝承地周辺の可能性を示唆していた。『近江名所図会』（文化十一年〔一八一四〕）、『近江名所案内記』（明治二十四年〔一八九一〕）もこれを有力候補地とした。平安遷都千百年紀年祭の行われた明治二十八年（一八九五）時点では別の候補地もなかったことから大津町長西村文四郎は「志賀宮址碑」（図9―5）の建設を計画し、二年後に竣工させた。

(四) 恭仁宮跡

恭仁京は聖武天皇によって天平十二年（七四〇）に造営工事が着手され、三年後には工事の一切が停止された都である。その宮城、恭仁宮の大極殿は天平十八年山城国の国分寺に施入され整備された。その後、元慶六年（八八二）に寺は焼失し、昌泰年間（八九八～九〇一）に再建されたと伝えられ、平安から鎌倉時代の瓦が出土することによって堂塔の修理などがされていたことが知られる[27]。『山州名跡志』（正徳元年〔一七一一〕）に「国分寺（中略）今衰微ノ所也（中略）荒廃ノ後近世一草寺ヲ再興ス（中略）古伽藍ノ跡所々ニ存ス」とある[28]。薬師堂という国分寺の名を継ぐ小堂が大極殿跡に現存しているが、近世も寺として再興されていたことで国分寺の跡は周知されていた。明治三十二年（一八九九）に喜田貞吉[29]は恭仁宮跡の保存顕彰の方法を次のように述べている。

登大路筋即朱雀大路筋の正北に大極殿の趾を求め、其地に碑を建つるか、或は其北方即ち字を京城の芝と称する邊に内裏の趾を求め、其地を表彰すべきなり、大極殿は尚平安京の内裏の如く朱雀門を入りて、其北なる応天門を過ぎ、其正面にありとすれば、今の国分寺の境内直ちに之れに相当すべし、蓋し施入せられたる大極殿を以て直ちに本堂と成したるものにして、現今寺の西に巨大なる礎石の二個並び存するは、大極殿の礎石の右側のものの残れるなりと見るを得べし、故に之れを表彰せんは極めて容易なり、故に余は保存会委員諸氏に勧むるに、京城芝に内裏を求むるの困難なるを去りて、大極殿を表彰するの容易なるに就かん事を以てせんとす、内裏は数年にして廃したれども大極殿は国分寺として久しく存したるを思はば、内裏よりも大極殿を表彰する方一層其保存の目的にも適合するならんか

喜田は地表上に痕跡を残さない内裏を求めるより、地表上で容易に観察できる礎石を伴った大極殿跡を表彰することが遺跡の保存の目的にも適っていると考えている。天皇の居住の機能をもつ内裏よりも天皇の権威の象徴で国家的儀式を執り行った大極殿を重視したことに注目したい。また、遺跡という実体の見えにくいものの保存と顕彰が、遺構という具体的実体のあるものの保存と整備に変容していく事例としても注目できよう。この契機となるのは明治三十年代に関野貞や喜田貞吉らによってなされた寺院跡と宮跡についての調査研究であり、その研究の進展の中で礎石群の配列や土壇の配置から遺構の性格を推察し、平面形態の復元を行えるようになったことである。こうして、それらの遺構が再発見されるようになり、明治四十二年（一八九九）には恭仁京址保存会が組織されて[30]、遺跡の保存と顕彰に結び付いた。写真は昭和十六年三月京都府建立の「山城国分寺阯舊恭仁宮阯」の碑（図9—6）。

(五) 高津宮跡

仁徳天皇の高津宮が置かれていた場所については江戸時代から諸説が出されている。『摂陽群談』では東成郡高津の小橋、『摂津志』では安国寺坂の北、『浪速旧地考』では東高津御殿山、『浪速上古図説』では東高津村、『古事記伝』では上町通り安曇寺町筋等である。明治以降では『延喜式』神名帳の「宮中神六座」を移転している現存の神社に当たるとし、その旧位置を大坂城あたりとする考えもあった[31]。ところが、明治三十三年二月十八日には仁徳天皇の高津宮跡が考定されたとして大阪府東成郡字味原において仁徳天皇の高津宮趾の建碑祭が大阪府によって行なわれている。これについては同年の『歴史地理』に「あゝ高津宮址」と題する喜田貞吉[32]の意見が掲載されており、『高津宮跡取調書』が不充分な調査にも拘わらず宮跡の位置を断定したことについての批判が述べられた。

(六) 平城宮跡

廃都後八〇年、『日本三代実録』貞観六年（八六四）十一月七日条で知られるように平城京はかなり開墾が進んでいた。中世には平城宮跡かは特定できないが、礎石を残して水田化していたことが次の歌からも窺える。

菫さくならの都の跡とては石ずゑのみぞ形見なりける　　源仲正（保安百首）

平成二十二年に財団法人柳沢文庫で行われた企画展示『明治三〇年代～大正期の平城宮跡保存運動』(33)では、平城宮跡での近世の遺跡の認識や近代の保存に関わる史料が整理されており、大変興味深いものであった。ここで展示された史料からみてみよう。

『大和名所記（和州旧跡幽考）』第五巻は大和一国にわたる最初の地誌で、大和郡山の林宗甫が記したものである。これには「其跡超昇寺村二条といふ所に方八町あり今に九条の地の名のこれハ抑《そもそも》平城宮の濫觴ハ」とある。

柏原益軒（篤信）の『大和めぐり記』は元禄九年（一六九六）に柳枝軒から出版された大和の旅行記であるが、「二条村　超昇寺村と民家つゞけり里の東に平城の都のあと方八町あり田圃の字に九条の名残れり内裏の跡に松あり　今も田をつくらす」とあり、その約百年後の寛政三年（一七九一）刊行の秋里籬島『大和名所図会』第三巻には「皇居の跡ハ奈良の町にハあらず興福寺の西超昇寺郷二条村の南街道の巽に築地の内といふ字の地あり今も田を作らず亦此所に内裏の宮と呼ぶ小祠あり」とある。

このように名所図絵や旅行記を通して、宮跡などに関わる字名が知られ、地元では水田耕作は避けられていたところもあると考えられている。

幕末には藤堂藩古市奉行所の北浦定政（一八一七～一八七一）が山陵研究の書『打墨縄』を著したが、彼は平城京跡や大和条里に関する研究でも知られ、平城京跡の研究成果を集約したものに「平城宮大内裏跡坪割之図」がある。この研究では史料を渉猟するとともに、自ら測量し作成した地形図に、村名や字名などを古記録と照合して記し平城京の条坊を復元し、平城宮の位置を推定しているものである。(34)発掘調査によって平城宮に東の張り出し部（東院）が発見されるまでこの研究成果は平城宮が約一㌔四方とされた、現代までつながる先駆的なものであった。

この成果を引き継ぎ発展させたのが古社寺保存法制定に伴い奈良県技師となった関野貞である。関野の平城宮跡研究の発端は、明治三十二年（一八九九）一月に関野が奈良県書記官の案内で水田となった平城宮跡に残る「大黒の芝」と呼ばれる土壇へ行き、そこが平城宮大極殿の遺跡で、その南の整然と並ぶ十ほどの芝の土壇が朝堂院の遺構であると気づいたことだった。漠然とした遺跡の風景が具体的な遺構の発見という新たな認識によって実証的な学術風景に変わった瞬間である。関野は明治三十三年一月一日付の奈良新聞で「大黒の芝」が大極殿跡であるという研究の一端を紹介し、これが平城宮跡の顕彰につながっていく契機となる。奈良新聞でそのことを知った地元の植木商棚田嘉十郎は、大極殿跡は「草ボウボウト生ヘ埋モレ牛ノ糞ヲ積ンデ」ある状態であったことから「立派な恥サラシ我国体を毀ケル」と考えるようになった。棚田にとっては国体にも関わる風景の変容であった。

遺跡での遺構の認識は少なくともこの二人の個人的な風景認識を変えたのである。そして、棚田は大極殿跡の近くに生家があった溝辺文四郎と二人で大極殿跡の保存顕彰のために明治三十四年（一九〇一）そこに木標を建立した。写真（図9—7）は大正五年（一九一六）。これが棚田の私財を投げ売ってまで保存に尽した平城宮跡の顕彰のはじまりであり(35)、遺跡整備のはじまりでもあった。

関野貞は平城宮跡に関する研究を『平城京及大内裏考』(36)にまとめ、次のように記している。

此他猶多数の殿宇ありしならんも史上に記載せられざれば之を徴證するに由なし

今遺址を考ふるに蓋宮城中央部朝堂院の西北に當り雑樹叢生せるの附近其の處なるべし其地京城の最高位を占め前面及左右に向かい漸く低下せるを以て極めて高燥皇居の遺址たりしここを徴するに足るべし皇居の區域は明らかに知ること能はざるも土地の形勢より推考せば恐らくは図面（図略す）に示すが如く小字大宮東大宮の一部及寺前の地を併有し東西凡七十丈南北凡百丈あり其廣袤亦平安宮の者と一致するに似たり（中略）

吾人深く忠誠なる地方人士に望む大極殿の遺址に平城神宮を建立せらること共に幸に皇居の遺址の一部（恐くは大安殿の右半部ならん）林地となりて残存せるを以て之に其東半部を増して神聖の地となし偉大なる祈念碑を建て以て文物燦然たる寧楽七

朝の皇居の址跡たることを永遠に表章せられんことを

「京城の最高位を占め前面及左右に向かい漸く低下せる」とは、塼積擁壁を埋め立てた西宮の壇と両側の斜路が畦畔として名残を留めていた部分のことである。関野は大極殿や朝堂院の土壇が残る区画だけではなく、地元で大宮や東大宮と呼ばれていた第一次大極殿院すなわち後の西宮の地の保存顕彰にも配慮するように切望していたのである。

（七）藤原宮跡(37)

江戸中期の国学者賀茂真淵が通称大宮土壇に着目して藤原宮跡の位置を推定し、万葉集の注釈書『万葉考』に「今も大宮殿と云て松立てる」と記した。松を植えるという行為が、どのような意味をもっていたか必ずしも明らかではないが、遺跡の顕彰の意味を含んでいたものと思われ、注目される。国学者本居宣長・上田秋成らもこの説を継承した。

明治三十年には高橋健自が、大正初年には喜田貞吉がそれぞれ藤原京の研究を発表した。諸説ある中、奈良県教育会は大正四年に大宮土壇上に「持統天皇文武天皇藤原宮跡」の石碑を建立した（図9―8）。大正九年には、東京帝国大学国史学科主任教授の黒板勝美が日本古文化研究所を創設し、所長となって藤原京跡の発掘調査を開始した。翌年、大極殿跡の発見が新聞紙上を賑わせた。

以上の例で見たとおり、近世には周知されていた恭仁宮跡を除き、明治後期のこの時期、遺跡の比定には現代的感覚では認識に至る稚拙さがあるとしても、宮殿を想起させる字名、地上に遺存する遺構や地下からの出土品、厳密な復元考証といった科学的なアプローチ（歴史地理学・考古学・文献史学）によって裏付けられ、再発見されたのだった。従って、痕跡のないところへの比定だけならともかく顕彰は非難の的になったのである。ここで見る限り、近世から近代にかけて宮跡は学術的根拠によって発見されているのである。

2　宮跡顕彰に対する国家的な動き

明治十年代には明治天皇の大和行幸を契機にして陵墓の整備、橿原神宮の創建、皇室と関わりの深い土地の名勝地指定、古代の社寺の復興、南朝史跡の形成等の施策が「旧慣」保存の名の下に繰り広げられた。これらは立憲国家の形成と係わって皇室の権威伸張を図ったものであり、日本を世界の一等国にするためには鹿鳴館のような猿真似ではなく日本の独自性、固有の文化的伝統を創り出し誇示していく必要があったことを高木博志氏が指摘している。また氏は、条約改正の達成のため天皇陵を確定し、「国体の精華を中外に発揚」すべきと伊藤博文が建議したように（『明治天皇紀』一八八九年六月九日条）、天皇陵は神武創業の理念を体現し、皇祖皇宗の観念を視覚化する装置にしたとも指摘している。(38) ところが、明治三十年代になっても歴代天皇の宮跡についてはその場所すら不明なところが多かったことから、これらの場所を明らかにし、顕彰していくことがナショナリズムの高揚するこの時期の国家的な課題として現れるように思われる。下記に示す史料はそれを裏づけるものとして注目したい。これは三浦安、高島新茂の二名によって明治三十二年三月六日の第十三回貴族院議会で「御歴世宮趾保表ノ建議」として発議され、全会一致で可決された議題で、翌日に貴族院議長近衛篤麿から内閣総理大臣山県有朋に提出されたものである。(39)

列聖ノ御遺霊ヲ崇拝シ列聖ノ御遺徳ヲ仰慕スル我国民忠孝ノ咸一徳義上御陵墓及御宮趾行宮趾ノ尊保敬表ヲ重ンスルハ今更説明ヲ待タサル所ニシテ御陵墓ニハ既ニ諸陵寮ヲ置カレ保崇修理ノ職掌アルモ御宮趾ニハ未タ其挙ナク全数五十三箇所ノ内其保表ヲ得タルハ大和国橿原山城ノ長岡平安河内国ノ樟葉近江国ノ大津等僅々五箇所ニ過キスシテ其他ハ概ネ湮滅韜晦シ国民ノ仰慕歴史ノ考証ニ途ナカラシムルハ我国体上ノ缺典遺憾ノ極ト云サルヲ得ンヤ抑中古仏法ノ盛ナル其宗祖タル区々僧侶ノ遺跡ハ建寺設塔顕表遺ス所ナク又尋常ノ名所旧跡臣民ノ顕功偉績アル者ニモ標像建碑ノ挙行頻々タル今日ニ於テ曾テ列聖遺跡ノ存スル万機此ニ出テ百官此ニ参朝シ外蕃此ニ来朝シ百工千芸此ニ出ツルノ根源タリシ御宮趾ヲシテ湮滅韜晦ニ放棄スヘケンヤ政府ハ宜シク精細之ヲ考査シテ形跡アル所ハ之ヲ修保シ形跡ナキ所ハ紀念碑又ハ石標ヲ建設シテ之ヲ保表シ以テ国民ノ仰慕ヲ満足

シ忠孝徳義咸一ノ国体ヲ完成セシメンコトヲ謹テ建議ス

陵墓についてはその保存や管理が行なわれていたのにも拘わらず、宮跡では所在地すら判明していないものが多い状況であったために、国体の完成のためには宮跡の所在地の考定と保存および顕彰が早急に必要にされた様子がわかる。そして、「形跡アル所ハ之ヲ修保シ」とあるように遺跡の形跡のあるところではそれを修理保存し、「形跡ナキ所ハ紀念碑又ハ石標ヲ建設シテ」遺跡の存在を明示しようというのである。なお、高木博志氏[40]によると近衛篤麿は明治二十九年一月二十九日には「古社寺保存会組織ニ関スル建議」を貴族院に提出し、三十一日の趣旨説明において古社寺保存が宗教行政でなく美術行政として必要だったこと、そして、古美術や建築の保存で日本の品位を高めようとすることを述べている。さらに、翌年に制定された古社寺保存法にうたわれる「歴史の証徴又は美術の模範」という理念には、皇室の内外への権威伸張という意図があったという。近衛自身が発議した議題でないにしろ、宮跡の保存修理にも同様の意図が込められていると考えてもよいだろう。

また、宮跡が遺跡の中でも重視されていたことは明治三十二年創立の帝国古蹟取調会が「皇祖の神蹟」に次いで「皇宮の旧蹟」という範疇を設けていたことからも明らかである[41]。

このように宮跡は天皇陵と同じように日本の文化的伝統を内外に誇示する装置として国家によって位置づけられ、ナショナリズム発揚と関連付けて近代天皇制イデオロギーの一翼を担う性格を有したのである。「古い材料を用いて斬新な型式の創り出された伝統を構築する」ことがどの社会にも存在し[42]、明治維新は前時代の文化的遺産の利用により国民国家化を進めたとの指摘がある[43]。また、「風景は文化的アイデンティティの指標であるばかりではなく、さらにそのアイデンティティを保証するものでもある。アイデンティティが脅かされた時にはその拠り所であり、同時にアイデンティティ強化に利用される口実でもある。[44]」とも言われる。上述したこうした宮跡での事績は列強が侵略を進めている国際状況の中で日本がその文化的伝統を国の内外に向けて誇示し、国民を統合していくという文脈からの理解が可能であり、古代天皇制国家の宮跡に国民国家による近代天皇制のイデオロギーの風景が創出されていくのである。

3　事績の顕彰と神社の建立

(一)　平安宮跡と平安神宮(45)

桓武天皇を祀る神社の創建が唱えられたのは岩倉具視によってである。岩倉は皇室の権威伸張のために欧州の王室儀礼における旧慣保存の重要性を説く在露公使柳原前光の影響を受け、明治十六年一月、京都における三大礼執行、宮殿および御苑の整備、賀茂祭・石清水放生会の再興など諸施策を「京都皇宮保存ニ関シ意見書」にまとめた。その内容の一つ、「桓武帝神霊奉祀ノ事」では桓武天皇の業績を天智天皇とともに高く評価し、「禁苑内適当ノ場所ニ神殿ヲ作リ、其大御霊（筆者註　桓武天皇）ヲ奉祀シ、毎年大祭ヲ行ヒ、衆庶ノ拝礼ヲ差許スヘシ」としている。同年七月には岩倉は没しこの計画は中断したが、明治二十五年から取り組まれた平安遷都千百年紀念祭の準備や第四回内国勧業博覧会が企画されたことによって再度浮上した。平安遷都千百年紀念祭を挙行するにあたり、紀念祭委員会では桓武天皇の祭場を選定し神殿を造営する企画があったが、祭場については京都御苑案と博覧会場案があり、なかなかまとまらなかった。明治二十六年三月十一日、京都府知事千田貞暁は平安京を造営した桓武天皇の業績をたたえ奉祀する神宮の造営を内務大臣井上馨に願い出た。その計画案は、「規模ヲ朝堂院即チ大極殿ノ体制ニ効ヒ神殿ヲ造営シ平安宮ト号」すものであった。この時はじめて桓武天皇を祀る神社の建物として大極殿と朝堂院という古代建築がイメージされたのである。さらに建築家で京都府に勤務していた水口次郎は「平安宮」の建設を具体案化した。

一方、四月十三日には歴史家で紀念祭京都府委員の湯本文彦は「平安奠都祭ニ付意見」で、建設地である祭場候補地として京都御苑案と博覧会場案の二案をしりぞけ、大極殿跡にするのが適当とした。この時にはじめて事蹟の顕彰と宮跡という遺跡の利用が結び付いたのである。ところが、東京においても平安遷都千百年紀念祭の計画が進められ、東京と京都の関係者間の協議および政府との折衝で、模造大極殿が遷都千百年紀念祭のモニュメントとして建設されることになった。その目的は「単ニ一時ノ祭典ニ止メス、延暦ノ鴻恩ヲ奉謝シ、明治ノ聖徳ヲ奉祝セン為メ、紀念物ヲ建造シ永久ニ伝ヘントスル」ためとし、事業は遺跡そのものの顕彰ではなくなった。そのため模造大極殿建設は協賛会の事業となり、建設地としては大極殿跡は採用されず、第四回内国勧業博覧会会場に隣接する場所が適当とされ、現在の京都市動物園の場所が買収された。ところが今度は、大極殿は南面するのがふさわしいとされ、現在平安神宮の所在する場所に模造大極殿が建設されることになった。佐野協賛会副会長は博覧会場敷地と土地との交換をし、大極殿の背後に本殿を建営し桓武天皇を祀る神宮とする案に、大極殿を拝殿とすることを加えた「大極殿建設計画ヲ拡張シテ平安神社ト為スノ議」と題する意見書を近衛協賛会会長に提出し、これが認められた。

岩倉が国際的な情勢の中で意図した桓武天皇の事績の顕彰は遷都千百年の一年後にあたる明治二十八年に平安神宮創建の形をとり（図9―9）、前述したように遺跡の地ではこれを顕彰する建碑が翌年に行われた。

（二）平城宮跡と平城神宮(46)

棚田嘉十郎らによる建碑の後、平安神宮に倣った平城神宮の建設を目指す平城神宮建設会が組織された。「平城宮阯を顕彰し、又之を保存するの道を講ずるのみならず、進では平安神宮の京都に造営せられし如く、平城神宮をも亦、此の宮阯に造営するに至らしめんとは、奈良地方の人心に、偏ねく湧起したる、愛郷心の強烈なる発露の一なりしなり。」とした。

前述企画展に『平城宮建設計画仮図』（溝辺文昭氏所蔵）が示された。明治三十五年三月作成のこの図には第一次大極殿院の北一〇〇メートル程のところに、東西二つある佐紀神社の内の東の佐紀神社に東接して、平城神宮の社地を計画したものである。石垣で囲む南面する方形の社地は三区画からなる。下段には手水舎、階段を登った中段には能舞台や御札所などが配置される。上段には東南隅に桓武、西南隅に平城、中央東に男座、中央西に女座と記され、奈良時代の各天皇が小社に配祀される。『溝辺文四郎日記』第二巻（溝辺文昭氏所蔵）によると、明治四十一年八月には「元明天皇陛下ノ座像新調シテ家内ニ之ヲ安置奉祀シ朝夕禮拝スル」とあり、自宅で神像を拝していたようであるから、さぞや平城神宮の造営を望んでいたのであろう。

ところが、『奈良大極殿阯保存会事業報告書』に「されど神宮建設の事たる未だ廣く全國の人心を動かすに足らず。是を以て經畫屢立てられ、一も設為する所なきに終れり。」と報告されているように、この計画は資金不足から頓挫し、遺跡の保存そのものへと活動の力点が移っていくことになった。

こうした中、棚田は宮跡の顕彰に尽力した石崎勝蔵に対し、地元佐紀村から礎石を調達して贈った記録が残る。その礎石が現在、平城宮跡資料館の敷地に移されている。石崎家で灯籠の台座として利用されていたものであるが、平成十一年に曾孫の石崎氏から奈良文化財研究所に寄贈されたものである(47)(図9―10)。この礎石は上面に径一〇五チセンの円形の柱座が作り出され、これに合う規模の建物は大極殿に限定されるのだが、恭仁宮大極殿として移築された平城宮第一次大極殿(山背国分寺金堂)の礎石とは石質が異なることから、第二次大極殿のものと考えられている。

(三) 大津宮跡と近江神宮

明治二十八年(一八九五)の建碑の後、西村大津町長らは公爵近衛篤麿を会長に仰ぎ、明治三十三年(一九〇〇)神宮創設奉賛会を結成した。明治三十八年(一九〇五)の「大津宮創設趣意書」には次のように記される(48)。

橿原神宮と仰ぎ奉る神武天皇は大和奠都の古地に奉斎せられ、平安神宮と称し奉る桓武天皇は山城奠都の旧跡に祭祀せらる。而して其の由来する所のもの両々互いに相類して、共に其の遺地に在住する臣民が歴史の事項を現実にし、偉徳を万世に仰ぎ旧跡を千載に備へ以て報恩反始の礼典を尽さむとする至誠に出て後、朝廷、その美挙を称揚し国家の宗祀とはせられき。按ふに吾人国民が天皇(天智)に対し奉る礼典も亦、是に則るべきや明らならむ。由って茲に大津宮崇敬会を組織し、同心協力して其の遺蹟に神社を建設し以て他日大いに為す所あらむ事を期す。

橿原神宮は橿原宮跡(ここでは当時の認識を問題としているため、神武天皇の存在や宮跡の真偽は問わない)、平安神宮の場合は宮跡ではないが神宮が創建されており、大津宮の遺跡にも神社を創建しようとした。ところが明治三十四年(一九〇一)には木村一郎が、『大津皇宮御址尊重保存資料』において建碑の行われた錦織の北方の志賀里に大津宮跡を想定した。その後、所在地論争は続いたが、昭和十二年(一九三七)には滋賀県史蹟名勝天然記念物調査会委員会は皇紀二千六百年記念事業として宮跡を求めて発掘調査をする決定をした。翌年の第七十三回帝国議会では近江神宮の造営費が認められ、建碑の地の北方、実際の宮跡中心部から外れて昭和十五年（一九四〇）に創建された[49]。

（四）遺跡に創建される神社

上述したように宮跡の顕彰で建碑が行なわれ、その延長上に宮の主であった天皇の神格化と神社の創建が計画されていったのである。ところが、遺跡に神社を創建することについては明治期から異論があった[50]。『歴史地理』編集子による「史蹟における神社の創設」から、やや長くなるがそのまま引用しよう。

史蹟を保存顕彰するの必要なる事は、世人も已に之を認め、本誌亦しばしば之に關して言を費す事ありき、而して其保存の方法に就ては種々これあり、彼の畝傍山麓に於ける橿原神宮、吉野山に於ける吉野宮、湊川に於ける湊川神社の如きは、其生前に於て特別の縁故にある地に神社を創立して、其神霊を祀れるものにして、一は以て史蹟を永遠に傳へ、一は以て其神に對する感念をして一層深からしむるの利ありて、我が神國たるの國俗に従ひ萬世の尊崇渇仰すべき史上の人物に關する史蹟を顕彰するには最良方法の一なるべし、然れとも已に神社を創立する以上は、單碑名の類を以て其史蹟を表するものとは異にして、一種の宗教的に類する信仰の之に伴ふものなるが故に、其史蹟の調査考證に關しては、殊に意を用ふべきものあり、之を理論上より、言へば、神霊は宇宙に遍満せるものなるべければ、之を祀るには必しも其人の遺蹟なるを必要とせざるものなれども、已に一度其遺蹟に神社を創立せし後に於て、其地に疑問を生じ、或は其地の誤りなる事を發見するあらば、單に建碑の場合に於て、建碑者が其愚を笑はるゝのみに終るものとは異にして、感情上大に其神霊の威厳を損じ、却て史上渇仰すべき偉人に對して贔負の引倒したるの結果を生ずるの恐なしとせざるなり。

遺跡と人物の顕彰のために遺跡等縁故ある地に神社を創建することは国体からして最良の方法とするが、それだけに遺跡の考証に慎重さを欠くと重大な問題になるというのである。この文章も喜田貞吉のものと考えられ、高津宮の建碑問題で触れたのと同様の主張であった。

4　遺跡保存整備の実際と保存会

（一）長岡宮跡(51)

長岡宮大極殿跡の建碑の地は、醵金をもって買い上げられた民有地百九十七坪であったが、完工後の明治二十八年六月十二日付けで創設会は土地を国に寄付し、官有地第三種である旧蹟地へ編入するよう京都府知事渡邊千秋に出願し、後に許可されている。

建碑式を機に創設会は長岡宮城大極殿遺址保存会（以下、保存会と記す）へと発展し、保存会はその計画の第一に碑の移転を企てた。当時、長岡宮城大極殿の遺跡の範囲は建碑の地の南西に位置する東西及び南北約一三〇《メートル》の道路に回まれた区域と考えられ、「其中央ニアル官林ハ遺跡ノ中真ナルヲ以テ」保存会は、この官有林の地へ碑を移転し、記念碑を維持保存する費用を捻出するためにこの土地を無代で払い下げてもらい、保存会の基本財産としようとした。この官有地は一反三畝十二歩あり、農商務省の所管で、管理していたのは大阪大林区署であった。保存会は自らの手で碑と土地を管理することに意義を見い出していたようであるが、結局、無代で払い下げられることはなかった。そこで、乙訓郡長で保存会会長の高木謙二郎は大阪大林区署と交渉し、この官有地を不要存置林として処分し地目を旧蹟地に組み替え、遺跡の保存を図ることを企図し、明治三十二年八月にこの了解を得た。これによって、この官有地は農商務省から内務省の所管に移ったが、内務省に移っても土地の管理についての問題は残るのだった。内務省総務局地理課長大谷靖は明治三十三年十月六日付けで京都府知事高崎親章に次のように述べている。

> 長岡宮城大極殿遺址保存会ニ管理為致度旨ニ有之候得共現行官有地ニ関スル規程并貸渡等ノ処分ヲ為サスシテ管理ヲ為サシムルノ規程無之ニ付同会ヲシテ本地ヲ管理セシムル儀ハ難相成筋ト存候間尚賢考相成度尤モ同会ニ於テ貴庁ノ許可ヲ得テ本地ニ多少ノ造営ヲ為シ又ハ樹木ヲ植付クル等ノ儀ハ差支無之ト存候得共如此場合ニ於テハ可成其造営物樹木等ハ之ヲ国ニ寄付スル様御取計相成候方可然ト存候

すなわち、地理課では旧跡地の管理は国または府が直接行い、緑地として維持していくことを考えていたようであるが、保存会は建碑の実績と宮内省からの下賜金というお墨付きが評価され、明治三十五年二月二十四日には京都府よりその旧跡地の「看守」を任され、枯損木の除去や下草の刈り取りなどにあたることができるようになった。

このように計画地への碑の移転はならなかったが、遺跡と考えられた官有林を内務省の管轄する旧跡地に編入した。保存会はその事務所を郡役所に置くなど公的な性格の強い団体であり、これに対しては宮内省からの下賜金が下付されるなど保存に関しては国の取り計らいと援助があった。

(二) 平城宮跡(52)

平城宮跡ではその保存を目的とした「平城宮址保存会」が明治三十九年（一九〇六）に設立され、明治四十三年（一九一〇）は遷都千二百年にあたるため、知事以下の賛同者の参加をもって大極殿跡で記念祭を実施し、これに対して皇室からの下賜金もあった。この時期、宮跡では地域の、実際には官主導型の保存会による顕彰と保存と管理が行われ、保存会は遺跡の保存制度が確立していなかった当時においては古代宮跡の保存と顕彰に大きな役割を果たし、下賜金はその業績を顕彰するかのようであった。

大正二年（一九一三）には、後に史蹟名勝天然紀念物保存法の成立に尽力することになる徳川頼倫を会長とする「奈良大極殿趾保存会」が設立された(53)。奈良大極殿趾保存会は「奈良大極殿の保存を以て御即位式記念の一端となさん」とし、遺跡の保存を皇室の行事と関連付けた。また、橿原神宮の創建では宮内省が京都御所内の建物二棟を下賜、これらを本殿と拝殿にしたように、平城宮跡でも宮内省に建物の移築を請う動きがみられる。大正四年十一月に京都で行われた即位式で使用した建物について、十二月二十日付けで、平城宮址保存會発起人総代、奈良県知事の木田川奎彦名で宮内大臣に「建物御下附ノ儀ニ付上申」を提出する。

御大禮ヲ記念スル為メ計畫是在候奈良縣生駒郡都跡村大字佐紀町在平城宮址保存會ヘ御大禮御用建物御下附方ニ就キ客月三日付出願仕候處其旧址ノ現形ヲ其侭保存スルノ必要上調査ヲ遂ケ候結果別記御建物ノ内番號順ヲ以テ御詮議相仰ハヽ洵ニ好都合ヲ感スイ儀ニ有之候条右邊宣敷御取計相煩度重テ奉願候也

記

第一、第二朝集所第一（向テ左）車寄

第二、掌典詰所（建春門内北側ノ一棟）

第三、第二朝集所控室（車寄ノ後方ニ在南北ノ棟）ノ一棟

十一月三日付けの草案には「御下賜ノ御沙汰ヲ仰ギ候ハヽ今茲ノ光栄ヲ永遠ニ記念スル上ニ於テハ勿論御大礼史上深キ由緒アル史蹟保存ノ記念トシテ最モ恰好ノ施設ニシテ国民教育上至大裨益ヲ蒙ルヲ得之儀ト存候間」とあり、保存会は即位式の記念と遺跡の整備を関連させながら、さらにはその由緒をもって国民教化にも役立てようとする計画をもっていたのである。理由は明らかではないが、建物は下賜されることなく終わった。

さて、宮跡の保存に尽力した保存会ではあるが、保存会ゆえに生じた問題があった。大正九年五月五日付けで奈良県知事から奈良大極殿保存会会長徳川頼倫宛ての「平城宮址保存指定ニ関シ同宮址保存會長ニ照会案」が奈良県内務部で起案されている。

平城宮址保存工事ハ當廳吏員監督ノ下ニ目下外囲池及新設道路ノ過半ヲ竣成スルニ到リ申候処、本月弐日黒板博士並柴田内務省嘱託ノ両名来縣、該工事視察ノ上現工事ノ保存区劃内ニテハ充分ノ保存ヲ遂ケラレス、且ツ史蹟ヲ破壊スルノ虞アレハ更ニ其ノ周囲ヲ擴大シタル区域ヲ併セ、史蹟名勝天然紀念物保存法ニ依リ至急内務大臣ヨリ指定シ置キ徐ニ研究調査ノ上確實ナル保存法ヲ講シ度云々ノ意嚮ナルカ如ク見受ケラレ候ニ付テハ、該宮址ノ往時大規模ニ亘リ居リタルコトハ関野博士ノ説ニ於テ明瞭ニ有之候間可成其ノ全部ヲ包容シタル保存法ヲ講スルハ至当ニ有之候得共、斯クテハ資金其他ノ点ニ於テ到底不可能ノコトニシテ閣下ノ一方ナラサル御高慮ト関野博士ノ熱心トニ依リ漸ク現計画ノ保存ヲ見ルコトト相成候次第ニ候間、更ニ周囲ノ地域ヲ擴大指定セラルルコトハ大ニ歓迎スヘキコトニ御座候得共、万一是レカ爲メ現計画ヲ中止スルカ如キコトニ相成候得ハ、折角篤志者ニ依リ保存ノ實ヲ完了セントスル目的ニ大頓挫ヲ来スノミナラス、今日迄莫大ノ資金ヲ授投シ熱心工事ヲ進メツヽアル篤志者並ニ多年現保存計画ニ尽瘁セラレタル殊ニ不在中ノ関野博士ニ対シ誠ニ気ノ毒ノ感ニ堪ヘサルト共ニ両氏外一般寄附者ニ対スル本縣ハ窮地ニ陥リ候事ト憂慮仕居候ニ付テハ、御用繁中寔ニ恐縮ノ次第ニ御座候得共前置事情御含ノ上現ニ遂行

中ノ計画ニ支障ヲ来タサル範囲ニ於テ御指定相成候様此際内務大臣ニ御肝入願上度、不取敢事情御通知旁此段御依頼申上候

奈良大極殿址保存会は大正八年九月から建物跡の標柱の建設と併せ、大極殿院跡と朝堂院・朝集殿院跡を取り囲む石積みの堀を巡らし、区画を明示する保存工事を開始した（図9―11）。内務省の担当官で史蹟名勝天然紀念物調査委員の黒板勝美らが工事の途中で現地を訪れた時初めて、掘削した堀の底に遺構を発見し土壇だけでなく周辺の平坦地にも遺構が存在することがわかった(54)。しかしながら、上記史料が示すように工事は篤志者からの寄付金など醵金によって行われている関係上、協力者や設計にあたった関野貞らに配慮して続行された。この堀の外側は割石で構築されているが、内側には大振りな玉石が用いられ、内側の空間を重要視する意識の表れと見られている（図9―12）。保存区域の拡大よりも空間の質の違いを見えやすい形で表現することが事業としては必要で、保存会ゆえの限界もあったのである。大正八年には史蹟名勝天然紀念物保存法が制定され、その三年後の大正十一年、工事を終えた平城宮跡は史蹟に指定されることとなる。

まとめ

以上、いくつかの側面から宮跡の近代における事跡をみてきた。近世半ばから各地で地誌編纂が多く行なわれるようになり、遺跡に対する歴史的な認識は深まって、明治後期には宮跡を想起できる地名や地上に残る痕跡に宮跡の風景を発見するようになった。この時点では遺跡は学術的な世界の中にあった。似たような景観を呈す古代寺院跡も同様であった。しかし、明治三十二年の「御歴世宮趾保表ノ建議」以後、国家は宮跡を国体の完成のための装置として誇示しようとする。このため、宮跡の考定は急がれた。宮跡の所在が知られ遺構の残るところでは保存修理が求められ、遺構のない所では顕彰碑の建立によってだれにでも見える社会的な存在にならなければならなかったのである。地域社会は保存会や顕彰会を組織し、宮跡保存を通して皇室との何らかの関わりを希求する一方、内外人に対し宮跡を客観的に見えやすくするように、遺構の保存修理や顕彰碑の建立に加え、遺構の区画の明示、

神社の創建、大嘗祭関連建物の移築を企てた。こうした中、平安遷都千百年（一八九四）を契機に古代天皇制の象徴とも言える大極殿の跡について、平安、長岡、平城、恭仁、藤原の各宮跡で顕彰の動きがあったことは注目すべき事象である。近代天皇制国家にとって、官僚制国家としての正当性を保っていくために古都（京都・奈良）そのものが不可欠の国家装置であったとの指摘もある[55]。宮跡では地域の、実際には官主導型の保存会による保存と顕彰と管理が行われ、保存会は遺跡の保存制度が確立していなかった当時において保存と顕彰に大きな役割を果たし、皇室からの下賜金はその業績を顕彰するかのようであった。当時の学術により宮跡と認定された遺跡の上に国家と地域社会は近代天皇制国家の風景をも成立させていったのである。

現在、平城宮跡では広大なその土地と朝堂院の土壇や平城宮趾保存紀年碑、区画溝が残る他は、遺跡に関する近代の研究や保存の歴史を感じさせるものは少なくなってきている。藤原宮跡（図9—13）や長岡宮跡（図9—14）ではインペリアルスタイルとでも言おうか、宮内庁所管の陵墓の説明板（図9—15）と同じ形式の説明板が設置されており、古代寺院跡とは違う、近代における宮跡の独特な履歴をも暗示させ、遺跡に品格を与えているように見える。幕末から一五〇年の研究と様々な保存の歴史を感じさせる演出も遺跡の見せ方として必要と思われる。

【参考文献および註】

（1）角田文衛編　一九九六『新修国分寺の研究』吉川弘文館

（2）西村幸夫　一九九三「「史蹟」保存の理念的枠組みの成立」『日本建築学会計画系論文報告集』第四五二号。田中琢　一九八二「遺跡遺物に関する保護原則の確立過程」『考古学論考』平凡社、『文化財保護の歩み』（一九六〇　文化財保護委員会）でも指摘されている。

（3）公園としての遺跡の利用については丸山宏『近代日本公園史の研究』（一九九四　思文閣出版）に詳しい。

（4）「名所旧跡古墳墓一件」明治三十一年調査の項『奈良県行政文書』奈良県立図書情報館蔵。文献調査にあたっては当時奈良県立図書館郷土資料室の山上豊氏の手を煩わせた。記して謝したい。

（5）高木博史　一九九七『近代天皇制の文化史的研究』校倉書房　三〇九—三四四頁（初出は一九九一「史蹟・名勝の成立」『日本史研究』三五一　日本史研究会）

（6）大岡実　一九六六『南都七大寺の研究』中央公論美術出版

（7）『第十三回帝国議会貴族院議事速記録』第十二号　明治三十二年一月十四日

（8）保井芳太郎『大和上代寺院志』大和史学会　昭和七年十一月

（9）「名勝旧蹟」明三七—二—A—一一『奈良県行政文書』奈良県立図書情報館蔵

（10）前掲書（9）

（11）「社寺例規」明三六—三D—一『奈良県行政文書』奈良県立図書館蔵

（12）前掲書（11）

（13）前掲書（11）

（14）「明治四十三年社寺戸籍部」明二四一七—四　三八八『埼玉県行政文書』埼玉県立文書館蔵

（15）前掲書（5）

（16）喜田貞吉　一九〇四「名勝旧蹟の保存について」『歴史地理』第六巻第一号　明治三十七年一月

（17）『奈良国立文化財研究所年報』一九九四　奈良国立文化財研究所

（18）「名勝旧蹟及御陵古墳墓」明四四—二A—五『奈良県行政文書』奈良県立奈良図書館蔵

（19）前掲書（18）

（20）保井芳太郎　一九三二『大和上代寺院志』大和史学会

（21）「奈良県史蹟名勝天然記念物台帳抄本綴」『奈良県行政文書』大正十一年　奈良県立奈良図書館蔵

（22）『奈良県に於ける指定史蹟第二冊』史蹟名勝天然紀念物保存協会　昭和三年二月

（23）竹村俊則　一九八九『昭和京都名所図会』5　洛中　駸々堂出版　二二〇頁

（24）『平安通史』一九七七　京都市参事会編　復刻版（一九九五）新人物往来社　六五頁

（25）『長岡宮城大極殿保存之義ニ付御下賜金願』一八九五　京都府立総合資料館蔵。この史料を使い地域社会との関係をまとめた論考に次がある。玉城玲子　二〇〇六「長岡宮大極殿跡紀念碑の建立と地域社会」『社会科学』同志社大学人文科学研究所第七七号　一—三二頁

（26）丸山竜平　一九九一「近江神宮と大津宮」『近江神宮—天智天皇と大津京』新人物往来社　一一四—一二二頁

（27）竹村俊則　一九八九『昭和京都名所図会』七　南山城　駸々堂出版

（28）中谷雅治・磯野浩光　一九九一「山城」『新修国分寺の研究』第二巻　畿内と東海道　吉川弘文館　八—一二頁

（29）喜田貞吉　一八九九「恭仁大宮遺址に就いて」『歴史地理』第一巻第五号　吉川弘文館　一五四—一五七頁

（30）大西源一　一九一〇「山城恭仁京及山城国分寺遺址実査」『考古界』第七編第十号　考古学会

（31）小笠原好彦　一九九五「仁徳天皇と難波高津宮」『難波京の風景』文英堂　五五頁

（32）喜田貞吉　一九〇〇「あ、高津宮址」『歴史地理』第二巻第四号　吉川弘文館

（33）（財）郡山城跡・柳沢文庫保存会　柳沢文庫　二〇一〇年新春企画展展示解説資料『明治三〇年代～大正期の平城宮跡保存運動』（二〇一〇年一月九日—三月二十一日）

（34）『平城宮跡保存の先覚者たち～北浦定政を中心として～』一九七六　奈良国立文化財研究所　一—一三頁

（35）奈良大極殿阯保存会　一九二三『奈良大極殿阯保存会事業報告書』奈良文化財研究所蔵

（36）関野貞　一九〇七『平城京及大内裏考』東京帝国大学工科大学紀

要三　一八七―一八八頁

(37) 石倉明　一九九四「藤原京の課題」『藤原京千三百年　飛鳥・奈良の宮都』有学書林

(38) 高木博史　一九九九「陵墓の近代―皇霊と皇室財産の形成を論点に」『近代天皇制の形成に関する基礎的研究』平成八年度～平成十年度科学研究費補助金研究成果報告書　八―九頁

(39) 『第十三回帝国議会貴族院速記録』一八九九　第四十三号　国立公文書館蔵

(40) 高木博史　一九九七『近代天皇制の文化史的研究』校倉書房　二九七―三〇〇頁

(41) 帝国古蹟取調会は明治三十二年に創立され、明治三十七年に日露戦争が始まると同時にわずか五、六年間で活動を終えてしまう。同会の会則の規約第一条に「本會ハ我カ國ノ古蹟ヲ取リ調ベテ之カ保存ヲ図ルコトヲ目的トス」とあり、その保存の対象とする古蹟を次のように類別している。

一、皇祖ノ神蹟　二、皇宮ノ旧蹟　三、皇族ノ陵墓　四、大臣以下名士ノ墳墓　五、学術ノ研究ニ資ス可キ古物遺蹟　六、古社旧寺

(42) エリック・ボブズボウム　一九九二『創られた伝統』紀伊國屋書店　一七、二六頁

(43) ベネディクト・アンダーソン　一九八七『想像の共同体―ナショナリズムの起源と流行』リブロポート　一五頁

(44) オギュスタン・ベルク　一九九〇『日本の風景・西洋の景観』講談社現代新書　一〇頁

(45) 『平安神宮百年史』一九九七　平安神宮百年史編纂委員会　平安神宮

(46) 前掲書（34）五頁

(47) 高橋克壽　一九九九「大極殿のいしずえ?―寄贈礎石の紹介―」『奈良国立文化財研究所年報』一九九九―Ⅲ奈良国立文化財研究所　七二頁

(48) 岩本一男　一九九一「明治時代に於ける近江神宮創設計画」『近江神宮―天智天皇と大津京』新人物往来社　一六七―一六八頁

(49) 前掲書（24）一一六―一一七頁

(50) 喜田貞吉　一九〇〇「史蹟に於ける神社の創立」『歴史地理』一六四―一六五頁

(51) 前掲書（25）

(52) 『平城宮跡関係文書』奈良県庁文書　奈良県立奈良図書館蔵

(53) 『史蹟名勝調査報告』第二　一九二三　内務省

(55) 小路田泰直　一九九四「天皇制と古都」『古都論―日本史上の奈良―』柏書房　一六八頁

図９－１　大安寺西塔跡（平成８年）

図９－２　本薬師寺東塔跡と金堂跡の土壇

図９－３　平安宮の大極殿遺阯の碑

図９－４　長岡宮城大極殿蹟地の碑

図９－５　志賀宮址碑

図９－６　恭仁宮大極殿跡

図９－７　大正５年の平城宮大極殿跡

図９－８　持統天皇文武天皇藤原宮趾の碑

図９－１，７　奈良文化財研究所提供

図９－９　平安神宮の白虎楼と大極殿

図９－10　平城宮第二次大極殿の礎石

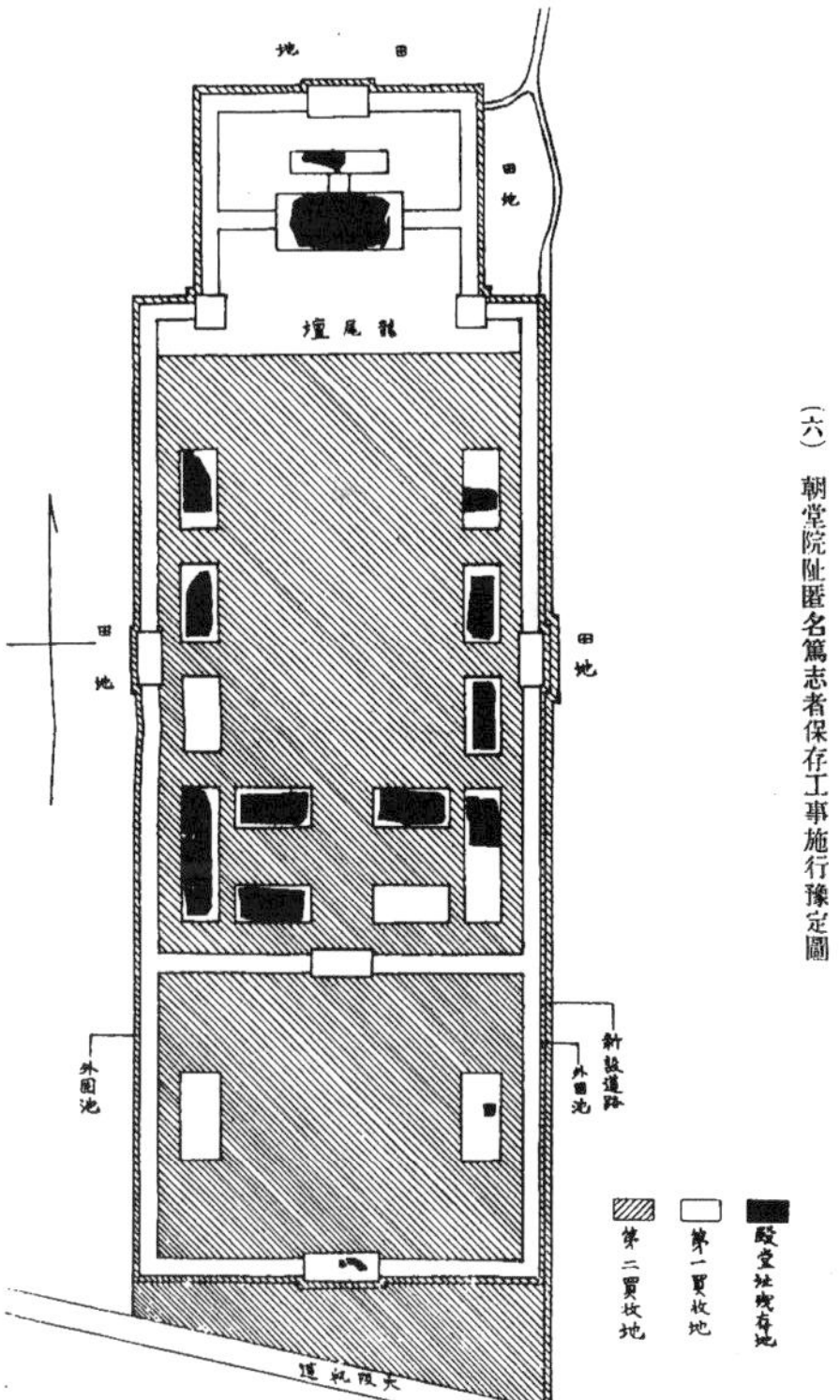

図９－11　大正期の朝堂院区画明示工事
奈良大極殿阯保存会　1923『奈良大極殿阯保存会事業報告書』奈良文化財研究所蔵　45頁

図９－12　区画溝の現状
（東区朝堂院東側・北から）

図９－13　藤原宮跡大極殿跡と説明板
（後方に天香具山・北西から）

図９－14　長岡宮大極殿跡

図９－15　成務天皇陵説明板（奈良市山陵町）

第三部　平城宮跡の使い方

第十章　平城宮跡の使い方

一　則天主義と天下の安寧

1　則天主義

第一部でみたように、為政者は宇宙を象って宮殿や都城を造営した。そして、第七章でみたように日本では宇宙を象る地上の宮殿と宇宙の中心である天の北極とを結びつける地軸を天の御柱として構想し、おそらく高御座はそれを具象化しようとしたものであった。これは天上界と相似形に象った地上の世界（天下）に天空の秩序をもたらすための装置として考案したものと見た。

『文選』「景福殿賦」には次のようにある。

崑崙《こんろん》の靈宮《れいきゆう》と雖《いへど》も、將何《はたなに》を以《もつ》てか旃《これ》に侈《まさ》らん。規矩《きく》既《すで》に天地《てんち》に應《おう》じ、擧措《きよそ》又《また》四時《しじ》に順《したが》ふ。是《ここ》を以《もつ》て六合《りくがふ》元《おほ》いに亨《とほ》り、九有《きういう》雍熙《ようき》たり。家《いへ》ごとに克讓《こくじやう》の風《ふう》を懷《いだ》き、人《ひと》ごとに康哉《かうさい》の詩《し》を詠《えい》ず（さて、宮殿ばかりでなく、帝の政治も、天地の法則に順い、行動は四時に沿ったものである。そこで天地四方に気は流通し、九州全土の民心は和し、どの家も謙譲の美徳を備え、どの民も帝徳を讃える詩を歌うようになった）[1]。

為政者は天地の法則に則り、宮殿を宇宙に擬えて造るだけでは充分ではなく、行動も四時にかなったものでなければならなかったのである。時令思想である。『呂氏春秋』季春紀の「圜道」[2]には次のようにある。

天道は圜、地道は方なり。聖王之に法り、上下を立つる所以なり。何を以て天道の圜なるを説くや。精氣一上一下し、圜周復雑して、稽留する所無し。故に天道は圜なりと曰ふ。何を以て地道の方なるを説くや。萬物、類を殊にし形を殊にして、皆分職あり、相為す能はず。故に地道は方なりと曰ふ。主は圜を執り、臣は方を處る。方圜易はらざれば、其の國乃ち昌ゆ（天道は圜〔円〕であり、地道は方〔方形〕である。聖王が天地を模範として上下の秩序を立てたのは、その圜と方とが、君と臣と、それぞれの在り方として相応しい、と考えたからである。いったい、どうして天道は圜といえるのか。宇宙間の精気は、上がったり下がったり、絶えず循環運行し、しばしも停滞することがない。そこで天道は圜だという。どうして地道は方といえるのか。地上の万物は、それぞれに種類と形体を殊にし、それぞれに分職があって、交替することはできない。そこで地道は方だという。君主は圜道を執り、臣下は方道に居り、方と圜とが所を変えることがなければ、その国は栄えるのだ）。

以下、昼夜の一周、月の盈ち虧け、四季の変移、植物の萌芽凋落、雲気と水泉の動き等々までが述べられており、自然的事象と政治的・社会的事象の融合を示している。天円地方という宇宙観は『呂氏春秋』が著述された紀元前三世紀末の頃、それが単なる形態的表象から抜け出て、政治、社会、自然、文化、道徳などが混淆した複雑な関係を包摂する一個の世界観に展開していることを見逃すことはできないと、大室幹生は指摘している(3)。

『礼記』月令篇第六の孟春の月の項には、「是の月や、天気下降し、地気上騰し、天地和同し、草木萌動す（またこの正月には、天の気が下降し、地の気が上昇して、陰陽が和合し、そのために草木が芽ばえて動く）。」(4)とあるように、『易』の泰卦には「天地交るは泰」とあって、「天地交泰」とは天地が交わって、「天地和同」し、万物が盛んに生じ、滞ることがない意とされる。こうした天地とその調和の観念については、次の『淮南子』本経訓にもみることができる。「天地の合和し、陰陽の萬物を陶化するは、皆、人氣に乗ずる者なり。是の故に、上下、心を離せば、氣乃ち上に蒸り、君臣和せざれば五穀為らず（天地が和合し、陰陽が万物を化育するのは、すべて人の気に即応して行われる。そこで上下の心が離反すると、気は上にのぼったままとなり、君臣が不和になると五穀は実らない）。」とある。逆に言えば、天地あるいは陽と陰の関係にある君臣も自然の摂理に従い、別を明らかにした上で調和すれば天人相関思想から五穀が実るのである。また、泰平の世には「四時は其の叙を失はず、風雨は其の虐を降さず、日月は淑清にして光を揚げ、五星は軌に循ひて其の行を失はず（四時はその秩序を失わず、風雨はその暴虐を降さず、日月は清くかがやき、五星は軌道に従って運行を失することがない）。」[5]とあることから、四時（二至二分、夏至冬至春分秋分のこと）が正しく天体が順調に運行するのである。天平宝字二年（七五八）八月庚子朔（一日）条に日月の運行は常に正しく天地は互いに通じ合って安泰とするのは、奈良時代後半の記事ではあるが、こうした思想を理解していたことを示すのである。

人間世界の秩序を宇宙の秩序（天道）と一致するものとみて、それに範を取ろうとする思想が天人合一思想であり[6]、天道に則って行動することを則天主義という。宮殿が宇宙を象ったのは為政者の権威が天上界に由来することを示すだけではなく、天文秩序を地上に再現するためでもあった。そして、宮殿が宇宙を象ったこと、その中の個々の重要な建物や墳墓、瓦当や鏡の文様も時空という意味の宇宙を象った設計の手法も則天主義の実践であったのである。天平十年（七三八）七月癸酉（七日）の秋の七夕、聖武天皇は大極殿院の西方にある西池宮に出御し、相撲を観覧したことを記す。これもまた、時と方位が一致した行為であった。

2　天下を安寧にする手段

天人相関思想から人事（人の営為）が秩序正しければ、火星の逆行などのない天の規則正しい運行を促すことができると考えられたが、地上に秩序を実現するにはいくつか方法があった。

(一) 礼　楽

『礼記』郊特牲第十一に「楽は陽由り来たる者なり、禮は陰由り作る者なり、陰陽和ぎて萬物得（一般に音楽は陽から生まれたものであり、礼儀は陰から生まれたものであって、〔礼と楽とが相伴うのは、〕陰陽が和合して万物みな安泰を得ることを意味しているのである。）」[7]とあり、礼と楽の属性が陰と陽であることが示され、『史記』楽書第三にも「大楽は天地と和を同じくし、大礼は天地と節を同じくする」、『礼記』楽記第十九に「楽は天地の和、礼は天地の序」とあるように、礼楽は一対で効果をなすのであった。礼は君臣・父子・上下・兄弟などの秩序を保つため人々を律する法則や規範であり、楽は人々を正しい方向に導くために必要であると考えられていたのである。[8]『論語』泰伯篇に「詩に興り、礼に立ち、楽に成る」とあるように、孔子は詩とともに礼楽を重視し人格形成には礼楽が必要とした。

『礼記』における礼の内容は大きく二分され、一つが祭礼・葬式・朝儀・軍礼などの畏敬の礼であり、もう一方が訪問・接待・会盟・饗宴などの和平の礼である。[9]「礼は天地の正しい法」（慶雲三年〈七〇六〉三月丁巳〈十四日〉条）、「人民を治めるのには礼義によるのが良い」（天平宝字元年〈七五七〉八月己亥〈二十三日〉条）とされていたが、その礼によりその天地の別を明らかにするのが、朝賀や即位式であったのである。「天地の恒理」（和銅元年〈七〇八〉七月乙巳〈十五日〉条）とは、君天臣地という天地の関係を君臣との間でも実現し秩序を保つことであった。

一方、楽では「管（ふえ）の音が調えば律暦が正しく」（『楽法図』）なり、『礼記』楽記第十九にあるように歌は地上の万物が好く育つ効力をもつと考えられていた。[10]音律のもつ波長の法則は確かな数学的理論の上に成り立っており、自然科学的であることから古代中国では自然界の陰陽の調和も音楽によって操作できると考えられていたのである。[11]『史記』楽書第二や『漢書』律暦志などにあるように、楽器には天下泰平をもたらす力があると考えられたため、こうした礼やその後の宴において音楽が用いられ、同時に為政者の威厳を演出した。そして、その音楽が調和し、音楽により君臣が和すれば五穀が実り、政事が安定し、天下泰平への条件の一つが整うのである。

(二) 天下を安寧にする努力

『論語』為政第二に「子曰く、政を為すに徳を以てするは、譬えば北辰の其の所に居て、衆星の之に共するが如し（孔子言う、政治をするのに道徳を以てすると、天下の人心がその為政者に帰服することは、譬えてみると、北極星が一定の場所に居るのに、多くの星が北極星を中心として、仰ぎ抱くようにしているようなものだ）。」とあり、天文においては聖人とそれ以外の者を天の北極付近の星と衆星に譬えた。[12]『文選』宣徳皇后令には「参辰を改めずして、九星仰止し、日月を易へずして、二儀貞観す（日月星辰の正しく交会するところ、忽ちに人々はみな衆星のごとく公を仰ぎ慕い、天地・陰陽も正しい状態を示します）。[13]」とある。北極星と衆星の関係のような正しい秩序を地上において徳によって実現すれば天下がよく治まり、陰陽が調和するというのである。〝徳〟とは〝得〟で、[14]自身に体得したものを示し、孔子の徳治政治の淵源をなす思想を言い表す。『淮南子』俶真訓にも「万物和同するは、徳なり」とあり、仁徳の政治（仁政）の実現によって陰陽が調和し、万物が和同するように、為政者は徳の実現に努力を払わねばならなかったのである。

四書五経の『大学』『中庸』はもともとは『礼記』の四十二篇と三十一篇をなすものであったが、朱子によって『論語』『孟子』とともに四書とされ、儒教の代表的な経典となった。『中庸』にいう中とは感情が動き出す前の平静な状態、和とは感情が動き出しても節度に適っている状態をいい、この中和は万物の根本であり道であるとする。この中和や中庸の実践の窮極の成果は人間世界の秩序を正すだけではなく、天人相関思想から自然界のあり方、天体の運行を助けて順調に活動させることにある。「中和を致して、天地位し、万物育す」とあるように、人間の道徳活動がやがて宇宙万物の生成活動にも大きく影響を及ぼすのである。[15]こうして為政者は中庸を実践し、徳を積まなければならなかったのである。このため屡屡起きる自然災害に為政者は自身の不徳を恥じるのであった。

(三) 律令祭祀

天下の泰平を妨げる陰陽の不和は為政者に責任があるため、それに対処する方法として、陰陽に因む呪術や儀式も行っている。

慶雲二年（七〇五）六月丙子（二十七日）条では、干魃のため市場の南門を閉じさせたとある。『周礼』「考工記」には前朝後市という施設配置の原則が示されるように市は陰に属すものであり、北からの陰の気が南へ逃げないように南門を閉じて、陰の場所が陰気を回復し、全体で中和させるという呪術をしているのである。かなり下るが、朝鮮王朝時代の漢城（ソウル）の北大門にあたる粛靖門は普段は閉じられていたが、この陰陽の理論に基づき祈雨の儀式の時にだけ開けられた例もある。[16]

天平宝字七年（七六三）には祈雨のために吉野の丹生川上神社へ黒馬を奉り、宝亀八年（七七七）には止雨のために白馬を献じている。天の陽気が強いと旱魃になり、陰気が強いと水害が起きる。このため、祈雨には黒毛の馬、止雨には白毛の馬と決まっていたようであり、(17)中和のために陰をなす黒馬と陽をなす白馬をそれぞれの場合に応じて献ずる。これにより程よい日照と時宜を得た降雨がもたらされ陰陽の調和が図られると考えられたのである。

慶雲三年（七〇六）是年条にははじめて土牛をつくり悪鬼祓いの追儺が行われたことが記された。また、平城京内の道路側溝などから出土した人形・土馬・墨書人面土器・ミニチュア土器などは各種の呪術が各所で行なわれていたことを示している。こうした律令祭祀も天下に安寧をもたらすためのものであった。

（四）国家仏教

七世紀には寺院の金堂院は閉鎖的であったが、八世紀になると僧侶が入って、金堂前で盛大な法要が行われるようになり、広い金堂院あるいは東大寺大仏殿前のような広い前庭が成立する。(18)仏事は寺院だけで行われたわけではない。天平七年（七三五）五月己卯（二十四日）、宮中のどこかは記されないが、その宮中と大安寺・薬師寺・元興寺・興福寺などで災害を除去し、国家を安寧にするため大般若経を転読し、天平九年（七三七）十月丙寅（二十六日）には第一次大極殿で御斎会を行っている。広大な殿庭をもつ第一次大極殿院もそのような行事に適したのであろう。御斎会は、大極殿に毘遮那仏を安置し、護国経典の金光明最勝王経を講説論議し、吉祥悔過を行い、五穀豊穣を祈願する宮中仏事で、鎮護国家の仏事であった。こうした行事を通して国家の安寧を願うのであった。聖武天皇は梁の武帝に準えるのか、自らも「三宝の奴」と称した程であるから、天平勝宝元年（七四九）四月甲午（一日）、大仏に北面し経典講義の時には高御座を仏に譲り、仏壇として利用したのであろう。平安時代の御斎会では高御座に本尊が安置されたことが知られる。(19)

（五）歌

則天主義の実践から為政者は宮殿・都城の造営で宇宙を象るだけではなく、行動も時空に調和したものでなければならなかった。『古事記』序は天武天皇の治世を「乾符《けんぷ》を握《と》りて六合を摠べ、天統を得て八荒包《か》ねたまひき。二気の正しきに乗り、五行の序を斉《ととの》えたまいき」と讃えた。その天武天皇の遺志を継ぎ、藤原京や大極殿を完成させた皇后、持統天皇の歌をみてみよう。

春過ぎて夏来たるらし白衣の衣ほしたり天の香来山

『万葉集』巻第一の二十八番歌で、持統天皇が藤原宮で詠んだとされる歌である。通釈[20]では「春が過ぎて夏が来たらしい。白い衣を香来山の麓にほしてあるのを見ると。」と、歌意が示される。近年、『万葉集』では宛字とされてきた万葉文字の用字に着目してより深い意味で解釈することも行われているが[21]、この歌を江口洌は陰陽五行の用字に着目して読んだ[22]。

春過而	**夏**来良之	**白**妙能	衣**乾**有	**天**之	**香**来	**山**
東	南	西	西北（天）	天	中央	地《著者：北東か》

表にみる通り、陰陽五行説で春は東、夏は南、白は西、天を意味する乾は易の後天方位で北西にあたり、四方四時に加え、香は中央に配当されるため、天地四方すなわち六合を詠んだとした。江口は香具山の山を地として読み、易での方位では読まなかったのだが、易の後天八卦で山を表す艮は北東にあたるため、春・夏・白・乾・香・山の用字は、方位でいうと、東・南・西・北西・中央・北東という順に捉えることができ、時計回りで中央も経る循環を読み取れる（図10―1）。また、西にあたる「白妙能」の白は、陰陽論では陰であり、「妙能」を解字すれば陰となる女、少は西にあたる少陰の少、陰の象徴の月も含まれ、陰陽が乱れることのない慎重な用字をしていると解せる。

持統天皇が天香久山を賛美するこの歌は、則天主義の設計原理を取り込み、時間や方位もその秩序の中で読み込んで、藤原宮を中心とした天下の陰陽の調和と五行の循環を願った帝王の歌として相応しいものと言えよう[23]。藤原宮大極殿成立によって天地の結接点の一つであった天香具山（第七章参照）の中心性は幾分か弱まったのかもしれない。天下の中心で調和のとれた歌を詠む目的は、音律が気息に乗って天へ登り、和気が世を覆うと考えたことによると思われる。

（六）年中行事

漢代の『淮南子』には冬至や夏至には日影を測る習慣があり、『史記』天官書や『後漢書』礼儀志には冬至に日影を測る儀式があったことが知られる[24]。これは太陽観測によって四時を正す意味があったからである。実際には星の観測による正確な暦があったためその必要はあまりなかったが、王権は空間（天下）だけでなく、天下の時間をも支配していることを象徴する儀式として重要視したのである。日月五惑星（七曜）の運行をはじめとする天文秩序（天道）は、卓越した天文観測技術によって正確な暦に写し取られ、その暦に順って規則正しく、そして滞りなく年中行事を行うことは、天人相関思想から、天の順調な運行を促すことにも繋がると考えられた(25)。そのことにより地上では陰陽が調和し五行が循環して、天下泰平への条件の一つが整うのであった。

中国では後漢末期以降、戦乱が打ち続き、社会構造が変化する。異民族が南下し、農村共同体が崩壊、民衆は先祖代々暮らしてきた土地から離れることになる。魏晋南北朝になると、農耕や禁忌、祓禊に起源をもつ儀礼は、行楽のための年中行事として再編成され、『荊楚歳時記』などが生まれる。晋の武帝は曲水宴の由来を、唐の高宗は端午の節句の由来をそれぞれ侍臣に問うたように、年中行事の儀式の由来は諸説みられるようになっていた(26)。唐文宗の太和八年（八三四）六月には中書門下の上奏文に「以近歳陰陽不和、水旱為害、恐作事用乖於時令、施教未合於天心、問臣等、読月令因何停廃。」とあり、陰陽が整わず災害が起こることが問題となった。年中行事ではないが、良い政治をするため、読時令（月令）の実施が提言されて(27)、告朔同様に暦に合った儀式をしようという試みもあった。

古代日本の宮殿でも第一次大極殿院のように天下の安寧のために天文秩序を写し取り造営された。そこで行われた年中行事は、奈良時代にその意義をどう理解していたか明らかではないが、中国の年中行事を取捨選択し、必要に応じ変容させて受容している。邪気を除くなどの意味に加え、国家の威儀を整えるためのものでもあったのである。年中行事では儀式や宴会が行われ、儀式では礼によって君臣の秩序を確認し、宴会では楽によって君臣の融和を図ったのである。上述したように中国では皇帝が臣下に行事の由来を尋ねたことが知られるが、天平勝宝七年（七五五）一月四日に日本博士中臣丸連続張弓らが勘奏を行っていたことから、日本でも天皇が行事の由来を尋ねたと考えられる(28)。平安時代になると、年中行事を定例的に行わないと悪いことが起きると意識されるようになり(29)、天人相関思想の理解が進むように思われる。

二　平城宮跡の使い方——歴史的な意味合いを重視した活用方法——

平城宮跡では来訪者が見学等に利用する他に、多くの地域住民が緑地として散策や野鳥観察、ジョギングなど様々に利用している。これも遺跡の重要な利用方法であるが、ここでは遺跡の教育的利用、特に古代の宮殿跡という本来的性格を重視した活用方法について述べることとする。

「特別史跡平城宮跡整備基本構想」は『平城遺跡博物館基本構想資料』(30)に基づいて、文化庁が翌昭和五十三年に策定したもので、平城宮跡を①古代都城遺跡の調査研究の拠点、②古代都城文化を体験的に理解できる場、③遺跡の保存整備、遺構・遺物の保護・修復・復元等に関する技術開発とその実践的な応用及び技術蓄積の場、と位置づけている。現在、②に関しては、構想に順い既に朱雀門と南面大垣地区、宮内省と呼ばれる官衙地区、東院庭園地区、そして第一次大極殿院地区でそれぞれ復元建物などが完成し体験的に古代の宮殿空間が理解できるようになってきているが、現状で充分と言う訳ではない。そこでの当時の人々の営みを分かりやすく、また、より深く理解してもらうためには資料館等での展示の充実、生涯学習などの講座や講演会での情報提供、当時の行政府としての日常的な営みや非日常的な行事を再現することなども必要であろう。

第一部では宮都の造営思想を述べたが、これに密接なものが天の思想や天人相感思想、則天主義で、それと大きく関わるのが年中行事であった。こうした思想に着目した活用方法として年中行事の再現を考える。他には宮殿本来の政治・行政的な機能に着目した活用のあり方として特別催事と通年型の展示やプログラムを考える。いずれもどこが主体で運営するかなど課題はあるがここでは言及しない。

1　年中行事

（一）儀式再現の現代的意義

遺跡において年中行事を再現する意義は、儀礼を中心とした古代文化の研究の推進とその成果の展示、古代の人々の精神性や行事の行われる場所の理解の増進、古代文化追体験の場の提供、伝統行事やその基にある日本古代の文化に関する知識の向上や関心の喚起、再現のために使う道具などの復元とそこでの技術の伝承、その事業に伴う新しい文化の創造、関連する諸地域との交流、観光振興などが考えられる。

日本古代の年中行事について『日本書紀』『続日本紀』は編集方針から恒例のこととして多くを語らず、奈良時代の儀式についての具体的様相や儀式に対する意識など不明な点も多い。しかし、様々な年中行事が行われた平城宮において、特に発掘調査等によって具体的な場所や遺構が明らかになった場合、儀式の特徴や変遷などを捉え、平安時代の儀式書などを用いて復元考証を進めることは遺跡の活用の一つとして重要である。さらに、かつての場所で実際に再現できれば、遺跡となった場所本来の利用のあり方を示すことができ、本来的には則天主義により天下の安寧を願うような意義があったことなどを通して古代の人々の思想や文化について多くの来訪者に理解してもらう良い契機となり、有意義である。

年中行事といっても、中国では長い年月の間に由来も曖昧になり、行楽的なものに変容していた。古代日本でも時代とともに場所や内容、意義までも変えていった。中世には断絶を経ることも多くなる。現代社会に於いて天人相関思想を信じ、天下の安寧のために則天主義を実践しようとする人は多くはなさそうである。儀式の再現は研究成果の展示として行い、古代の儀礼がもつ脈絡を現代社会が受け入れる内容にし、定着を図るための工夫も必要であろう。そこでは本来的な意味や現象を現代的に読み替えていく編集作業が重要であると思われる。

(二) 再興を検討するプログラム

以下では、平城宮跡で考えられる年中行事の概要とプログラムについて述べる。

朝　賀　元日の朝賀では天皇が大極殿に出御し、臣下が庭に立って朝拝、後に宴が催される（図10―2）。平安時代に成立した儀式書には各儀式における天皇と、貴族・官人の位置関係が詳しく記されるが、これによって天皇中心の律令国家の秩序が毎年視覚的に具現されることに重要な意義があった。現地での再現については、演示型や参加体験型のものが考えられる。参考になる行事として、国営沖縄記念公園の首里城正殿前の御庭では琉球王朝の朝拝御規式や、韓国ソウル景福宮での取り組みとしては朝鮮王朝の世宗大王即位式（一九九七年）などがある。(31) 難波宮跡では大極殿院の基壇などが整備されており、これを俯瞰することができる大阪歴史博物館では、難波宮の宮廷儀式に関する展示の中でCGを用いた朝賀の様子が示されており、現地での再現ではないが当時をイメージするには効果的である。展示のあり方は効果や意義なども幅広く検討する必要があるだろう。

朝賀の時、全国の国庁においては正殿を大極殿に見なし国司・郡司・軍毅が整列して朝拝が行われ、朝拝の後、天皇の名代としての国司が賀を受け、国司と郡司らとの関係が確認されて、宴が催された。(32) 整備の進む国庁跡など地方官衙遺跡と平城宮跡との情報のネットワーク化や合同の活用プログラム、地域間交流も考えられよう。

正月七日節会（白馬節会）(33)　中国では正月七日を人日と称し、一年で最初の祓いの行事を行う日であった。『荊楚歳時記』などによると、この日は、①七種の菜の羹を食す、②人勝・華勝を作り贈答する、③高楼や山など高所に登る、④青馬を用いた儀式を行う、といった風習が見られ、いずれも不祥を払う目的があった。人勝は綵《あやぎぬ》や金箔を人形に剪ったもの。古代日本では推古朝以降、この日には宴を催していたことが『日本書紀』に散見される。奈良時代以降も同様でその場所は朝堂、内裏、閤門などであり、外国使節が参加する場合は朝堂であった。『続日本紀』では詳しい宴の内容はわからないが、他の史料や正倉院宝物から中国のこれらの風習が伝わっていたことが知られる。平安時代以降は左右馬寮から白馬《あおうま》を豊楽殿や紫宸殿の庭に引き出し、天覧の後、群臣に宴を賜った年中行事であり、「登高」「人勝」は定着しなかったが、奈良時代には四つの要素が揃っていたことが特徴である。

正月七日節会の儀式の再現としては、白馬観覧が考えられ、付属するイベントとしては①から③に関わることが考えられる。白馬観覧は平安宮では豊楽院で行われており、平安宮豊楽院は平城宮中央区朝堂院との利用形態の類似が指摘されていることから、天皇が第一次大極殿院南門に出御して、その南の中央区朝堂院を利用したとの想定で再現が考えられる。天平二十年（七四八）正月丁酉（七日）条には聖武天皇が南楼に御したことが記されるため、第一次大極殿院の東西両楼の内の東楼（春の行事のため東）に登ったものと思われ、復元されるであろう建物の具体的利用方法にイメージを与える。平安時代にはこの日、天皇に弓矢を献上する儀式、御弓奏が行われ、射礼の時にその弓が天皇の後方に置かれた。奈良時代に御弓奏が行われたという史料はないが、射礼との関係から再現を検討してもよいかもしれない。

七種の羹は七草粥として現代に定着しており、若菜摘みなどとともにイベントに組み込むことも考えられる。

一月十七日節会（射礼）(34) 射礼《じゃらい》は中国古代の儀礼に起源があり、『礼記』射義第四十六に記載がある。唐代には皇帝が三月三日、官人が九月九日に弓射が行われた。朝鮮半島では『三国史記』新羅本紀により三月と九月に王が臣下の弓射を観覧する儀式として行われていたことが知られる。

日本古代の射礼では『日本書紀』清寧天皇四年（四八三）の記事は潤色とされるが、大化三年（六四七）以降の記事は史実と見られ、宮殿の南門などで行われたことが記される。平城宮では正月十七日に大極殿院の南門に天皇が出御し、全官人が天皇の前で弓を射る儀式であった。蕃客と呼ぶ新羅の使者や南方の島々の使者も参加し、これによって中華思想を背景にした帝国を演出したのである。慶雲三年（七〇六）正月壬辰（十七日）条には的中した場合の賜禄の規定が記され、かつての様子は『内裏儀式』なども参考にすれば、ある程度の再現が可能と思われる。これによって大極殿院南門が単なる二つの区画の通過のための門ではなく、天皇出御の空間であったことなど場所の意味も改めて理解されることになる。全官人が参加して行われたことに因むなら、市民参加型のイベントを加えることができるが、安全確保の点から弓道経験者に限る必要はあろう。平城遷都一三〇〇年記念事業では奈良時代後半に射礼の行われた第二次大極殿院南門前で全日本弓道連盟による遠的競技も行なわれた。京都の三十三間堂では新成人が晴れ着で弓を射ることが行われているが、毎年開催を図っていく上ではこうした行事も参考になる。また、海外からも参加があったことに因むなら、外国の異なる弓を通した異なる弓の文化の理解の場とすることも考えられる。このようにして古代に見られた現象を現代的意味付けで再編成するのである。

釈　奠(35)　釈奠《せきてん》は孔子をはじめとする儒教の先哲を先聖、先師として祀る祭儀である。釈奠が日本の制度として成立するのは大宝律令と考えられ、翌年に施行される大宝学令釈奠条および同官員令大学寮条には「凡大学国学、毎年春秋二仲月之上丁、釈奠於先聖孔宣夫、其饌酒明衣所須、並用官物」とあり、釈奠は中央の大学と地方国衙の国学で毎年二月と八月の上丁の日に孔子を祀り、必要なものは官費により揃えられたことが知られる。釈奠は大宝元年（七〇一）二月丁巳（十四日）条の藤原宮での開催が初見である。藤原京の発掘調査では『論語』学而篇の一部をなす木簡も出土している。養老四年（七二〇）二月乙酉（二日）条では釈奠の器を作らせ大膳式大炊寮に配置したことが知られる。制度が整うのは天平六年（七三四）に吉備真備が楽器や弓矢、測量具、書籍と共に唐礼百三十巻を持ち帰ってからである。平城京では平城宮の南方の大学寮で釈奠をおこなったものと考えられるが、その跡は民地となっており、大学寮の属した式部省での再現が望まれる。しかし、その式部省跡も役所を区画する築地塀や建物などを一定の高さまで復元的に表示しているが、その正殿跡は鉄道敷にあたるため再現の場所については課題が残る。

釈奠は現在、特別史跡旧閑谷学校（岡山県備前市）・史跡湯島聖堂（東京都文京区）・史跡足利学校跡（栃木県足利市）・史跡多久聖廟（佐賀県多久市）などで行われているが、奈良時代の儀式における所作などは不明な点が多い。多久聖廟（建物は重要文化財）で行われている釈奠は、釈菜と呼ばれ、佐賀県指定重要無形民俗文化財になっている。こうした行事が催事として平城宮跡等でも行われれば、かつての文化を彷彿させ、伝統文化を再確認する機会にもなり、地域間交流にも繋がるであろう。多久聖廟では釈菜の後に、釈菜の舞などが行われているが、これは孔子の生誕地、山東省曲阜の孔子廟での祭典に倣い、平成七年に曲阜市の協力と指導を得て、地元の中学生が伝承し披露しているものである。文化遺産に関わるこのような交流が新しい文化を創るのかもしれない。遺跡の活用の参考になる事例である。

三月三日節会(36)　三月三日には曲水宴が行われた。周の時代には三月上巳の日に禊を行っており、六朝時代には三月三日として定着し、男女着飾って参加する賑やかなものになっていた。晋の武帝が曲水の起源を問い、摯虞の答えは三月に生まれた三女児が三日に亡くなったことに関わり不祥を払除しようとしたことに因む不吉なものであった。一方の束晳は故事を引いてめでたい側面を語った。前者は左遷の憂き目にあい、後者は褒賞を賜った。我が国に伝わった曲水宴はその後のもので、禊祭的な要素より春の宴遊的な要素の強いものであったと考えられている。その曲水宴は溝水の近くに人々が座して、詩歌を詠み、上流から流れてくる杯をとりあげて酒を飲むという行事で、楽所が管弦も奏した。平城宮跡東院庭園ではこれに用いたと考えられている蛇行溝が二ヵ所検出されており、復元した建物群や池とは時期が一致はしないが、奈良時代の庭園像を表現する意味で中央建物脇の一条を復元している。これを利用しての儀式の復興が考えられる。平安時代の儀式書の中でも十世紀の『西宮記』がその次第を僅かに伝える。現在、京都府の上賀茂神社・城南宮などで曲水宴が行われており、儀式の復興の際には参考にすべきであろう。写真は中央建物を利用した宴の一場面（図10―3）。

五月五日節会（騎射）(37)　五月五日は、七世紀には薬猟が多く行われていた。薬猟は薬となる鹿の角を得るための鹿狩や薬草摘みのことで、推古朝には天皇や諸王・諸臣が煌びやかな列を成し近郊へ出かけ、後に宴を設けた宮廷の年中行事であった。天智朝の終わり頃から薬猟の記載が見られなくなり、宮における儀式や宴の記載が見られるようになる。この変化には唐礼の継受があるようである。騎射は文武天皇二年（六九八）に山背国賀茂神社の祭で行われており、大勢の観衆が集まっていたことが知られるが、大宝元年（七〇一）五月丁丑（五日）には群臣が「走馬」を出し、文武天皇が観覧している。聖武天皇は神亀元年（七二四）五月癸亥（五日）には「重閣中門」において「猟騎」を、神亀四年（七二七）五月丙子（五日）には甕原離宮の南野に設けられた榭において「飾騎」「騎射」を観覧している。騎射は五月五日に騎乗で的を射る儀式で、神亀四年が宮廷における騎射の初見である。射礼・騎射ともに全官人が軍事的に天皇に奉仕し、国家を守衛する体制にあることを示すものである。(38)聖武朝までには騎射・走馬・飾馬・宴・田舞・菖蒲蘰着用というこの日の儀式の要素が出揃っていた。

重閣門とは外観が二階建て構造の門であるが、神亀元年の記事を宮城正門の朱雀門とするか、大極殿院南門とするかは難しいところがあり、馳道（馬場）の舗装や距離、天皇の座の位置など検討が必要である。馬が疾走する時点では朝庭部のような礫敷きでないことが望ましいであろうし、射る回数にもよるが相当の距離が必要なこと（ただし、当時は現在使うサラブレッドではないため短くて済む）[39]、天皇が天子南面の原則をとって座を設けたかなどである。不明点等を明示した上で現実的に可能な場所で復興を考えるべきであろう。適当な場所が確定し行事が定着するのであれば、遺構表示のための整備ではなく、活用のための馳道の整備も考えられる。写真は平城遷都一三〇〇年記念事業での騎射の一場面。再現を行った小笠原流弓馬術の射手は宇宙と呼応するため馬上で弓を射る前に「陰陽」と称えるなど、六芸の中に陰陽五行思想が息づいている[40]（図10―4）。

推古天皇も訪れた兎田野、現在の奈良県宇陀市には近世の薬園である森野旧薬園（国史跡）もあり、明日香村の南の高取町も製薬が盛んである。騎射の行なわれる前の薬猟に因み、薬をキーワードにして関連史跡のネットワーク化や地域産業との連携など遺跡を活用するプログラムの展開も考えられよう。

七月七日節会（七夕）[41]　七月七日には相撲や乞巧奠《きっこうてん》が行われた。相撲は天平十年（七三八）に「大蔵省」、天平勝宝三年（七五一）に「南院」で行われたことがみえるが、現在の大蔵省推定地が民有地であることを考慮すると、南院と考えられる朝堂院での復興に限られる。小童の取り組みの後、近衛・兵衛一七名・白丁二名による取り組みが行われる。勝った側が乱声・舞を奏し、最後に雅楽の千秋楽・万歳楽が奏される。

乞巧奠は女性が天上の織女に針仕事の上達を祈願する祭りであり、正倉院宝物には乞巧奠に用いたと考えられている銀・銅・鉄の針や四色の糸が伝わる。『万葉集』や『懐風藻』に収められる七夕の詩歌から牽牛と織女が一年に一度天の川を越えて相会するという七夕聚会伝説を奈良時代の人々が理解していたことが知られる。天平六年（七三四）七月丙辰（七日）条に「南苑」、天平十年（七三八）七月癸酉（七日）条に「西池宮」での七夕詩賦（御作文）が確認できる。西池は第一次大極殿院北西部に隣接し、庭園遺構も検出されている佐紀池であるが、殿舎地区を宮の西面北門から大極殿院に至る宮内道路を挟んだ池の南か、それとも池の北西の現住宅地に想定すべきか明確ではない。南苑については平城宮東張り出し部南半部の東院地区が有力とされ、東院庭園での再現は可能である。写真は平城遷都一三〇〇年事業での古代行事での宴の様子の一場面（図10―5）。

平安時代になると、この日には索餅を食する習慣があった。これは「むぎなは」と読まれ、そうめんの祖である。年中行事をテーマに活用を図っている史跡斎宮跡（三重県明和町）のいつきのみや歴史体験館では、索餅作り体験も行われており、こうした事例を参考に奈良県の名産に関連づけたプログラムも考えられる。

他に、慶雲三年（七〇六）はじめて土牛をつくり悪鬼祓いの追儺が行われていたため、大晦日の追儺も検討すべきであろう。以上、若干の案を示したが、創造するものが取って着けたようなものではなく品格を保つためには、復元のための研究を基礎にし、本来的な脈絡を活かすことが重要と思われる。

2　特別催事

(一)　記念年のイベント

第一次大極殿の御披露目の日、すなわち霊亀元年（七一五）正月甲申朔（一日）条には皇太子が初めて礼服を着て朝賀に列したことや、陸奥・出羽の蝦夷、南島の奄美・夜久（屋久島）・度感（徳之島）・信覚・球美などの島民が来朝し、土地の産物を献上したことが記され、それを迎える儀式では、朱雀門の左右に太鼓や笛の楽隊、騎兵を並ばせた。こうした出来事からちょうど一三〇〇年などの記念の年にはその行事の再現なども考えられる。

(二)　音楽や舞

平城宮では養老元年（七一七）四月甲午（二十五日）に西朝で隼人が歌や舞を奏し、天平七年（七三五）八月辛卯（八日）には大隅薩摩二国の隼人が郷土の舞を舞っている。いずれも第一次大極殿院南門に天皇が出御しての行事である。こうした音楽や舞は本来的には服属儀礼が行事化したものと考えられている。(42)

天平十五年（七四三）五月癸卯（五日）、聖武天皇は群臣を内裏に召して宴を催した。記されてはいないが、騎射が行われた後であろう。皇太子（阿倍内親王）は自ら五節の舞（正月一日、正月七日、正月十六日、五月五日、十一月新嘗祭の翌日に行われる舞）を舞った。聖武天皇は、「天下を平定した天武天皇が国家を安寧に治めるには礼楽が必要で、この舞を作った。天地とともに絶えることなく、この舞を受け継がせるように皇太子に習わせ、元正太上天皇に披露した」という。元正太上天皇は「君臣祖子の理」を教えるのに役立つと絶賛した。宴で舞われる舞にも礼的秩序の表現があるのだった。

前述したように古代においては音楽には陰陽を正す力があると思われていたことも含めて、古代における歌や音楽、舞の意味を見学者に理解してもらった上で、雅楽、地方芸能等の披露の行事とすることは可能であろう。伝統音楽の伝承や普及は今日的な課題であり、大極殿院などをそのような行事の中心の場とすることも考えられる。

(三) 万灯会

万灯会は懺悔・滅罪のために仏・菩薩に多数の灯明を供養する法会である。平城宮ではないが、白雉二年（六五一）十二月晦には難波長柄豊崎宮へ遷宮し、朝庭に二七〇〇余りの灯をともし経を読むといった仏式鎮祭を行っている。また、天平十六年（七四四）十二月丙申（八日）には紫香楽の金鐘寺と朱雀路で万灯会を行い、多賀城山王遺跡でもこれに用いたと考えられる灯明皿が出土している[(43)]。

ここ一〇年ほど、奈良公園を中心に夏の夜には万灯会が行われていたが、平城遷都千三百年記念事業でも大極殿前で蝋燭の灯りを飾った燈火会が行われた。新たなイベントとして平城宮跡で行う場合はこうした古代の例に因むことを説明することが最も重要なことと思われる。

3　通年型の展示やプログラム

（一）展示品と平城宮跡

正倉院展といえば奈良の秋の風物詩ともなっており、その伝世品の多くが聖武天皇縁の物であることはよく知られている。ところが、元々は平城宮、平城宮跡に置かれていたことはイメージしにくい。これは平城宮跡に復元建物があっても建物のみの展示が中心になってきたことや内裏に建物が復元されていないことなどが考えられる。この点に関しては平成二十一年度の平城宮跡資料館の改修・展示替えによって、室内の調度品をイメージさせる展示が多くなり一新している。復元された第一次大極殿に限ると、聖武天皇の天平四年（七三二）正月乙巳朔（一日）条に「大極殿に御して朝を受く。天皇始めて袞冕を服す」とする記事もあり、現地なりで天皇の礼服に関わる情報提供も必要と考えられる。

（二）天文と測量、宮都造営技術の展示

宇宙を象ることは平城宮の造営コンセプトであり、平城遷都詔に「日を揆り星を瞻て、宮室の基を起し」と記されたように天文と測量は宮都の造営に必要な技術であった。『周礼』にみる正南北線の測定方法などは体験学習の材料となろう。また、天文学は「国家の要道」であって、この時代の天文学を直接語れる物はキトラ古墳の天文図など少数と思われるが、天文学がもつ意味についての展示は必要である。北京故宮博物院や景福宮内の国立古宮博物館でも天文に関わる展示を行っており、後者では石刻天象列次分野之図を見ることもできる。天文に関してはほぼ同時代のキトラ古墳や高松塚古墳とも関連した展示や活用が必要であろう。

（三）漢字・書・拓本

平城宮が古代の役所として機能したことからすると、書や文房具（文房四宝）が活用の糸口にもなり得る。平城遷都一三〇〇年記念事業では木簡に墨書することや筆作りなどの体験事業も行われた。役人たちが文字を習ったことに因むなら、足利学校跡で行なわれている書き初め会や漢字試験も参考になる。

中国では宮殿の顕彰の意味で太極宮図や興慶宮図が後に石碑に刻まれ、西安市の碑林博物館に現存する。平城宮跡でも発掘成果を石に刻み、拓本がとれるところがあってもよいと思う。書道文化を展示する、財団法人日本習字教育財団運営の観峰館（滋賀県東近江市）では、隋代の離宮九成宮に建てられた「九成宮醴泉銘」の復元石碑などがあり、瓦当も含めて拓本の体験ができるようになっている（図10―6）。奈良は墨が伝統産業になっており、書や拓本を通じてその振興を図る機会とする必要もあろう。

（四）中国古典講座

本書においてしばしば引用したように大極殿院の理解には各種中国古典が必要で、奈良時代の官人も利用した。湯島聖堂や足利学校などでは学問所という史跡の本来的な機能を活かして『論語』『易経』や漢詩などに関する特色ある生涯学習講座が多数行われており、このような講座の開催も必要である。

（五）日常的演示

平城遷都一三〇〇年記念事業の中で衛士隊が再現され、復元されている朱雀門の開閉や大極殿院南門跡前での交替演技などが行われた（図10―7）。演出として行った部分も多いが、太鼓の音によって宮城門の開閉をおこなったこと、衛士が宮城門の守護にあたったことなどを示すことによって、年中行事のような特別な日の催事ではなく、古代宮都の日常をわかりやすく示すことができた点は評価すべきことである。

【参考文献および註】

（1）高橋忠彦　二〇〇一『文選（賦篇）下』新釈漢文大系　明治書院　三三二―三三五頁
（2）楠山春樹　一九九六『呂氏春秋』上　新編漢文撰　明治書院　八二―八七頁
（3）大室幹雄　一九九五『囲碁の民俗学』せりか書房
（4）楠山春樹　二〇〇四『淮南子』上　新釈漢文大系　明治書院　三五八―三六四頁
（5）竹内照夫　二〇〇二『礼記』上　新釈漢文大系　明治書院　二二九―二三〇頁
（6）金谷治　二〇〇六『易の話』講談社学術文庫　一六三頁
（7）竹内照夫　二〇〇三『礼記』中　新釈漢文大系　明治書院　三八八―三八九頁
（8）清水浩子　二〇〇五「緯書思想と礼楽」『アジア文化の思想と儀

礼』春秋社

(9) 竹内照夫 二〇〇五『四書五経入門 中国思想史の形成と展開』平凡社 八一―八五頁

(10) 竹内照夫 二〇〇三『礼記』新釈漢文大系 明治書院 六〇五頁

(11) 石合香 二〇〇五「鄒衍学術考―律暦思想からのアプローチ」『アジア文化の思想と儀礼』春秋社 四七―六七頁

(12) 吉田賢抗 二〇〇六『論語』新釈漢文大系 明治書院 三七頁

(13) 原田種成 二〇〇六『文選』(文章篇)上 新釈漢文大系 明治書院 二〇九―二一〇頁

(14) 前掲書(12) 三七頁

(15) 金谷治 二〇〇三『大学・中庸』岩波文庫

(16) 『The Fortress Wall of Bugaksan』二〇〇七 韓国文化財保護財団 二七頁

(17) 虎尾俊哉 二〇〇〇『延喜式』上 集英社 一四五、七八五―七八六頁

(18) 大岡実 一九六六『南都七大寺の研究』中央公論美術出版

(19) 山本崇 二〇〇四「御斎会とその舗設―大極殿院仏事考」『奈良文化財研究所紀要二〇〇四』奈良文化財研究所 三四―三七頁

(20) 久松潜一 一九九三『万葉秀歌』(一) 講談社学術文庫 一二〇頁

(21) 例えば、石川九楊 二〇〇八「万葉歌を楽しむ」『万葉集』日本の古典を読む4 小学館 巻頭論文

(22) 江口洌 一九九九『古代天皇と陰陽寮の思想』(初出 一九九八「天皇の思想と陰陽・五行思想の歌」千葉商大紀要)河出書房新社 一一―三六頁、藤村由加 二〇〇三『枕詞の暗号』新潮文庫 一五五―一六四頁でも同様の指摘がある。

(23) もう一つ、持統天皇の歌で「一書に曰く、天皇の崩まし時、太上天皇の御製歌二首」を見ると

向南山《かむやま》に たなびく雲の 青雲の 星離れ去き 月を離れて(巻二、一六一)

向南山 陳雲之 青雲之 星離去 月矣離而

下二句が特にわかりにくいとされる。南を向く山と書いて北山と訓を付すものもある。先天八卦で山を意味する艮は北西、後天八卦では北東でいずれも北方。陳(陳は伝説の三皇である伏義・神農の都の名である)の字には東が含まれ、青も東。星は日が生まれると書くが、その方位も東。離は南に配置される八卦の一つ、月の正位は西であるため、これも時計廻りの循環を読み取れる。万葉歌については用字の五行での配当や解字によって深い意味がとれるものも少なくないのではなかろうか。なお、陳雲とは『漢書』天文志に「陳雲というのは垣を立てたようになっている雲気」で、陳とは陣のことをいう(小竹武夫 一九九八『漢書』二表・志上 筑摩書房 六三七頁)。吉野宮は天武天皇と壬申の乱の準備を進めたところであり、持統天皇は即位前も含め、三十三回も吉野宮を訪れている。その宮のある吉野の地が南山である。訓読は難しいが、その吉野宮で「向かうこと、南山へ。陳雲(天下を治めた天武天皇の凱旋の軍)が行き、青雲も従ってきていると懐かしんでいると、東に出た星も南へ行き、月もやがて南中してしまった。自分も朱宮に行きたいものだ。」と門外漢の勝手な解釈は可能であろうか。

(24) 中村喬 一九八八『中国の年中行事』平凡社、劉暁峰 二〇〇二『古代日本における年中行事の受容』桂書房

(25) 小南一郎　一九九一『西王母と七夕伝承』平凡社

(26) 佐藤健太郎氏のご教示による。『続斉諧記』によると、晋の武帝は三月三日に行われる「曲水」の由来を尋ね、摯虞と束晳がその由来を答えたが、その内容は全く異なるものであった。『唐会要』巻二十九、節日条には、龍朔五年（六六一）五月五日に唐の高宗が五月五日の由来を尋ねている。

(27) 金子修一　二〇〇一『古代中国と皇帝祭祀』汲古書院　二六〇―二六二頁

(28) 「月旧記」逸文（『政事要略』巻二十四、九月九日節会事所引）

(29) 高瀬要一編　二〇〇六『古代庭園研究Ⅰ』奈良文化財研究所

(30) 文化庁　一九七六『平城遺跡博物館構想』

(31) 安泰旭　二〇一〇「朝鮮時代の宮中儀礼の復元及び再現と文化遺産の活用について―朝鮮時代の即位儀礼及び朝会儀礼を中心に―」『大極殿院の思想と文化に関する研究』（課題番号：１８３８００２７）平成十八年度―平成二十一年度　科学研究費補助金研究成果報告書　二三七―二五三頁

(32) 大日方克己　一九九四『古代国家と年中行事』吉川弘文館、丸山裕美子　一九九八『古代日本の医療制度』名著刊行会

(33) 佐藤健太郎　二〇〇八「正月七日節会の復興に関する研究」『遺跡学研究』第五号　日本遺跡学会　一六五―一七六頁

(34) 阿部健太郎・内田和伸　二〇〇四「〝射礼〟とその復原に関する基礎的研究」『遺跡学研究』第一号　日本遺跡学会　七―二四頁

(35) 宮崎祐子「釈奠の復興に関する研究」『大極殿院の思想と文化に関する研究』（課題番号：１８３８００２７）平成十八年度―平成二十一年度　科学研究費補助金研究成果報告書　二五四―二六九頁

(36) 倉林正次　一九八七『饗宴の研究（文学編）』桜楓社　一五―六一頁

(37) 芳之内圭・内田和伸　二〇〇六「五月五日節会の復興に関する研究」『遺跡学研究』第三号　日本遺跡学会　一〇三―一一四頁

(38) 立石堅志　二〇一〇「奈良時代の装束はどこから来たのか」『大極殿院の思想と文化に関する研究』（課題番号：１８３８００２７）平成十八年度―平成二十一年度　科学研究費補助金研究成果報告書　三〇二―三〇三頁

(39) 小笠原清基氏のご教示による。

(40) 小笠原流弓馬術礼法 http://www.ogasawara-ryu.gr.jp/index.html

(41) 佐藤健太郎　二〇〇七「七月七日節会の復興に関する研究」『遺跡学研究』第４号　日本遺跡学会　一五五―一六六頁

(42) 田村圓澄　二〇〇九『伊勢神宮の成立』紀伊國屋書店

(43) 平川南『日本の原像』日本の歴史二　小学館　二六八―二六九頁

表10－１　五行配当表

五行	木	火	土	金	水
五星	木星	火星	土星	金星	水星
五方	東	南	中央	西	北
五色	青	赤	黄	白	黒
五帝	青帝	赤帝	黄帝	白帝	黒帝
五時	春	夏	土用	秋	冬
五常	仁	礼	信	義	智
五獣	蒼龍	朱雀	黄龍	白虎	玄武
五声	角	徴	宮	商	羽
五臭	羶	焦	香	腥	朽
五数	八	七	五	九	六
五臓	肝	心	脾	肺	腎

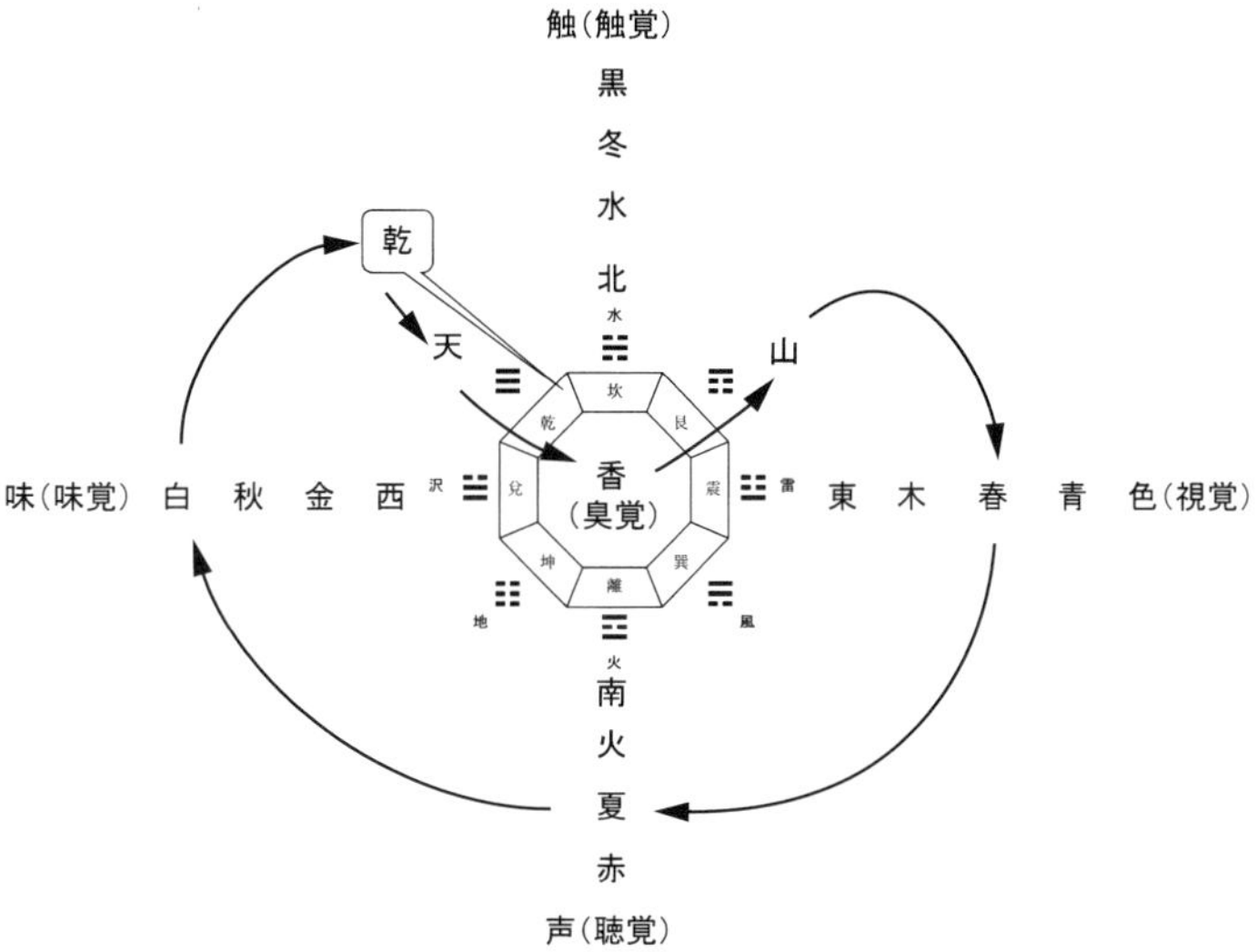

図10－１　持統天皇の歌の構造

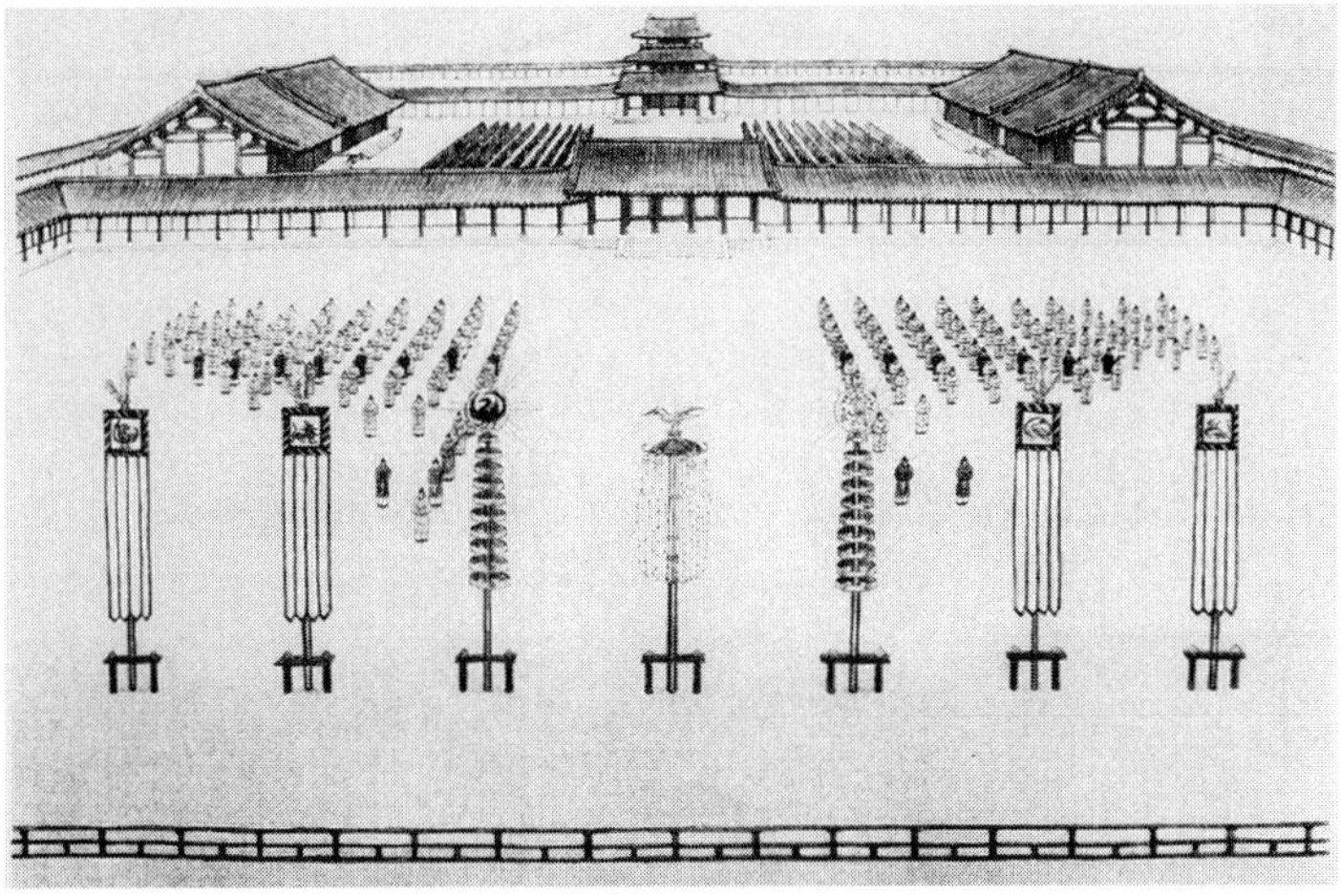

図10－２　平城宮第一次大極殿院での朝賀の様子

原画：早川和子氏，監修：奈良文化財研究所

図10－３　平城宮東院庭園（南西から）

奈良文化財研究所提供

図10－４　平城宮中央区朝堂院跡での騎射の再現

図10－６　観峰館での拓本体験

図10－５　東院庭園中央建物での宴の再現

図10－７　平城宮朱雀門での衛士の再現

コラム

マスコットキャラクターの活用

彦根市の「ひこにゃん」など地域のイメージづくりに一役買うマスコットキャラクターが流行り、人気を博している。平成二十年、奈良県の平城遷都一三〇〇年事業協会は平城遷都一三〇〇年を二年後に控え、専門家に依頼したキャラクターを公開、愛称を募集し、「せんとくん」に決定した。現在ではすっかり人気者になったが、当初は独特なデザインが物議を醸した。地元デザイナー団体は独自にキャラクターの募集を開始し、六一九点の応募作品から三〇点を選考、インターネットと街頭での投票結果から鹿と朱雀門をイメージした「まんとくん」を選定した。三〇点の中には奈良をイメージしやすい鹿や大仏、雅楽に関するものなどが複数あったが、中には奇しい亀もあった（図）。これは三〇点中の最下位で、手書きのイラストに加え、その説明文には「元明天皇が娘の元正天皇に譲位する時に現れたのが祥瑞（徳治の徴）である私で、和銅から霊亀に改元されます。亀は大地を象徴し、背中の裏北斗は天地が一体化し、天下泰平がもたらされることを表しています。」とあった。わかりにくい説明だが、要は記録にある祥瑞と正倉院宝物からデザインしたもので、この亀と平城宮第一次大極殿の造営事には関連性があるのである。

図　平城遷都1300年事業マスコットキャラクター候補の霊亀

『続日本紀』和銅元年（七〇八）二月戊寅（十五日）の平城遷都詔によると、元明天皇は亀卜も筮卜も良い結果が出たため平城京に遷都することとした。遷都後、第一次大極殿の工事が進み、和銅八年（七一五）正月甲申朔（一日）になってはじめて平城宮で朝賀の儀式を大々的に行った。大極殿完成の実質的な御披露目であった。ちょうどその年、姿形がめずらしいスッポンが天皇に献上された（霊亀元年〔七一五〕八月丁丑〔二十八日〕条）。

左京人大初位下高田首久比麻呂献靈龜。長七寸。闊六寸。左眼白。右眼赤。頚著三公。背負七星。前脚並有離卦。後脚並有一爻。腹下赤白兩點。相次八字。

（左京の人、大初位下の高田首久比麻呂が霊亀（大端）を献上した。その亀は長さ七寸・幅六寸、左眼が白く右眼は赤い。頚に三公（北極星をかこむ三つの星）があらわれており、背には北斗七星を負い、前脚にそれぞれ離の卦があり、後脚にはそれぞれ一爻がある（何れも易の卦）。腹の下には赤白の二点があり、それらが連なって八の字になっていた。[1]）

その亀はよい政治が行われていた時に天からもたらされる、祥瑞というめでたい徴である。元明天皇はその出現をたいへん喜んで、九月庚辰（二日）には娘の氷高内親王に譲位した。大極殿で元正天皇が即位し、その前庭では亀を群臣に示し、和銅八年を霊亀元年として改元したのである。後にもこうした亀により神亀・天平・宝亀・嘉祥と改元されている。

『易』の思想では万物を陰陽で捉える。陽を示す横棒（⚊）と陰を示す途切れた横棒（⚋）があり、それぞれを陽爻・陰爻という。双方からいずれかを選び三つ組み合わせたものを八卦、それを上下に重ねたものを六十四卦といい、これを用いて占いをする。亀の前足に見える離卦とは、二つの陽爻に陰爻が挟まれた八卦の印の一つである。両前足に離卦、両後足に爻というのは不完全であり、韓国の太極旗の四隅にも描かれている先天八卦図の八卦の配置をとるべきと考えられる。

北斗七星は古代中国では天帝の乗り物とされ（『史記』天漢書）、その第七星は破軍とも呼ばれ、無敵のパワーをもつ星と恐れられたため、北斗七星を刻み霊力を込めた剣を七星剣と呼び重んじた。七星剣は正倉院宝物の呉竹鞘御杖刀《くれたけさやのごじょうとう》、四天王寺の丙子椒《へいししょう》林剣《りんけん》、法隆寺金堂四天王像の一つ持国天の握る剣、[2]東大寺大仏殿須弥壇出土した銀荘太刀（明治四十・四十一年出土の鎮壇具で、平成二十二年に文様が確認された陰陽剣）に七星文が刻まれている。また、古代の人々は北極星の近くにあって季節ごとに向きを変える北斗七星を宇宙の大時計とみて、天文運行の基準として尊び、季節を正すだけでなく、陰陽の調和を促し五行の循環を促す役割があると考えた。干魃や豪雨などの災害は陰気と陽気が調和しないために起こるとされたため（慶雲二年〔七〇五〕四月壬子〔三日〕条）、時宜を得た適度な風雨は五穀豊穣を約束するものとなり、北斗七星を重視したのである。

出現した亀の北斗七星はおそらく、正倉院宝物の青斑《せいはん》石鼈《せきのべつ》合子《ごうす》（図6—28）のように、裏北斗を描いたものであっただろう。後漢墳墓武梁祠画像石（山東省嘉祥武宅山）（図6—27）や陰陽師の使う式盤（図7—24）などにも裏北斗が描かれている。裏北斗を描くことは天球儀を外側からみたような天帝と同じ視点を獲得し（図6—31）、天意を得たことを示すのである。『万葉集』巻一、五十番歌「藤原宮の役民の作る歌」にある「図負ゆる奇しき亀」も裏北斗を背に表わしたこの類のものと考えられる。亀は大地を背負うと考えられており、その背中に裏北斗が描かれるのは天と地が相和《あいわ》して一体化し、天下に泰平（安寧）がもたらされることを示すのである。

戦乱の不吉を予兆する[3]記事として天智天皇九年（六七〇）六月には、背に申の字を現した、上黄下玄の亀が出現している。中国南北朝時代の『千字文』の初めには「天地玄黄宇宙洪荒」とあるように、天は玄武岩のような黒色、天下の中央は五行思想では黄色であるのに、この亀は天地がひっくり返った配色をしているため不吉だったのである。祥瑞であるためには背中が黒、お腹が黄色でなければならない。このキャラクターの背は紫微宮に準え紫としている。

『易』の思想では、陰陽の統一体で宇宙の根源を太極という。その太極は天文占星思想では天の北極付近の星座を意味し、大極殿（中国では太極殿）はいわゆる北極星を擬えていた。大極殿の前庭には塼積擁壁があり不可解な形をしているが、キトラ古墳の天文図と同様に宇宙の構造を象った。これは天上界に準えた宮殿を地上に造営することにより、規則正しい天文秩序を天下にもたらし、安寧を実現しようとした政治思想の表れであった。

近年、地球温暖化の影響のため世界的規模で陰陽が調和しない。このキャラクターに地上の陰陽を正し、規則正しい天文秩序をもって地上に安寧をもたらす力があるかは不明[4]だが、有形無形を問わず、文化財を社会的脈絡の中で捉え、保存と活用を図るようになっている昨今、正史、『万葉集』などの古典文学、正倉院宝物、遺構・遺物等を思想的に繋げうるこのキャラクターに遺跡活用への糸口は期待できる。

霊亀の次の元号は養老。キャラクターは一三〇〇歳を超える高齢者だけれども、亀は万年の長寿だからまだまだ若造。平城遷都一三〇〇年記念関係のキャラクターとしては落選したが、これから本格化する第一次大極殿院復元や、霊亀出現一三〇〇年（二〇一五年）のキャラクターとして働いてもらったらどうだろうか。

【参考文献および註】

（1）宇治谷孟　二〇〇四『続日本紀（上）全口語訳』講談社学術文庫　一六四頁
（2）野尻抱影　一九七一『星と東方美術』恒星社　四五―五八頁
（3）門脇禎二　二〇〇二『飛鳥と亀形石』学生社　一一二頁
（4）近年、天人合一思想や風水思想など東洋的な環境思想で環境問題などを捉えようとする試みも行われている。農村漁村文化協会編　一九九九『東洋的環境思想の現代的意義　杭州大学国際シンポジウムの記録』農村漁村文化協会

第十一章　平城京松林苑の保存と活用

はじめに

第十章では、平城宮跡の活用方法として年中行事に注目したが、年中行事が行われた場所は平城宮跡だけではなかった。『続日本紀』聖武紀の記事にみえる「松林苑」もその一つである。その関連記事六件のうち、正月十七日が一回（天平十年）、三月三日は二回（天平元年・二年）、五月五日も二回（天平元年・七年）みえ、松林苑は射礼、曲水宴、騎射など節日の行事が行われた場所であった。「松林苑」の他、「松林」「松林宮」「北松林」「松林倉廩」とも記され、平城宮跡出土木簡で松原の除草に人を充てたことを示す「松原」も松林苑を指す可能性がある。(1) その場所は区画施設の遺構や池がある平城宮の北方地域であることが確実である（図11―1）。

天平十年（七三八）七月癸酉（七日）の七夕には、聖武天皇は大蔵省に御して相撲を観覧し、夕になって西池宮に移動、殿前の梅の木について右衛士督の下道真備（後の吉備真備）や諸々の才子に詩を作らせている。その西池は洲浜の検出されている現在の佐紀池（第一次大極殿院の北西隅に接する池）と考えられる。(2) この日、松林苑を利用したかは不明であるが、大蔵省推定地は松林苑西南部と平城宮の間にあり、年中行事の際には宮外の施設とも密接な利用がなされたのであろう。同様に現在の平城宮跡での遺跡の活用も平城宮跡だけで完結するのではなく、隣接する大蔵省跡や松林苑跡の保存と活用とも密接に関わらせることも必要と思われる。

ここでは、松林苑跡の意義と履歴を踏まえ、保存と活用の方向性について私見を述べたい。

一　古代都城における苑地

1　松　林　苑

平成二年の調査報告『松林苑跡Ⅰ』(3)によると、松林苑では西側築地や南側築地が高まりとして遺存し、発掘調査によって前者は基底部一〇尺、後者は平城宮を画する大垣と同じ九尺であることが確認されている。松林苑南西隅には猫塚古墳を取り込み、西面築地は谷筋に沿って湾曲し約一・一キロ北へ延びる。南西部の南面築地は平城宮との間にある南北約二四〇メートルの大蔵省推定地との境をなし、南西隅から東へ直線状に約三五〇メートル延び、大蔵省東面築地となって平城宮北面大垣に接続する。このことから、平城宮北辺中程から東側は平城宮北面大垣が松林苑の南限となり、宮と接する構造になっていたことが知られる。松林苑の東限については築地が確認されておらず、平城宮東面大垣の延長部が想定されていた（図9—1の一点破線）。

近年、水上池の東、コナベ古墳東辺の陪塚である大和二〇号墳の調査で、奈良時代に濠を埋め、その上に洲浜状の遺構を造成していることがわかり、東にあるウワナベ古墳を含む国道二四号線あたりまで松林苑の範囲とする推定も示されている(4)。この場合、南北は約一・三キロ以上、東西約一・五キロとなり、平城宮を凌ぐ規模となる（図9—1の東寄りの破線）。

平城京造営前、奈良盆地には三つの官道が等間隔で平行して南北に走り、西側の下ッ道が平城山を越えて山背国へ通じる道が歌姫越えであった。平城京の造営で下ッ道を拡張して朱雀大路にしており、下ッ道は朱雀門の北、第一次大極殿院前庭の下層でも検出されている。平城宮造営によってそれを迂回する道が必要となり、西へ迂回して山背国に抜けるのが渋谷越え、東へ迂回するのがコナベ越えであると言われ(5)、コナベ越えの道筋が確定すれば松林苑の東限になるかもしれない。平城宮の四周では築地大垣建設までの間、掘立柱塀であった部分が確認されているが、掘立柱塀であったとすると地上に痕跡が残らず、発見は発掘調査での検出を俟たざるを得ない。

『松林苑跡Ⅰ』によると、松林苑の中には内郭と呼ぶ東西二〇〇《メートル》、南北二一〇《メートル》、あるいは東西二〇〇《メートル》、南北三〇〇《メートル》の区画が想定されており、松林宮と推定されている。その規模は前者なら内裏、後者なら第一次大極殿院に相当する。その位置は朱雀門と第一次大極殿を結ぶ平城宮の中軸線の北延長部にあたる。その後の調査で内部には桁行九間以上、梁間四間の礎石建ち東西棟が想定され、基壇規模は平城宮第二次大極殿院の後殿相当で、南北一五《メートル》、東西四〇《メートル》以上となるという。[6] 全容は不明だが、位置と規模からみて松林苑内の中心施設、松林宮に間違いはないであろう。また、松林苑内には衛門府を思わせる衛門戸という小字や、雅楽寮関係機関の存在を連想させる歌姫という地名の他、蔵裏もある。水上池の西方には、後に光仁天皇の皇后となる井上内親王が斎王となり、伊勢に下向するまでの斎宮である北池辺新造宮の推定地もある。[7] 苑内には多様な施設が存在したのである。

さらに、苑内には二つの中島のあるハジカミ池や中島一つの目玉池があり、中島の小字も残っており、松林苑内部の庭園施設を推測させるものがある。平城宮の北辺に接する市庭古墳は平城宮造営に伴って前方部を削平され、その周壕を埋め立てられて役所の建物が配置されているが、現在、平城天皇陵と呼ばれる後円部だけは北面大垣の外側となって保全が図られたようである。その北西部の発掘調査では奈良時代に墳丘の葺石を洲浜敷きの園池に利用していることが確認されている。[8]

松林苑内最大の園池が水上池であった。幕末の弘化四年（一八四七）に水上池に関して記された記録「水上池中島九ッ取払につき御願案」[9]が、天理大学附属天理図書館所蔵の奈良県庁文書に残る。

【史料　保井文庫　一三テ―六一　七　天理図書館古文書　三八三四】

［水上池中島九ツ取払につき御願案］弘化四未十一月

添上郡水上郷五ヶ村

御代官様

（端裏書）

「十一月三日差上候願書写」

乍恐御侘を以奉願上候

一字水上大池河州江田豊次郎江猟場受池之儀并池中
普請仕様之儀繪圖面相添奉願上候處願之通
御聞済被成下此節専右普請取掛り罷在候然ルニ池中
東北西三ヶ所出嶋之儀者長三拾間高サ弐間半ニ相仕立
申度旨先達而繪圖面願書等相認奉差上置候處
右者池中ニ下地有形東手ニ長六間北手ニ長弐拾間
出嶋御網場御座候右古嶋　向ふ江長三拾間ツヽ
築出し可申豊次郎約定ニ御座候ニ付東手出嶋者
此度都合三拾六間北手出嶋者都合長五拾間ニ相成申候
勿論下地出嶋高サ有形通ニ而者水下ニ相成候間
此度笠置いたし高サ平均九尺ニ可仕候旦亦池中ニ
是迄之古嶋拾□ヶ所御座候内壱弐ヶ所者前書之通
相用候ニ付残九ヶ所此度取拂可申約定ニ御座候
右等之儀先達而御願書并繪圖ニ書洩し
只此度新規ニ相仕置候而已御願仕候段全村約人共
不調法至極奉恐入候然レ共最□□□之通相仕度

可申豊次郎約定ニ御座候間何卒右不調法之段
御憐愍を以御　免被成下様侘奉願上候
右之通
御聞済被成下候者難有仕合奉存候已上
弘化四未十一月
常福院村　庄屋　宗七
超昇寺村　庄屋　松田利□衛門
新超昇寺村　庄屋　善次郎
古超昇寺村　庄屋　藤五郎
門外村　庄屋代　新七
御代官様

これによると、河内の江田の豊次郎なる人物が水上池近傍の村の庄屋から水上池を漁場として利用する権利を得ると同時に、網場に用いるため長さ三〇間の出島を池の東岸、北岸、西岸の三ヵ所にそれぞれ設ける工事を計画し、庄屋らがその許可を奈良奉行所代官に願い出ている。ところが着工後、水を抜いてみると、北岸に長さ二〇間、東岸に六間の「下地出嶋」が見つかった。このため庄屋らは北岸の出島は併せて五〇間とし、これを除いた九ヵ所の「古嶋」（出島や中島）を取り払うとした豊次郎との約束の追認を代官に再度求めたのであった。この文書が示す通り、弘化四年まで水上池には出島や中島が多数存在し、複雑な汀線を有する苑池が残されており、宮廷苑池の景観を色濃く残していた。北岸に現存する出島は古代の瓦が散在していた場所で、亭でもあったのであろう。ちなみに平城京研究の先駆者北浦定政の『平城宮大内裏坪割之図』の完成は五年後の嘉永五年（一八五二）であるが、水上池の庭園遺構に関する記述はみられない。

苑内には多様な施設と複数の園池があり、中には広大で変化に富んだ園池もあったのである。

2　中国の古代都城における苑

最古の字書である『説文』（許慎撰）によると、園は果樹園や菜園など農園の意味であり、苑は禽獣や珍獣を含めた動物を飼育する施設、囿は苑に垣などの施設があるものを指す(10)。始皇帝によって渭水の南に設けられ、漢の武帝の時に拡張されたという上林苑は、周囲が三百里（約一二一・五キロ）もあった。苑の中には七〇ヵ所もの離宮別館が建てられ、楼観の他、大小多数の池等があり、さらにその中に苑もあった(11)。昆明池は版図拡大に伴う軍事訓練の場として重要であったが(12)、『文選』「西都賦」によると昆明池では両岸に牽牛と織女の石造物を立てたことなどがみえ、その様子は京都御所に伝わる幕末の障子画「昆明池水戦図」の画題ともなり、その石造物は信仰の対象として現存する(13)。

六朝時代、南朝の都がおかれた建康（現在の南京）の苑地は上林苑のような広大な規模を誇るものはないが、有名な華林苑には祥瑞記事が多く、聖代を演出する装置として機能したことなどが指摘されている(14)。

唐長安城の苑地については北田裕之氏の研究が詳しい(15)。これによると、長安城の太極宮と大明宮はその位置関係から西内・東内と呼ばれたため、太極宮の北の苑は西内苑、大明宮の東の苑は東内苑と呼び、太極宮内にも苑地があった（図9―5）。

太極宮内の苑地は後園と呼ばれていたと考えられている。太極宮内には隋の開皇年間に開削された清明渠と竜首渠があり、苑内を潤した。苑内には南海池・東海池・西海池・北海池があり、皇帝がしばしば船遊びをしたという。玄宗皇帝が道士に命じて鏡の龍に祈禱させ降雨に成功した凝陰殿や、建国の功臣像が掲げられた凌煙閣、山池院・景福台・望雲亭・毬場などがあった。

太極宮の北に位置する西大苑は、隋代には北苑と呼ばれ、唐代においても東に大明宮が造営されるまでは「内苑」や「後苑」と呼ばれていたと推定されている。貞観二十年（六四六）七月辛亥に、五品以上で宴会をした記録があり、玄武門北の小高いところに三層の飛霜殿があり、水を引いて池をつくり、楊や槐などを植えて暑さを凌いだという。この頃までは内園的な性格を有していたことが知られる。この記事に先立つ貞観十二年、玄武門の左右に屯営を設け、その後騎兵の数を増やした。羽林軍はその守備する位置から北衙禁軍と呼ばれた皇帝の親衛軍であるが、垂拱元年（六八五）には左右羽林軍を置き、内園としての機能は停止した。太極宮との境となる玄武門や観徳殿では的を射させて賞や罰酒を与えた大射の儀礼が行われた。苑地を管理した上林署は、祭祀などに供える野菜・果物などを栽培し、蔵氷も管理したため、西大苑内には氷井台と呼ぶ大きな版築の土台の中に氷室を作った施設もあった。さらに、苑内には毬場や宴会も行われた楼閣もあった。しかし、「宮」がつく離宮がないことから内苑としての機能を示すものと考えられている。

東内苑は大明宮の南東に位置し、苑内に竜首殿、竜首池があった。後に竜首池は一部埋め立てられ、毬場が作られたが、開成元年（八三六）には祈雨の対象となっていたことが知られる。

西内苑や大明宮を包含するように長安城の北には禁苑が広がっていた。長安城が隋の大興城を引き継いだように、長安城の北に広がる禁苑は大興苑を引き継ぎ、改称したものである。禁苑は一般的な意味としては宮廷に附属する苑地として使用されているが、ここでは固有名詞である。なお、我が国の『懐風藻』や『本朝文粋』などにいくつか「禁苑」とみえるが、詩を読む対象の庭に唐土の禁苑を重ねての使用のようである。禁苑は『大唐六典』尚書工部などに「其周一百二十里」と記され、長安城より大きい（図9—6）。禁苑内には多くの宮殿や楼亭、苑池、動物の飼育施設、軍の駐留地、役所、祭祀施設などが設けられ、複合的な役割を担った[16]。禁苑は漢の長安城跡も包含し、唐が漢代以降の諸王朝を超越することを示すという[17]。漢代の上林苑と比較すると小さくはなり、時代によって求められた機能や意味には違いがあったようである[18]。

禁苑が長安城の北に立地することについてはいくつかの説がある。朴漢濟[19]氏や北田裕行[20]氏は宮城の防備の意味があるとし、王海燕[21]氏は『易経』の宇宙生成論に基づき、太極宮は中央、外郭城は南、禁苑は北に置いて、天空に擬えたとする。妹尾達彦[22]氏も宮城が都城の中で北に寄る長安城も禁苑を考慮すれば太極宮が中央になるプランと指摘する。実用的な意味と象徴的な意味を兼ねていたのであろう。

3　日本の都城における後苑の系譜

六国史に用いられる「苑」は宮殿に隣接または付属する庭園のことであった[23]。『日本書紀』では顕宗紀元年・二年・三年の三月上巳（内田正男編『日本暦日原典』によれば二・二・八日）に「幸後苑。曲水宴。」とあるが、『日本書紀』編者の挿入と考えられている[24]。しかし、中国南朝と通交した倭の五王最後の武、すなわち雄略天皇（在位四五六―四七九）の後のことであるため、曲水宴を行ったかどうかは措き、この時期の苑地の存在は単純に文飾と言ってよいかはわからない。その後、武烈天皇八年（五〇六）三月条には、「穿池起苑。以盛禽獣。而好田猟。走狗試馬。」とあり、天皇は池のある苑地を造営し、禽獣を集め、猟を好んで、犬を走らせて馬を試したという。なお、『三国史記』においても「穿池造山」や「奇禽異卉」などの記載は百済では漢城時代の辰斯王七年（三九一）に、新羅では文武王十四年（六七四）にそれぞれみえる[25]。

飛鳥川の右岸、飛鳥寺の南方に位置する飛鳥京跡と呼ばれる遺跡は、舒明天皇の飛鳥岡本宮から皇極天皇の飛鳥板蓋宮、斉明天皇の後飛鳥岡本宮を経て、天武天皇・持統天皇の飛鳥浄御原宮までほぼ同じ場所で造営が重ねられた宮殿の跡である[26]。内郭と呼ぶ中心施設の北西側で見つかったのが、飛鳥京苑池遺構である。そこでは導水施設や噴水施設のある南池、中島が想定される北池、それらを隔てる堤などが見つかっている。出土した木簡には、苑池を管理した役所と考えられる「嶋官」や「造酒司」、漢方薬の「西州続命湯」、症状と医師の指導らしい内容の文書木簡、「委佐俾《わさび》」などがあり、池の東側には典薬寮・造酒司・大炊寮など宮内省下部組織の役所群が想定されている。また、苑池出土植物遺体から薬用の桃園などがあった可能性が考えられている。この庭園遺構を天武十四年（六八五）十一月戊申（六日）条にみえる「白錦後苑」とする推測がある[27]。天子南面の原則からすれば「後苑」は北方にあたり、白は西、錦を解字すれば金と白が含まれ、いずれも五行で西に配当されるため、その名称は内郭の北西にある苑地の位置と合致していると見なすことができる。

藤原宮では、内裏の東を限る南北溝の北端付近から出土した典薬寮関係木簡や、藤原宮北面中門での発掘調査で見つかった「薗職」と記す木簡から、宮北方の字テンヤク周辺に薬草園などが想定された。(28)昭和八年（一九三三）には耳成山の西南麓の新賀池から駱駝の臼歯と骨が発見されている。(29)金子裕之氏は、宮の北に位置する耳成山を苑の一部とみ、「長屋王家木簡」にみえる耳无御田は長屋王の庄で、平城遷都後、宮廷苑地が下賜されたものと推測している。(30)耳成山を含む藤原宮相当の範囲ではまだ条坊遺構が検出されていないため、(31)苑地があるかどうか、条坊制街路に分割されるのかなど、発掘調査による実態の解明が期待されるところである。

奈良時代前半の聖武朝には「松林苑」の他に「南苑」という記載もあり、苑地の存在は知られていた。南苑は平城宮東院地区や平城宮南西隅の庭園遺構の残る地区に充てる説があり確定をみない。奈良時代半ばの恭仁宮の苑地については、『続日本紀』の記載により「城北苑」「石原宮」「石原宮楼」で宴などが行われたことが窺える。宮城北東部に隣接する区域で行われた発掘調査では、石敷きの南北溝や大規模な建物も検出されており、(32)今後の調査が期待される。

桓武天皇が造営した長岡京では、近年の発掘調査の成果が長岡京の構造や造営の実態などに再考を促すものとなっている。長岡宮の四至はまだ確定に至っていないが、宮域以北にも道路側溝の遺構が確認され、条坊制街路が広がっているものと考えられている。(33)また、その宮城北方の宮城中軸線に面する区画では大型掘立柱建物と池状遺構が確認され、菜園や遊宴施設があったとされる。山中章氏(34)は唐長安城禁苑との対比からこれを苑池とみて、「北苑」と称し、その造営は延暦十一年（七九二）、長岡郊外の大原野での遊猟直前であったという。また、大原野は奈良時代に入野と称された地で、「大」原野の美称への改称も天皇の遊猟地、禁野の設定と無関係ではないと推測している。ただし、この池状遺構を池と判断するのは難しいようである。(35)一方、宮城の北西部にある物集女車塚古墳の北隣接地で回廊遺構が検出され、墳丘からは長岡宮期の瓦が見つかっていることから、松林苑で苑地内に古墳が取り込まれていいように、回廊を伴う庭園の中に古墳を取り込んで利用していた可能性が考えられている。(36)宮城北部が苑地なら後苑の流れを汲むものとなり、それらの評価が注目されるところである。

平安宮内には饗宴施設としての苑地は存在しないのが平城宮との大きな違いとなっており、その理由の一つに高燥な扇状地上に宮城が位置するという地理的条件があげられている。(37) 園池の立地は泉の湧く、表層地質と密接に関わるのである。(38) 平安宮の北方には園池が設けられており、(39) その区域は平安京の条坊を延長した整然とした区画であるという。(40) 一方、平安京では条坊制街区の中、八町規模の神泉苑が造営された。平安宮完成前の延暦九年（八〇〇）七月十九日の桓武天皇行幸記事を初見とし、以来二七回も行幸しており、歴代天皇もしばしば行幸した。池に南面して正殿としての乾臨閣が建ち、その左右に閣、そこから渡廊が派出し、池に臨んで東西に釣台が設けられ、南に南山、南西に馬場と馬埒殿などがあって、年中行事や詩宴など遊宴の場として機能したが、(41) 文徳朝以降は祈雨や止雨の場となるなど機能が変容する。苑は本来多様な機能を有したが、神泉苑には蔬菜果樹などの食料生産機能はないとみられ、『西宮記』には平安京北郊外の施設として「乳牛院」「園池」などがあることから、宮北の地、北野がその機能を担ったと考えられている。(42) 北野の禁野化は弘仁五年（八一五）で、(43) 苑の機能が北野と禁苑に分化とみるべきという。(44) 長岡京・平安京での都城における苑地の性格や機能は今後の調査研究によるところが大きいと思われる。

以上、宮廷附属の苑地についてみてきたように、神泉苑のように必ずしも苑地が宮の北方にあるとも限らないのだが、苑は北方にあるものとの意識が『日本書紀』完成時における顕宗紀の記事を生んだものと理解することができるのである。藤原宮の時代に三三年ぶりに遣唐使の通交が再開され、直接的にもたらされた長安城に関する情報が平城遷都へと結びつくが、(45) 松林苑の存在も長安城の北に立地した禁苑の存在と極めて密接と考えられる。都や陵墓の立地選定だけではなく、宮殿の占地等にもおそらく陰陽寮が関わっており、第一次大極殿院は宇宙を象り、陰陽五行思想に基づいた計画設計施工をしていたと考えた。陰陽論ではすべてのものを陰陽の属性でとらえ、宮殿の陽に対して苑地は陰となり、それぞれ礼と楽を司る。(46) 大極殿の庭で君臣の別を明らかにし、苑地での年中行事で君臣相和すのである。渡辺信一郎氏によると、(47) 六朝時代の太極殿の南に位置する宮殿の正門は冤罪再審請求の場であり、これを受けて皇帝による直接裁判が行われたのは宮殿北部の園林であった。これは刑獄・裁判が陰事に属するからである。陽たる場所で受けた請求は、陰たる場所で陰事が行われ、これによって陰陽が対転し、政治に調和がもたらされ、双方は皇帝の徳を天下に行き渡らせるイデオロギー装置として機能したという。この指摘は宮殿の空間配置の意味をダイナミックに捉えたものと評されている。[48] 陰陽のバランスや調和が天下に秩序と安寧をもたらすと考えられていたのであり、王海燕氏の指摘する都城における苑地の配置理論も受容していた可能性が考えられる。

宮と苑の配置における思想的解釈はしばらく措くとしても、松林苑は禁苑の存在を意識し、都城に伴う施設として直接受容し、その形態を良好にとどめてきたもので、平城宮や平城京、さらには日本古代都城を理解する上で重要な遺跡であると言うことはできるであろう。

二　松林苑の保存と活用

1　遺跡の保存

(一) 遺構保存

平成二十年、平城宮跡の大部分と南面の隣接地が国土交通省の管理する国営公園となることが決定した。平城宮跡には南部を東西に走る近鉄奈良線、北部特に大極殿院を東西に横断する県道谷田奈良線（通称一条通り）、中央を南北に抜け県道木津平城線（歌姫街道）につながる市道大極線（通称みやと通り）があり、それらの移設は平城宮跡の整備にとって永年の懸案であった。それが国営公園の基本計画案[49]の中で長期的には移設する方向が示された意義は大きい。県道谷田奈良線の機能を補完する、県道一条富雄線は既に都市計画決定されていたことではあるが、迂回路として期待でき、国営公園化によって計画の現実味が増してきたことになる。

かつて平城宮が一キロ四方の方形と考えられていた昭和四十一年（一九六六）十月、その宮城東辺に面するだろう東一坊大路に位置を合わせて、京都から奈良を経て和歌山へ向かう国道二四号の奈良バイパスが都市計画決定された。その後、道路予定地の発掘調査で南面する小子部門（的門）、これに続く南面大垣の検出により、平城宮に東の張り出し部があることが確定し、昭和四十三年十月に東の張り出し部東南隅で検出された東院庭園をも避ける現ルートに変更された。(50) この時と同様、平城宮跡の保存史に新たな一頁が加わることになるのである。

しかし、問題がない訳ではない。宮跡北方の県道一条富雄線は、宮跡の東方から平城宮東北部に接する水上池南岸の道路を経て、西でやや北へ振り、市庭古墳後円部（平城天皇陵）を迂回する。平城宮の北方東半部では松林苑を通るのである。そして、平城宮の北方西半部では現在集落が立地する大蔵省推定地を通って、北西へ抜けるルートをとる（図9―4）。松林苑跡は発見されたが、その範囲が確定していないため、現在、史跡等の指定はなされていない。大蔵省推定地は平城宮と松林苑の間にある施設跡で、奈良時代の大規模な整地や礎石据え付けのための基礎地業などが確認されており、(51) 遺構の性格の解明とともに遺構の保存が望まれるところである。

松林苑は奈良時代後半には史料にみえなくなるが、その場所には平安時代以降のその地の歴史も重なる。

平城上皇の平城還都計画は弘仁元年（八一〇）九月に挫折し、上皇は平城宮に蟄居した。上皇の第三皇子で嵯峨天皇の皇太子であった高岳親王は廃太子となり、東大寺戒壇院で授戒、真如と称した。真如は不退寺とともに超昇寺を貞観二年（八六〇）までに創建した。平城宮北西部の御前池の北東の台地に寺ノ前・本堂畑などの字名が残り、超昇寺の伽藍地と推定されており、南の佐紀池も含む広大な寺域を有していた。(52) 発掘調査ではその建物跡とされる遺構が検出されている。(53) なお、平城宮跡内になるが、佐紀池と御前池の間に堤があり、『奈良県庁文書』(54) によると、大正四年（一九一五）、この堤の波除けに使われていた礎石を超昇寺の礎石と考え、隣接する小学校敷地（現佐紀幼稚園）に移し、柵で保存する計画を立てている。その後、敷地北側の佐紀神社に移されていた礎石一〇個は現在では平城宮のものと考えられており、(55) 平城宮跡遺構展示館の庭に移され展示されている。

中世には御前池の西側に平城宮の北面大垣を利用して、超昇寺城が築かれる。城主の超昇寺氏は超昇寺の僧と推定され、長禄三年（一四五九）の記録が初見で、明応二年（一四九三）には城を焼いて没落している。[56]超昇寺城跡が松林苑跡と重なるかは今後の調査に期待したい。

以上述べたように、道路計画地は平城宮跡を避けるのだが、保存に配慮すべき遺跡もあるのである。

（二）風致の保存

現在、松林苑跡は最大の想定区域でも全域が市街化調整区域に含まれる（図9―7）。その区域は「古都における歴史的風土の保存に関する特別措置法」により歴史的風土特別保存地区（ドット部分）あるいは歴史的風土保存区域（斜線）に指定され、水上池や磐之姫陵などは歴史的風土特別保存地区に入る。区域内の現状変更は原則禁止あるいは制限されており、奈良市におけるこうした地域については都市的土地利用への変化が少なく全般的には開発規制が有効に機能したことが報告されている。[57]

また、推定される松林苑の全域が奈良県風致地区条例により第一種・第二種・第三種の風致地区ともなっている。建築行為等への規制としては建坪率や建物高さ、壁面後退距離があり、建物の外観は和風建築を主体とし、周辺風致との調和を考慮するものとしている。およそ第一種風致地区は歴史的風土特別保存地区、第二種・第三種の風致地区は歴史的風土保存地区になっている。

風致地区という都市計画用語は都市における良好な自然的景観を指すものであったが、平成二十年に成立した「地域における歴史的風致の維持及び向上に関する法律（通称「歴史まちづくり法」）」では、その「風致」の概念が拡大してきている。その法律にいう歴史的風致とは、「地域におけるその固有の歴史及び伝統を反映した人々の活動とその活動が行われる歴史上価値の高い建造物と、その周辺の市街地とが一体となって形成してきた良好な市街地の環境」と定義しており（第一条）、ハードである城や神社仏閣等の歴史上価値の高い建造物や、周辺の伝統的な家屋が建ち並ぶ市街地と、そこで営まれる伝統行事などソフトである人々の活動が一体となった概念であるとされる。[58]この法律は、国が指定した重要文化財建造物等および国が選定した重要伝統的建造物群保存地区の周辺における歴史的風致の維持及び向上のためのまちづくりを支援するものであるため、当該地区にあてはまるものではないが、風致の概念に伝統行事などが入った意義は少なくないと思われる。

平成十九年度の文化審議会文化財分科会企画調査会報告書によると、「世界文化遺産における構成資産のとらえ方にならって、歴史的・文化的・自然的主題を背景にして緊密に関連性をもつ複数の文化財を総合的にとらえた上で保護を図る観点が必要である」と述べる。有形・無形の文化財を歴史的関連性や地域的関連性に基づいて総体として捉えようとし、関連する複数の文化財を総合的にとらえることにより新たな価値を見いだす必要性が示されたのである。(59) 自然・歴史・社会的文脈の中で有形無形の環境を多面的に捉え、保全と活用を図る必要があるのである。

2　遺跡の履歴と保存活用

(一) 遺跡の履歴と風致

宮城俊作氏(60)は、歴史的遺構の整備において常套手段であり続けた復元的整備事業の代替案として、平城京跡を例に、その分析と構想を次のように示す。すなわち、長岡遷都後、平城京は水田と化し、水田畦畔には平城京の条坊制を下地とした地割りが残った。そして、現代の農地の宅地への変換や、道路や鉄道といった線状の開発もその構造に決定的なダメージを与えていないとする。しかし、そこにある水系は街路側溝の排水系統を示すものではなく、長期にわたって農耕が営まれ管理されてきた水田の水利を示すものであり、人と土地の関係のプロセスが蓄積された歴史的風致の一端であると指摘する。その水系と遺存地割を活かしつつ、営農規模に応じて条坊制での宅地割のプロトタイプ（一町・二分の一町・四分の一町・八分の一町・一六分の一町・三二分の一町）を想定し、それらを組み合わせた農住ユニットを提案する。それは遺存地割をゾーニングのベースにし、土地の分割パターンは平城京時代をモチーフにしたもので、地産地消など現代の価値観に合致する農業などの土地利用計画を目指す。こうして、「人と土地・自然との関係のプロセスの総体が現代的に表現された歴史的風致が形成されることになる」と仮設を立て、風致の保全と向上を目指すシナリオとするのである。

その提案の中には風致の評価の背景に原点としての条坊制街路の敷設があり、その後の歴史的変遷も尊重し、保存活用ではその文脈の延長上で現代的意義付けがなされている点が重要と思われる。

(二)歴史的文脈と施設・土地利用

では、この地の風致を評価する基準は何であろうか。その判断では、遺跡本来の性格と遺跡の履歴を含む歴史的環境と、自然的環境、さらに社会的環境の総合的な側面から環境を総体として捉えていく必要があると思われる。

小野健吉[61]氏は飛鳥京苑池遺構において、水路が取り巻く北池の中の中島が動物を隔離する囿ではなかったかとする。『日本書紀』の推古朝から天武朝にかけて、駱駝《らくだ》、羊、羆《ひぐま》、驢馬《ろば》、鸚鵡《おうむ》、孔雀《くじゃく》、騾馬《らば》、鵲《かささぎ》、白雉、白鹿、赤亀といった奇禽珍獣がみえ、中島が囲い込むのに適当であったからである。舶来の動物は粛慎《みしはせ》からの献上品、遣唐使への返礼品を問わず宮廷では広い版図を示す象徴的役割を果たしたと指摘する。苑の機能には奇禽珍獣を誇示することもあったため、松林苑に同様な機能を想定すれば苑内施設として動物園も脈絡のある施設となるのだが、松林苑で養われた記録はない。ただし、『正倉院文書』には平城還都前の天平十七年(七四五)四月十六日付けの「園池司解」があり、その中で孔雀鳥一翼の料米を直丁の食料とともに請求していることから[62]、園池司の管理する平城京のいずれかの「苑」で孔雀が飼育されていたことが窺えるため、それが松林苑であった可能性は考えられる。

現在、インターネットで「水上池」を検索すると、平城宮跡とともにバードウォッチの場として知られ、鴨などの観察をする人は少なくないことがわかる。環境も変わり、集めた動物と集まったものとの違いがあって、意味も変わったが、苑池を偲ぶ縁《よすが》として良好な風致を構成するものといえるだろう。

松林苑推定地の北東部には航空自衛隊奈良基地も存在する。昭和十八年(一九四三)、この地に厚生省西部国民労働訓練所が開所し、終戦後は昭和三十一年まで米軍が駐屯した。米軍撤収後は幹部候補生学校が移駐、奈良基地が設置された。自衛隊と奈良時代の軍は無関係だが、松林苑には軍隊が駐屯したことが想定されている。施設の高さが抑えられていることが有効に働いていることもあろうが、自衛隊施設はさほどの違和感を覚えないのは筆者だけであろうか。

（三）歴史的文脈と活用方法

遺跡の履歴でも触れたように、超昇寺城を築いた超昇寺氏は至徳元年（一三八四）の「長川流鏑馬日記」にみえ、鎌倉時代から春日若宮祭の流鏑馬役を勤めていたという。(63) その春日若宮祭（国指定重要無形民俗文化財）では、流鏑馬（騎射のひとつ）が復興された。松林苑と超昇寺では時代が異なるが、かつて騎射が行われた松林苑において騎射が復興されれば、中世の超昇寺氏の事蹟も含めて脈絡のある活用方法といえ、現在の風致の概念や文化財の総合的な把握では評価すべきものとなろう。

奈良の興福寺猿沢池では、毎年中秋の名月のときに采女祭が行われる。竜頭船に采女に扮する人が乗り、あたりに雅楽が流れる。寵愛を受けていた采女が、「ならの帝」の心変わりを嘆き猿沢池に身を投げ、帝は社を建て、霊を慰めたという伝説が『大和物語』や『七大寺巡礼私記』にみえる。(64) 歌姫の地名の残る、松林苑内の苑池活用の一つとして参考になる事例と思われる。

松林苑には現在、丘陵地に入り込む形で谷地田が分布する。松林苑内に当時水田があったかは不明だが、苑が本来は多機能なものであったことに鑑みれば、農地としての維持・活用を図ることも重要と思われる。国の重要文化的景観に選定された「一関本寺の農村景観」は中世の陸奥国骨寺村絵図に描かれた当時の土地利用を色濃く残し、活用の中で荘園米のブランド化が計画され、平成二十年には骨寺村荘園米が商標登録されている。禁苑米などの名称は魅力的ではなかろうか。

松林宮跡も市街化調整地域ではあるが、住宅地も徐々に増えてきている。苑の中の宮殿遺構として保存と明示、あるいはおぼろげながらでも辿ることのできる何らかの表現が必要だと思われる。

平城遷都によって平城宮中枢部に設けられたのが、第一次大極殿でそれは長安城大明宮含元殿を意識したものであり、平城宮の北に設けられた松林苑は長安城の禁苑を意識したものであった。この地では、平安時代の寺院の造営、中世における城の興亡、幕末の水上池の出嶋の削平、詳述はしなかったが、陵墓植栽の常緑樹化と拝所の設置、近代における遺物保存による遺跡の顕彰、現代の住宅化など時代毎に様々な変化があり、有形の痕跡と無形の事蹟が積層している。風致の保全を図るには、平城廃都後の遺跡の履歴にも配慮した、脈絡のあるハード、ソフトの計画が必要である。一方、原点としての奈良時代の遺構の保存・復元整備も一部では有効であろう。その意味では、風致地区内での建築物の基準を「和風建築」としているが、水上池の西岸・北岸を巡る奈良自転車道脇にあたりに四阿でも設置することがあれば朱い柱のものも悪くないと思うがいかがであろうか。歴史的文脈を遡ると唐土の禁苑を意識した奈良時代の宮廷苑地の亭が映るからである。

（四）都城遺跡における苑地の保存と活用

都城遺跡と苑地に関し目を中国・韓国に転じれば、まず同時代の遺跡として唐長安城の大明宮（西安市）がある。これは東西約一・二キロ、南北約二・四キロの宮殿で、平城宮と松林苑を含む規模を有し、その北半は太液池を中心とした苑地である。正殿の含元殿は近年ユネスコにより基壇復元などが行われ整備されたが[65]、二〇〇七年十月には宮殿とその周囲の街区を含む五・六平方キロを対象に「西安・唐大明宮遺址保護展示苑園区暨国家遺址公園概念設計」コンペも行われ、大明宮跡が都市計画の中に位置付けられた。長安城東南隅には曲江池を有した芙蓉苑跡があり、こちらには近年、大唐芙蓉苑という唐代を主題にしたテーマパークがオープンした。平城京では五徳池がこれに倣う位置に造営されている。

渤海は六九八年に建国し、渤海滅亡の九二六年まで一時期を除き都を上京龍泉府（黒竜江省牡丹江市）においた。その宮城および都城の北面の城壁から、北方を東西に流れる牡丹江との間には苑池と考えられる池や基壇建物の跡が存在し、苑地「和乾苑」との想定もある[66]。上京龍泉府については世界遺産登録へ向けた動きがある。

新羅は紀元前五七年の建国以来、九三五年に滅亡するまで慶州を都とした。王宮の月城は慶州盆地の中央南端にあり、独立丘陵を利用した山城形式の城郭である。七世紀後半、城の濠を埋めて宮域を北へ拡張し、東宮とその苑池（雁鴨池は現在の呼び名で、当時は「月池宮」「月池」）が設けられた[67]。一九七五・一九七六年の発掘調査を経て復元整備され、現在は世界遺産慶州歴史地区の月城地区に入り観光地となっている。

時代は降るが、北京の明清時代の紫禁城（現故宮博物院）も世界遺産に登録されている。宮殿に接して北から西にかけて苑地が残り、こちらは北は景山公園、西は北海公園として市民らに活用されている。紫禁城からは離れるが、清代の頤和園は世界遺産に登録され、ここには昆明湖があり、牽牛織女の故事にならって銅牛が置かれ、漢の上林苑の伝統を継ぐ。

韓国のソウル、朝鮮王朝時代の昌徳宮の北に位置する秘苑（後苑）には楼閣や池、泉、太極亭などの庭園施設が残り、宮殿と秘苑の約一三五㌶のうち約五八㌶が世界遺産に指定されており、保存と活用が図られている。

中国・韓国では都城に関わる宮殿や離宮と苑地の保存活用は国家の文化政策とも絡みながら、それぞれの都市でさまざまな試みがなされているようである。

世界遺産「古都奈良の文化遺産」では、文化財保護法による国指定史跡の「東大寺旧境内」「興福寺境内」「春日大社境内」「元興寺極楽坊境内」「薬師寺旧境内」「唐招提寺旧境内」、特別史跡「平城宮跡」及び特別天然記念物「春日山原始林」の計六一六・九㌶が構成資産[68]の登録遺産面積となっている。その平城宮跡エリア（特別史跡平城宮跡）の周囲には「古都における歴史的風土の保存に関する特別措置法」による歴史的風土保存区域と、都市計画法に基く「奈良県風致地区条例」による風致地区が緩衝地帯（バッファーゾーン）となっており松林苑が包括される[69]。そこでは風致の保存はなされているが、構成資産のバッファーとしての位置づけなのである。

松林苑は考古学的にその範囲が定まってはいないことから、史跡としての指定はされておらず、周知も充分とは言えない。平城宮跡の国営公園化事業と関連して進められる都市計画道路等の事業は松林苑の認識を新たにする良い契機になり、さらなる調査研究の蓄積が期待できる。どのような文脈で松林苑跡の保存と活用を図っていくのか、将来を見据えた方策を考えるべき時期が来ていると思われる。

【参考文献および註】

（1）『平城宮木簡Ⅰ解説』一九六九　奈良国立文化財研究所　八六頁
（2）拙稿　一九九八「平城宮跡佐紀池庭園遺構」『発掘庭園資料』奈良国立文化財研究所　二八―三一頁
（3）河上邦彦編　一九九〇『松林苑跡Ⅰ』奈良県史跡名勝天然記念物調査報告第六十四冊　奈良県立橿原考古学研究所

（4）河上邦彦　二〇〇六「松林苑（猫塚古墳・大和二〇号墳）」『古代庭園研究Ⅰ—古墳時代以前から奈良時代—』奈良文化財研究所学報第七四冊　二八五—二八九頁

（5）岩本次郎　一九九〇「飛鳥・白鳳の時代」『奈良市史』通史一　奈良市　一二五—一二六頁

（6）清水昭博　一九九七「平城宮松林苑第五六～五九次発掘調査概報」『奈良県遺跡調査概報一九九六年度（第一分冊）』五—一二頁

（7）金子裕之「平城宮の後苑と北池辺の新造宮」『瑞垣』神宮司庁　八〇—八五頁

（8）金子裕之編　一九八一『平城宮北辺地域発掘調査報告書』奈良国立文化財研究所

（9）『天理図書館古文書』三八三四　保井文庫　一三テ—六一　七　天理大学天理図書館蔵　文献調査当時、解読にあたっては奈良国立文化財研究所歴史研究室長綾村宏氏の手を煩わせた。記して謝したい。

（10）金子裕之　二〇〇三「平城宮の園林とその源流」『東アジアの古代都城』研究論集ⅩⅣ　奈良文化財研究所学報第六十六冊　一三一—一六六頁

（11）王其亨・何捷　北田裕行訳　一九九六「前漢上林苑の苑中苑」『建築師』七二巻

（12）北田裕行　二〇〇五「上林苑の研究史および漢代昆明池の再検討」『古代日本と東アジア世界』一一七—一四二頁

（13）前掲書（12）

（14）多田伊織　二〇〇五「建康禁苑考—六朝文学の中の禁苑—」『遺跡学研究』第二号　日本遺跡学会　八〇—八九頁

（15）北田裕行　二〇〇九「隋唐長安城の太極宮後園と三苑」『平安時代庭園に関する研究3』奈良文化財研究所　五三—六八頁

（16）王海燕　二〇〇一「禁苑と都城—唐長安城と平城京を中心に—」國學院大學大学院紀要 vol.32　二〇〇〇年度國學院大學大学院　三五三—三七九頁

（17）妹尾達彦　二〇〇六「長安・洛陽からみたアジア世界」『記念的建造物の成立』東京大学出版会　一五一—二二二頁

（18）朴漢濟・山崎雅稔訳　二〇〇五「唐長安城三苑考—前漢上林苑と比較して—」中央大学国際シンポジウム『東アジアの都市史と環境史—新しい世界へ—』中央大学　二一〇—二四一頁

（19）朴漢濟著・尹素英訳　一九九〇「北魏洛陽社会と胡漢体制—都城区画と住民分布を中心に」『お茶の水史学』三四頁

（20）前掲書（15）

（21）前掲書（16）

（22）妹尾達彦　二〇〇一『長安の都市計画』講談社　一四五頁

（23）吉野秋二　二〇〇九「日本古代の禁苑と離宮」『平安時代庭園に関する研究3』奈良文化財研究所　二〇—三〇頁

（24）和田萃　一九九五「薬猟と本草集注—日本古代における道教的信仰の実態—」『日本古代の儀礼と祭祀・信仰』中巻　塙書房　一〇〇—一〇一頁

（25）北田裕行　二〇〇八「三～七世紀における東アジアの苑池構造の変遷と飛鳥—島台から築山へ—」『東アジア古代都城の苑地に関する総合的研究』平成十六—十九年度文部科学省科学研究費補助金基盤研究（A）（二）一五六—一七一頁

（26）小澤毅　二〇〇三『日本古代宮都構造の研究』青木書店　一九—

七一頁、林部均　二〇〇八『飛鳥の宮と藤原京　よみがえる古代王宮』吉川弘文館

(27) 奈良県立橿原考古学研究所編　二〇〇二『飛鳥京苑池遺構調査概報』学生社

(28) 岸俊男　一九八八「緊急調査と藤原宮の復原」『日本古代宮都の研究』岩波書店

(29) 阿倍猛　一九九五『万葉びとの生活』三陽社　二五四頁

(30) 金子裕之　二〇〇四『東アジアの古代都城の苑地に関する基礎的研究』文部科学省研究費補助金基盤研究（B）（二）研究成果報告書　五―一八頁

(31) 林部均　二〇〇八『飛鳥の宮と藤原京　よみがえる古代王宮』吉川弘文館　二一二頁

(32) 久保哲正　二〇〇四「恭仁宮」『東アジアの古代都城の苑地に関する基礎的研究』金子裕之編　文部科学省研究費補助金基盤研究（B）（二）研究成果報告書　一九―五〇頁

(33) 國下多美樹　二〇〇七「長岡京―伝統と変革の都城」『都城　古代日本のシンボリズム』青木書店　七一―九八頁

(34) 山中章　二〇〇一「長岡京東院の構造と機能―長岡京「北苑」の造営と東院」『日本史研究』第四六一号、山中章　二〇〇五「平城京・長岡京・平安京―伝統の継承と非継承―」『季刊考古学』雄山閣出版　一六―二一頁

(35)『平安時代庭園に関する研究3』「討議の記録」二〇〇九　奈良文化財研究所　八二―八六頁

(36) 國下多美樹　二〇〇九「長岡京北苑研究の現状」『平安時代庭園の研究3』奈良文化財研究所　一―一二頁

(37) 網伸也　二〇〇七「平安京の造営―古代都城の完成」『都城　古代日本のシンボリズム』青木書店　九九―一三一頁

(38) 森蘊　一九九六『日本史小百科　庭園』東京堂出版　一三―一四頁

(39) 東野治之　一九八二「平安宮の園池」『古代研究』二四　元興寺文化財研究所　一四―一八頁

(40) 高橋康夫　一九八三「平安京北辺の地域的発展」『京都中世都市史研究』思文閣出版

(41) 金子裕之　一九九九「宮と後苑」『瓦衣千年―森郁夫先生還暦記念論文集―』森郁夫先生還暦記念論文集刊行会　三一八―三三〇頁

(42) 前掲書（39）

(43) 前掲書（41）

(44) 前掲書（39）

(45) 小澤毅　二〇〇三『日本古代宮都構造の研究』青木書店　一一五―一五三頁

(46) 程萬里主編　一九九一『中国伝統建築』萬里書店・中国建築工業出版社　二三頁

(47) 渡辺信一郎　二〇〇四『中国古代の王権と天下秩序―日中比較史の視点から』校倉書房　一六六―一八〇頁、初出は（二〇〇〇）「宮闕と園林―3～6世紀中国における皇帝権力の空間構成―」『考古学研究』第四七巻第二号　考古学研究会　一一―二八頁

(48) 辻雅博　二〇〇五「魏晋南北朝の聴訟と録囚」『法制史研究』五五　法政史学会　一―四九頁

(49)『国営飛鳥・平城宮跡歴史公園　平城宮跡区域（仮称）基本計画（案）』平成二十年八月、近畿地方整備局国営飛鳥歴史公園事務所が、

HPにて公開。

(50) 高野浩二　一九七二「奈良バイパス」『土木学会誌』五七巻一号　土木学会　六四—六九頁

(51) 林部均　二〇〇三「平城宮北方遺跡」『奈良県遺跡調査概報二〇〇二年（第一分冊）』奈良県立橿原考古学研究所　三—六頁

(52) 堀池春峰　一九九四「平安遷都と南都」『奈良市史』通史二奈良市　四三—四八頁

(53) 今尾文昭　一九九八「松林苑第六〇～六四次発掘調査概報」『奈良県遺跡調査概報一九九七年（第一分冊）』奈良県立橿原考古学研究所　五—八頁

(54) 『奈良県庁文書』「社寺ニ関スル一件書（I）」2・3／T5／3　奈良県立図書情報館蔵　文献調査にあたっては奈良県立図書館郷土資料室の山上豊氏の手を煩わせた。記して謝したい。

(55) 溝辺文和　一九六七「超昇寺考」『奈良文化論叢』奈良教育大学堀井先生停年退官記念会　八六三—八七〇頁

(56) 村田修三　一九九四「中世の城館」『奈良市史』通史二奈良市　五三八—五三九頁

(57) 土橋正彦　二〇〇四「奈良市における遺跡をとりまく環境保全の成果と課題」『遺跡学研究』第一号日本遺跡学会　一二五—一三六頁

(58) 脇坂隆一　二〇〇八「「地域における歴史的風致の維持及び皇城に関する法律（歴史まちづくり法）」について」『ランドスケープ研究』第七二巻第二号　一八二—一八六頁

(59) 市原富士夫　二〇〇八「地域における文化財の総合的把握と保存・活用について～平成十九年度文化審議会文化財分科会企画調査会報告書から～」『ランドスケープ研究』第七二巻第二号　一八七—一九一頁

(60) 宮城俊作　二〇〇八「歴史的風致をめぐるリテラシーの継承とプロセスの表現」『ランドスケープ研究』第七二巻第二号　一五八—一六一頁

(61) 小野健吉　二〇〇三「飛鳥京後苑池遺構のなかの動物園」『奈良文化財研究所紀要二〇〇三』一四—一五頁

(62) 岸俊男　一九八五『日本古代文物の研究』塙書房　三一一—三一七頁

(63) 今尾文昭　一九九八「松林苑第六〇～六四次発掘調査概報」『奈良県遺跡調査概報一九九七年（第一分冊）』奈良県立橿原考古学研究所　五—八頁

(64) 長田光男　一九八五『続奈良点描』清文社　一七七—一八五頁

(65) 今井晃樹　二〇〇六「中国における遺跡整備の現状」『遺跡学研究』第三号日本遺跡学会　一六〇—一六三頁

(66) 加藤真二編　二〇〇五『東アジアの古代苑池』飛鳥資料館図録第四四冊　奈良文化財研究所飛鳥資料館　四二—四五頁

(67) 佐藤興治　二〇〇七「王京」『古代日本と朝鮮の都城』ミネルヴァ書房　三九六—四一六頁

(68) 二〇〇八年七月に開催された第三二回世界遺産委員会において、CORE ZONEという呼称を止め、PROPERTY（構成資産）とすることで決議された。

(69) 『世界遺産　古都奈良の文化遺産』一九九九　奈良市　五九頁

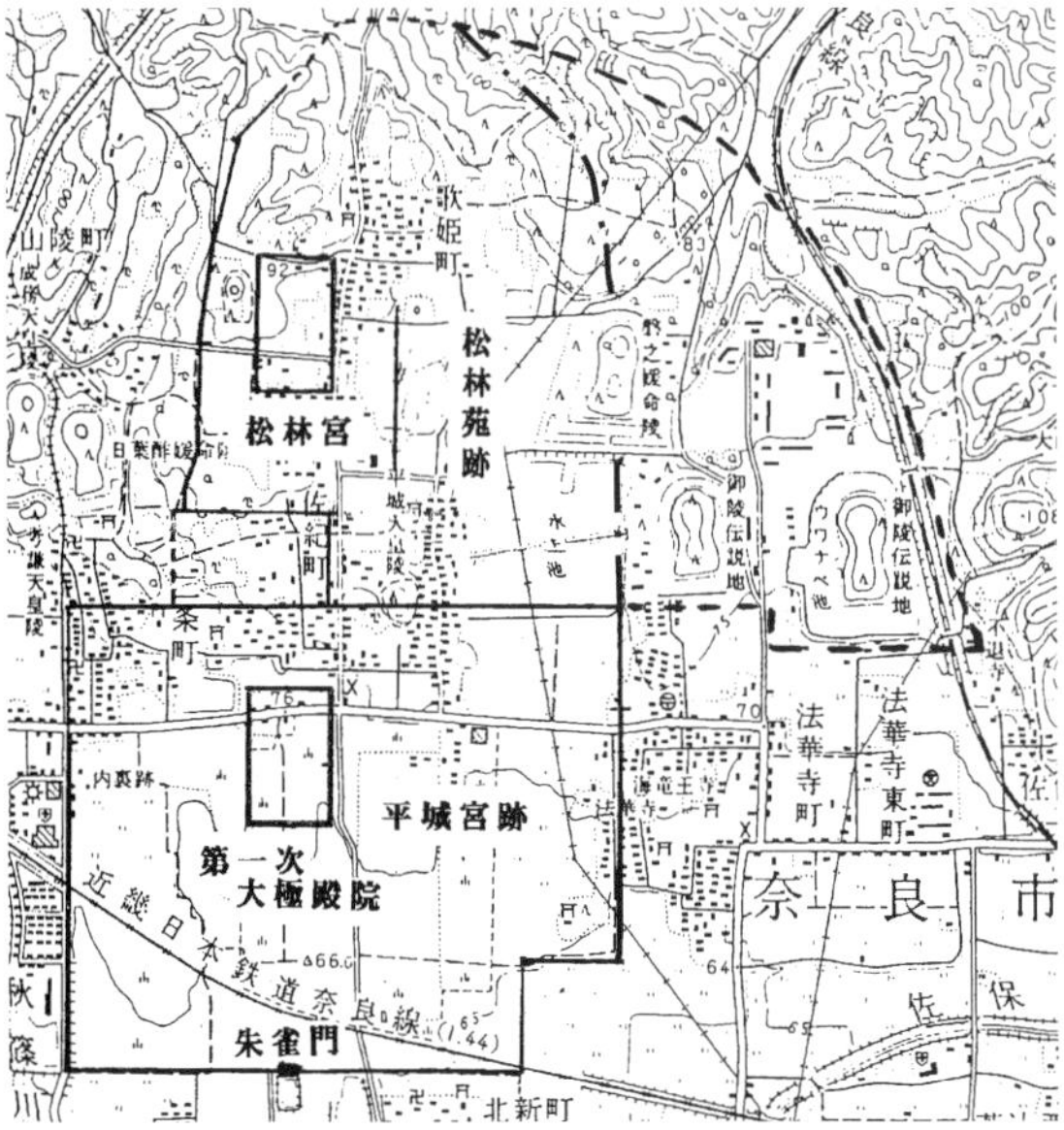

図11－1　松　林　苑
橿原考古学研究所『松林苑Ⅰ』１頁に加筆

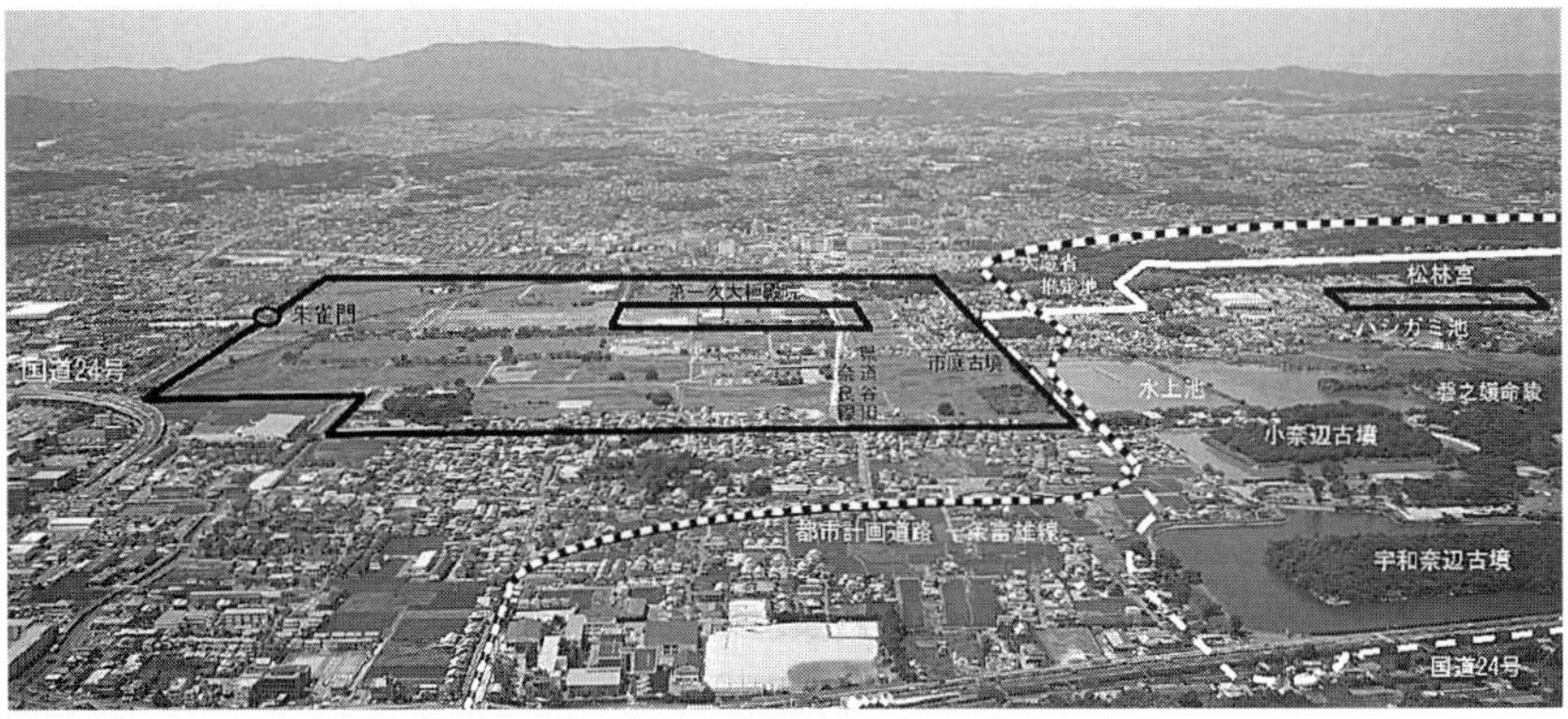

図11－2　松林苑跡と平城宮跡
奈良文化財研究所提供に加筆

図11－3　松林苑跡と平城宮跡
奈良文化財研究所提供に加筆

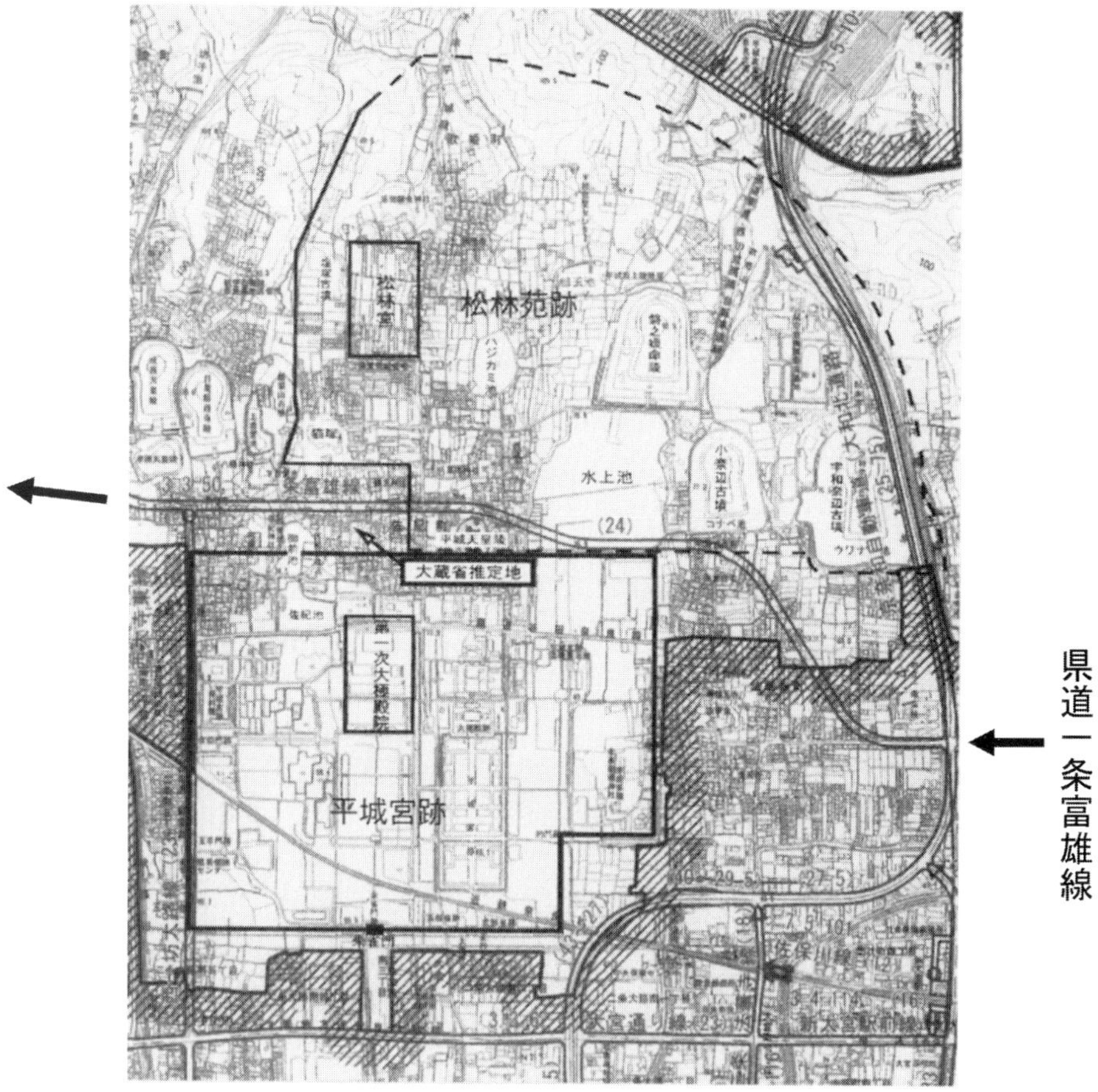

図11－4　平城宮跡周辺の都市計画
奈良国際文化観光都市建設計画　都市計画道路網図に加筆

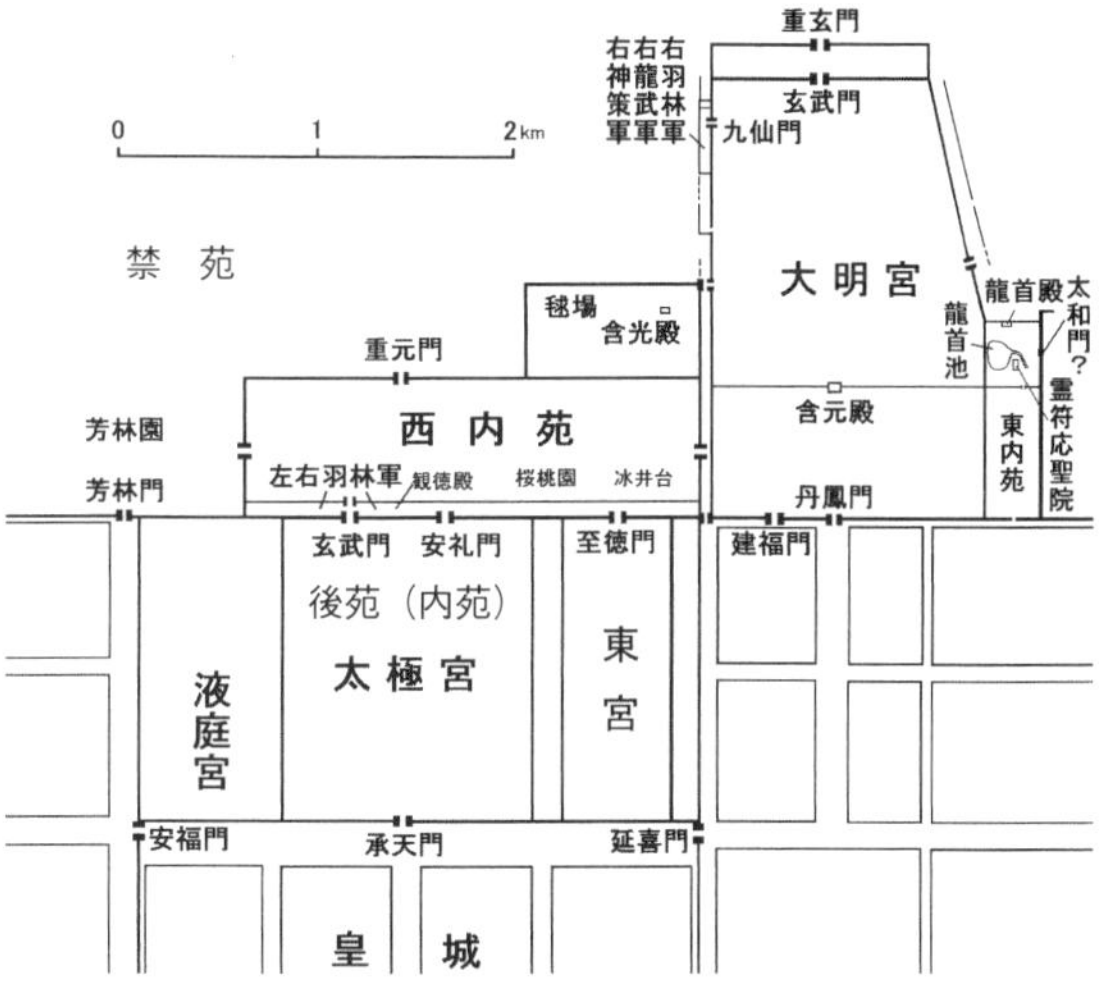

図11－5　唐長安城の苑地
北田裕行　2009「隋唐長安城の太極宮後園と三苑」
『平安時代庭園に関する研究３』奈良文化財研究所　65頁

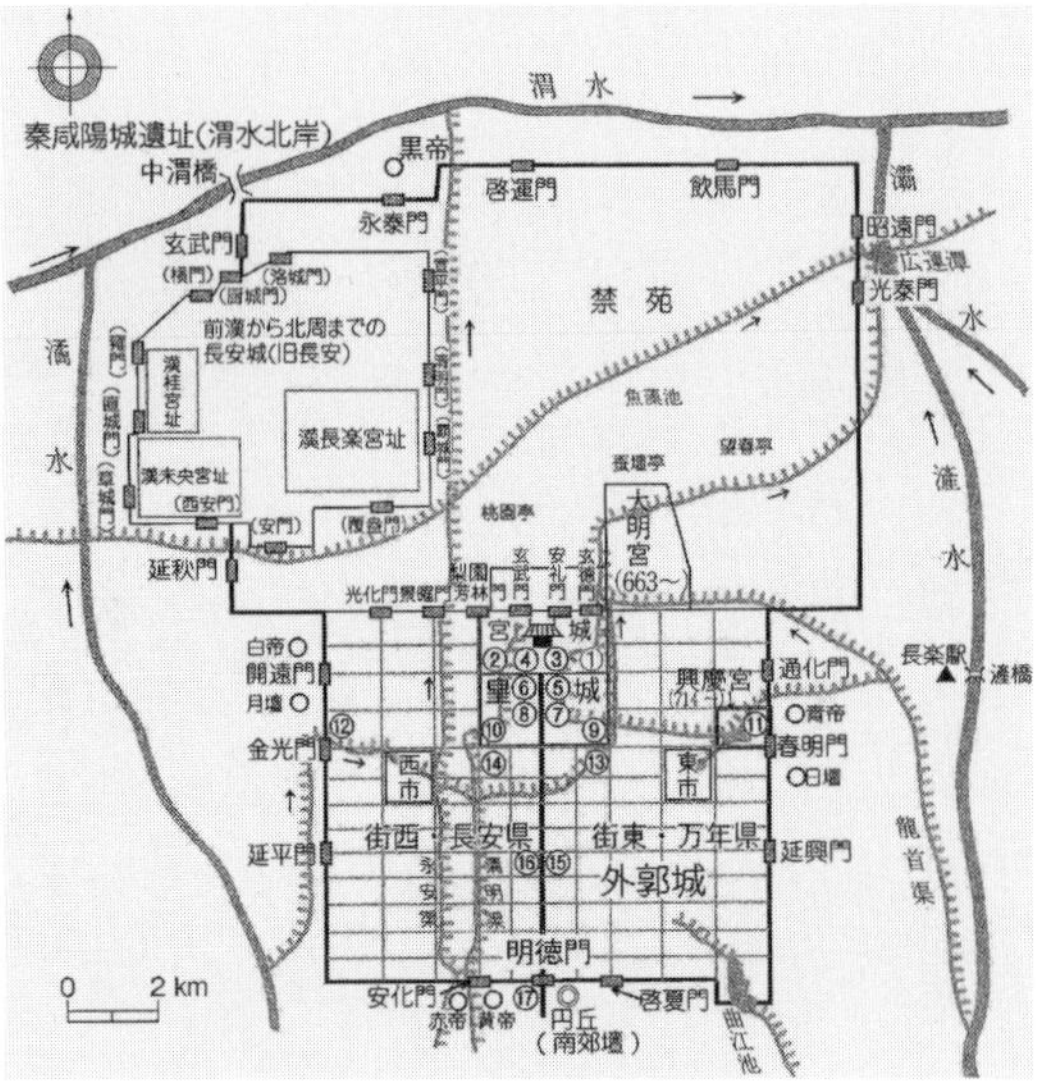

図11－6　唐長安城と禁苑

妹尾達彦　2001『長安の都市計画』講談社　142頁

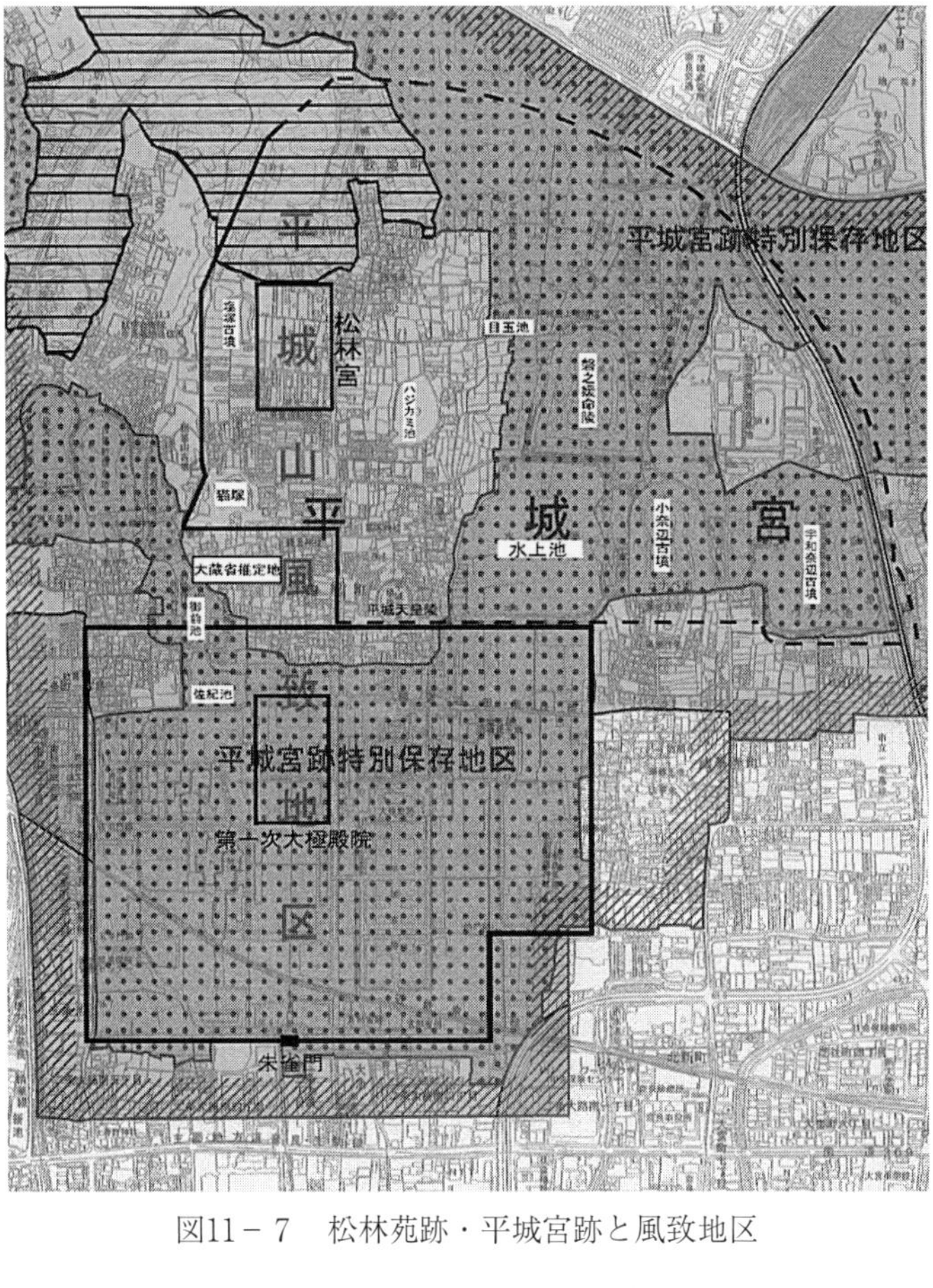

図11－7　松林苑跡・平城宮跡と風致地区

結　語

平城宮第一次大極殿院の塼積擁壁の平面形は屈曲する不可解な形であった。この平面形を決めるのに、大極殿院の中での大極殿配置の基準となる位置を定め、そこに大極殿の中心の少し北寄りの点を合わせた。この点を中心に同心三円（半径は四〇尺×六、七、八）を描き、後殿前の点を中心にした円（半径は四〇尺×九）との交点などを用いていることが分かった。そして、煩雑な手順の中にも規則性が窺えた。同心三円と一偏心円の構造は、キトラ古墳の天文図の内規・赤道・外規が等差の同心円をなし、黄道が偏心円で表されたように宇宙の構造を象った。また、同心円の中心と僅かに離れる大極殿の中心は天の北極とは僅かにずれる当時の北極星に準え、正しく宇宙を象った。古代中国では宮殿は宇宙を象るものであったこと、古代の日本はその設計思想を経書や緯書、『晋書』『隋書』等の史書、『文選』などを通して学んだこと、出土した瓦の文様なども具象的あるいは抽象的に宇宙を象ると理解できることなどを述べた。設計に用いた偏心円がいずれの同心円より大きなことが宇宙の構造とは合致しなかったが、それは黄道を象った偏心円を日輪に、塼積擁壁の平面形を八咫烏にそれぞれ見立て、瑞鳥を大極殿前庭に留め置いた設計上の工夫であり、日に因む統治理念を強調した結果と考えることができた。

天下の中心はこの同心円の中心で、天の中心である天の北極と地軸で繋がっており、これを通して天空の秩序が天下に広まり、徳が敷かれると観念されていたようである。記紀の国産み神話においてはその地軸を天の御柱と呼んでおり、その根本に設けられたのが高御座で、天地の結接点であった。復元された第一次大極殿内の高御座のイメージ模型を手掛かりにして、さらにイメージを広げることも可能であろう。

人間世界の秩序を宇宙の秩序（天道）と一致するとみて、それに範を取ろうとするのが天人合一思想であるが、宮殿の構造や、瓦の文様が宇宙を象ること、天皇の詠む歌が時空に適ったものであることも天道に則って行動する則天主義の実践であった。人の営為が秩序正しければ天の規則正しい運行を促し、天下に安寧がもたらされると考えられたようであり、平城宮においても年中行事が滞りなく行われることになる。その再現などを通して遺跡や古代人の観念の理解を促し、伝統芸能等の文化を振興し、地域間交流などにも役立てる遺跡の活用が期待される。

塼積擁壁の設計方法の検討から国家の勢威を示し天下の安寧を願う、設計者延いては天皇の意図を読み解いた。国号を日本として千三百余年、その思いは我が国の長い歴史を越えて伝統や文化に引き継がれており、それを発展させる文化力が、今、求められているように思われる。

あとがき

本書は各時点での報告や論考をまとめ直したため、関連する主な内容の初出を以下に提示しておく。

第一部

一九九四「平城宮第一次大極殿院復原模型の制作」『奈良国立文化財研究所年報一九九四』奈良国立文化財研究所　七二頁

二〇〇〇「平城宮第一次大極殿院の地形復原」『奈良国立文化財研究所年報二〇〇〇―Ⅰ』奈良国立文化財研究所　一四―一五頁

二〇〇二「平城宮第一次大極殿院磚積擁壁の平面形について」『奈良文化財研究所紀要二〇〇二』奈良文化財研究所　四六―四七頁

二〇〇二「平城宮第一次大極殿院内の磚積擁壁の平面形について」『文化財論叢Ⅲ』奈良国立文化財研究所創立五〇周年記念論文集　奈良文化財研究所　二四五―二五八頁

二〇〇三「平城宮第一次大極殿前庭のデザインとその思想」『ランドスケープ研究』第六六巻第五号　日本造園学会　三六一―三六六頁

二〇〇三「大極殿院の宇宙」『やまと百景』やまと崑崙企画　一―三頁

二〇〇四「大極殿院の規模とその思想・計画・設計に関する一考察」『ランドスケープ研究』第六七巻第五号　日本造園学会　三六一―三六六頁

二〇〇四「大極殿院の設計・計画・思想」『奈良文化財研究所紀要二〇〇四』奈良文化財研究所　四二―四三頁

二〇〇五「大極殿院の設計思想と出土遺物の解釈」『ランドスケープ研究』第六八巻第五号　日本造園学会　三六一―三六六頁

二〇〇五「平城宮第一次大極殿院の造営思想」『瀬戸内海』四三号（社）瀬戸内海環境保全協会　四四―五〇頁

二〇〇五「軒瓦の文様と思想」『遺跡学研究』第二号　日本遺跡学会　一八四頁
二〇〇六「平城宮第一次大極殿院の設計思想」『ランドスケープ研究』第六九巻第五号　日本造園学会　三五五―三六〇頁
二〇〇六「宇宙を象る宮殿―平城宮第一次大極殿院―」『東アジアの古代文化』大和書房　九九―一一七頁
二〇〇七「宇宙を象る宮殿―平城宮第一次大極殿院の設計思想―」『日本史の方法』第五号　奈良女子大学日本史の方法研究会　二五―六三頁
二〇〇七「平城宮第一次大極殿院と朝堂院の設計思想について」『ランドスケープ研究』第七〇巻第五号　日本造園学会　三七七―三八〇頁
二〇〇七「平城宮第一次大極殿院の設計思想」『遺跡学研究』第四号　日本遺跡学会　二〇七頁
二〇〇七「日韓宮殿の設計思想について」『韓日文化財論集』I韓国国立文化財研究所　三〇―八七頁
二〇〇八「日韓宮殿の設計思想について」『日韓文化財論集』I奈良文化財研究所学報第七七冊　奈良文化財研究所　一―五一頁

第二部

一九九七「奈良県・京都府における古代遺跡の保存と整備」『日本歴史』第五八六号　日本歴史学会　八〇―九六頁
一九九九「遺跡の履歴　大極殿跡の近代」『奈良国立文化財研究所年報一九九九―I』奈良国立文化財研究所　二五頁
一九九九「古代遺跡の履歴と風景~国分寺・国分尼寺跡と宮跡の近世・近代」『研究論集X』奈良国立文化財研究所学報第五八冊　奈良国立文化財研究所　一二一―一四五頁
二〇〇〇「平城宮第一次大極殿院の地形復原」『奈良国立文化財研究所年報二〇〇〇―I』奈良国立文化財研究所　一四―一五頁
二〇〇二「遺跡の遺構解釈と復元整備における文脈について」『ランドスケープ研究』第六五巻第五号　日本造園学会　四二一―四二六頁
二〇〇八「平城宮第一次大極殿院と高御座の設計思想」『古代日本の構造と原理』青木書店一八九―二七五頁

第三部

二〇〇〇「平城専欄」『奈良国立文化財研究所年報二〇〇〇—Ⅲ』奈良国立文化財研究所　七一頁

二〇〇四　阿部健太郎氏との共著「射礼とその復原に関する基礎的研究」『遺跡学研究』第一号　日本遺跡学会　七—二四頁

二〇〇六　芳之内圭氏との共著「五月五日節会の復興に関する研究」『遺跡学研究』第三号　日本遺跡学会　一〇三—一一四頁

二〇〇六「ソウル景福宮での守門将交代儀式について」『遺跡学研究』第三号　日本遺跡学会　一五八—一五九頁

二〇〇八「平城宮の復元と年中行事の復興について～古代の思想と整備活用のあり方～」『埋文ニュース』第一三〇号　奈良文化財研究所　三四—三九頁

二〇〇八「平城京松林苑の保存と風致」『遺跡学研究』第五号　日本遺跡学会　一七七—一八八頁

二〇〇八「平城宮復元とマスコットキャラクター」『遺跡学研究』第五号　日本遺跡学会　二〇八—二〇九頁

二〇〇九「古代の思想と平城宮第一次大極殿院の整備・活用のあり方」『古代都市の空間構造と思想—その現代的展開を目指して—』奈良女子大学21世紀ＣＯＥプログラム報告集第二八巻　一〇七—一一七頁

私は平成四年に奈良国立文化財研究所に入所し、平城宮跡発掘調査部計測修景調査室に配属され、九年程平城宮跡の発掘調査や整備事業に携わった。初期の仕事に大極殿院の百分の一模型の作成があったが、それ以来、不思議に思っていた遺構が塼積擁壁であった。その設計方法がわかったのは天香具山の麓、飛鳥藤原宮跡発掘調査部に異動した平成十三年の年末であった。あれから今年で十年。良好な研究環境に恵まれたにも拘わらず、今回、今まで書いたものをまとめてみると不勉強な内容が目につく。改めて課題も見えてはいるが、能力不足は如何ともし難く、多少時間があってもすぐに解決が図れる訳でもないので恥を覚悟して本書を公にさせて頂き、諸賢からの叱正を期待することとした。

職場や学会、各種研究会等の各時点で、上司や同僚、諸先生方・諸兄から教わることが数多くあった。列記して感謝の気持ちを表したいが、遺漏を恐れて敢えてここでは記さない。

今回の出版にあたり、入稿前には科研の研究協力者であった関西大学の佐藤健太郎先生には多数有意義なアドバイスを賜った。また、吉川弘文館の一寸木紀夫・上野純一両氏には出版の見通しを付けて頂き、高尾すずこ氏には丁寧な校正のチェックをして頂いた。記して謝したい。

平成二十三年二月十一日　建国記念の日に

内田和伸

著者略歴
一九六三年生まれ
一九八八年　千葉大学大学院園芸科学研究科修士課程修了
奈良国立文化財研究所平城宮跡発掘調査部、飛鳥藤原宮跡発掘調査部などを経て
現在　文化庁文化財部記念物課勤務、博士（工学）

〔主要論文〕
近世城跡に立地する近代建築遺構について　文化遺産の保存とランドスケープ計画論　移築された近世城郭建築遺構の保存に関する研究　近世城郭建築遺構の社寺への移築について

平城宮大極殿院の設計思想

二〇一一年（平成二十三）四月二十日　第一刷発行

著者　内《うち》田《だ》和《かず》伸《のぶ》
発行者　前田求恭
発行所　株式会社　吉川弘文館
郵便番号一一三—〇〇三三
東京都文京区本郷七丁目二番八号
電話〇三—三八一三—九一五一〈代〉
振替口座〇〇一〇〇—五—二四四番
http://www.yoshikawa-k.co.jp/

印刷＝株式会社 平文社
製本＝誠製本株式会社

ISBN978-4-642-02480-8